总第15辑
2024.11

晟典律师评论

SD & Partners Law Review

主办 广东晟典律师事务所
主编 周海荣 副主编 黎伟 周殿梁 黄霆 陈金凤

法律出版社
LAW PRESS·CHINA
北京

图书在版编目（CIP）数据

晟典律师评论. 总第15辑 / 周海荣主编 ; 广东晟典律师事务所主办. -- 北京 : 法律出版社, 2024.

ISBN 978-7-5197-9433-0

Ⅰ. D916.5-55

中国国家版本馆CIP数据核字第2024Y2E057号

晟典律师评论(总第15辑)
SHENGDIAN LÜSHI PINGLUN
(ZONG DI-15 JI)

周海荣 主编
广东晟典律师事务所 主办

策划编辑 许 睿
责任编辑 许 睿
装帧设计 汪奇峰

出版发行 法律出版社
编辑统筹 司法实务出版分社
责任校对 晁明慧
责任印制 胡晓雅
经　　销 新华书店

开本 710毫米×1000毫米 1/16
印张 26.75　**字数** 385千
版本 2024年11月第1版
印次 2024年11月第1次印刷
印刷 固安华明印业有限公司

地址:北京市丰台区莲花池西里7号(100073)
网址:www.lawpress.com.cn
投稿邮箱:info@lawpress.com.cn
举报盗版邮箱:jbwq@lawpress.com.cn
销售电话:010-83938349
客服电话:010-83938350
咨询电话:010-63939796

书号:ISBN 978-7-5197-9433-0
定价:88.00元
凡购买本社图书,如有印装错误,我社负责退换。电话:010-83938349

《晟典律师评论》编委会

目　录
mulu

公司法专题

票据法专题

论文

律师实务

脚印

Table of Contents

Company Law

Bill Law

Articles

Lawyer's Practices

Stamps

董事民事责任的强化与限制

江学勇[*]　黄博曦[**]

引　言

2023年12月29日，全国人民代表大会常务委员会（以下简称全国人大常委会）修订通过了《公司法》，本次修订是该法自1993年诞生以来修改最多、力度最大的一次。① 本次修订对董事的行政和刑事等公法上的责任，本文不作讨论。为行文简洁，如无特殊说明，下文中出现的“董事责任”“责任”均专指董事的民事责任。笔者长期关注我国公司经营管理及董事责任的相关问题并为客户提供法律服务。全国人大常委会曾于2023年9月1日发布《公司法（修订草案三次审议稿）》（以下简称《公司法修订草案三审稿》），笔者曾予以关注。现笔者结合《公司法》的规定，谈一点体会。

随着公司所有权与经营权分离，尤其是公众公司股权的日益分散，

* 北京市中伦律师事务所深圳分所律师，合伙人。
** 北京市中伦律师事务所律师。

① 参见李小健：《夯实法治根基　提振发展信心——公司法修订草案提请二审》，载“人民代表报”微信公众号，https：//mp. weixin. qq. com/s? _ _ biz = MzAxNDA0NTk2Ng = = &mid = 2661249812&idx = 1&sn = 1dfeaa5c874a40aa71d024af1ce1bf9f&chksm = 80f29575b7851c63c1db006573ce02e49ccb165d9bf253d4db59752930c94dcea2aed2d6b4f6&scene = 27。

公司权力重心日益从股东会中心主义向董事会中心主义转移。董事在公司治理中享有的权利、负有的义务有所扩张，董事责任亦相应强化。在我国现行法律、行政法规、证券监管政策等有关规定总体上对董事责任逐渐强化的同时，却对董事责任的适当限制与救济仍缺乏具体规定，董事责任存在失衡现象。在司法层面，董事被追究责任的情况逐渐增多，责任也逐渐加重。例如，在我国首例特别代表人诉讼案件“康美药业案”［案号：（2020）粤01民初2171号］中，广州市中级人民法院判决公司5名独立董事对公司债务向投资者承担民事赔偿连带责任，其中，3名独立董事的赔偿金额约为2.4589亿元，2名独立董事的赔偿金额约为1.2295亿元。因赔偿金额与独立董事从公司获得的薪酬相比畸高，此案判决后甚至引发了上市公司独立董事的“辞职潮”。

董事会为公司的执行机构，被赋予公司业务经营和事务管理的权力，董事作为董事会的成员，依法对公司负有忠实义务、勤勉义务，故理应对董事的失职或不当行为施加责任；但如果过分施加，则违反权利与义务、责任对等的公平原则，也难免导致董事在履职时囿于担责风险而“畏首畏尾”、贻误机会，从而压抑董事履职时的积极性，甚至可能导致敌意股东利用对董事追责的诉讼使董事陷入诉累，使其没有足够的精力参与公司经营、管理，最终影响公司与股东的权益。因此有必要对董事责任予以适当限制，以达到董事履责与担责的平衡。

一、董事责任的强化

我国现行法规关于董事责任的规定集中于《民法典》、《公司法》及其司法解释、《证券法》中，主要包括：董事利用其关联关系损害公司利益的赔偿责任；① 董事违反对公司的忠实义务、勤勉义务而形成的责任；② 董事执行公司职务时违反法律、行政法规或者公司章程规定，给公司造成损失而产生的赔偿责任；③ 董事违反法律、行政法规或者公

---

① 参见《民法典》第84条、《公司法》第22条。
② 参见《公司法》第180条至第184条。
③ 参见《公司法》第188条。

司章程规定，损害股东利益的责任；[①] 在公司清算的场合，股份有限公司的董事怠于履行相关义务而对公司、债权人负有的责任；[②] 董事未尽忠实勤勉义务，未督促股东在公司增资时缴足出资而产生的责任；[③] 董事协助股东抽逃出资而产生的连带责任；[④] 发行人的董事不履行公开承诺给投资者造成损失而产生的赔偿责任；[⑤] 虚假陈述致使投资者遭受损失，发行人的董事对此存在过错而产生的连带赔偿责任；[⑥] 等等。近年来，出于保护公司中小股东的利益以及从严打击证券违法活动等目的，公司法及证券法领域均对董事责任进行了强化。

（一）公司法领域对董事责任的强化

《公司法》本次修订的一大重点便是对董事责任的细化和强化，主要包括以下两个方面。

1. 对董事忠实义务、勤勉义务的含义予以明文界定

本次修订前，《公司法》仅原则性地规定了董事对公司负有忠实义务与勤勉义务，并列举了部分违反忠实义务的具体情形，未对董事忠实义务与勤勉义务的含义作明确界定。本次修订后，《公司法》第 180 条则明确了董事忠实义务、勤勉义务的含义：该条第 1 款将忠实义务界定为“应当采取措施避免自身利益与公司利益冲突，不得利用职权牟取不正当利益”；第 2 款将勤勉义务界定为“执行职务应当为公司的最大利益尽到管理者通常应有的合理注意”。以后，权利人对董事追究责任的法律依据更为明确有据。

《公司法》第 180 条第 1 款还前所未有地在董事忠实义务与勤勉义务项下设定了积极作为的义务，即董事应当主动采取措施避免自身利益与公司利益冲突。董事需随时注意与自身利益相关的民商事活动以及所

① 参见《公司法》第 190 条。
② 参见《公司法》第 232 条、第 238 条。
③ 参见《公司法》第 51 条。
④ 参见《公司法》第 53 条。
⑤ 参见《证券法》第 84 条。
⑥ 参见《证券法》第 85 条。

任职公司的经营活动，对自身利益可能与公司利益冲突的情形提前作出预判并及时采取规避措施。在实践中，同一董事可能在多家企业任职；并且董事对其任职公司的影响力，获取信息的数量和质量取决于公司治理结构、董事个人能力、内部董事与独立董事（外部非执行董事）的职务差别等多种因素，此处“一刀切”地要求所有公司董事对自身利益与公司利益可能冲突的情形准确预判并提前采取规避措施，无疑将大大提高对董事履行忠实义务的要求，实质上强化了董事违反忠实义务的责任。

2. 新增董事向公司、股东以外的第三人承担赔偿责任

理论界通说认为，董事是公司机构或其成员，董事行为是公司行为，董事行为的后果在原则上应由公司承担。[①] 我国现行法律规范对董事是否应对第三人（本文中“第三人”指除公司、股东以外的第三方，下同）直接承担责任，原则上秉持否认态度，将是否向董事追偿进而要求其承担个人责任的决定权交给公司或受侵犯的股东。[②]

但《公司法》第 191 条规定：“董事、高级管理人员执行职务，给他人造成损害的，公司应当承担赔偿责任；董事、高级管理人员存在故意或者重大过失的，也应当承担赔偿责任”，说明了公司董事向第三人承担赔偿责任的缺口已经打开。根据《民法典》第 1191 条第 1 款的规定，[③] 遭受损害的第三人要求董事任职的公司承担赔偿责任，公司在承担赔偿责任后，自行决定是否向对造成第三人损失有故意或者重大过失的董事追偿。不难预见，第三人为足额受偿将同时追究公司及董事的责任，董事以其个人财产承担执行职务行为产生的责任的风险升高。

---

① 参见叶林、叶冬影：《公司董事连带/赔偿责任的学理考察——评述〈公司法修订草案〉第 190 条》，载《法律适用》2022 年第 5 期。

② 参见郑观：《董事责任险的本土适法困境及解决路径》，载《浙江学刊》2023 年第 1 期。

③ 《民法典》第 1191 条第 1 款规定：“用人单位的工作人员因执行工作任务造成他人损害的，由用人单位承担侵权责任。用人单位承担侵权责任后，可以向有故意或者重大过失的工作人员追偿。”

（二）证券法领域对董事责任的强化

2021年7月6日，中共中央办公厅、国务院办公厅印发《关于依法从严打击证券违法活动的意见》，要求坚持建制度、不干预、零容忍，加强资本市场基础制度建设，健全依法从严打击证券违法活动体制机制，加大对证券发行人控股股东、实际控制人、董事、监事、高级管理人员等有关责任人证券违法行为的追责力度。为落实“零容忍”的监管精神，《证券法》以及相关司法解释对证券领域董事责任的规定则相对公司法领域更为积极。

1. 在虚假陈述案件中要求董事对第三人承担赔偿责任

《证券法》第85条规定，如发行人违反信息披露义务致使投资者遭受损失的，发行人的董事“应当与发行人承担连带赔偿责任”。并且，《证券法》在2019年修订中加大了对信息披露违法人员的处罚力度，罚款幅度由“三万元以上三十万元”以下提升为“五十万元以上五百万元以下”。因此，在实践中，投资者在起诉上市公司要求赔偿的同时，通常将董事列为共同被告，要求董事与公司承担连带责任，董事被法院判决承担连带责任的案件增加。前述“康美药业案”是近年来影响较大的案件之一。

2. 豁免证券纠纷中股东代表诉讼的门槛条件与虚假陈述民事赔偿诉讼的前置程序

《证券法》以及相关司法解释对证券纠纷中股东代表诉讼门槛条件与虚假陈述民事赔偿诉讼的前置程序进行了豁免，这也将导致公司董事面临的诉讼数量增加、承担责任的风险升高。根据《公司法》第189条的规定，股东以其个人名义代公司提起代表诉讼的门槛条件为“连续一百八十日以上单独或者合计持有公司百分之一以上股份”。《证券法》第94条第3款规定，公司董事执行公司职务给公司造成损失的，投资者保护机构持有该公司股份的，可以为公司的利益以自己的名义向法院起诉，“持股比例持股期限不受《中华人民共和国公司法》规定的限制”，明确排除了《公司法》对股东提起代表诉讼的持股比例和期限的限制；并且作为投资者保护机构的中证中小投资者服务中心有限责任公司（以下简称投服中心）已全面持有沪深两市上市公司各一手股票，理论上具备就证券纠纷向任一沪深两市上市公司董事提起股东代表诉讼的资格。最高人民法院于2022年1月21日发布的《最高人民法院关于审理证券市场虚假陈述侵权民事赔偿案件的若干规定》对2003年2月1日起施行的《最高人民法院关于审理证券市场因虚假陈述引发的民事赔偿案件的若干规定》（已废止）进行修改和完善，取消了虚假陈述民事赔偿诉讼的前置程序，即人民法院受理虚假陈述民事赔偿案件不再以行政或刑事处理为前提条件。上述举措有利于降低投资者的维权成本，从严打击证券领域董事及公司的违法活动，同时，也导致董事可能面临的诉讼概率增加、合规成本提高。

在“原告投服中心代表上海大智慧股份有限公司诉公司董事、监事和高级管理人员张某虹、王某、王某红、洪某等四被告损害公司利益责任纠纷案”中，上海大智慧股份有限公司（以下简称大智慧公司）系A股上市公司，因2013年年度报告存在虚增利润等信息披露违法行为，于2016年7月受到中国证券监督管理委员会行政处罚，一并被处罚的还包括张某虹、王某等时任董监高共14人。此后，数千名投资者陆续以该虚假陈述行为造成其投资损失为由，对大智慧公司及相关责任人提起证券虚假陈述责任纠纷诉讼。截至2023年2月16日，大智慧公司已根据生效民事判决向投资者支付赔偿款共计3.35亿元。

基于投服中心持有大智慧公司100股股票，故于2021年4月3日向大智慧公司发送《股东质询建议函》，建议公司向相关责任人追偿，但大智慧公司未采取相应措施。2021年9月8日，投服中心以股东身份代表大智慧公司向上海金融法院提起股东代表诉讼，认为大智慧公司、公司时任董监高张某虹、王某、王某红、洪某、郭某莉等对投资者胡某的损失86万余元承担连带赔偿责任。大智慧公司已实际赔付，有权向其余虚假陈述侵权人追偿，故诉请要求被告张某虹、王某、王某红、洪某等4人向大智慧公司赔偿86万余元。2021年11月18日，投服中心以张某虹、王某、王某红、洪某、郭某莉为被告提起另案诉讼，请求5

被告支付其在证券虚假陈述责任纠纷系列案件中向投资者支付的民事赔偿款 3.35 亿元。

该案系上市公司因证券欺诈被判令承担民事赔偿责任后，全国首例由投资者保护机构代位提起的向公司董监高追偿的案件，虽然该案最终因大智慧公司控股股东、时任公司董事长兼总经理张某虹全额向上市公司赔偿诉请损失而调解结案，上海金融法院未对被诉董监高各自需承担的赔偿责任作出裁判结论，但投服中心以董事为被告提起股东代表诉讼，以维护中小投资者权益，落实“零容忍”“震慑关键少数”的证券监管精神的力度可见一斑。在上市公司因证券欺诈被诉向投资者承担民事赔偿责任的案件大幅增多的背景下，董事被公司或投资者保护机构起诉求偿的案件有可能增多。

3. 投资者参加证券纠纷特别代表人诉讼的方式变为“默示加入，明示退出”，董事将可能承担向更多投资者进行赔偿的责任

为保护中小投资者的投资利益，《证券法》在 2019 年的修订中创新性地设立了证券纠纷特别代表人诉讼制度，其第 95 条第 3 款规定：“投资者保护机构受五十名以上投资者委托，可以作为代表人参加诉讼，并为经证券登记结算机构确认的权利人依照前款规定向人民法院登记，但投资者明确表示不愿意参加该诉讼的除外。”特别代表人诉讼制度突破了《民事诉讼法》规定的“明示加入”的诉讼参加方式，创设了投资者保护机构代为登记权利，投资者“默示加入、明示退出”的诉讼参加方式。[①] 2020 年 7 月 30 日，最高人民法院配套发布了《最高人民法院关于证券纠纷代表人诉讼若干问题的规定》，其第 35 条规定：“投资者保护机构依据公告确定的权利人范围向证券登记结算机构调取的权利人名单，人民法院应当予以登记，列入代表人诉讼原告名单，并通知全体原告。”根据上述规定，在证券纠纷特别代表人诉讼制度下，由投资者保护机构直接依靠证券登记结算机构来解决权利人范围的问题，由法

① 参见《发布〈最高人民法院关于证券纠纷代表人诉讼若干问题的规定〉并回答记者提问》，载最高人民法院网，https：//www. chinacourt. org/article/subjectdetail/id/MzAwNMg1MYABAA. shtml。

院负责对全体权利人进行通知来解决权利人未及时掌握相关信息的问题，董事一旦被牵涉入证券纠纷特别代表人诉讼案件中，将可能承担向更多投资者进行赔偿的责任。

二、董事履责、担责的现实困境和限制董事责任的必要性

（一）董事履责、担责的现实困境

笔者在提供法律服务的过程中，时常遇到董事履责、担责的现实困境。

1. 董事难以真正独立履职，沦为股东彼此争斗、公司与股东利益冲突的“替罪羊”

在我国公司运行的现状中，大量董事并非职业经理人，而是由股东委派，在很大程度上须代表委派股东的意志，在执行其职务时难以真正保持独立。尤其在公司存在多方股东并且各方股东的意志无法达成一致或者公司与股东的利益产生冲突的情况下，董事难以兼顾各方股东的意志或利益，陷入无论如何履职均可能被公司或股东追责的困境。

在笔者承办的一个案件中，某有限责任公司有两方股东，公司章程规定：董事会由5名董事组成，其中，3名董事由大股东委派，2名董事由小股东委派；董事会召开会议，须2/3以上的董事出席；董事会决议分为普通决议与特别决议，除执行股东会决议、召集股东会会议外的董事会决议均属于特别决议，董事会作出特别决议，须经出席的2/3以上董事（至少包括1名小股东委派的董事）同意。在公司经营过程中，双方股东产生分歧，小股东指示其委派的2名董事辞职，经公司和大股东多次提示，小股东仍拒不委派董事。之后公司面临必须及时由董事会特别决议决策的经营事项，公司剩余3名由大股东委派的董事便陷入两难境地：如剩余3名董事根据公司的经营需求，召集、出席董事会会议并表决通过相关决议，若对公司章程的前述规定采用文义解释，形成的董事会特别决议便不满足公司章程关于出席会议的董事人数以及表决结果的要求，异议股东可依据《最高人民法院关于适用〈中华人民共和

国公司法〉若干问题的规定（四）》第 5 条的规定，[①] 请求法院判令相关决议不成立，并可就相关决议不成立对公司或其自身造成的损失向董事追偿；如剩余 3 名董事不召集、出席董事会会议，若对公司章程的前述规定采取的解释，异议股东也可主张，为维护公司的正常运转，出席会议的董事人数的计算基数应当以在职董事为准，并且在董事会中不包含小股东委派的董事时，董事会特别决议不必取得至少 1 名小股东委派的董事同意，剩余 3 名董事未履行及时召集会议并进行表决的职责，违反了对公司的忠实义务、勤勉义务，应当就该行为向公司、股东承担相应责任。

在该案件中，公司剩余 3 名董事为公司经营所需，召集了董事会会议并全票同意了相关议案，小股东便以形成的董事会特别决议违反了公司章程关于出席会议的董事人数以及表决结果的要求为由，请求法院判令相关决议不成立。法院在判决中认为，当董事会中没有小股东委派的董事时，公司章程关于董事会特别决议的会议出席人数以及表决结果的规定客观上不能适用，小股东无权在拒不委派董事的情况下主张董事会特别决议不成立，从而阻碍公司的正常运转，剩余 3 名董事仍应尽勤勉义务和忠实义务行使董事职权，案涉董事会决议不存在不成立的情形。虽然在该案件中 3 名董事未被追究责任，但笔者发现亦有法院在类似案件中认为应对公司章程作文义解释，从而认定相关决议效力存在瑕疵，涉事董事因此面临被追责的风险。如在“季某乔与天相财富（北京）信息技术有限公司公司决议撤销纠纷案”［案号：（2015）海民（商）初字第 39128 号］中，天相财富公司董事会成员有 5 人，根据公司董事

---

① 《最高人民法院关于适用〈中华人民共和国公司法〉若干问题的规定（四）》第 5 条规定：“股东会或者股东大会、董事会决议存在下列情形之一，当事人主张决议不成立的，人民法院应当予以支持：（一）公司未召开会议的，但依据公司法第三十七条第二款或者公司章程规定可以不召开股东会或者股东大会而直接作出决定，并由全体股东在决定文件上签名、盖章的除外；（二）会议未对决议事项进行表决的；（三）出席会议的人数或者股东所持表决权不符合公司法或者公司章程规定的；（四）会议的表决结果未达到公司法或者公司章程规定的通过比例的；（五）导致决议不成立的其他情形。”（注：《公司法》第 27 条已吸收该条规定）

会议事规则的规定，董事会会议应当由2/3以上的董事出席方可举行。案涉董事会决议对应的会议有3名董事出席，在会议召开前有1名董事已辞职。未出席会议的董事认为该董事会会议的出席人数未满足公司董事会议事规则的要求，起诉至法院，请求撤销相应董事会决议。北京市海淀区人民法院在判决中认为，董事会议事规则由公司股东会决议通过，属于在董事会议事规则层面对公司章程的补充。在天相财富公司章程未作修改的前提下，该公司董事会的应有人数不发生改变，在未进行董事增选的情况下，也仍应按章程规定内容确定董事会有效会议人数4人执行。案涉董事会决议因会议人数不满足公司章程规定而被判决撤销。

在最高人民法院审理的“斯曼特微显示科技（深圳）有限公司、胡某生损害公司利益责任纠纷案”［案号：（2018）最高法民再366号］中，原告深圳斯曼特公司成立于2005年1月11日，系外国法人独资公司，股东为开曼斯曼特公司，认缴注册资本额1600万美元。被告6名董事在担任深圳斯曼特公司董事期间，同时也是开曼斯曼特公司的董事。开曼斯曼特公司违反深圳斯曼特公司章程规定，欠缴出资5,000,020美元。2011年8月31日，深圳市中级人民法院作出裁定，追加开曼斯曼特公司为被执行人，在5,000,020美元范围内对深圳斯曼特公司债权人承担清偿责任。经强制执行，开曼斯曼特公司仍欠缴出资4,912,376.06美元。2013年6月3日深圳市中级人民法院受理了深圳斯曼特公司破产清算案，破产管理人遂代表深圳斯曼特公司起诉6名董事，对前述欠缴出资所造成深圳斯曼特公司的损失承担连带赔偿责任。一审、二审法院均认为深圳斯曼特公司未收到全部出资，系因股东未全面履行出资义务所致，6名董事未向股东催缴出资与公司所受损失之间不存在直接因果关系，对原告的诉请不予支持。最高人民法院的再审判决颠覆了一审、二审的裁判立场，支持了原告的诉请，其裁判逻辑如下：首先，董事负有监督发起人股东出资的勤勉义务；其次，案涉6名董事同时又是开曼斯曼特公司的董事，对股东开曼斯曼特公司的资产状况、公司运营情况均应了解，具备监督股东开曼斯曼特公司履行出资义务的便利条件，主观上具有过错；再次，深圳斯曼特公司因未能清偿到期债务被债权人申请破产清算，股东开曼斯曼特公司未缴清出资的行为实际损害了深圳斯曼特公司的利益；最后，6 名董事消极不作为放任了实际损害的持续，损失的数额即为股东开曼斯曼特公司欠缴的出资，故 6 名董事未履行向股东催缴出资义务的行为与深圳斯曼特公司所受损失之间存在法律上的因果关系。据此，最高人民法院判决案涉 6 名董事向深圳斯曼特公司连带赔偿 4,912,376.06 美元。该判决对“董事对发起人股东出资的民事责任”的裁判规则产生了颠覆性影响，最高人民法院的观点在一定程度上突破了原有《最高人民法院关于适用〈中华人民共和国公司法〉若干问题的规定（三）》第 13 条第 4 款的规定，[①] 根据目的做了扩大解释，将董事向股东的催缴义务的责任从增资时扩大到了公司设立时，[②] 鉴于我国大量公司股东处于“认而不缴”状态，董事履职风险必将加大。

从案涉 6 名董事的角度来看，公司法赋予了股东选举和罢免董事的权力，在此种制度构造下，要求董事去监督可决定其去留的股东，让“下级”去监督“上级”，有“强人所难”之嫌：若董事实施了催缴股东出资的行为，则股东因心生不满就可能撤换该董事；但若董事不催缴，则又将可能因违反忠实、勤勉义务而承担个人责任，确实两难。

2. 对担责董事的法定救济不足

相较于对董事责任的逐渐强化，在立法层面对限制董事责任却着墨不多。现行法中关于限制董事责任的主要规定仅为《公司法》第125 条第 2 款和证券监督管理委员会于 2018 年 9 月 30 日发布的《上市公司治

---

① 《最高人民法院关于适用〈中华人民共和国公司法〉若干问题的规定（三）》第 13 条第 4 款规定：“股东在公司增资时未履行或者未全面履行出资义务，依照本条第一款或者第二款提起诉讼的原告，请求未尽公司法第一百四十八条第一款规定的义务而使出资未缴足的董事、高级管理人员承担相应责任的，人民法院应予支持；董事、高级管理人员承担责任后，可以向被告股东追偿。”

② 《公司法》第 51 条规定：“有限责任公司成立后，董事会应当对股东的出资情况进行核查，发现股东未按期足额缴纳公司章程规定的出资的，应当由公司向该股东发出书面催缴书，催缴出资。未及时履行前款规定的义务，给公司造成损失的，负有责任的董事应当承担赔偿责任。”该规定已明确将董事向股东的催缴义务的责任从增资时扩大到了公司设立时。

理准则》第 23 条规定："董事会的决议违反法律法规或者公司章程、股东大会决议，致使上市公司遭受严重损失的，参与决议的董事对公司负赔偿责任。但经证明在表决时曾表明异议并记载于会议记录的，该董事可以免除责任。"但该规定因太过笼统而存在以下适用上的问题：（1）该条被设置于《公司法》"第五章　股份有限公司的设立和组织机构"以及《上市公司治理准则》中，能否参照适用于有限责任公司存疑；（2）该条仅限定了董事"在表决时曾表明异议并记载于会议记录"这一种免责情形，在表决时投弃权票、缺席会议或者表决时表明异议但最终投赞成票的董事是否适用存疑；（3）该条适用范围过窄，仅适用于董事参与决议的情形，无法适用于其他董事履行职务的情形等。2024 年 3 月 11 日，笔者在北大法宝数据库以"表决时曾表明异议"作为关键词进行全文检索，共检索到 41 篇裁判文书，经过对这些裁判文书的逐一查阅，没有发现董事援引《公司法》第 125 条第 2 款（本次修订前为《公司法》第 112 条第 3 款）或《上市公司治理准则》第 23 条的规定而成功免除自身责任的案例，可见这两条规定存在适用上的不足。

3. 董事难以真正辞职从而及时止损、规避风险

面对目前董事责任强化、职业风险高企的形势，董事理论上可采取辞职的方式及时止损、规避风险。在司法实践中，多数法院认为，董事与公司之间为委托关系，根据《民法典》第 933 条关于委托人或者受托人可以随时解除委托合同的规定，除非法律法规或公司章程另有明确相反规定，董事辞职为单方民事法律行为，无须公司批准，自辞职通知到达公司时生效。[①] 该观点也被《公司法》采纳，其第 70 条第 3 款便新

① 最高人民法院民二庭第 8 次法官会议纪要中有如下意见，我国公司法就董事向公司董事会提交辞职书后辞职何时生效未作明确规定。但《公司法》第 37 条、第 99 条明确规定由公司股东会或者股东大会选举和更换非由职工代表担任的董事，且没有任何法律规定公司可以强迫任何人担任董事，故公司与董事之间实为委托关系，依股东会的选任决议和董事答应任职而成立合同法上的委托合同。根据《合同法》第 410 条关于委托人或者受托人可以随时解除委托合同的规定，董事辞职是单方民事法律行为，依据董事对公司的单方意思表示而发生效力，无须公司批准，但法律、行政法规或者公司章程另有规定，或者经公司与辞任董事一致同意由董事撤回辞职书的除外。在司法实践中，法院对相关案件的判决基本上也与最高人民法院民二庭法官会议纪要中的意见相一致，如（2020）最高法民再 50 号民事判决。

增了董事辞职自公司收到书面辞职通知之日起生效的规定。同时,《公司法》第70条第2款和《上市公司章程指引》(2023年修正)第100条第2款规定了例外情形,董事在任期内辞职导致董事会成员低于法定人数的,在改选出的董事就任前,原董事仍应当依照法律、行政法规和公司章程的规定,履行董事职务。在实践中,不少辞职董事因为公司未及时改选继任董事而被迫超期"服役",结合证券监督管理委员会于2023年8月1日发布的《上市公司独立董事管理办法》第14条第3款以及第15条第2款规定,虽然原独立董事在提出辞职后因相关规定而继续履职,但上市公司应当自该独立董事提出辞职之日起60日内完成补选;《公司法》第10条第3款规定,法定代表人辞职的,公司应当在法定代表人辞职之日起30日内确定新的法定代表人,但针对上市公司的非独立董事以及非上市公司的未担任法定代表人的董事,目前没有要求公司限期补选的规定。辞职通知到达公司后,公司未及时办理相关变更登记,辞职董事仍会被工商登记信息显示为在职董事。

针对此类情形,在我国现行法规框架内,董事可采取的常见解决措施为请求法院判令公司办理董事涤除备案手续。2024年3月11日,笔者通过北大法宝数据库,在案由中输入"请求变更公司登记纠纷",在全文中以"董事变更登记"或者"法定代表人变更登记"作为关键词进行检索,共检索到1668篇裁判文书。

笔者研究上述裁判文书发现,各地法院对于应否判令公司涤除董事备案,存在争议。部分法院认为涤除董事备案事项及作为涤除备案前提的公司决议属于公司自治事项,司法机关不宜强制介入,从而以纠纷不属于受案范围或不符合起诉条件为由,裁定不予受理或驳回起诉;[①] 部分法院认为辞职董事已无法通过召集股东会等自治途径进行救济,如法院不受理相关诉讼,原告将无其他救济途径,因而对纠纷予以受理并实

① 参见河南省高级人民法院(2021)豫民申3407号民事裁定书、四川省成都市中级人民法院(2022)川01民终20611号民事裁定书、甘肃省定西市中级人民法院(2023)甘11民终634号民事裁定书等。

质裁判。[①] 针对《公司法》第 70 条第 2 款关于辞职董事应继续履职的过渡期，各地法院的解释与适用也存在区别。部分法院认为该条规定未对过渡期设置上限，根据文义解释，即使过渡期遥遥无期，辞职董事也应继续依法依章履职，因而裁定驳回董事的起诉；[②] 部分法院则对该条规定采取的解释，认为即使未对过渡期设置上限，也不应对董事辞职的自由施加超长的限制，如公司怠于或拒绝改选继任董事，导致董事超期履职，将造成公司与董事之间的权利、义务失衡，侵害董事的合法权益，可以判令公司办理涤除董事备案手续。[③] 还需注意的是，根据部分案例，如辞职董事同时辞去其兼任的法定代表人职务，虽然法院判令公司涤除登记，但由于没有新的法定代表人占位，涤除后将导致公司法定代表人空缺，目前登记机关客观上难以协助执行，原董事仍然无法从工商登记中涤除。[④]

对于董事因《公司法》第 70 条第 2 款和《上市公司章程指引》（2023 年修正）第 100 条第 2 款规定的例外情形而未辞职的情况，此时，董事继续依法依章履职，应当承担相应董事责任。对于董事已提出辞职但公司未及时办理相关变更登记的情形，根据《市场主体登记管理条例》第 29 条的规定，公司董事发生变更的，应当及时向登记机关办理备案。若公司未及时办理变更备案的，相对方基于向登记机关查询到的董事信息处分其权利，属于善意第三人。该善意第三人向已经辞职的董事提出权利主张的，如该主张成立，则该董事应当对善意第三人承担法律责任。因此，已提出辞职的董事无论因公司拒绝或怠于改选继任董

① 参见最高人民法院（2020）最高法民再 88 号民事裁定书、（2022）最高法民再 94 号民事判决书、广东省广州市中级人民法院（2022）粤 01 民终 6605 号民事判决书等。

② 参见山东省菏泽市（地区）中级人民法院（2022）鲁 17 民终 420 号民事判决书、北京市第一中级人民法院（2021）京 01 民终 9682 号民事判决书等。

③ 参见广东省中山市第一人民法院（2021）粤 2071 民初 16329 号民事判决书、安徽省舒城县人民法院（2021）皖 1523 民初 6210 号民事判决书、江苏省南通市中级人民法院（2020）苏 06 民终 192 号民事判决书等。

④ 参见深圳市南山区人民法院（2021）粤 0305 执 8098 号执行裁定书、上海市嘉定区人民法院（2021）沪 0114 执 5699 号执行裁定书、深圳前海合作区人民法院（2021）粤 0391 民初 7992 号民事判决书等。

事或者公司未及时办理涤除/变更董事备案手续而无法真正离职，均应继续承担相关的董事责任。除该等权利、义务严重失衡的现象外，董事请求法院判令公司涤除董事备案还存在不被法院支持或者胜诉后难以强制执行的风险。

（二）限制董事责任的必要性

前述董事责任强化与限制的失衡以及董事在履责、担责上的现实困境，导致在我国司法实践中，董事被追究其损害公司、股东或第三人利益的责任纠纷案件数量庞大：以最为常见的以董事违反忠实义务或勤勉义务为由提起的责任纠纷为例，2024 年 3 月 11 日，笔者通过北大法宝数据库，在案由中输入“损害公司利益责任纠纷”或者“损害股东利益责任纠纷”为关键词，在全文中输入“董事”“忠实义务”为关键词，共检索到 3943 篇裁判文书；将关键词“忠实义务”替换为“勤勉义务”，共检索到 3996 篇裁判文书。可见，公司基于自身及股东的利益，确有必要运用“私力”对其董事责任进行限制。

1. 权责对等之公平原则的要求

权利与义务、责任对等乃私法之公平原则的重要内涵，意味着董事在公司享有的权利应当与其所负的义务与责任相对等。现代公司的重要特性之一是股东的“所有权”与董事的“经营权”分离，股东是公司的实际受益人，董事经营公司所得的利益均归于公司股东，董事仅从公司获取一定的报酬。在因公司经营造成损失时，如若将全部责任均施加给董事，实际享受公司经营利益的股东却能凭借股东有限责任“独善其身”，对董事来说，其享有的权利与其应负的责任不对等。因此，应当对董事所要承担的责任进行限制，以实现董事权利与责任的对等。

2. 意思自治原则的体现

公司法作为私法，遵循意思自治的基本原则。公司主要通过公司章程、与董事签订的聘任协议等文件对董事责任进行安排，公司章程系公司权力机构经其成员多数决形成，公司与董事之间的协议系双方平等协商达成，均属于公司意思自治的范畴。在不违反法律及行政法规的强制性规定、不违背公序良俗、不损害他人合法权益的前提下，公司、公司权力机构与董事均可根据自身的情况、意思，对董事责任的触发、限制等事项作出安排，实现董事履责与担责的平衡。也即，意思自治原则为董事责任限制提供了可能性。[①]

3. 维护董事的经营自由

根据《民法典》《公司法》的有关规定，董事会是公司的执行机构，行使执行公司权力机构的决议、决定公司的经营计划和投资方案等重要职权。董事会作为机构，其职权需依赖其组成成员行使，故董事实际上承担了大量公司经营活动的决策和实施工作。商业活动的复杂性决定了公司的经营必须具备高度的灵活性，借此公司方能抓住转瞬即逝的商机，这就意味着董事应当获得充分的经营自由，并被允许带领公司参与适当的冒险活动，来实现公司利益的最大化。过分严格的董事责任将导致董事在执行公司工作时首先着眼于规避其自身被追责的风险，从而谨小慎微、不敢决策，这虽然在一定程度上有利于董事规避自身责任，但最终会压抑董事的创造性，从而影响公司的长远利益。没有合理容错、善意免责、公平减责的配套制度加持，就没有企业家精神，[②] 因此，适当对董事责任进行限制，有利于消除董事履职时的顾虑，保障其经营自由，实现公司盈利的目的。

4. 防止对董事的滥诉，减少司法对公司正常经营活动的干预

如前所述，公司股东有权对董事提起股东代表诉讼，追究董事责任。但在实践中，股东代表诉讼制度却常常成为公司股东为达目的而要挟董事、阻碍公司正常经营的手段，例如，在争夺公司控制权时，打击对方股东委派的董事成为一种争夺公司控制权的手段；在上市公司发生敌意收购时，现任董事被收购方视为异己力量，收购方可能通过恶意追究现任董事责任的手段实现逼迫现任董事向其就范或辞职等目的；或者

---

① 参见王洪强：《论我国董事责任的限制与免除》，载《湖北经济学院学报（人文社会科学版）》2012 年第 4 期。

② 参见刘俊海：《董事责任制度重构：精准问责、合理容错、宽容失败——以弘扬企业家精神为视角》，载《交大法学》2023 年第 3 期。

敌意股东并不追求通过代表诉讼真正使董事以个人财产承担责任，而只是单纯追求通过持续不断的起诉使得董事陷入诉累，没有足够的时间、精力参与公司经营，从而影响公司的正常经营和长远发展。如前所述，公司与董事之间的权利、责任分配主要遵循意思自治原则，在董事诚信依法参与公司经营时，司法不宜介入公司与董事的责任分配。因此，适当限制董事责任，有利于防止对董事的滥诉，减少司法对公司正常经营活动的干预。

三、公司限制董事责任的可能路径

在我国之前，世界其他主要国家经过较长时间的实践，已形成了一系列公司对董事责任进行限制的路径，结合这些域外经验与我国的具体情况，本文对我国公司可能采取的部分限制董事责任的路径简要分析如下。

（一）以公司章程的规定限制董事责任

1. 可行性

公司章程是关于公司组织和行为的自治规则，对公司、股东、董监高具有约束力。在法律允许范围内，公司有权根据股东间的合意对公司组织和行为进行意思自治。因此，以公司章程事先规定的方式对董事责任进行限制不存在实质法律障碍。但公司是否可对董事可能担责的任何情形均采用此种方式予以限制？笔者持否定态度，理由是公司权力机构制订公司章程之行为，其法律性质为民事法律行为，根据《民法典》关于民事法律行为效力的规定，违反法律、行政法规的强制性规定、违反公序良俗、损害他人合法权益的民事法律行为无效，涉及这些情形的公司章程自然也是无效的。鉴于此，如通过公司章程规定限制董事责任的，应当注意以下事项。

（1）不得对董事对第三人负有的责任进行限制

从法理上来说，允许以公司章程规定限制董事责任的主要依据是，当董事的不当行为造成公司、股东的损失时，公司、股东对该董事享有请求赔偿之债权，根据意思自治原则，公司、股东作为债权人有权自行放弃对董事享有的债权，免除其债务。因债务免除仅可发生于债权人与债务人之间，在董事因不当行为造成第三人损失的场合，债权人为遭受损失的第三人，公司、股东显然无权通过公司章程规定对董事对第三人负有的责任作出限制。还有一个疑问，如公司章程关于限制董事对股东负有的责任的规定并非基于全体股东的一致合意，该规定的异议股东或者未参加制定该规定的股东明确不同意对董事所负责任进行限制，那么公司章程关于限制董事对前述股东应负责任的规定能否适用，公司依据该规定限制董事责任的行为是否属于“慷他人之慨”而无效，有待进一步观察。

（2）不得对董事违反忠实义务的责任进行限制

董事对公司负有的义务分为勤勉义务与忠实义务，但违反忠实义务与勤勉义务之责任认定不宜同等对待。违反忠实义务明确包含董事自身利益与公司利益之间发生冲突，主观恶性明显；而勤勉义务则包含董事自身的商事判断，甚至商事判断之失误也应当在法律容许的范围内。[①]根据我国理论及实践中的主流观点，公司与董事之间为委托关系，该法律关系的根本基础是委托方与受托方之间的信赖。如董事违反其忠实义务，利用职权谋取私利，造成自身利益与公司利益冲突，将导致董事与公司之间委托关系的信赖基础减少或丧失。并且，我国社会长期的传统观念便是鼓励忠诚奉公，对违反忠实义务的行为一般均作负面评价。如公司章程事先规定对董事违反忠实义务的责任也进行限制，则既违背委托关系的宗旨，也与社会期待相违背。故不应允许公司章程对董事违反忠实义务的责任进行限制。

（3）可对董事因一般过错（如违反勤勉义务）的责任进行限制

首先，对于董事因不当行为造成公司、股东或第三人损失而应承担的责任，法律上构成侵权责任与违约责任的竞合。关于侵权责任的归责

① 参见冉克平、舒广：《论公司利益的体系定位与私法救济》，载《南大法学》2023年第1期。

原则，《民法典》第1165条第1款明确规定为过错责任原则：“行为人因过错侵害他人民事权益造成损害的，应当承担侵权责任”。关于违约责任的归责原则，大陆法系青睐过错责任原则，而英美法系流行无过错责任原则。[①]《民法典》第577条的规定为：“当事人一方不履行合同义务或者履行合同义务不符合约定的，应当承担继续履行、采取补救措施或者赔偿损失等违约责任。”理论界目前对该条规定体现的归责原则是过错责任原则或是无过错责任原则观点不一，笔者倾向于在对董事不当行为进行归责时，原则上应当采用过错责任原则。《证券法》第85条、[②] 前述《公司法》第191条以及《最高人民法院关于审理证券市场虚假陈述侵权民事赔偿案件的若干规定》的有关规定均将董事存在过错作为其担责的前提，表明立法和司法机关也持类似观点。

其次，公司的经营活动兼具即时性与复杂性，董事履行勤勉义务的结果取决于董事的专业能力、对公司的影响力以及获取公司信息的数量和质量等多种因素，因此，不应当苛求董事的所有履职行为均不存在瑕疵。最高人民法院在“山东海之杰纺织有限公司、艾哈迈德·盖博损害公司利益责任纠纷案”［案号：（2020）最高法民申640号］中指出：“面对市场不断变化的商事交易实践，如果要求每一个经营判断都是正确的，其结果会使公司高级管理人员过于小心谨慎，甚至裹足不前，延误交易机会，降低公司经营效率，最终不利于实现公司和股东权益。”

2. 以公司决议限制董事责任

以公司章程规定限制董事责任类似的路径与为以公司决议（股东会决议或董事会决议）限制董事责任，这两种路径的主要区别在于前者为

① 参见冉克平、舒广：《论公司利益的体系定位与私法救济》，载《南大法学》2023年第1期。

② 《证券法》第85条规定：“信息披露义务人未按照规定披露信息，或者公告的证券发行文件、定期报告、临时报告及其他信息披露资料存在虚假记载、误导性陈述或者重大遗漏，致使投资者在证券交易中遭受损失的，信息披露义务人应当承担赔偿责任；发行人的控股股东、实际控制人、董事、监事、高级管理人员和其他直接责任人员以及保荐人、承销的证券公司及其直接责任人员，应当与发行人承担连带赔偿责任，但是能够证明自己没有过错的除外。”

事先限制，后者为事后限制。因两者法理依据类似，故前文所述关于以公司章程事先限制的注意事项也适用于本路径。

采取以公司决议限制董事责任的国家主要有德国、日本等。以日本为例，《日本公司法》第425条第1款规定："在董事善意执行职务且无重大过失时，以其所承担赔偿责任额中扣除最低责任限度额的所得额为限，可依股东大会的决议免除。"而该法第423条第1款的规定是董事违反法令或者公司章程的行为，并且仅限于董事对职务行为存在善意且无重大过失的情况。若董事损害公司利益存在恶意或者重大过失，则不能限免责任，必须承担全部赔偿责任。①

笔者认为，以公司决议限制董事责任的路径存在决议主体难以选择、可预见性较低等问题，在我国的可行性弱于以公司章程限制董事责任的路径，理由如下。

（1）就决议主体而言，德国、日本的规定均主要以股东（大）会作为决议主体，相较于以董事会作为决议主体，该做法更有利于保护在董事会没有董事席位的中小股东的表决权，以及规避董事会成员之间因相对比较熟悉或者内部存在利害关系而互相庇护的情形。在多数情况下，我国公司的董事也是股东，或者董事虽然名义上独立，但仍须听命于选任股东，代表选任股东的利益。因此，如不对通过该决议的表决比例作较高的要求，很可能出现大股东为偏袒失职董事而操控决议的形成，侵害公司及中小股东的权益。矛盾的是，如果要求股东（大）会在通过此类决议时应达到较高出席及表决通过代表的持股数，因现代公司特别是上市公司的股份较为分散，中小股东参加股东（大）会会议的意愿普遍不高，并且召开股东（大）会会议的流程一般较长，可能导致股东（大）会的表决结果迟迟不能形成，相关董事的责任悬而不决，将影响董事的正常履职和公司的经营运作。

（2）就可预见性而言，公司章程被依法予以公示，章程中关于限

---

① 参见武彬：《董事违背信义义务的责任限制研究》，华东政法大学2018年博士学位论文。

制董事责任的规定具有可预见性，公司的潜在投资者、合作方以及董事候选人等均可依据公示的章程而提前知悉该等规定，对自身权力、义务进行合理安排。但以公司决议限制董事责任的方式属于事后限制，均为“一事一议”，可预见性较低。

（二）公司对董事诉讼费用进行补偿

1. 可行性

立法、司法层面对董事责任的强化导致近年来董事面临的诉讼数量增加，作为被告的董事，为证明自己的清白，需要积极应诉，采取有效措施进行防御。问题在于，董事在应诉期间支出的赔偿金和应诉费用（例如，聘请律师的律师费、支付给法院的诉讼费、产生的交通费、误工费等，以下与赔偿金合称诉讼费用），是否允许公司对董事进行补偿？笔者认为，应当允许公司对董事支出的合理诉讼费用进行补偿。首先，我国现行法规虽没有规定董事诉讼费用的补偿机制，但也没有禁止公司对董事诉讼费用给予补偿。民商事领域“法无明文禁止即可为”，根据意思自治原则，公司自然可以依据公司章程的规定或者公司决议对董事因执行职务而产生的诉讼费用进行补偿。其次，通说认为公司与董事间为委托关系，《民法典》第930条“受托人处理委托事务时，因不可归责于自己的事由受到损失的，可以向委托人请求赔偿损失”的规定也可以为公司补偿董事诉讼费用提供一定的法理依据。

2. 对于董事主观方面的要求

如前所述，公司章程或公司决议不宜对董事因违反忠实义务或者因故意、重大过失违反勤勉义务而承担的责任进行限制。同理，在确定公司是否应当对董事诉讼费用进行补偿时，也须考察董事产生诉讼费用的主观因素。如董事系因违反忠实义务或者因故意、重大过失违反勤勉义务而产生诉讼费用的，不建议公司对该董事的诉讼费用进行补偿。

3. 对于董事“胜诉”的要求

对于公司补偿董事诉讼费用的前提，还应包括董事的胜诉。对于“胜诉”的内涵如何确定，若要求董事完全胜诉，甚至将董事在和解中的合理妥协、让步都作为导致董事丧失公司补偿的情形，将导致补偿制度被架空、形同虚设；若对董事胜诉的内涵要求过低，则会导致不当加重公司的风险，损害公司利益。因此，可以考虑将公司对董事补偿的前提条件设置为董事取得“实质性胜诉”，即根据法院或仲裁机构的终审裁判文书，原告的主要请求未得到支持、原告撤回其主要请求、董事的主要反诉/抗辩得到支持、原被告双方就主要争议达成和解等。

4. 在公司起诉董事追责的诉讼中，不宜对败诉董事进行补偿

董事被追责的诉讼按起诉方是否属于公司外部主体，可以分为公司提起的诉讼（包括股东代表诉讼）和股东、第三人等公司外部主体提起的诉讼。在公司提起的诉讼中，笔者认为公司不宜对败诉董事产生的诉讼费用进行补偿。理由在于，公司向董事提起诉讼，如果法院最终判决董事向公司承担责任，此时，如由公司对董事需要承担的赔偿责任予以补偿，则会导致公司实际上并未从董事处得到任何赔偿，反而还会额外支出诉讼费、律师费等费用。在公司外部主体提起的诉讼中，并不存在前述公司提起的诉讼中的“循环支付”问题，只要符合公司与董事事先约定的补偿条件，即可进行公司补偿。

5. 董事责任保险对董事诉讼费用补偿的补充作用

实务上，英美法系国家的公司往往还会为董事购买董事责任保险，该保险承保董事因对第三人承担赔偿责任且未能从公司获得补偿的部分。[①] 对于董事诉讼费用中公司补偿不能覆盖的部分，公司或董事可以考虑将其约定在董事责任保险合同中，进一步为董事提供经济保护。董事责任保险能对董事诉讼费用补偿起到补充作用。

（三）董事责任保险制度

董事责任保险属于事后的救济措施，实质上是将董事在参与公司经营过程中可能产生的风险转移给保险公司，以避免董事因为履职行为而

① 参见林一英：《董事责任限制的入法动因与路径选择》，载《政法论坛》2022 年第 4 期。

承担过高的责任。证券监督管理委员会在其于2001年8月16日发布的《关于在上市公司建立独立董事制度的指导意见》中指出，“为了保证独立董事有效行使职权，上市公司应当为独立董事提供必要的条件”，其中包括“可以建立必要的独立董事责任保险制度”。次年，董事责任保险产品被引入我国。关于董事责任保险的现行规定主要还包括《上市公司治理准则》第24条“经股东大会批准，上市公司可以为董事购买责任保险。责任保险范围由合同约定，但董事因违反法律法规和公司章程规定而导致的责任除外”的规定。

鉴于我国董事责任保险作为“舶来品”，存在保障事项不能全面覆盖董事可能被追责的绝大部分情形、保险金额不够高而不能完全覆盖董事被追责时需支付的金额、保险合同条款本土化程度较低而无法较好满足我国董事的实际需要等局限，在董事责任保险引入我国初期，公司或董事购买董事责任保险的情况并不多。根据笔者于2017年的统计，当时在A股3000多家上市公司中，为董事和高管购买了责任保险的公司不足100家，投保率不足3%。[①] 但近几年随着立法、司法层面对董事责任的逐渐强化，董事以个人财产承担对公司、股东或第三人的高额责任的风险日益升高，董事责任保险的投保数量已发生了一定增长：上海市建纬律师事务所保险业务团队所做的《中国上市公司董责险市场报告(2024)》显示，以A股上市公司在2023年全年发布的公告为研究对象，共收集到304家上市公司发布购买董事责任保险的公告信息，结合上海证券交易所、深圳证券交易所公布的2023年市场统计数据显示上海证券交易所、深圳证券交易所合计5107家上市公司，据此计算，截至2023年年底，购买董事责任保险的上市公司占上海证券交易所、深圳证券交易所上市公司的比例约为5.95%。虽然董事责任保险的投保数量已发生了一定增长，但经检索A股上市公司的公告，笔者仅发现

① 该部分内容详见《独立董事责任新发展及履职保障之局限》，载微信公众号“中伦视界”2017年10月11日，https://mp.weixin.qq.com/s/ly9Cr6ioJhKz8DigvJEf7A。

了1例董事责任保险的成功理赔案例。[1] 出现此现象的原因可能是国内已理赔董事责任保险的其他案例的诉讼标的金额未达到强制公告的标准、保险公司一般须遵守保险协议中的保密义务而不得对外披露等，但市面上缺少成功理赔的案例，可能是国内公司或董事未全面购买董事责任保险的原因之一。

《公司法》对董事责任保险作了进一步完善，其第193条规定："公司可以在董事任职期间为董事因执行公司职务承担的赔偿责任投保责任保险。公司为董事投保责任保险或续保后，董事会应当向股东会报告责任保险的投保金额、承保范围及保险费率等内容。"与《上市公司治理准则》相比，不再将董事因违反法律、法规和公司章程而导致的责任排除在保险范围之外，将解决《上市公司治理准则》把保险范围限定于董事合法合章的职务行为导致的责任与《民法典》、《证券法》及《公司法》等相关条文将职务行为的违法违章性作为董事责任的前提的矛盾，有助于董事责任保险在我国进一步发挥其价值。但《上市公司治理准则》《公司法》的相关规定还仅是宣示性、一般性规则，既未规定公司有义务为董事投保责任保险，也未对诸如保险费由公司还是董事承担、责任保险的具体保险范围等实务细节作规定，这就需要公司、董事与保险公司积极协商，对彼此的权利、义务作出合理安排。

四、结语

基于公司所有权与经营权日益分离、股权日益分散、权力重心逐渐

---

① 参见海润光伏（退市）于2014年10月18日披露的《提示性公告》。具体情况为：2014年6月12日，由于技术性失误，除权后开盘价应为7.95元的海润光伏，价格显示为7.16元。随后上海证券交易所发现问题，对公司股票实施临时停牌。6月15日，上海证券交易所与海润光伏公布《关于就海润光伏股票除权参考价误差事宜补偿相关投资者的预案》，表示将对12日上午卖出海润光伏股票并实际成交的投资者，按正确的除权参考价7.95元与投资者实际卖出成交价格的差额计算金额给予补偿。6月27日，500多名投资者涉及的补偿金全部发放到账。10月18日，海润光伏发布公告称，本次补偿金由上海证券交易所和海润光伏各自承担50%，为保证受偿投资者在2周内获得补偿款项，上海证券交易所代公司先行垫付补偿金；海润光伏已投保董事责任保险，补偿资金将来源于保险公司。海润光伏已于10月9日将所承担的补偿金支付给上海证券交易所，也已收到美亚保险支付的理赔资金。

向董事会转移的发展现状与趋势，出于保护中小投资者利益、维护资本市场秩序等目的，我国法律对董事享有的权利、负有的义务有所扩大，对董事责任相应进行了强化；在司法层面，通过豁免权利人对董事追究责任纠纷的起诉条件与前置程序、简化投资者参与诉讼方式等途径，使董事可能面临的诉讼数量增加、承担的责任加重。董事履责与担责之间的失衡将严重影响董事执行其职务。基于权责对等之公平原则和意思自治原则，为维护董事的经营自由，防止对董事滥诉、减少司法对公司正常经营活动的干预，公司有必要探求可行的路径对董事责任予以适当限制，以维护自身及股东的利益。

（本文仅代表作者观点。特约编辑：周海荣）

股东拒绝将违规分配的利润退还公司的责任探究

黄　霆*

引　言

2024 年《公司法》已由中华人民共和国第十四届全国人民代表大会常务委员会第七次会议于 2023 年 12 月 29 日修订通过，自 2024 年 7 月 1 日起施行。相对于修订前的《公司法》（以下简称 2018 年《公司法》），2024 年《公司法》对于公司违反公司法规定向股东分配利润的相关责任追究问题作了进一步完善。（见表 1）

表 1　2018 年《公司法》与 2024 年《公司法》修订对比

<table>
<tr><th>法律名称</th><th>2018 年《公司法》</th><th>2024 年《公司法》</th></tr>
<tr><td rowspan="2">相关内容</td><td rowspan="2">第 166 条第 1 款、第 2 款、第 5 款规定：公司分配当年税后利润时，应当提取利润的 10% 列入公司法定公积金。公司法定公积金累计额为公司注册资本的 50% 以上的，可以不再提取。
公司的法定公积金不足以弥补以前年度亏损的，在依照前款规定提取法定公积金之前，应当先用当年利润弥补亏损。
股东会、股东大会或者董事会违反前款规定，在公司弥补亏损和提取法定公积金之前向股东分配利润的，股东必须将违反规定分配的利润退还公司。</td><td>第 210 条第 1 款、第 2 款规定：公司分配当年税后利润时，应当提取利润的 10% 列入公司法定公积金。公司法定公积金累计额为公司注册资本的 50% 以上的，可以不再提取。
公司的法定公积金不足以弥补以前年度亏损的，在依照前款规定提取法定公积金之前，应当先用当年利润弥补亏损。</td></tr>
<tr><td>第 211 条规定：公司违反本法规定向股东分配利润的，股东应当将违反规定分配的利润退还公司；给公司造成损失的，股东及负有责任的董事、监事、高级管理人员应当承担赔偿责任。</td></tr>
</table>

* 广东晟典律师事务所律师，高级合伙人。

根据上述法条对比可知，2018 年《公司法》、2024 年《公司法》对公司向股东分配当年税后利润的法定程序是相同的：第一步，公司前年度如存在亏损，且已有法定公积金不足以弥补的，公司分配当年税后利润前，应当先用当年度税后利润弥补亏损；第二步，完成第一步或公司以前年度不存在亏损的，公司分配当年税后利润前，应先提取当年税后利润的 10% 列入公司法定公积金——如公司已提取的法定公积金总额已达注册资产的 50%（含本数）或以上，则可以不进行第二步；第三步，完成第二步或无须进行第二步的，公司向股东分配利润。

如公司违反上述程序向股东分配利润，2018 年《公司法》规定股东必须将违反规定分配的利润退还公司，但对于股东拒绝退还利润将导致股东承担何种法律责任以及具体如何追究的问题，2018 年《公司法》及司法解释未予明示；而 2024 年《公司法》则进一步规定因公司违反规定向股东分配利润“给公司造成损失的，股东及负有责任的董事、监事、高级管理人员应当承担赔偿责任”。

本文拟以 2024 年《公司法》第 210 条、第 211 条相关规定作为基础，同时参照现行司法解释，对此进行研究和分析，并提出倾向性意见。

第一部分　股东衍生责任的提出与论证

根据 2024 年《公司法》第 210 条、第 211 条的规定，公司在弥补亏损和提取法定公积金之前向股东分配利润的，股东必须将违反规定分配的利润退还公司。那么：

一、如公司违规向股东分配利润，在公司通知后股东未配合将违反规定分配的利润退还公司，公司能否起诉该股东退还利润？

（一）公司有权起诉该股东退还利润

《民事诉讼法》第 3 条规定：“人民法院受理公民之间、法人之间、其他组织之间以及他们相互之间因财产关系和人身关系提起的民事诉讼，适用本法的规定。”第 27 条规定：“因公司设立、确认股东资格、分配利润、解散等纠纷提起的诉讼，由公司住所地人民法院管辖。”第 122 条规定：“起诉必须符合下列条件：（一）原告是与本案有直接利害关系的公民、法人和其他组织；（二）有明确的被告；（三）有具体的诉讼请求和事实、理由；（四）属于人民法院受理民事诉讼的范围和受诉人民法院管辖。”

据此，公司可作为原告，将拒绝退还违反规定分配的利润给公司的股东作为被告，向公司住所地人民法院起诉，诉请该股东将违反规定分配的利润款项退还公司。

（二）起诉的案由应为公司盈余分配纠纷

最高人民法院印发 2020 年修改后的《民事案件案由规定》的第八部分“与公司证券、保险、票据等有关的民事纠纷”中可能符合本案诉请的案由有公司决议效力确认纠纷、损害公司利益责任纠纷以及公司盈余分配纠纷。

1. 公司决议效力确认纠纷

仅从诉讼引发的原因来看，因公司在弥补亏损和提取法定公积金之前向股东分配利润，须以股东会作出载明具体分配方案的股东会或者董事会的有效决议为前提，故要求股东将违反规定分配的利润退还公司应以前述股东会或者董事会决议被无效为前提，因此，该等诉讼与公司决议纠纷密切相关。

但《最高人民法院关于适用〈中华人民共和国公司法〉若干问题的规定（四）》第 2 条规定：“依据民法典第八十五条、公司法第二十二条第二款请求撤销股东会或者股东大会、董事会决议的原告，应当在起诉时具有公司股东资格。”第 3 条第 1 款规定：“原告请求确认股东会或者股东大会、董事会决议不成立、无效或者撤销决议的案件，应当列公司为被告。对决议涉及的其他利害关系人，可以依法列为第三人。”可见，公司决议效力确认纠纷与本文讨论的诉讼原被告角色相反，故案由恐难以定为公司决议效力确认纠纷。

2. 损害公司利益责任纠纷

2024年《公司法》第21条规定："公司股东应当遵守法律、行政法规和公司章程，依法行使股东权利，不得滥用股东权利损害公司或者其他股东的利益。公司股东滥用股东权利给公司或者其他股东造成损失的，应当承担赔偿责任。"据此，公司股东滥用股东权利给公司造成损失的，公司可作为原告，将该股东作为被告，诉请该股东赔偿公司损失。

但损害公司利益责任纠纷，指的是在特定股东滥用股东权利给公司造成损失的情况下，公司所发起的索赔诉讼。而本文讨论的诉讼，是由于公司违反有关规定，在公司弥补亏损和提取法定公积金之前向股东分配利润，即滥用权利的主体为公司，而非特定股东。因此，以损害公司利益责任纠纷作为案由，并非适宜。

3. 公司盈余分配纠纷

一般认为，围绕红利分配所发生的纠纷属于公司盈余分配纠纷，具体指因股东基于其股东资格依法请求公司向其分配公司红利而发生的纠纷。然而，在公司盈余分配纠纷案件中，公司能否作为原告而股东作为被告？

《最高人民法院关于适用〈中华人民共和国公司法〉若干问题的规定（四）》第13条第1款虽规定："股东请求公司分配利润案件，应当列公司为被告"，这里的"应当列公司为被告"并未禁止公司就分配利润纠纷起诉股东，因此，在公司就分配利润纠纷起诉股东时，以公司作为原告，将股东列为被告并未违反现行法律规定。本文讨论的该等纠纷诉讼请求即"诉请该股东将违反规定分配的利润款项退还公司"中的"利润款项"当属于公司盈余组成部分，故诉讼请求并未超出公司盈余分配纠纷的范围。因此，笔者倾向于认为，在公司盈余分配纠纷中，公司作为原告而股东作为被告是可行的。

因此，本文倾向于将上述诉讼的案由定为公司盈余分配纠纷。

（三）诉讼时效或为3年

《民法典》第188条规定："向人民法院请求保护民事权利的诉讼时效期间为三年。"第192条规定："诉讼时效期间届满的，义务人可以提出不履行义务的抗辩。"第196条规定："下列请求权不适用诉讼时效的规定：（一）请求停止侵害、排除妨碍、消除危险；（二）不动产物权和登记的动产物权的权利人请求返还财产；（三）请求支付抚养费、赡养费或者扶养费；（四）依法不适用诉讼时效的其他请求权。"

债权上的请求权包括赔偿损失请求权，系基于合同（准合同）、不当得利、无因管理的请求权。物权上的请求权包括确认所有权、排除妨碍请求权、返还原物请求权、恢复原状请求权。本文讨论的该等诉讼请求权基础类似于债权上的请求权，根据现行法律规定不属于"依法不适用诉讼时效的其他请求权"，因此，仅对公司及公司股东而言，该等纠纷的诉讼时效应为3年，自权利人知道或者应当知道权利受到损害以及义务人之日起计算。鉴于公司违规向股东分配利润，因此，权利人（公司）违反规定向股东完成利润分配之日，视为权利人（公司）知道或者应当知道权利受到损害以及义务人之日。

鉴于此，可以进一步思考：如公司在诉讼时效期间届满后方起诉股东要求其退还违反规定分配的利润款项，而股东援用《民法典》第192条的规定抗辩的，则公司诉请将会被驳回。

二、若公司违规向股东分配利润后怠于要求股东将违反规定分配的利润退还公司，或者在公司通知后，股东拒绝将违反规定分配的利润退还公司，债权人能否在起诉公司的同时，一并诉请相关股东在其因公司违规分配而获得的利润范围内承担共同清偿责任？

（一）公司债权人有权一并起诉该股东在其因公司违反规定分配而获得的利润范围内承担清偿责任

1.《民法典》第535条第1款规定："因债务人怠于行使其债权或

者与该债权有关的从权利，影响债权人的到期债权实现的，债权人可以向人民法院请求以自己的名义代位行使债务人对相对人的权利，但是该权利专属于债务人自身的除外。”第537条规定：“人民法院认定代位权成立的，由债务人的相对人向债权人履行义务，债权人接受履行后，债权人与债务人、债务人与相对人之间相应的权利义务终止。债务人对相对人的债权或者与该债权有关的从权利被采取保全、执行措施，或者债务人破产的，依照相关法律的规定处理。”

因股东未将有关利润退还公司，相当于该股东对公司负有相应的债务，因此，根据《民法典》的上述规定，公司债权人理应有权一并起诉该股东在违法获得的利润范围内承担清偿责任。

2. 值得进一步探讨的是，公司债权人有无可能参照援用《最高人民法院关于适用〈中华人民共和国公司法〉若干问题的规定（三）》第13条第2款“公司债权人请求未履行或者未全面履行出资义务的股东在未出资本息范围内对公司债务不能清偿的部分承担补充赔偿责任的，人民法院应予支持；未履行或者未全面履行出资义务的股东已经承担上述责任，其他债权人提出相同请求的，人民法院不予支持”的规定，要求该股东在其因公司违反规定分配而获得的利润范围内承担补充赔偿责任？

诚然，2024年《公司法》第4条第1款规定：“有限责任公司的股东以其认缴的出资额为限对公司承担责任；股份有限公司的股东以其认购的股份为限对公司承担责任。”但众所周知，股东的出资（义务）亦是其享有分配公司盈余利润的基础。法律依据可见于2024年《公司法》第210条第4款“公司弥补亏损和提取公积金后所余税后利润，有限责任公司按照股东实缴的出资比例分配利润，全体股东约定不按照出资比例分配利润的除外；股份有限公司按照股东所持有的股份比例分配利润，公司章程另有规定的除外”的规定。

因此，公司股东因其出资义务，而被《最高人民法院关于适用〈中华人民共和国公司法〉若干问题的规定（三）》第13条第2款苛以“在未出资本息范围内对公司债务不能清偿的部分承担补充赔偿责任”，以此理推之，如公司股东因其出资义务而有权取得“公司违反本法规定向股东分配利润”，基于公平原则以及保护债权人诉讼时效利益的考虑，笔者倾向于认为“拒绝将违反规定分配的利润退还公司的股东”，应当负有在其因公司违反规定分配而获得的利润范围内为公司债务承担补充赔偿责任的义务。

（二）起诉的案由宜为债权人代位权纠纷

前已述及，结合《最高人民法院关于印发修改后的〈民事案件案由规定〉的通知》的相关规定可知，该情形下的案由宜为“债权人代位权纠纷”。

（三）公司债权人提起该等诉讼有无诉讼时效限制？

债权人一并起诉公司股东在其因公司违反规定分配而获得的利润范围内承担清偿责任的请求权基础，系源于《民法典》第535条及第536条的规定，因此，公司债权人提起该等诉讼显然应受诉讼时效的限制，诉讼时效为3年，且诉讼时效期限的起算日并非公司债权人知道或者应当知道公司违反规定向公司股东分配利润之日，而应当是公司违反规定向股东完成利润分配之日。但公司债权人一般很难知道公司违反规定向股东完成利润分配。

公司股东有无实际履行出资义务（包括有无足额出资、出资后有无抽逃出资等），是公司债权人未经依法调查或在诉讼中具体查明便难以获知的信息。相比之下，公司有无存在在弥补亏损和提取法定公积金之前向股东分配利润，是公司债权人在正常情况下更加难以获悉的事实。根据“举轻以明重”原则，可以参照适用《最高人民法院关于适用〈中华人民共和国公司法〉若干问题的规定（三）》第13条第2款的规定，则可不受诉讼时效的限制。既然在涉及追究股东出资义务时并无诉讼时效限制，则相应地在涉及追究股东将违规分配的利润退还公司的责任时也不应存在诉讼时效限制。

三、在自行清算、强制清算或破产清算中，清算组或管理人如发现“公司违规向股东分配利润”，能否要求股东将违反规定分配的利润退还公司？

（一）清算组或管理人有权起诉该股东退还利润

2024年《公司法》第234条第5项、第7项规定：“清算组在清算期间行使下列职权：……（五）清理债权、债务；……（七）代表公司参与民事诉讼活动。”

《企业破产法》第3条规定：“破产案件由债务人住所地人民法院管辖。”第4条规定：“破产案件审理程序，本法没有规定的，适用民事诉讼法的有关规定。”第21条规定：“人民法院受理破产申请后，有关债务人的民事诉讼，只能向受理破产申请的人民法院提起。”第25条第1款第1项、第3项、第6项、第7项规定：“管理人履行下列职责：（一）接管债务人的财产、印章和账簿、文书等资料；……（三）决定债务人的内部管理事务；……（六）管理和处分债务人的财产；……（七）代表债务人参加诉讼、仲裁或者其他法律程序……”

基于上述法律规定，结合《民事诉讼法》，清算组或管理人作为公司的诉讼代表人，可以将拒绝退还利润给公司的股东作为被告，向公司住所地人民法院起诉，诉请该股东将违反规定分配的利润款项退还公司。

（二）起诉的案由宜为公司盈余分配纠纷

同在“如公司违规向股东分配利润，在公司通知后股东未配合将违反规定分配的利润退还公司，公司能否起诉该股东退还利润？”部分中的相关分析内容所述，笔者倾向于认为，在清算组或管理人作为诉讼代表人拟提起的公司盈余分配纠纷中，公司同样能够作为原告，清算组或管理人作为诉讼代表人，而股东作为被告。

（三）诉讼时效或为3年及其特殊情形

1. 关于清算组作为诉讼代表人提起公司盈余分配纠纷的诉讼时效问题

对此，笔者的意见与“如公司违规向股东分配利润，在公司通知后股东未配合将违反规定分配的利润退还公司，公司能否起诉该股东退还利润?”部分中的相关分析内容所述相同，诉讼时效应为3年，自权利人知道或者应当知道权利受到损害以及义务人之日起计算，鉴于是公司违规向股东分配利润，因此，权利人（公司）在违反规定向股东完成利润分配之日起，便应视为权利人（公司）知道或者应当知道权利受到损害以及义务人之日。

2. 关于管理人作为诉讼代表人提起公司盈余分配纠纷的诉讼时效问题

《最高人民法院关于适用〈中华人民共和国企业破产法〉若干问题的规定（二)》（以下简称《破产法若干规定二》）第19条规定：“债务人对外享有债权的诉讼时效，自人民法院受理破产申请之日起中断。债务人无正当理由未对其到期债权及时行使权利，导致其对外债权在破产申请受理前一年内超过诉讼时效期间的，人民法院受理破产申请之日起重新计算上述债权的诉讼时效期间。”根据该规定，结合上文分析可知，管理人作为诉讼代表人提起公司盈余分配纠纷的诉讼时效问题分为以下三种情形。

第一种情形是，在债务人（破产程序中的企业或公司主体，以下同）被人民法院受理破产申请之日时，债务人对外享有的债权的诉讼时效还在3年保护期内的，因债务人对外享有的债权诉讼时效，依法具有法定中断的情形，故根据《民法典》第195条的规定“有下列情形之一的，诉讼时效中断，从中断、有关程序终结时起，诉讼时效期间重新计算”，管理人作为诉讼代表人提起公司盈余分配纠纷的诉讼时效原则上为自人民法院受理破产申请之日起的3年内。

第二种情形是，在债务人被人民法院受理破产申请之日时，债务人对外享有的债权的诉讼时效已不在3年保护期内的，但如因债务人无正当理由未对其到期债权及时行使权利导致其对外债权在破产申请受理前1年内超过诉讼时效期间的，此时，管理人作为诉讼代表人提起公司盈余分配纠纷的诉讼时效仍为自人民法院受理破产申请之日起的3年内。

第三种情形是，在债务人被人民法院受理破产申请之日时，债务人对外享有的债权的诉讼时效已不在3年保护期内，且不存在“债务人无正当理由未对其到期债权及时行使权利导致其对外债权在破产申请受理前一年内超过诉讼时效期间”情形的，则管理人作为诉讼代表人提起公司盈余分配纠纷因诉讼时效已过，虽然仍然可以提起诉讼，但遇到诉讼相对方主张诉讼时效已过的抗辩便会丧失胜诉权。

第二部分　延伸：董监高衍生责任的提出与论证

如公司违规向股东分配利润，而公司董事、监事、高级管理人员怠于要求（包括诉讼时效期间届满前未要求，及诉讼时效期间届满后才要求）股东将违反规定分配的利润退还公司，公司债权人能否在起诉公司的同时，一并诉请公司相关董事、监事、高级管理人员在其违反规定向公司股东分配利润范围内承担责任？

笔者认为，公司违规向股东分配利润时实际执行利润分配方案的，一般是公司的高级管理人员。根据2024年《公司法》第188条“董事、监事、高级管理人员执行职务违反法律、行政法规或者公司章程的规定，给公司造成损失的，应当承担赔偿责任”的规定及第211条的规定，公司有权据此起诉违反法律规定的董事、监事、高级管理人员。因此，根据《民法典》第535条及第536条的规定，公司债权人提起诉讼时，有权一并诉请公司相关的董事、监事、高级管理人员在其应向公司赔偿损失的责任范围（等同于其违反规定向公司股东分配的利润金额）承担责任。

至于董事、监事、高级管理人员可能用于抗辩的如其系听从安排执行股东会或者董事会决议等理由，依照2024年《公司法》第180条第1款、第2款“董事、监事、高级管理人员对公司负有忠实义务，应当采取措施避免自身利益与公司利益冲突，不得利用职权牟取不正当利益。董事、监事、高级管理人员对公司负有勤勉义务，执行职务应当为公司的最大利益尽到管理者通常应有的合理注意”的规定，前述主张仅可能是董事、监事、高级管理人员减轻责任的理由，但不是其可以免责的理由。

值得进一步思考的是，公司债权人有无可能参照援用《最高人民法院关于适用〈中华人民共和国公司法〉若干问题的规定（三）》第13条第4款“股东在公司增资时未履行或者未全面履行出资义务，依照本条第一款或者第二款提起诉讼的原告，请求未尽公司法第一百四十七条第一款规定的义务而使出资未缴足的董事、高级管理人员承担相应责任的，人民法院应予支持；董事、高级管理人员承担责任后，可以向被告股东追偿”的规定诉请公司相关的董事、监事、高级管理人员在其违反规定向公司股东分配利润范围内承担清偿责任？此问题尚无明确答案，有待司法实践回应。

第三部分　结　　语

2018年《公司法》第203条规定：“公司不依照本法规定提取法定公积金的，由县级以上人民政府财政部门责令如数补足应当提取的金额，可以对公司处以二十万元以下的罚款。”而2024年《公司法》则删除了该条款。相对于注册资本较高或者非常高的公司股东而言，公司违法经营下股东所能获得的分红利益，远高于公司违法经营所需付出的代价。但是，当股东因公司违反规定分配而获得的利润将可能被穿透追究索回时，该等分红就如同“煮熟的鸭子飞了”。

因此，为保证公司股东所分取的红利正当合法、不留后患，公司在向股东分配利润时应当严格根据《公司法》第210条、第211条的规定进行；而广大公司债权人，在面临公司的资产、股东的出资不足以清偿债务时，不妨寻此蹊径，或许能打开“柳暗花明又一村”的局面。

（本文仅代表作者个人观点。特约编辑：周艳）

清算程序中的股东出资义务问题探析

姜　珊*

股东在设立公司之初或后续经营过程中，往往基于各种需求将公司注册资本金额做大，相应股东出资义务也随之变大，然而因股东基于认缴资本制所享有的出资期限利益以及资金成本的现实考量等，公司注册资本到位或股东实缴出资的时间往往滞后于公司实际经营需求，由此，触发股东在公司获益不佳的情况下逃避实缴出资的潜在欲望，有些股东试图借股权转让的方式脱离公司以逃避出资责任，有些股东在公司负债尚未清偿完毕的情况下干脆直接关闭注销公司。那么，是否真的可以无须实缴出资并逃脱法律追责呢?

本文将结合具体案例进行分析。

一、案情简介

1. 公司自行清算阶段。标的公司于 2019 年 6 月成立，股东为 A（持股 70%）和 B（持股 30%），标的公司章程规定“股东认缴出资额由股东根据公司实际经营需要决定出资计划”。2021 年 11 月，公司召开股东会，形成公司自行清算的决议并成立清算组。清算组在清理公司资产过程中查明股东 B 未履行出资义务，为此，清算组代表标的公司向人民法院起诉要求 B 履行出资义务。清算程序后续查明也确认，股东 B 的确对标的公司拥有职工债权且标的公司现有资金无法清偿该职

* 广东晟典律师事务所律师，合伙人。

工债权。

2. 公司强制清算阶段。2022 年 4 月，人民法院裁定受理股东 B 提起的强制清算申请。2023 年 2 月，标的公司提起的股东出资纠纷一案取得一审判决（此时，清算组尚未完成指定），在并未有证据证明股东 B 已经履行清算义务的情况下，人民法院认为关于股东出资问题应当在强制清算案件中予以查明，并以此驳回标的公司请求股东 B 履行出资义务的诉讼请求。

清算组在接受法院指定时，前述股东出资纠纷案（下同）尚处于上诉期，清算组经前期调查，初步认定股东 B 未履行出资义务，基于“既判力”原则，如清算组不上诉，则标的公司将来不能再次以未缴出资为由主张股东 B 承担出资责任，经征求股东 A 的意见，股东 A 为清算组垫付了上诉费用，清算组依法提起上诉。2023 年 8 月，二审法院基于“清算组尚未对全部债权核定完毕”“现已确认债权的债权人仅为股东 B”“其他债权以及清偿状况均处于待确认状态”“清算组应当在对标的公司债权债务关系清理核定、明确标的公司的资产不足以清偿全部债务后，就股东出资责任再行主张权利”，判决“驳回上诉，维持原判”。

二、问题提出及分析

结合上述案情，笔者对不同法律程序下、不同场景中股东的出资义务问题逐一分析如下。

（一）公司进入清算程序前股东出资义务的加速到期

《最高人民法院关于民事执行中变更、追加当事人若干问题的规定》第 17 条、第 18 条、第 19 条规定，“作为被执行人的营利法人，财产不足以清偿生效法律文书确定的债务”，申请执行人申请变更、追加“未缴纳或未足额缴纳出资的股东、出资人或依公司法规定对该出资承担连带责任的发起人”、“抽逃出资的股东、出资人”以及“未依法履行出资义务即转让股权”的原股东或“依公司法规定对该出资承担连带责任的发起人”在尚未缴纳出资或抽逃出资的范围内依法承担责任的，人民法院应予支持。该规定是针对未进入清算程序（本文为便于表述，笔者所称“清算程序”包括自行清算、强制清算或破产清算程序，下同）情形下的公司股东出资义务加速到期或应当履行出资义务的规定，但根据以上条文表述，可以判断此时作为被执行人的企业实际上已经存在“财产不足以清偿生效法律文书确定的债务”的破产原因。

在（2021）粤1971执异155号、（2021）粤1971执异266号案件中，债权人申请追加未履行出资义务的原股东作为被执行人的主张均得到法院支持，且法院认为“由股东根据公司实际经营需要决定出资计划”的公司章程规定不符合《公司法》第25条①“有限责任公司章程应当载明下列事项：……（五）股东的出资方式、出资额和出资时间……”的规定，案涉公司股东“未向本院提交其他证据证明其在其他文件中约定过出资期限，也未能举证证明其是否已实缴出资，其应对此承担举证不能的法律后果……股东以自身行为默示表示放弃了出资期限的期限利益”。但笔者认为，根据前述最高人民法院的规定，即便该两案股东提交了出资期限已有约定的证明，也应当认定其出资期限已被加速到期。这一点在2019年11月8日发布实施的《全国法院民商事审判工作会议纪要》中已经得到了进一步的肯定。其在“二、关于公司纠纷案件的审理”之“（二）关于股东出资加速到期及表决权”中规定：“在注册资本认缴制下，股东依法享有期限利益。债权人以公司不能清偿到期债务为由，请求未届出资期限的股东在未出资范围内对公司不能清偿的债务承担补充赔偿责任的，人民法院不予支持。但是，下列情形除外：（1）公司作为被执行人的案件，人民法院穷尽执行措施无财产可供执行，已具备破产原因，但不申请破产的；（2）在公司债务产生后，公司股东（大）会决议或以其他方式延长股东出资期限的。”

① 此处案例，人民法院引用的是2018年修正的《公司法》。

（二）清算程序中股东出资加速到期系法律明文规定

《最高人民法院关于适用〈中华人民共和国公司法〉若干问题的规定（二）》第22条第1款规定："公司解散时，股东尚未缴纳的出资均应作为清算财产。股东尚未缴纳的出资，包括到期应缴未缴的出资，以及依照公司法第二十六条和第八十条的规定分期缴纳尚未届满缴纳期限的出资。"《最高人民法院关于适用〈中华人民共和国公司法〉若干问题的规定（三）》第13条第1款规定："股东未履行或者未全面履行出资义务，公司或者其他股东请求其向公司依法全面履行出资义务的，人民法院应予支持。"《企业破产法》第35条规定："人民法院受理破产申请后，债务人的出资人尚未完全履行出资义务的，管理人应当要求该出资人缴纳所认缴的出资，而不受出资期限的限制。"根据以上规定，在自行清算或强制清算阶段，股东尚未缴纳的出资应作为清算财产，公司清算组有权要求未出资或未全面出资的股东履行出资义务；在破产受理后，管理人要求股东履行出资义务是法定职责。

在公司进入清算程序时，已经有大量司法判例依据《最高人民法院关于适用〈中华人民共和国公司法〉若干问题的规定（二）》第22条以及《企业破产法》第35条的规定，支持了清算组或管理人对股东履行出资义务的主张。例如，2021年第8辑《人民法院案例选》（总第162辑）所载（2020）浙10民终2909号民事判决书"本院认为"部分载明："在汉涌公司进入清算后，股东出资期限加速到期，应立即缴纳。汉涌公司是否有盈余分配需要清算组清算后才能得到结论，但不能因此免除上诉人出资义务，清算组要求上诉人补足出资金额，符合法律规定。即使韦某华所获分配利润足以覆盖出资金额，也不能免除出资义务。"

然而，在本文开篇提及的股东出资纠纷案中，一审判决并未查明股东B以何种形式履行了出资义务以及相关履行行为是否符合公司法关于股东出资的规定，鉴于标的公司进入强制清算阶段，径行认为该出资事宜应当由法院指定的清算组依法查明；而二审判决依然未对股东B

的出资进行事实查明和认定，在清算组已经明确提出股东未履行出资义务的认定意见后，二审法院另提出清算组应当在证明标的公司存在资不抵债的情形下方可再行主张股东出资责任。两审法院均未对《最高人民法院关于适用〈中华人民共和国公司法〉若干问题的规定（二）》第22条和《最高人民法院关于适用〈中华人民共和国公司法〉若干问题的规定（三）》第13条应否适用及原因作出分析。

面临该种情形，清算组在强制清算程序中并未接管到标的公司实际可支配资产，考虑申请再审无须预交诉讼费，则清算组可对前述股东出资纠纷案件提起再审申请，以免后续面临未予追缴股东欠缴出资的责难。另外，标的公司现有资产无法清偿职工债权，已经面临资不抵债的情形，清算组后续应当依法申请将标的公司强制清算案件转为破产清算案件。但即便在进入破产清算程序的情形下，管理人依然无资金用于支付追收未缴出资案的诉讼费用，而且还面临已有生效判决驳回公司追收未缴出资诉讼请求的情况，使得再次起诉构成重复诉讼而无法得到支持。股东B作为公司现有债权人的同时也是被追缴出资的对象，其基本没有对于追缴出资案诉讼费的垫付意愿，由此，将导致管理人对股东B出资责任追缴的能力受限，变相导致未实缴出资的股东免于承担出资义务。

此外，应当承担出资责任的股东包含现任股东及前股东。最高人民法院民二庭发布的2020年全国法院十大商事案例中的“上诉人许某勤、常州市通舜机械制造有限公司、周某茹与被上诉人青岛铸鑫机械有限公司加工合同纠纷案”［案号：（2020）鲁02民终12403号］的二审《民事判决书》载明：“依据《合同法》第六十五条之规定，当事人约定由第三人向债权人履行债务的，第三人不履行债务或者履行债务不符合约定，债务人应当向债权人承担违约责任。在公司法框架下，股东转让股权，无须目标公司同意，对于公司的资本认缴出资的合同义务，转让给股权的后股东（受让人）后，其未按期出资即注销公司的行为，使得后股东对于公司具有因出资期限届满向公司支付出资的合同义务，在其未履行的情况下，符合上述法律规定中第三人不履行债务的情形，因此，公司得向前股东（债权人）主张违约责任”；“股东系以出资为基础对公司承担有限责任，但公司解散之时，在股东仍未能按期出资，资产不足以清偿债务的时候，股东不能依《公司法》享有有限责任的保护，债权人有权要求股东在其认缴出资范围内履行其出资义务，偿还对外债务。债权人对于股东的该请求权，系基于公司设立的有限责任的原则而产生，目的是保障公司资本的完整性，维护债权人的应有利益。本案中，公司已经解散并注销，因前股东根据《合同法》第六十五条，对于公司仍有出资义务，在公司解散并注销的情况下，债权人亦有权要求前股东在其出资范围内对公司债务承担连带责任”。

（三）债务清偿方案可免除股东部分或全部出资责任

在自行清算和强制清算阶段，公司的债务金额如远低于股东出资金额，股东可否免除部分或全部出资责任？在股东与全体债权人达成债务清偿方案的情况下，股东可无须全额缴纳认缴出资额。

《最高人民法院关于适用〈中华人民共和国公司法〉若干问题的规定（二）》第17条规定：“人民法院指定的清算组在清理公司财产、编制资产负债表和财产清单时，发现公司财产不足清偿债务的，可以与债权人协商制作有关债务清偿方案。债务清偿方案经全体债权人确认且不损害其他利害关系人利益的，人民法院可依清算组的申请裁定予以认可。清算组依据该清偿方案清偿债务后，应当向人民法院申请裁定终结清算程序。债权人对债务清偿方案不予确认或者人民法院不予认可的，清算组应当依法向人民法院申请宣告破产。”据此，强制清算阶段的清算组可以与债权人协商制作债务清偿方案，在全体债权人确认且不损害其他利害关系人利益的情形下，清偿方案经执行完毕后，清算程序可依法终结。基于强制清算的相关规定是“底线”要求，那么笔者认为，自行清算阶段亦可参照上述规定。在自行清算和强制清算阶段，股东出资为公司清算财产，假如股东仅补缴部分应缴出资即可清偿公司全部债务以及清算费用，甚至股东没有补缴任何出资但通过其他安排得到全体债权人的认可且不损害利害关系人的利益，则剩余未缴出资可无须再支付，在公司完成清算程序并注销后，股东该剩余出资责任即可免除。

（四）深圳“执转破”程序中股东出资以债权额为限进行补足

深圳市中级人民法院《关于执行移送破产案件管理人工作指引》第 21 条、第 22 条规定，管理人经调查发现出资人未履行或者未完全履行出资义务的，管理人应当依法追缴出资而不受出资期限的限制，管理人认为应当全额追缴并愿意垫付诉讼费用的，可以直接提起诉讼，但如追缴出资诉讼成本过高，经债权人会议表决后可以已知债权额为限进行追缴。该规定在保障全体债权人合法权益不受损且经债权人会议表决通过的情况下，允许管理人部分追缴股东欠缴出资，解决了破产企业现有资产不足以支付诉讼费用的困境，也同时减免了股东认缴的但超出公司债权额总额之外的部分出资责任。虽然该规定适用于“执转破”案件，但“执转破”案件亦属于破产案件，只是破产案件的启动是由执行程序转换而来，因此，将其推及适用至破产程序应无妨碍。

笔者认为，该规定与前述自行清算和强制清算阶段中股东与全体债权人达成债务清偿方案之后无须再缴纳剩余出资的理论基础和法律依据一致。《公司法》第 236 条第 2 款规定：“公司财产在分别支付清算费用、职工的工资、社会保险费用和法定补偿金，缴纳所欠税款，清偿公司债务后的剩余财产，有限责任公司按照股东的出资比例分配，股份有限公司按照股东持有的股份比例分配。”假如公司股东的认缴出资额在足额实缴的情况下，完全清偿了公司的所有负债及清算费用等仍有剩余，则剩余部分将按照股东持股比例分配给股东，在该种情形下资金的流向，是从股东处支付至公司，然后再由公司将剩余部分支付给回股东。基于此种假设情形的“模拟”，从结果往前推，在股东无须收回剩余分配款的情况下，实际上股东亦无须支付过多的出资款，而在此过程中，债权人均获得了清偿，即便公司实缴资本与注册资本存在偏差，但亦属于法律设定的注册资本认缴制框架内。

（五）破产清算程序中股东欠付公司出资不能与公司欠付股东债务进行抵销

在司法实践中，往往会出现公司控股股东向公司提供了大量的资金，相关资金在银行流水以及财务资料上均体现为“往来款”，而公司的工商登记资料中并无资料显示该控股股东已经足额缴纳了出资款，财务资料显示公司的实收资本为零。在公司进入清算阶段后，控股股东则向清算组或管理人主张其向公司支付的款项为出资款，或者以公司欠付的款项与其应缴出资额进行抵销。股东的该种主张不一定能够得到法律的支持。比如，北京市第二中级人民法院在（2023）京02民终7631号《民事判决书》中的“本院认为”部分载明：“李某某上诉主张洺赫公司原唯一股东陈某泉完成了缴纳出资义务，其二审补充提交的上海浦东发展银行业务凭证/回单，虽显示陈某泉或李某曾多次向洺赫公司打款，但时间跨度长、金额不等，未能明确体现为出资，且洺赫公司工商登记资料中并无陈某泉或李某某完成实缴出资义务的相关证明材料，不足以证明陈某泉或李某某完成了实缴出资义务，在李某某未提供其他充分证据证实其主张的情况下，故本院对李某某的上诉主张难以采信。”

在实行公司注册资本认缴制的情况下，股东实缴出资已经不再是公司设立并取得营业执照的条件，股东的实缴出资也不需要进行工商登记，在此情况下，发生争议时，股东是否已经履行了出资义务则取决于股东提供的有关证据是否充分。

《公司法》第49条规定：“股东应当按期足额缴纳公司章程规定的各自所认缴的出资额。股东以货币出资的，应当将货币出资足额存入有限责任公司在银行开设的账户；以非货币财产出资的，应当依法办理其财产权的转移手续。”第55条规定：“有限责任公司成立后，应当向股东签发出资证明书，记载下列事项：（一）公司名称；（二）公司成立日期；（三）公司注册资本；（四）股东的姓名或者名称、认缴和实缴的出资额、出资方式和出资日期；（五）出资证明书的编号和核发日期。出资证明书由法定代表人签名，并由公司盖章。”因此，股东证明其已经履行了实缴出资义务的证据至少包含其出资款支付至公司账户的凭证或完成财产权转移的过户登记证明以及由公司签发的出资证明书。除此之外，公司董事会、股东会关于股东出资确认的相关股东会决议、董事会决议，工商档案中可以体现实缴出资的验资报告、资产评估报告、股权转让协议、年检报告等，财务资料中可显示实收资本入账的证明等，均可以作为股东已经缴纳出资的证明资料。

在破产清算程序中，在股东向公司支付的款项无法被认定为股东实缴出资的情况下，股东也不能以公司欠付的款项与其应缴出资额进行抵销。《最高人民法院关于适用〈中华人民共和国企业破产法〉若干问题的规定（二）》第46条规定："债务人的股东主张以下列债务与债务人对其负有的债务抵销，债务人管理人提出异议的，人民法院应予支持：（一）债务人股东因欠缴债务人的出资或者抽逃出资对债务人所负的债务；……"该规定的适用方式为，股东如对破产企业有债权，则应当依法向破产企业管理人申报债权，但股东欠付破产企业的出资款，应当依法补足，或管理人依法予以追缴，两者不能相互抵销。结合《企业破产法》第32条的规定，亦可以解释为，破产企业不能以对股东欠缴出资的债权来清偿其所欠付该股东的债务，否则即构成破产企业对该股东的个别清偿，在其他普通债权人需依法按照统一的比较低的破产清偿率受偿的情况下，该股东却得到了100%的受偿，使得债权人之间受偿率不一致，显失公平，因此，该种抵销应当予以禁止。浙江省高级人民法院在（2019）浙民终736号民事判决书中"本院认为"部分载明，"注册资本作为公司运营的物质基础，股东抽逃注册资本构成对公司的侵权"，"虽然黄某东曾为爱芭公司偿还过贷款678万多元并主张抵销权，但是，在爱芭公司已经进入破产程序的情况下，与民法抵销权不同，破产抵销权突出其债的担保功能，即公司注册资本是公司对全体债权人的偿债担保，而非仅仅是股东应当对公司履行的出资义务，既然返还抽逃出资之债的利益主体涉及股东、公司、债权三者之间，在主体之间不具有对应性的情况下，黄某东对爱芭公司享有的案涉678万多元破产债权，不能与其应当返还给公司的抽逃出资之债相互抵销"，即是对前述规定的具体适用。

至于自行清算和强制清算程序中股东欠付公司出资能否与公司欠付股东债务进行抵销，目前并无明文规定，但根据“法无禁止即自由”的原则，因自行清算和强制清算程序理论上并不存在公司资产不足以清偿债务的情形，在公司资产（含股东出资款）足以清偿所有债务且可能有剩余的情形下，该种抵销并未损害其他债权人的利益，因此，笔者认为此种情形是可以进行抵销的。

三、结语

综上分析可知，虽然公司注册资本认缴制对股东实缴出资的期限要求放宽，但股东应当对其缴纳出资情况的真实性、合法性负责，在公司清算程序中，基于债权人利益的保护，股东出资义务的减免除符合法定情形外，应当加速到期并足额实缴。

（本文仅代表作者个人观点。特约编辑：陈姝璇）

执行程序中追加未届出资期限股东的法理辨析

卜　斌*

《最高人民法院关于适用〈中华人民共和国公司法〉若干问题的规定（三）》（以下简称《公司法司法解释三》）第13条第2款①确立了公司债权人请求未履行出资义务的股东对公司债务不能清偿的部分承担补充赔偿责任的制度基础。《最高人民法院关于民事执行中变更、追加当事人若干问题的规定》（以下简称《变更、追加规定》）第17条②规定："执行程序中可以追加未足额出资的股东作为被执行人在未出资本息范围内对公司债务承担责任。"根据前述规定，债权人可以通过诉讼和执行两条路径请求未足额出资的股东承担责任。《全国法院民商事审判工作会议纪要》（以下简称《九民纪要》）第6条③在诉讼层面明确了

---

* 广东晟典律师事务所律师。

① 《公司法司法解释三》第13条第2款规定，公司债权人请求未履行或者未全面履行出资义务的股东在未出资本息范围内对公司债务不能清偿的部分承担补充赔偿责任的，人民法院应予支持；未履行或者未全面履行出资义务的股东已经承担上述责任，其他债权人提出相同请求的，人民法院不予支持。

② 《变更、追加规定》第17条规定，作为被执行人的营利法人，财产不足以清偿生效法律文书确定的债务，申请执行人申请变更、追加未缴纳或未足额缴纳出资的股东、出资人或依公司法规定对该出资承担连带责任的发起人为被执行人，在尚未缴纳出资的范围内依法承担责任的，人民法院应予支持。

③ 《九民纪要》第6条规定，在注册资本认缴制下，股东依法享有期限利益。债权人以公司不能清偿到期债务为由，请求未届出资期限的股东在未出资范围内对公司不能清偿的债务承担补充赔偿责任的，人民法院不予支持。但是，下列情形除外：（1）公司作为被执行人的案件，人民法院穷尽执行措施无财产可供执行，已具备破产原因，但不申请破产的；（2）在公司债务产生后，公司股东（大）会决议或以其他方式延长股东出资期限的。

股东出资加速到期的条件，《公司法》（2023年修订）第54条①吸收了《九民纪要》的规定，将非破产情形下股东出资加速到期常态化。那么，在出资期限尚未届满的情况下，股东能否被人民法院通过上述执行程序追加为被执行人呢？本文将探讨这一问题。

一、实践检视

新《公司法》施行前，关于在执行程序中能否追加未届出资期限的股东作为被执行人的问题，笔者通过案例检索，归纳了“肯定说”与“否定说”的裁判思路分歧，分歧主要体现在以下三个方面。

（一）对法律规定的理解与适用的分歧

支持“肯定说”的法院认为，《九民纪要》已明确股东出资加速到期的条件，如符合加速到期的条件，股东应当立即履行出资义务，债权人可以按照《变更、追加规定》第17条在执行程序申请追加未出资股东作为被执行人。例如，深圳前海伊立浦资产管理有限公司、德奥通用航空股份有限公司、北京市安理律师事务所执行案［案号：（2020）粤03执异471号］，深圳市中级人民法院认为：“本案中，被执行人伊立浦公司不能清偿到期债务，本院穷尽执行措施未发现有其他可供执行财产，已符合企业破产法规定的破产原因情形，而其未申请破产，作为股东的被申请人德奥公司就其尚未届出资期限的9千万元认缴出资此种情形下应为已加速到期，即德奥公司应对该9千万元认缴资本予以实际缴付。对伊立浦公司全部注册资本而言，股东出资已全部加速到期，被申请人德奥公司在仅出资1千万元现实情况下，已构成未足额缴纳出资，依法应在未出资范围9千万元内对公司不能清偿的债务承担补充清偿责任……申请人安理律所的追加被执行人的请求有事实和法律依据，本院予以支持。”

① 《公司法》（2023年修订）第54条规定，公司不能清偿到期债务的，公司或者已到期债权的债权人有权要求已认缴出资但未届出资期限的股东提前缴纳出资。

支持“否定说”的法院认为，《九民纪要》并非法律或司法解释，且仅是对审判工作的指导，不适用于执行程序。执行力主观范围的扩张会影响当事人的实体权利，此类问题应当由明确的法律规定加以解决。在法律或司法解释没有明确规定的情况下，不能在执行程序中追加未届出资期限的股东作为被执行人。例如，欧派家居集团股份有限公司、雷某等执行案［案号：（2023）苏 05 执异 4 号］，苏州市中级人民法院认为：“首先，人民法院在执行程序中追加被执行人，是特定情形下对生效裁判确定的义务主体的扩张，直接影响各方当事人的实体、程序权利，因此必须严格遵守追加事由法定的原则，即应当限于法律和司法解释明确规定的追加范围，既不能超出法定情形进行追加，也不能直接引用有关实体裁判规则在执行程序中追加。其次，《全国法院民商事审判工作会议纪要》第 6 条对股东出资加速到期进行了规定，但该规定系针对民商事审判中的前沿疑难问题而制定，不是执行工作规定，不能在执行程序中直接适用该规定追加被执行人。最后，《最高人民法院关于民事执行中变更追加当事人若干问题的规定》第十七条中的‘未缴纳或未足额缴纳出资的股东’应理解为没有按照公司章程规定的金额、方式、时间等全面履行出资义务的股东，不宜将‘未届出资期限’扩大解释为‘未缴纳或未足额缴纳出资’。”

（二）法益衡量的分歧

支持“肯定说”的法院认为，公司章程规定的出资期限是股东与公司之间的内部约定，不能对抗外部债权人，当公司不能清偿债务时，股东期限利益应当让位于债权人的利益。例如，某娟、某健与广州某元网络科技有限公司执行案［案号：（2022）粤 01 执异 1019 号］，广州市中级人民法院认为：“股东杨某娜、某春、武某文认缴出资时间要到 2040 年 12 月 31 日，虽然其认缴的期限尚未届满，但该认缴的期限是公司与股东以及股东与股东之间的约定，基于合同的相对性原则，被追加的股东不能以此对抗公司之外的债权人，因此本院对其认缴的出资时间可以认定应加速到期。”

支持“否定说”的法院认为，未届出资期限的股东享有期限利益，应当得到法律保护。债权人在交易时即可通过公示信息查询股东出资情况。在明知股东出资期限的情况下，债权人仍然愿意与公司进行交易，表明债权人同意接受股东出资期限的约束。出资期限届满前，法院不应当追加股东作为被执行人。例如，北京煜嘉兴业科技有限公司与亿函（北京）智能科技有限公司执行案［案号：（2023）京01执异180号］，北京市第一中级人民法院认为：“本案中，根据亿函（北京）智能科技有限公司工商档案中该公司章程，陈某某认缴出资时间为2036年12月31日，出资未到期，股东陈某某依法享有未届出资期限利益，不符合上述司法解释中规定的情形。”又如，李某华与上海九脉文化传播有限公司执行案［案号：（2020）沪02执异23号］，上海市第二中级人民法院认为：“根据前述查明事实，九脉公司成立时已明确注册资本采用认缴制，为公司成立后5年内，即2019年7月21日前。顾某明在2016年7月转让股权，系在认缴出资期限内依法行使权利，梅某强和周某在明知顾某明尚未实缴出资的情况下接受股权转让，应视为接受其相应的法律后果。此后，梅某强和周某又通过修正公司章程延长股东出资期限。基于上述股权转让、股东变更以及延长出资期限的情况已向社会进行公示，并且发生在李某华与九脉公司交易之前，李某华在与九脉公司协商投资事宜时完全可以在审查公司股东出资时间等信用信息的基础上综合考虑是否与九脉公司进行交易，李某华一旦与九脉公司签订投资合同，即应受制于股东出资时间的约束。”

（三）实体公正与程序保障的分歧

支持“肯定说”的法院认为，在执行程序追加未届出资期限的股东能够有效保护债权人的合法权益，实现实体公正，树立司法权威，保障司法公信力。例如，深圳市奥威尔控制技术有限公司与北京派克蓝环保科技有限公司执行案［案号：（2022）京01执异54号］，北京市第一中级人民法院认为：“本案中，北京派克蓝环保科技有限公司不能清偿对深圳奥威尔公司的到期债务，王某定作为公司股东认缴出资494.5万元，原认缴出资期限为2018年12月31日，后北京派克蓝环保科技有限公司于2022年4月11日修改了公司章程，延长股东王某定的认缴出资期限至2042年4月2日。虽然该出资期限尚未届满，但北京派克蓝环保科技有限公司延长出资期限发生于北京派克蓝环保科技有限公司对深圳奥威尔公司的债务确定以及本案追加程序启动组织各方当事人进行法庭询问之后，该延长出资期限的行为具有逃避债务的故意，系被执行人采取延长出资期限的方式以逃避公司不能履行债务时股东将被要求补足出资的责任，该行为损害了债权人利益，应在法律上予以否定，故本案应适用股东出资加速到期。深圳奥威尔公司所提追加申请，符合法律规定，本院对此予以支持。”

支持“否定说”的法院认为，股东出资加速到期及对公司债务承担责任涉及股东的实体权利，应当在诉讼程序中予以审查，不宜在执行程序中直接认定。例如，肖某峰与北京聚能辉煌教育科技有限公司、陶某执行案［案号：（2022）京01执异120号］，北京市第一中级人民法院认为：“肖某峰主张应以聚能公司具备破产原因但未申请破产为由加速到期陶某的出资期限，但变更追加被执行人是将生效法律文书的既判力扩张至未参加诉讼的股东的行为，关涉该股东程序权利的保障，且涉及该股东出资期限加速到期和公司是否具备破产原因但不申请破产等情形的认定，事关若干法律关系的实质审理，不宜在执行异议这一非诉程序中直接处理。”

二、法理辨析

笔者认为，在符合股东出资加速到期条件的条件下，法院可以在执行程序中追加出资期限加速到期的股东作为被执行人。理由如下。

第一，从文义解释的角度，根据《变更、追加规定》第17条的规定，股东只要“未缴纳或未足额缴纳出资”即满足追加的条件。若股东出资加速到期，未届出资期限的股东应当立即履行出资义务，此时，债权人可以根据《变更、追加规定》第17条申请追加未足额缴纳出资的股东为被执行人，这是一个合理、连贯的逻辑。

第二，在执行阶段直接追加出资加速到期的股东作为被执行人有利于提高执行效率，减少司法资源浪费。在法律已明确股东出资加速到期规则的情况下，若还要债权人另行起诉，获得生效裁判文书后才能申请追加股东，无疑是浪费司法资源、增添讼累。解决“执行难”的问题对树立司法公信力有重要意义。从本质上看，执行的目标就是把生效裁判文书的内容落到实处，否则，裁判文书就是一纸空文。裁判文书无法有效执行将极大动摇人民群众对司法的信任，使其转向自力救济甚至求助于非法手段，从而滋生诸多不稳定因素，不利于构建和谐稳定的社会环境。

第三，股东出资加速到期符合权利与义务相对等的内在要求，在执行阶段直接追加出资加速到期的股东并未损害该股东的权利。股东出资是公司经营发展的重要来源，股东负有资本充实义务。股东享受公司法赋予的期限利益的同时，也要履行相应的义务。这一义务的底限是，股东至少要保证公司不沦为其转嫁经营风险的工具，危及与公司从事正常交易的债权人的合法权益。[①] 因此，公司财产不足以清偿生效文书确定的债务时，在执行程序中追加未届出资期限的股东作为被执行人符合权利与义务相对等的要求，并未损害该股东的合法权益。

第四，认缴资本承担了资本担保的功能。公司的认缴资本对外公示，可以彰显公司的资质信用和责任状况，帮助交易相对方对公司偿还债务的能力形成一个合理的预期，从而促成公司与相对方的交易。当公司资产无法清偿债务时，认缴资本应当发挥担保作用，保护债权人的信赖利益，及时保障债权人的合法权益。

“否定说”认为，不能在执行程序中追加未届出资期限的股东主要基于以下理由，笔者将逐一进行辨析。

第一，从体系解释的角度，应当从公司法整体体系的视角理解《变更、追加规定》第17条的规定。认缴制下的出资义务包含出资期限和

---

① 参见李建伟：《认缴制下股东出资责任加速到期研究》，载《人民司法》2015年第9期。

出资数额,[①] 出资期限未届满时不构成《公司法司法解释三》第13条第2款的“未履行出资义务”，所以《变更、追加规定》第17条规定追加股东的范围应当仅限于出资期限届满的股东。

对此，笔者认为，《九民纪要》发布之后，规定了未届期限的股东出资可以在“非破产情形”下加速到期。《公司法》第54条更是明确只要在公司不能清偿到期债务的情况下，债权人便可要求已认缴出资但未届出资期限的股东提前缴纳出资。股东出资加速到期后，便可以适用《变更、追加规定》第17条在执行阶段追加出资加速到期的股东作为被执行人。

第二，从程序正义的角度，法院不应当在执行程序中审查判定股东的实体权利。股东出资义务涉及股东的实体权利，应当在诉讼程序予以审查，在执行程序中决定股东的实体权利属于体系上的错位。从民事诉讼的基本要求和诉的基本性质出发，凡是涉及实体权利事项，必须通过诉讼程序加以确定，通过诉的方式加以救济。[②] 股东享有的辩护权等程序权利，应当获得充分保障。

对此，笔者认为，若股东对执行追加没有异议，法院直接在执行程序中追加股东作为被执行人，可以有效提高执行效率。若股东不认可执行追加裁定，可以提起执行异议之诉，届时再进入诉讼程序，亦不会损害股东的程序权益。可见，在执行中追加股东被执行人可以有效衡平公正价值与效率价值，在最大限度地保障申请执行人利益的同时，兼顾被执行人的权利。

第三，从公平原则的角度，股东对部分债权人单独清偿会造成实质不公，损害其他债权人的利益。债权人申请追加股东作为被执行人必然是因为公司资不抵债或明显缺乏清偿能力，此时，公司已经符合《企业破产法》第2条规定的破产条件，所以应当进入破产程序，然后按照《企业破产法》第35条使股东出资加速到期，出资由全体债权人共同

---

① 参见陈石磊：《追加未届出资期限股东为被执行人的问题探析》，载《人民司法》2022年第35期。

② 参见张卫平：《案外人异议之诉》，载《法学研究》2009年第4期。

分配，从而真正意义上保护全体债权人的利益。单独清偿不符合《企业破产法》的精神，会损害其他债权人的利益。①

对此，笔者认为，一方面，问题讨论的语境是执行程序而非破产程序，个案的执行就是对债权人的个别清偿。在执行程序中，申请执行在后的债权人本就可能面临不能清偿的风险，申请执行在先的股东既没有能力也没有义务去统计和判断债务人公司还有多少债权尚未清偿以及股东未出资额能否覆盖全部债权、是否符合破产条件。另一方面，“非破产加速”的弊端也完全可以通过破产撤销权的运用控制在合理范围内，不必担心不合理的“偏颇给付”所衍生的“公平清偿”问题。②

综上，笔者认为在满足出资加速到期的条件下，法院可以在执行程序中追加出资期限加速到期的股东作为被执行人。

（本文仅代表作者个人观点。特约编辑：陈容明）

① 参见最高人民法院民事审判第二庭编著：《〈全国法院民商事审判工作会议纪要〉理解与适用》，人民法院出版社 2019 年版，第 126 页。

② 参见蒋大兴：《论股东出资义务之“加速到期”——认可“非破产加速”之功能价值》，载《社会科学》2019 年第 2 期。

新《公司法》中董监高信义义务深度解析

孙彬彬[*]　邢昊然[**]

2023 年是我国《公司法》颁布的第 30 年，进入“而立之年”的《公司法》迎来了一次全面修订（本文将修订后的《公司法》简称为新《公司法》）。本次修订中的一大重点即对公司“董事、监事、高级管理人员”（以下合并时统称董监高）制度的完善，涉及条款达数十条，其中，既包括“形”的层面，诸如董监高任职资格、董事会人数、审计委员会、基本表决规则、监事会设置、辞任规则等；也包括“实”的层面，即董监高承担的信义义务和责任等。本文拟对其中董监高身份的认定、董监高的信义义务以及违反信义义务所承担的法律责任三个方面进行解析。

一、董监高身份的认定

从任职资格来看，新《公司法》第 178 条对董监高的任职资格做了进一步细化，将“被宣告缓刑的，自缓刑考验期满之日起未逾二年”“担任因违法被吊销营业执照、责令关闭的公司、企业的法定代表人，并负有个人责任的，自该公司、企业被吊销营业执照、责令关闭之日起未逾三年”“个人因所负数额较大债务到期未清偿被人民法院列为失信被执行人”作为不得担任公司董监高的情形。

---

* 中伦律师事务所合伙人律师，加州大学伯克利分校法学硕士、中国人民大学法学硕士。
** 中伦律师事务所上海办公室律师，上海交通大学法学硕士。

但笔者认为，新《公司法》在董监高身份方面的核心变化，在于从“泛登记中心主义”的“形式化”认定规则，转为体现“兼顾实质”的认定精神，其中尤为值得讨论的问题在于：（1）在董监高责任全面强化的大背景下，董监高是否存在进一步类型化，进而区分设置权利义务的空间？（2）新《公司法》引入的“事实董事”“影子董事”“影子高管”制度具体如何适用？

（一）董监高的类型化

新《公司法》取消了“执行董事”的概念，其第10条规定公司法定代表人可由“代表公司执行公司事务的董事或者经理担任”；同时值得注意的是，第51条（出资核查）、第53条（抽逃出资责任）、第211条（违法利润分配）、第226条（违法减资）等条款中均提到“负有责任的”董监高；另外，新《公司法》还存在“职工董事”“外部董事”“独立董事”等类型化的规定。由此将引发一系列疑问：（1）在新《公司法》大幅强化董监高信义义务的情况下，“执行公司事务”与“非执行公司事务”的董监高，区别何在？（2）法律规定的“资本维持”“清算”等信义义务，是否将普遍适用于全体董监高？（3）公司是否可以在董监高内部再进行具体职责的划分？

可以预见，以上问题后续将在司法实务中引发较大争议：如职工董事，通常认为其核心定位在于代表和反映职工利益；再如，广义的外部董事，往往基于个别投资人或国资程序的委派和自身特定专业能力而担任董事，主要起监督作用。若认为此类主体承担与其他董监高相同的信义义务，将产生广泛影响。

以私募资产管理计划的投资为例，目前较为普遍的资管计划股权投资交易结构中往往包括资管计划向目标公司委派董事、监事和财务负责人等高级管理人员；进行公司公章、证照、账户等的共管，并嵌入在目标公司的重大决策、重要资金划付等表决和审批流程上；在目标公司、原控股股东、管理层违反相关投资协议约定的情况下，资管计划可采取追究相关责任方违约责任、启动投资退出程序等方式进行救济。该等被委派人员的作用在于监督目标公司管理层的工作，维护其所代表的投资人的利益，具有显著的“外部董监高”特征；且基于此类资管机构的性质，其委派人员往往同时兼任多家目标公司的“董监高”，被委派人员对目标公司实际经营的参与和了解有限。新《公司法》实施后，若此类董监高被认为在出资缴纳、抽逃出资、分红、减资等方面承担与其他董监高相同的信义义务，则将显然扩大此类人员的执业风险，并可能影响资管计划未来的整体投资架构安排。

上述问题有待通过司法解释和相关案例加以明确。笔者倾向于认为，新《公司法》既规定了“执行事务的董事”“外部董事”“负有责任的董监高”“董事会下设审计委员会”等类型，则理论上应允许公司基于意思自治，通过公司章程等形式，对董监高的职责进行一定程度的区分和细化，成为法律规则的延伸。新《公司法》对于董监高信义义务的强化，核心更多地在于“责任明确”，而非责任的“固化”“泛化”，否则容易出现矫枉过正的情况。当然，董监高的分类和分工问题关系到公司、股东、债权人的利益平衡问题。一方面，原则上此类分工应通过公司章程、全体股东签署相关协议等方式加以明确，若相关安排没有公示，则不能对抗善意第三人；另一方面，分工分类的前提应是新《公司法》规定属于董监高法定职责，均有明确的责任主体，公司章程或相关协议等不能“分而不明”或排除法定职责。

从资管计划的角度来看，在未有司法解释进一步明确之前，对上述董监高委派的风险要予以重点关注，笔者建议采取降低委派人员履职风险的相关措施，具体如下。

1. 明确约定委派人员的职责、强化相关免责条款，并争取能够直接在公司章程中体现；且现阶段对于委派人员的职责建议优先从责任范围和方式层面进行明确，而非直接约定其不承担出资核查催缴等职责。

2. 根据被投目标公司的实际情况，更灵活地设置交易结构和管理层级，例如，在目标公司上增设特殊目的实体（Special Purpose Vehicle，SPV），将交易结构中的部分企业形式调整为合伙企业（《合伙企业法》暂未修改）等。

3. 要求公司根据新《公司法》新增的董事责任保险制度（后续可能会进一步发展出监事、高级管理人员责任保险），为董事投保，以降低后续责任风险。

4. 谨慎委派经理、财务负责人等核心高级管理人员，被委派人员应更为审慎地履职，如发现股东、其他董监高存在违法情况，应及时要求其纠正违法行为并承担相应责任。

（二）“事实董事”“影子董事”“影子高管”的具体认定和适用

针对目前诸多公司存在“一股独大”“只手遮天”的情况，为了制约大股东、实际控制人利用其股权和控制权侵犯公司和其他主体的合法权益，新《公司法》引入了“事实董事”“影子董事”“影子高管”的制度。新《公司法》第180条第3款规定，若公司控股股东、实际控制人虽不担任公司董事但实际执行公司事务的，应视为公司董事并承担相应的忠实勤勉义务，即所谓“事实董事”。新《公司法》第192条规定，若公司的控股股东、实际控制人指示董事、高级管理人员从事损害公司或者股东利益的行为的，与该董事、高级管理人员承担连带责任，即所谓“影子董事”“影子高管”。

比较上述两条规定，“事实董事”与“影子董事”、“影子高管”具有一定的关联性，并可能发生竞合。但比较而言，认定“事实董事”更侧重于“身份”，即若认定控股股东、实际控制人为“事实董事”，则其应承担新《公司法》关于董事的全部忠实勤勉责任；认定“影子董事”“影子高管”则更侧重于“行为”，更强调在某一具体的侵权行为中，该控股股东、实际控制人是否采取了指令董事、高级管理人员损害公司或股东利益的行为。由此，需要深度讨论的问题是：（1）如何认定“事实董事”的“实际执行公司事务”？（2）控制行为或指令行为是否要与争议事项有关？（3）对于“事实董事”“影子董事”“影子高管”的认定是持续性的还是个案性的？

关于事实董事的认定问题，笔者倾向于认为，控股股东、实际控制人基于其自身持有的股权和对公司的支配力，拥有对公司决策更大的话语权，这本身无可厚非。事实董事制度更多地关注该控股股东、实际控制人是否“越俎代庖”，对于公司管理决策进行了“不当干预”。因此，若控股股东仅依照公司章程职权通过股东会层面基于大股东身份进行“控制行为”，即使该控制存在侵犯公司利益、侵犯其他股东利益的情况，原则上也应该通过新《公司法》第21条、第22条、第23条等对滥用股东权利的相关规定加以制约，而不宜直接认定其属于“事实董事”。而在控股股东、实际控制人的控制行为已经完全打破董事会和股东会的职责边界、直接行使董事或董事会职权的情况下，方可考虑对于“事实董事”的认定。

关于控制行为或指令行为是否要与争议事项有关的问题，笔者倾向于认为，“事实董事”与“影子董事”、“影子高管”有所不同。如前所述，“事实董事”侧重于身份认定，因此，若基于案件中控股股东、实际控制人对于公司事务的实际执行和控制情况，最终认定该控股股东、实际控制人为“事实董事”，则其法律后果在于该“事实董事”应承担新《公司法》关于董事的全部责任。而“影子董事”“影子高管”侧重于具体的指令行为，本质上应适用《民法典》侵权责任编关于共同侵权的相关构成要件规定，因此，若控股股东、实际控制人对董事、高级管理人员所做的操纵行为与系争侵权事实无关，则当然不能认定该控股股东、实际控制人属于“影子董事”“影子高管”。

关于“事实董事”“影子董事”“影子高管”的认定是持续性还是个案性的问题，笔者倾向于认为，控股股东、实际控制人对于公司的管理、控制状态是动态的、流变的，且新《公司法》既然强调了股东会、董事会职权的区分，明确了股东责任和董监高对公司信义义务的区分，则应该以维护该等关系的稳定性为原则，参照“法人人格否认”制度，对“事实董事”“影子董事”“影子高管”的认定原则上均仅有个案性，即在某个案件中被认定为“事实董事”“影子董事”“影子高管”并不必然在其他案件中也做此定性。

二、新《公司法》对于董监高信义义务的主要修订

（一）忠实勤勉义务内涵的完善

忠实勤勉是董监高信义义务的基本原则，相较于2018年修正的《公司法》（以下简称原《公司法》），本次修订的一大突破是明确了忠实勤勉义务的具体内涵，并在类型化层面做出了进一步补充完善。

忠实义务是指董监高应当采取措施避免自身利益与公司利益冲突，不得利用职权牟取不正当利益。忠实义务更多属于“消极义务”，即规定董监高“不能做什么”。而关于忠实义务的具体类型，新《公司法》在第181条的列举之外，于第182条至第184条进一步单列了“关联交易报告”“商业机会利用”“同业竞争”3项忠实义务，并将监事增加为前述义务的责任主体。

新《公司法》对于勤勉义务的完善具有重大意义。勤勉义务是指执行职务应当为公司的最大利益尽到管理者通常应有的合理注意，更多体现为“积极义务”，即董监高“应该为了公司利益做什么”。相较于原《公司法》中对勤勉义务规定的空泛，新《公司法》中诸多董监高信义义务的补充均是以勤勉义务为底层法理，且不同于忠实义务在新《公司法》第八章的集中规定，勤勉义务则散见于新《公司法》的各个部分。笔者认为，新《公司法》中与勤勉义务相关的信义义务类型主要包括：（1）董事催缴出资的义务（第51条）；（2）董监高关于股东抽逃出资的责任义务（第53条）；（3）董监高依法分配利润的义务（第211条）；（4）董监高关于违法减资的责任义务（第226条）；（5）董事的清算义务（第232条）；（6）董监高关于违法提供财务资助的责任义务（第163条）。

值得探讨的是董监高勤勉义务与决策错误的关系。概括而言，董监高的勤勉义务既包括“监督层面的勤勉”，也包括“决策层面的勤勉”。而在发生决策错误、造成公司损失的情况下，对于董监高是否尽到勤勉义务的判断，笔者认为，应审慎考量，避免出现将“经营亏损”“决策

错误”等同于“未尽勤勉义务”。董监高并非全知全能，且风险与收益本相伴相生，故对于勤勉义务的把握也绝不意味着“不能犯错”。适用过高的标准很可能导致决策的低效和保守，司法不应过多干预商业层面的决策。

因此，在经营决策层面，笔者倾向于对“为公司的最大利益”的认定应保有一定“宽容度”，只要行为人在主观上是善意的，并诚实地认为其决策在作出之时是有益于公司的，则一般不宜再对该等决策是否确实使公司利益实现“最大化”做过多苛责。例如，公司董事会形成决议对外进行融资用于新项目开发，但最终可能因市场变化、融资杠杆拉高等原因导致公司现金流断裂，一般不能仅仅凭后果倒推认定董事会同意公司融资的决策行为未尽到勤勉义务。而在“尽到管理者通常应有的合理注意”方面，笔者认为，应综合考虑董监高在公司的职权、职责、与决策事项的关联度等因素，采取通常理性人的审慎标准，判断行为主体在决策时是否尽到了与之匹配的注意义务。

（二）董事核查股东出资实缴情况的信义义务

本次修订最引发关注和争议的当属“注册资本五年实缴”的规定，而新《公司法》第51条明确规定董事为核查股东出资情况的义务人，则让各公司董事“如临大敌”。

但事实上，公司董事对股东出资实缴情况的核查义务并非新《公司法》首创。2011年发布实施的《最高人民法院关于适用〈中华人民共和国公司法〉若干问题的规定（三）》（以下简称《公司法司法解释三》）第13条第4款规定：“股东在公司增资时未履行或者未全面履行出资义务，依照本条第一款或者第二款提起诉讼的原告，请求未尽公司法第一百四十八条第一款规定的义务而使出资未缴足的董事、高级管理人员承担相应责任的，人民法院应予支持；董事、高级管理人员承担责任后，可以向被告股东追偿。”而在“斯曼特微显示科技（深圳）有限公司与胡秋生等损害公司利益责任纠纷再审案”中，最高人民法院最高法民再366号进一步认为《公司法司法解释三》“上述规定的目的是赋予董事、高级管理人员对股东增资的监管、督促义务，从而保证股东全面履行出资义务、保障公司资本充实。在公司注册资本认缴制下，公司设立时认缴出资的股东负有的出资义务与公司增资时是相同的，董事、高级管理人员负有的督促股东出资的义务也不应有所差别”。

可见，本次修订实际上是对《公司法司法解释三》相应规定的确认和补充，肯定了最高人民法院的上述意见，确定无论公司设立还是后续增资，董事均负有督促股东全面及时履行出资义务的职责。

值得深入讨论的是，（1）在出资核查的执行上，“董事”“董事会”“公司”之间的关系如何？部分董事的督促是否可使全体董事免责？（2）出资督促具体应在何时做出？（3）新任董事是否要对到任之前的股东出资情况进行出资督促？

1. 关于“董事”“董事会”“公司”在出资核查问题上的关系

新《公司法》第51条规定，“董事会”应当对股东的出资情况进行核查，若发现有未按期缴纳出资的情况，应由“公司”向该股东发出书面催缴，未履行该催缴义务的，负有责任的“董事”应当承担赔偿责任。这里，似乎出现了核查主体（董事会）、通知主体（公司）、责任主体（董事）不一致的情况。

另外，如前所述，笔者认为新《公司法》相关规定目的在于让董事担负起核查出资情况的勤勉义务，似不排斥部分公司基于公司性质、规模、董事构成等具体情况，通过公司章程等形式明确在董事会下专设对出资义务承担核查职责的具体机构（例如，章程规定审计委员会负责出资核查）或具体董事，不必然要求在此问题上全体董事尽到绝对同等的注意义务。

但在有进一步规定明确之前，从董事风险控制的角度看，出资核查最稳妥的方案应为设定董事会全体董事都负有出资核查义务，若发现股东有未按期足额实缴出资的情况，应上报董事会，由董事会确定宽限期等催缴方案，以董事会名义提请公司向股东发出书面催缴通知。笔者建议董事会应将股东出资的核查情况作为固定议题，定期进行核查、汇报，并反馈和通知各股东。

但实际上，各公司具体情况不同，往往可能出现未出资的股东本就是公司董事甚至董事长，董事会无法召开、无法形成决议，公司因各种原因不配合签发出资催缴通知。在此情况下，则应允许董事以个人名义向未实缴出资股东发出催缴函作为履职证明，但此时个别董事的催缴行为仅代表个人的勤勉尽职，并不能豁免其他董事的催缴义务，故其他董事仍有义务另行单独或联合发出相应催缴通知。

2. 关于出资催缴通知的时间

根据新《公司法》第51条的规定，董事会“应当”对股东出资情况进行核查，并在发现未足额实缴时，公司“应当”向股东发出催缴通知。从这两个“应当”可推知，新《公司法》对于董事的出资核查义务包括出资到期前的核查、提示义务和出资到期后的催缴义务两部分。

值得注意的是，出资到期后书面催缴书应何时发出的问题，因理论上股东在出资期届满日未缴足出资的，已经形成了对公司和债权人利益的影响，为尽可能避免董事责任的争议，原则上建议相应催缴动作可在出资届满日的次日完成。

与之形成对比的是，新《公司法》第52条关于董事会对股东的失权通知仅规定“可以发出”，并未作为董事的义务，更未限制失权通知的时间。做此规定的原因在于，《公司法》已经对于瑕疵出资的后果做出了一系列安排，股东失权仅是其中一种选择，且一旦启动股东失权程序，将会对其他股东利益甚至公司的存续运营造成较大影响，故是否采取失权动作，应属公司意思自治的范畴。

3. 关于履行出资核实义务的董事范围

因董事会涉及换届、董事辞职等情况，在职董事应对其在任期间股东的出资情况承担核实义务，自不必多言。但新任董事，是否有义务对任职前的股东出资情况进行核查、对于已经发生的出资逾期是否应该再次通知催缴？笔者倾向于认为，勤勉义务的内涵决定了某人既选择同意成为公司董事，就应勤勉尽职地维护公司利益，其应按照股东的认缴出资情况和出资期限的要求充分核查相应的实缴出资情况，对于业已发生的出资逾期情况，即使公司曾发出催缴通知，但鉴于出资逾期情况仍然延续，且未通过股东失权等方式加以制约，说明其对公司利益的侵害状态也仍然持续。出于对公司利益的维护、避免“放任损害延续”，新任董事有义务要求公司或自行向逾期出资股东进行再次催缴。当然，若新任董事并未再次催缴，关于其承担的责任与其他董事是否应有所区别等问题，有待后续进一步明确。

（三）关于董监高对抽逃出资的责任义务

新《公司法》第53条规定了在股东抽逃出资情况下董监高的责任义务。该条虽与第51条出资核查义务同属在公司资本维持方面的勤勉义务，但实际又有较大区别。

股东出资问题本质上属于“显性”问题，是否出资在一般情况下较容易判断，因此，对于此类义务的履行，新《公司法》对董事提出“两个应当”的积极核查要求。但出资之后的“抽逃”则显然具有高度隐蔽性，并非全部董监高都有能力发现出资抽逃问题，因此，有部分观点将本条理解为董监高负有“防范出资抽逃的义务”。法律不应“强人所难”，笔者倾向于认为董监高对于抽逃出资的责任义务并非“积极义务”，可作为参照的是《公司法司法解释三》第14条“股东抽逃出资，公司或者其他股东请求其向公司返还出资本息、协助抽逃出资的其他股东、董事、高级管理人员或者实际控制人对此承担连带责任的，人民法院应予支持”的规定。

但值得注意的是，新《公司法》第53条将《公司法司法解释三》“协助抽逃出资”的表述改为“负有责任”，从勤勉尽职的内涵而言，后续可能意味着除主动协助抽逃出资的“故意”行为外，董监高若对抽逃出资明知或应知，但未采取任何措施，该等“放任”行为亦可能导致信义义务责任的承担。

（四）董事的清算义务

根据原《公司法》第183条及《最高人民法院关于适用〈中华人

民共和国公司法〉若干问题的规定（二）》（2020 年修正，以下简称《公司法司法解释二》）第 18 条、第 19 条的规定，清算义务人按照公司性质的不同做出了相应区分，有限责任公司的清算义务人为股东，股份有限公司的清算义务人为董事和控股股东。而《民法典》第 70 条则规定法人的董事、理事等执行机构或者决策机构的成员为清算义务人。本次新《公司法》延续了《民法典》的立法精神，统一将公司清算义务人规定为董事。

但值得讨论的是，“清算义务人”与“清算组”成员的关系问题。根据新《公司法》第232 条的规定，董事为公司清算义务人，清算组由董事组成，但是公司章程另有规定或者股东会决议另选他人的除外。由此可知，董事虽为清算义务人，但可能并非清算组的成员，进而可能出现董事基于实际是否成为清算组成员而承担不同义务的情况。

董事在仅作为清算义务人而非清算组成员的情况下，其承担的清算义务包括“推动清算组的成立”和“配合清算工作”两方面。对于前者，新《公司法》第 232 条明确规定清算义务人“应当在解散事由出现之日起十五日内组成清算组进行清算”，“清算义务人未及时履行清算义务，给公司或者债权人造成损失的，应当承担赔偿责任”。另外，结合《公司法司法解释二》第 20 条，若公司未依法成立清算组清算而直接注销，债权人亦有权向清算义务人主张赔偿责任。而对于“配合清算工作”，则主要指部分公司董事往往掌握公司经营数据、财务数据，应配合向清算组进行汇报和移交。

而在董事同时作为清算组成员的情况下，还负有新《公司法》第238 条规定的清算组成员的忠实勤勉义务。其中，需特别注意的是，在怠于清算的情况下，《公司法司法解释二》第 7 条、第 18 条第 2 款仅规定债权人或股东可以请求人民法院启动司法清算，在因相关主体“怠于履行义务，导致公司主要财产、账册、重要文件等灭失，无法进行清算”的情况下，债权人可以要求其对公司债务承担连带责任。而新《公司法》第 238 条第 2 款规定：“清算组成员怠于履行清算职责，给公司造成损失的，应当承担赔偿责任；因故意或者重大过失给债权人造成损失的，应当承担赔偿责任。”据此，“怠于清算”本身即可构成承担赔偿责任的理由，而无须叠加“主要财产、账册、重要文件等灭失”，且除债权人外，公司亦可要求清算组成员承担赔偿责任。

（五）董监高关联交易信义义务

原《公司法》对有限责任公司董监高关联交易问题的限制较少，仅在第21条第1款概括性规定“公司的控股股东、实际控制人、董事、监事、高级管理人员不得利用其关联关系损害公司利益”，更多的限制性规定仅针对上市公司董监高。新《公司法》对有限责任公司、股份有限公司的董监高关联交易制度上均作出修改，主要涉及三大方面的内容。

第一，关联方的认定范围调整。董监高的近亲属，董监高或者其近亲属直接或者间接控制的企业，以及与董监高有其他关联关系的关联人，都视为关联方。特别是“有其他关联关系”的兜底条款，大幅扩大了关联方的范围。

第二，增加关联交易报告义务。根据原《公司法》，有限责任公司的董监高在“不利用关联关系损害公司利益”原则下，并无关联交易报告或回避的当然义务。但根据新《公司法》第182条，董监高直接或者间接与本公司订立合同或者进行交易，都应该向董事会或股东会进行报告，并按照公司章程的约定进行表决。另外，第183条、第184条还专门规定了涉及商业机会、同业竞争情况的规则。再结合上文“关联方范围”扩展到“有其他关联关系”的兜底条款，笔者认为，新《公司法》在关联交易问题上在一定程度上可理解为要求董监高承担“君子责任”，即只要与公司发生的交易可能涉及与董监高个人相关的利益转移行为，无论金额大小，相关董监高均应向公司如实披露。否则，其获得的相关收入应归公司所有，即所谓“归入权”。

第三，完善回避表决规则。新《公司法》明确，涉及关联交易、谋取商业机会、同业竞争事项的董事会表决，关联董事不得参与；出席董事会会议的无关联关系董事人数不足三人的，应当将该事项提交股东会审议。

三、董监高违反信义义务的赔偿责任

董监高信义义务加重的直接表现在于违反信义义务的赔偿责任扩张。按照责任对象进行类型化区分，董监高的赔偿责任包括对公司责任、对股东责任、对第三方责任三大类（见表1）。

表1 新《公司法》董监高赔偿责任的类型化体系

责任类型	条款	责任主体	责任形式
对公司责任	第22条 不当关联关系	董、监、高	赔偿责任
	第51条 出资核查	董事	赔偿责任
	第53条 抽逃出资	董、监、高	连带赔偿责任
	第125条 股份公司董事会的决议违反法律、行政法规或者公司章程、股东会决议	董事	赔偿责任
	第163条 不当财务资助	董、监、高	赔偿责任
	第188条 执行职务违反法律、行政法规或者公司章程	董、监、高	赔偿责任
	第192条 从事损害公司或者股东利益的行为	（影子）董、高	连带责任
	第211条 违法分配	董、监、高	赔偿责任
	第226条 违法减资	董、监、高	赔偿责任
	第232条 未履行清算义务	董事	赔偿责任
对股东责任	第190条 损害股东利益	董、高	可提起诉讼
	第192条 从事损害公司或者股东利益的行为	（影子）董、高	连带责任
第三方责任	第191条 执行职务给他人造成损害	董、高	赔偿责任
	第232条 未履行清算义务	董事	赔偿责任

在本次修订中，除上文已提及的“出资核查”责任等新设责任场景之外，值得深入讨论的赔偿责任问题主要包括：（1）在第三人侵权

责任中，如何证明董监高存在“故意或重大过失”？（2）对第三人承担责任的范围是否包括“间接损失”？（3）董监高的赔偿责任形式和范围是什么？

（一）第三人侵权责任中董监高的“故意或重大过失”

有部分观点认为新《公司法》首次确立了董事、高级管理人员的第三人责任制度，笔者认为此观点似乎并不妥当，实际上董监高对第三人承担赔偿责任的规定早已有之。例如，《公司法司法解释三》第13条、第14条分别规定了董事、高级管理人员因未尽出资核查义务以及董事、高级管理人员协助抽逃出资对债权人承担的赔偿责任。再如，《证券法》第84条、第85条规定了董监高不履行对投资人的公开承诺以及进行虚假陈述而应承担的赔偿责任等。

新《公司法》第191条的核心突破在于将董事、高级管理人员的第三人赔偿责任“标准化”，即只要董事、高级管理人员因存在主观故意、重大过失而造成他人损害，均应承担赔偿责任。由此，引发了第三人如何证明该“故意、重大过失”的举证责任问题。

外部第三人往往无从得知董事、高级管理人员在公司的履职情况，由第三人举证董事、高级管理人员存在故意或重大过失缺乏可操作性，但若一味“举证责任倒置”，又可能出现第三人滥用诉求，公司董监高不堪其扰的情况。笔者倾向于认为，在对“故意、重大过失”的认定上，仍需原告尽到基本的举证义务，即侵权行为的发生与相关董事、高级管理人员有关，原告有合理的怀疑认为相关董事、高级管理人员存在故意、重大过失，例如，原告已举证证明某公司涉嫌侵权的决策行为属于董事会决策范围，或某行为属于财务负责人职责范围，在此基础上再由相关董事、高级管理人员“自证清白”。

（二）对第三人赔偿的责任范围

对第三人赔偿的责任范围仅包括直接损失，还是亦包括间接损失？此处所称的“直接损失”是指董事、高级管理人员的侵权行为直接指向的对象即为第三人，例如，在虚假陈述案件中董事、高级管理人员进行虚假陈述误导投资人，公司董事会决策生产侵犯其他公司知识产权的产品，公司高级管理人员决策制作虚假的财务文件骗取金融机构贷款，等等。"间接损失"则是指董事、高级管理人员的侵权行为直接指向的对象是公司或股东，但侵权后果间接导致第三人的权益受到影响。典型的间接损失情况包括董事、高级管理人员严重违反勤勉义务，在未做尽调的情况下进行草率投资并出现巨额亏损；董事通过关联公司抢走本公司的商业机会；公司经营违规遭受高额罚款等，这些都会在一定程度上影响公司债权人的利益。

那么，第三人是否可对于这些"间接损失"向董事、高级管理人员主张责任？从第 191 条的规定本身来看，似乎并未排除此类侵权情况。但笔者仍认为，董事、高级管理人员对第三人的赔偿责任，应以赔偿直接损失为原则，法律明确规定赔偿间接损失的除外。原因如下：

第一，第三人遭受间接损失的原因往往在于其本身对公司享有债权，而在《民法典》已经赋予第三人撤销权、代位权等权利以维护自身权益的情况下，似无必要再创设一个新的侵权责任，否则可能使撤销权、代位权被架空。

第二，若认可遭受间接损失的第三人可向董事、高级管理人员主张侵权责任，因间接损失本身的模糊性，可能产生多重间接损失，导致因果关系链条被无限拉长。

第三，从权责相匹配的角度而言，巨大的潜在"间接损失"承担可能远超对董事、高级管理人员的"期待可能性"，且在有多个第三人的情况下更将产生责任承担的操作障碍。例如，某开发商的董事通过定价不公允的关联交易使公司向其关联方支付大笔费用，该开发商因现金流不足而项目烂尾，除直接侵权对象为开发商自身外，若认可间接侵权，则意味着开发商的贷款行、施工方以及各个购房人都可以直接向该董事主张侵权赔偿责任，该结果似非立法初衷。相较而言，笔者认为，更妥善的处理是债权人行使撤销权，撤销该不当关联交易，并将相关资金返还公司本身。

（三）董监高的赔偿责任形式和范围

新《公司法》有诸多重要的变革和修订，但若论本次修订的“遗憾”，可能是对董监高信义义务赔偿责任缺乏体系化安排，由于对责任主体细化分类、责任形式、范围等的规定缺位，直接导致董事、监事、高级管理人员的头上仿佛悬了一把“达摩克利斯之剑”。

这些问题，亟须进一步通过司法解释等方式加以明确。在本次新《公司法》已经大幅强化董监高信义义务的情况下，若再不对责任的形式和范围加以限制，一概将赔偿等同于“无限连带责任”，很容易导致权责失衡，甚至“一失足成千古恨”。相较而言，笔者认为，近年来证券虚假陈述案件对于中介机构责任从“严打”到采取“过责相当”原则，此进步可作为董监高违反信义义务的赔偿责任认定问题的有益借鉴。例如，在抽逃出资责任上，既可能存在主导、教唆抽逃行为的董事长，也可能存在怠于监管的监事、发现问题但听之任之的财务负责人，还可能有仅因一时疏忽而在审批流程上签字同意的其他董事。对于这些主体，如果完全不考虑其岗位职责、专业知识、主观恶意程度等要素，一律定性为“负有责任的董监高”，并要求各个主体承担相同的连带责任，则难言“过责相当”。

四、小结

综上，新《公司法》充分体现了立法者要求董事、监事、高级管理人员承担信义义务并使其“在其位谋其政”的决心，但也留下了部分规定缺失可能导致的“制度硬着陆”、挫伤经济活跃度的隐忧。当然，现在对新《公司法》做定性评价都为时尚早，让我们共同期待新《公司法》与我国正面临的经济转型发展新时代的融合，最终构建符合中国特色的董监高信义义务制度体系。

（本文仅代表作者个人观点。特约编辑：姜珊）

票据法专题

piaojufa zhuanti

信用、流通与票据无因性及限制

王永敬[*]

引 言

在现代金融法的构架下，票据无因性原则是一个至关重要的概念，它赋予了票据持有人基于票面上记载的内容而要求支付的权利，而无须依赖票据背后的基础交易。这种机制显著促进了票据的流通和交易使用，提高了商品交易效率，进而促进了整体经济的发展。票据无因性原则的确立，减少了票据流通过程中的法律纠纷，提高了市场参与者对票据支付的信心，从而加快了资金在经济体系中的流通速度。

本文将对票据无因性原则进行探讨，包括基本概念、法律基础及其在现代金融法中的历史发展。深入分析票据无因性原则的内在动因，包括流通和市场信任如何互促并支持票据无因性原则的有效运作。此外，本文还将创新性探讨无因性原则对出票人和承兑人的限制使用，特别是为何要在法律上规制这些角色的权利及出票行为，以维护金融市场的健康和稳定。通过这些分析，本文将帮助读者提高对票据无因性原则及其在现代金融体系中作用与限制的深入理解。

---

* 广东晟典律师事务所律师，高级合伙人，武汉大学法学博士。

一、票据无因性原则概述

票据无因性原则，赋予了票据持有人基于票据本身的权利即可要求票据债务人支付，而无须依赖于基础交易的存在及其效力。这一原则在简化交易流程、提高效率以及促进信用流通方面起至关重要的作用，对现代化经济体系的健康运作产生了深远影响。

（一）定义与法律基础

票据无因性原则的核心在于票据债务独立于基础交易的债务，“就是票据基础关系与票据法律关系的分离”。[①] 这意味着票据持有人可以不受制于票据背后的基础交易情况而要求支付票据债务。这一定义旨在解决商业票据流通原因的审查，消除阻碍流通的最大障碍，从而提高资金及信用流通的效率。这一原则问世后逐渐融入现代金融法律体系，成为支撑经济活动的一个重要工具。它为票据市场提供了必要的法律支持，确保了金融交易的顺畅进行。

（二）历史背景

票据无因性的历史可以追溯到中世纪的欧洲，当时的商人为了解决贸易过程中的支付和信用问题，确立和发展了这一原则。随着时间的推移，以及商业活动的增长和金融市场的发展，这一原则被逐步纳入票据立法和司法体系，以适应不断变化的商业和金融环境，并成为现代金融交易和票据金融法不可或缺的组成部分。

（三）在经济循环中的重要性

在现代经济环境中，票据无因性原则在提高交易效率、降低交易成本及促进信用和资金流动中扮演着关键角色。票据无因性原则为商业票据的持有人提供了更大的安全性和确定性，使他们能够更加信赖票据作

---

① 夏林林：《对票据无因性原则法律适用的思考》，载《法律适用》2004 年第 1 期。

为支付和融资的工具。这种信任是基于法律强制的票据支付承诺，降低了持票人面临的信用风险，并促进了更广泛的市场参与。此外，票据无因性原则的应用也促进了支付信用的依法、有序扩张，为企业和个人提供了更多的融资机会，从而支持了整体经济的增长。

总之，票据无因性原则是现代金融及其法制体系的一个关键部件。它不仅简化了商业票据的交易流程，还为金融市场提供了稳定性和可预测性。通过为票据持有人提供支付信赖的法律保护，这一原则增强了市场参与者对票据作为支付和融资工具的信心，从而在现代经济中发挥着至关重要的作用。

二、确立票据无因性的逻辑内因

票据无因性的确立和维持深深根植于流通与信用这一对核心概念。流通信用，即基于相互信任的机制，使得资金和信用能在不同主体间自由流动，是现代金融系统高效运作的基石。可以说，票据无因性原则是基于增强票据信用这一逻辑内因演变而来的。所以，票据无因性是现象，而增强票据信用是其本质。

（一）票据信用流通机制

在票据交易中，流通信用起着至关重要的作用。票据所具有的初始信用，确保其在此后的流通环节中即使脱离基础交易背景也能在市场上畅行无阻。票据本质上属于信用流通机制的载体，这种信用的存在不仅加速了票据的流通速度，还增强了票据作为交易媒介的信用价值。因此，票据无因性原则在很大程度上依赖于这种基于信任的流通机制。

（二）信用与流通的互促性

票据的流通性和信用度之间存在密切的联系。随着票据在市场上流通次数的增加，其所蕴含的信用水平也相应提升。从票据法的角度看，“随着票据流通次数增加，在票据上签名增多，票据债务就得到更多人的保证，票据的信用也随着增加”。[①] 这种现象不仅体现了市场参与者对票据的信任增强，也反映了票据作为金融工具的稳健性。票据无因性原则在这里起到关键作用，它保障了票据即使在多次转手后依然能保持其票据价值和效力，从而支撑着整个金融体系稳定运行。

此外，票据无因性原则的应用也反映了现代金融体系对于交易效率和交易安全的双重需求。票据无因性原则不仅简化了票据的转让和支付过程，减少了票据交易双方在核实背景交易真实性方面的时间和成本，也为票据流转提供了必要的法律保障。“将票据关系与基础关系的联系设计成弱关系，方能助长票据及负载的商业信用、资金的流动。”[②] 该保障确保了市场参与者可以更加自信地参与到票据交易中，无须过度担忧潜在的欺诈风险或支付兑现的不确定性。

简言之，票据因为具备初始信用而获得流通性，而流通环节的增多进一步增益了票据的信用，流通与信用之间的互促性是票据无因性原则的逻辑内因，即票据无因性原则可促进票据流通，以增益票据的初始信用。

三、出票环节限制票据无因性之理据

在票据交易关系中，出票人和承兑人的角色至关重要。他们不仅是票据初始信用的创造者，也是维护票据支付信用的最终债务人。出票人签发票据，而承兑人则承诺支付票据款项，这种安排创设了票据的信用并促进了其在金融市场中的流通。当然，很多时候，出票人与承兑人的角色是合二为一的。

（一）出票人和承兑人基本法律责任

出票人和承兑人创设了票据初始信用，理应有义务使得票据信用的循环最终形成闭环，有义务避免票据的信用风险敞口。因此，出票人和

---

① 段卫华、胡海涛：《票据无因性原则之理论探讨及其立法完善》，载《河北法学》2005 年第 9 期。

② 张瑞：《对我国票据无因性的认识与立法检视》，载《法制博览》2023 年第 29 期。

承兑人承担着票据在到期时兑付票据款项的法律责任。这一兑付承诺及责任是票据信用的核心，保障了持票人的利益和票据的信用价值。在法律上，如果出票人或承兑人未能履行其票款兑付责任，持票人可以依法追究其票据债务的清偿责任。

（二）无真实基础交易的出票等同于发行信用货币

尽管票据无因性原则为票据的背书流通提供了便利和保障，但这并不意味着出票人和承兑人可以不受基础交易的限制去签发和承兑票据，也不意味着票据无因性原则可在出票环节随意适用。金融和法律理论界的学者通常认为，票据的出票和承兑必须基于实际的基础交易。这意味着，票据的签发应当服务于真实的经济活动，而非仅仅是为了创建空头信用。

签发无真实基础交易的票据实质上类似于发行信用货币，因为该等行为创造了无实际经济活动为支撑的空头信用。要理解这个观点，关键在于理解和区分信用货币的本质与票据信用机制的天生差异。

现代法定货币往往是无实物备付的，甚至是无锚的纯信用货币。信用货币是一种支付手段，用于交易和债务偿还。它基于政府信用和法定货币政策发行，基于国家信用和货币公权力赋予其流通力，基于国家的存续性而获得信用循环的闭环和周而复始，以国家信用为基础，无须以真实的经济活动为基础。

票据最初是基于某种基础交易（如商品购销或服务提供）而产生，往往体现为对实物资产的兑付权利。就此而论，北宋的交子、可强制兑换金银的金圆券，甚至提单和仓单，皆可算作广义的票据。狭义票据法视域内的票据，则是一种短期信用工具，使得持票人可以在未来某一时间点上要求票据债务人支付一定金额的货币。但票据也需要以基础交易或经济利益（对价）为发行基础，票据系一种类似于有备付货币的短期信用流通工具。

出票行为需基于真实基础交易的意义重大。一方面，票据的出票及交付作为真实基础交易之对价，理论上最终也会以该等交易所获价值作为票据债务的备付，而避免沦为空头票据；另一方面，基于真实基础交易的出票，是实体经济的票据化体现或转换，是承诺偿付基础交易对价的债务凭据，本质上属于可流通的欠条，不会虚增社会经济交易量和社会信用总额度。但是，当出票行为无真实基础交易支持时，就意味着它并未实际商品或服务的延期付款承诺，而是凭空增加了社会信用总量。

在无真实基础交易的情况下签发票据，在很大程度上具有发行信用货币的性质。因为这种票据创造了一种无备付或无锚的支付能力，不以相应的交易对价及经济利益作为备付支持，这类似于中央银行有权仅凭国家信用而发行货币，染指了中央银行的货币发行权。这种行为不仅是票据的货币性异化，更是货币公权的私人性异化，极可能导致社会流通信用膨胀，甚至可能引发金融稳定性问题，特别是在大量无真实基础交易的票据被广泛接受和使用时。

可见，在很大程度上而言，签发无真实基础交易的票据在本质上与发行信用货币有异曲同工之处。近年来，以某些房地产集团为代表的企业集团，超额、超前签发的大量商业承兑汇票就在涉及数十种行业的房地产产业链中充当了“次级货币”的角色。当房地产退潮而致房地产变现力不足以支撑该“次级货币”信用闭环，或“次级货币”信用体量自我膨胀至爆裂时，就严重破坏了整个房地产产业链乃至国民经济和金融秩序的健康。

（三）限制票据无因性的法律实践

《票据法》第10条规定：“票据的签发、取得和转让，应当遵循诚实信用的原则，具有真实的交易关系和债权债务关系。票据的取得，必须给付对价，即应当给付票据双方当事人认可的相对应的代价。”其已对票据签发、取得和转让的环节的无因性原则进行了弱化，强调了票据服务实体经济流通和结算的本职。此外，最高人民法院在相关司法实践中对此进行了进一步明确，《最高人民法院关于审理票据纠纷案件问题的规定》第2条规定：“依照票据法第十条的规定，票据债务人（即出票人）以在票据未转让时的基础关系违法、双方不具有真实的交易关系和债权债务关系、持票人应付对价而未付对价为由，要求返还票据而提起诉讼的，人民法院应当依法受理。”这就明确规定了对出票环节的票据无因性的限制。这项规定要求出票行为必须有合法的基础交易作为支撑，否则，出票人有权要求撤销票据，以防止不正当的金融行为。这些法律规定有助于确保票据市场的公平、公正，并防止票据被用于金融欺诈、货币性异化扩充社会信用等非法目的。

四、结论

票据无因性原则在现代经济体系中发挥着至关重要的作用。它通过简化商业交易流程，显著提高了交易效率，为金融市场注入了稳定性和预可测性。这种原则降低了交易的法律复杂性，增强了市场参与者对票据的信任度，从而促进了整体经济的健康发展。

流通与信用的互促性作为票据无因性原则的内在支撑因素，基于信任机制，允许票据及其信用在不同经济主体间自由流动。这种互相增益的流通与信用的存在，不仅加强了票据作为支付和融资工具的功能，也促进了经济资源的高效配置。

票据无因性原则对出票人和承兑人的出票行为设定了限制。该等限制确保了票据的签发基于真实的基础交易，防止票据的滥发和欺诈。出票人和承兑人应创设基于真实交易的票据初始信用，而不应签发空头票据或变相发行信用货币。

总之，票据无因性原则适用于票据背书环节时具有稳定金融信用和维护法律正义的价值，但在出票和取得环节，应限制或排除票据无因性原则的适用。

（本文仅代表作者个人观点。特约编辑：刘双双）

票据领域内破产撤销权客体的思考

翁泳斌*

笔者按： A公司在受理破产申请前6个月内，以支票方式清偿其与B之间的债务。随后，B以背书转让该支票的方式清偿其与C之间的债务。C随即将该支票进行兑付。破产管理人拟依据《企业破产法》第32条①规定，撤销上述个别清偿行为。

上述案件引发笔者对于票据领域内破产撤销权的三点思考：一是票据的无因性能否作为破产撤销权的抗辩理由；二是如支持破产撤销权优先于票据无因性，那么破产撤销权指向的客体是什么；三是破产撤销权行使后各方的权利安排。尽管笔者认为本文的观点亦适用于《企业破产法》第31条②规定的破产撤销权，但为行文方便，本文主要讨论更为复杂的《企业破产法》第32条规定的破产撤销权，且不考虑个别清偿使债务人财产受益的情形。此外，本文所指的票据既包含案件中的支票，亦包含《票据法》（2004年修正）（以下简称《票据法》）所规定的汇票及本票，为行文方便，本文仅涉及汇票及支票。

---

* 广州金鹏律师事务所合伙人、党支部书记和执行主任，西南政法大学学士。

① 《企业破产法》第32条规定："人民法院受理破产申请前六个月内，债务人有本法第二条第一款规定的情形，仍对个别债权人进行清偿的，管理人有权请求人民法院予以撤销。但是，个别清偿使债务人财产受益的除外。"

② 《企业破产法》第31条规定："人民法院受理破产申请前一年内，涉及债务人财产的下列行为，管理人有权请求人民法院予以撤销：（一）无偿转让财产的；（二）以明显不合理的价格进行交易的；（三）对没有财产担保的债务提供财产担保的；（四）对未到期的债务提前清偿的；（五）放弃债权的。"

一、票据的无因性能否作为破产撤销权的抗辩理由

在文首案件中，通过背书转让取得票据的C看似并未直接与A发生交易，其通过合法途径取得的票据能否被撤销，应该是该案的第一个争议焦点。考虑票据的无因性原则，讨论此问题对于厘清各方的法律关系尤有意义。

（一）票据的无因性不能作为破产撤销权的抗辩理由

票据的无因性具有不同的内涵，在文首案件中，笔者主要讨论以下两个问题：（1）无因性是体现为C可以取得票据权利，还是体现为C可以取得票据背后的现金；（2）在保障票据交易安全和维护破产债权人利益之间，立法者作何取舍。

关于第一个问题，应当区分权利的取得与权利的实现，显然《票据法》只能确保C享有票据权利，而权利的实现则非其所能左右。例如，取得承兑汇票的持票人在被拒绝承兑的场合，可依《票据法》对票据债务人进行追索。票据无因性的原则仅要求票据债务人非因法定原因不得抗辩，而无法要求持票人一定取得票据所代表的现金。

关于第二个问题，诚然，整个票据制度的核心在于保障票据交易的安定性，但交易安定性还未上升到民法帝王原则的高度。票据实际上是拟制的“转账”，直接的转账行为可成为破产撤销权所撤销的对象，这点应当是没有疑义的，举重以明轻，票据交易可被撤销亦应当没有疑义。显然，在破产领域，立法者在效率和公平之间，选择了公平；在保障交易安全和保障破产债权人平等受偿之间，选择了后者。而且，让经营失败的企业有序退出，其实是在一个更大层面上提高了效率。

（二）讨论票据无因性在文首案件中的意义

笔者认为，票据的无因性不能作为破产撤销权的抗辩理由，但并不因此认为在文首案件中无须讨论票据无因性。相反，讨论票据无因性对厘清本案法律关系有重要意义。

在文首案件中，B、C取得的票据合法有效，两者享有《票据法》上的权利，并因此与A存在票据法律关系，这区别于A、B之间以及B、C之间的基础法律关系，这点在下文的讨论中需要时刻保持关注。本案的票据无因性主要体现在以下两点：一是即使A的出票行为被撤销，C作为持票人所享有的票据权利（主要体现为追索权）依然不受影响（这一观点可从《票据法》第6条、第8条及第9条推导出，因不是本文的讨论重点，此处不展开）；二是即使A无法付款（如开具空头支票），B取得并转让票据的效力并不因此自然受到影响。

二、破产撤销权指向的客体是什么

（一）A清偿了两项债务

A在本案交易中存在两个行为：一是签发支票给B，用以清偿对B的基础法律关系中的债务（以下简称基础债务）；二是（委托银行）向C付款，以用于清偿对C的票据法律关系中的债务（以下简称票据债务）。

需要讨论的问题是，基础债务获得清偿的时点是B取得支票之时，还是B背书转让支票之时，抑或C提示付款甚至取得付款之时。笔者认为B取得支票时基础债务已得到清偿，主要有三点理由：一是从权利取得角度看，取得票据权利与取得以物抵债的物权，没有本质区别，如果要求取得物权的一方成功变卖物权时基础债权才获清偿，显然与一般观念相悖；二是从交易安定性角度看，如果要求票据链条上的每一项基础债务须等待最后一手持票人完成提示承兑甚至取得付款人付款方归于完结，将极大增加票据流通的不确定性；三是从实操角度看，在债务人举证证明其可以通过票据转让清偿基础债务之时，一般法院不会审查该票据的最后一手持票人是否已成功取得票据付款。

可能有观点认为，在持票人完成背书转让票据之时，才取得票据所代表的利益。从诉讼角度看，如果出票人能对此举证，自然更为完善地证明持票人取得了“实际的”票据利益。但笔者仍认为，即使持票人还未实际操作转让或提示付款，其已取得有关票据权利（体现为背书转让的权利、提示付款的权利等），除非有相反证据证明该等权利无法行使，否则应当认为基础债务已获清偿。

（二）不撤销对C的清偿将引起结果上的不公平

A委托银行对C进行付款的行为，本质上造成了A责任财产的减损。A单独清偿的票据债务，相对于A的其他债务并无优先性，因此应予撤销，否则对A的其他债权人不公平。

（三）不撤销对B的清偿将引起逻辑上的不公平

如前所述，若A仅撤销对C的付款，基于票据的无因性及基础债务清偿的时间点（即使认为基础债务清偿的时间点为B背书转让票据之时）的讨论，A对B的基础债务已获清偿，亦即处于前手位置、与A直接发生基础债权债务关系的B取得了优先于C的地位，这实质上造成了逻辑上的不公平。

笔者赞同郑璇律师《破产程序中，个别清偿行为的理解——以货币和支票方式清偿的区别为例》一文中的大部分观点。但该文还认为，撤销A对C的清偿行为后，“B仍对A享有债权……一切只是恢复到没有出现清偿行为之前的状态”，笔者认为这点无法直接推导出。只有在A撤销对B的出票行为后，B才“仍对A享有债权”；此外，撤销行为还应导致《票据法》上的追索权的产生，而非“一切只是恢复到没有出现清偿行为之前的状态”，这点下文予以论述。

三、撤销个别清偿后各方的权利义务安排

（一）应当允许B和C分别申报债权

A撤销对B、C的清偿行为后，B的基础债权、C的票据债权均未获清偿，应当允许B和C分别向A的管理人申报债权。

（二）B和C分别申报债权的行为不会构成债务的重复负担

允许B和C分别申报债权的做法可能会引起关于债务重复负担（或称债权重复实现，二者是一体两面）的担忧。但这本质上不是破产撤销权所引发的，而是A身上同时发生票据法律关系及基础法律关系所导致的。

事实上，关于权利可能重复实现的情形在法律上并不鲜见，其本质是多种权利指向同一价款的体现。如持票人在提示承兑被拒绝后，可依据基础法律关系要求前手承担责任，在取得生效判决后，仍可以依据票据追索权要求出票人或其他票据债务人承担《票据法》第70条规定的款项。此时，后一诉讼不应仅以基础法律关系已获生效判决而驳回持票人诉请，而应在判决中注明避免持票人重复受偿的方法（如持票人通过两案取得的金额合计不应高于《票据法》第70条规定的金额），或者通过执行程序中的特定方式（如通过《执行情况告知书》沟通两个判决的执行法院的执行情况）避免债权人重复受偿。又比如，债权人可在单独起诉主债务人并获生效判决后，再起诉担保人，后一诉讼自然也不应因主债务已经生效判决而被驳回。

笔者认为，并不需要因可能出现的债务重复负担而拒绝B或C申报债权。由于《票据法》上存在“终局责任”（被追索人完成清偿后，可行使再追索权，最终将由出票人承担责任），这与不真正连带责任的构造极为相似，管理人仅需确保作为“终局责任人”的A不出现债务重复负担即可（如具体可通过与B、C确认各方间关于基础法律关系、票据法律的整体安排）。

四、问题的延伸——支票与汇票在本案的区别

最后，还值得讨论的问题是，如果A向B开具的非支票而是承兑汇票，尤其是在银行承兑汇票的情形下，C取得付款的行为能否被撤销。

笔者认为，C取得付款的行为能否被撤销的核心，在于C是否取得

A 的“清偿”。《票据法》对于汇票与支票的开立，分别要求“具有支付汇票金额的可靠资金来源”（参考《票据法》第 21 条第 1 款[1]）及“存入一定的资金”（参考《票据法》第 82 条第 2 款[2]）。反映到实务中，汇票的开具并不要求开票人有等额资金存放于银行，而支票则要求。因此，汇票承兑时，存在开票人并无对应资金，但银行基于其对开票人的授信，仍给予持票人承兑的可能（支票则不存在该情形）。此时，应进一步考究付款的流水是否从开票人的账户支付至持票人账户，若是，则仍为开票人对持票人的“付款”，仍为前文的“射程”范围；若否，则可能存在银行向持票人直接付款的可能，此时，开票人并不实际存在向持票人的“清偿”行为，则无所谓破产撤销权一说，申报债务的则为受托以自有资金向持票人付款的银行。

（本文仅代表作者个人观点。特约编辑：陈金凤）

① 《票据法》第 21 条第 1 款规定：“汇票的出票人必须与付款人具有真实的委托付款关系，并且具有支付汇票金额的可靠资金来源。”

② 《票据法》第 82 条第 2 款规定：“开立支票存款账户和领用支票，应当有可靠的资信，并存入一定的资金。”

电子商业汇票线下追索行为效力研究

周　宁*

一、问题的提出

电子商业汇票线下追索是否有效，是票据纠纷中常出现的问题，在实践中有争议，但大多数法院仍认为线下追索有效。2021 年 10 月 11 日，北京金融法院作出了案号为（2021）京 74 民终 188 号民事判决书，认定电子商业汇票必须通过线上追索。该判决后期入选了北京金融法院 2021 年度十大典型案例，引发了激烈讨论。

2022 年 6 月 9 日，北京市通州区人民法院作出案号为（2021）京 0112 民初 36152 号民事判决书，与（2021）京 74 民终 188 号裁判理念一致。

主要裁判要旨如下。

1.（2021）京 74 民终 188 号

该案民事判决书主要认定如下。

根据《最高人民法院关于审理票据纠纷案件若干问题的规定》

* 广东晟典律师事务所律师。

（2020 年修正）第 62 条，[①]《电子商业汇票业务管理办法》第 5 条、[②]第 66 条、[③]第 67 条[④]之规定，电子商业汇票，在《电子商业汇票业务管理办法》有明确规定的情形下，应当适用《电子商业汇票业务管理办法》。电子商业汇票向所有前手拒付追索的构成要件为：（1）提示付款期内提示付款或超过提示付款期提示付款但在提示付款期内曾发出过提示付款；（2）应当提供拒付证明；（3）追索必须通过电子商业汇票系统办理。

最终，法院因认为原告于电子商业汇票到期日之前提示付款不符合向所有前手拒付追索的构成要件为由撤销了一审判决，驳回原告全部诉讼请求。

2. （2021）京 0112 民初 36152 号

该案民事判决书主要认定：根据《票据法》第 4 条、[⑤]《电子商业汇票业务管理办法》第 14 条[⑥]之规定，票据的签章系票据行为要式性的重要表现形式之一。而凡违反票据法关于票据行为要式规定的，除法律另有明确规定外，所为行为无效。电子商业汇票的线下追索因不具备

---

① 《最高人民法院关于审理票据纠纷案件若干问题的规定》（2020 年修正）第 62 条规定："人民法院审理票据纠纷案件，适用票据法的规定；票据法没有规定的，适用《中华人民共和国民法典》等法律以及国务院制定的行政法规。中国人民银行制定并公布施行的有关行政规章与法律、行政法规不抵触的，可以参照适用。"

② 《电子商业汇票业务管理办法》第 5 条规定："电子商业汇票的出票、承兑、背书、保证、提示付款和追索等业务，必须通过电子商业汇票系统办理。"

③ 《电子商业汇票业务管理办法》第 66 条规定："持票人在票据到期日前被拒付的，不得拒付追索。持票人在提示付款期内被拒付的，可向所有前手拒付追索。持票人超过提示付款期提示付款被拒付的，若持票人在提示付款期内曾发出过提示付款，则可向所有前手拒付追索；若未在提示付款期内发出过提示付款，则只可向出票人、承兑人拒付追索。"

④ 《电子商业汇票业务管理办法》第 67 条规定："追索时，追索人应当提供拒付证明。拒付追索时，拒付证明为票据信息和拒付理由。非拒付追索时，拒付证明为票据信息和相关法律文件。"

⑤ 《票据法》第 4 条规定："票据出票人制作票据，应当按照法定条件在票据上签章，并按照所记载的事项承担票据责任。持票人行使票据权利，应当按照法定程序在票据上签章，并出示票据。其他票据债务人在票据上签章的，按照票据所记载的事项承担票据责任。"

⑥ 《电子商业汇票业务管理办法》第 14 条规定："票据当事人在电子商业汇票上的签章，为该当事人可靠的电子签名。电子签名所需的认证服务应由合法的电子认证服务提供者提供。可靠的电子签名必须符合《中华人民共和国电子签名法》第十三条第一款的规定。"

有效签章而无效。

该案因原告诉请的其中一张商票未通过电子商业汇票系统在期限内追索，判决驳回了该张商票的诉请。

除了前述案例外，仍有部分案例认为线下追索有效，如最高人民法院的（2021）最高法民申 2878 号案即是如此。

二、“线下”追索效力之争的主要来源

（一）电子商业汇票的定义

电子商业汇票，在《票据法》中没有明确的定义。《电子商业汇票业务管理办法》第 2 条规定：“电子商业汇票是指出票人依托电子商业汇票系统，以数据电文形式制作的，委托付款人在指定日期无条件支付确定金额给收款人或者持票人的票据。”换言之，电子商业汇票仍是属于票据，但是基于其“电子化”无形的特质，不同于纸质，票据行为人是依托网络和计算机技术，接收、存储、发送电子商业汇票数据电文，[①] 从而进行票据的出票、存储和交易等。

（二）“线上”“线下”追索行为的主要含义

正因为电子商业汇票与传统纸质汇票依托载体的区别，在付款请求权得不到实现时，电子商业汇票持票人可以通过电子商业汇票系统线上追索，也有部分持票人习惯采取传统纸质汇票线下的方式进行追索。由此，也就造成了电子商业汇票追索的过程中存在“线上”和“线下”两种追索方式。

电子商业汇票，通常意义上的“线上”行为，主要指通过电子商

① 参见赵慈拉：《电子商业汇票规制在司法裁判中的适用与解析》，载《上海金融》2021 年第 9 期。

业汇票系统[1]进行的票据出票、背书、追索等行为。经笔者咨询上海票据交易所,[2] 电子商业汇票系统在电子商业汇票的出票、流转等中，主要提供平台和接口，当事人的服务供应商是银行。具体流程为先由当事人根据不同银行的要求，进行票据业务操作，再由银行通过电子商业汇票系统平台传输票据业务数据，从而进行票据的出票、流转等。电子商业汇票系统主要进行的是平台和接口的提供，以及数据的管理、接收、传送、转发等。电子商业汇票的线上追索也是如此。

而线下追索的主要形式，则通常是指在电子商业汇票系统之外，通过发出追索函、律师函、向法院起诉等方式追索。

（三）“线下”追索效力之争的主要来源

电子商业汇票线上追索在满足追索基本前提的情况下，无疑是有效的。但是，关于电子商业汇票线下追索是否有效，在实践中仍存在争议。

《电子商业汇票业务管理办法》第 5 条规定：“电子商业汇票的出票、承兑、背书、保证、提示付款和追索等业务，必须通过电子商业汇票系统办理。”“必须”的表述，存在裁判机构理解为只能进行线上追索，线下追索无效。同时，也有裁判机构认为不能仅根据这一条确定线下追索无效。这一条即是线下追索效力之争的主要来源。

---

① 2024 年 1 月 4 日，经笔者咨询上海票据交易所，目前上海票据交易所关于票据业务，启动了两套系统——电子商业汇票系统（ Electronic Commercial Draft System，ECDS）、中国票据业务系统。ECDS 将于 2024 年 7 月 27 日停止对外服务，之后将统一由中国票据业务系统管理。

《电子商业汇票系统管理办法》第 3 条第 2 款规定：“电子商业汇票的登记、流转和结清等业务应当通过上海票据交易所电子商业汇票系统等相关系统办理。”《商业汇票承兑、贴现与再贴现管理办法》第 3 条规定：“电子商业汇票的出票、承兑、贴现、贴现前的背书、质押、保证、提示付款和追索等业务，应当通过人民银行认可的票据市场基础设施办理。供应链票据属于电子商业汇票。”

为描述方便，笔者统一以“电子商业汇票系统”指代 ECDS 和中国票据业务系统。

② 根据中国人民银行于 2018 年 6 月 4 日发布的《关于修订〈电子商业汇票系统管理办法〉等四项制度的通知》，中国人民银行已于 2017 年 10 月 7 日将电子商业汇票系统移交上海票据交易所股份有限公司运营。

三、案例检索情况

（一）案例检索数据

经笔者在北大法宝网以“电子商业汇票”加“线下追索”为关键词进行检索，共有510个案例，涉及省、自治区、直辖市共计28个。笔者以北京、上海、天津、重庆、江苏、浙江、广东、湖南、江西共计228个案例为例［网站上显示共计240个案例，经筛选出重复案例，实际共计226个；再加上前文除去（2021）京0112民初36152号案为重复案例外，还有2个案例，共计228个案例］，查看司法实践中如何认定电子商业汇票线下追索效力。

228个案例中存在部分案例：（1）不具有追索权；（2）证据不足；（3）未在票据期限内追索；（4）在期限内，既有线上追索，又有线下追索；（5）在期限内，只有线上追索；（6）在期限内，只有线下追索等几种情形。因部分案例事实部分对追索形式未描述得特别清晰，笔者主要统计认定线下追索无效的案例。

最高人民法院共计1个案例，无案例认为线下追索无效；金融法院（含北京金融法院、上海金融法院）共计60例，1例认为线下追索无效；广东法院共计62个案例，14例认定线下追索无效；北京法院（除金融法院外）共计24个案例，1例认定线下追索无效；江苏法院共计24个案例，1例认为线下追索无效；浙江法院共计18个案例，1例认为线下追索无效；上海法院（除金融法院外）共计17个案例，无案例认为线下追索无效；湖南法院共计10个案例，1例认为线下追索无效；重庆法院共计6个案例，无案例认为线下追索无效；江西法院共计4个案例，3例认为线下追索无效（剩余1例是线上追索）；天津法院共计2个案例，1例认为线下追索无效。绝大部分法院判例认为线下追索有效。（见图1）

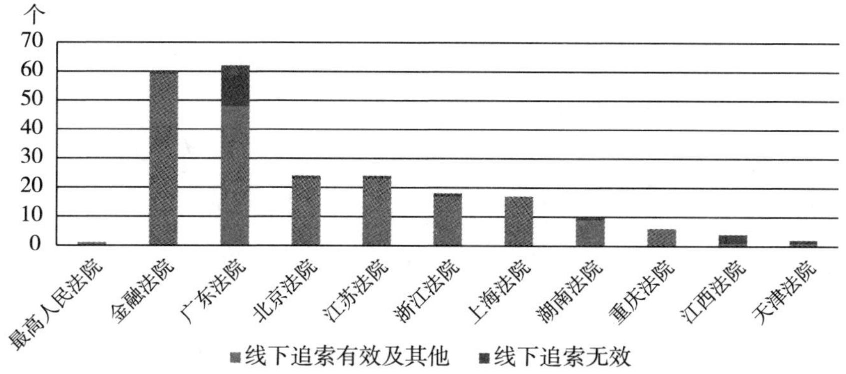

图1　电子商业汇票线下追索案例

（二）裁判观点

除了前述（2021）京74民终188号、（2021）京0112民初36152号案认为线下追索无效外，还有部分法院因认为：（1）直接向法院起诉的方式追索，不符合出示电子票据的法定程序和要求；①（2）如果采用线下追索的方式，被追索人清偿后无法获得相应票据，将导致被追索人无法行使再追索权；（3）电子商业汇票是由中国人民银行等金融机构通过电子商业汇票系统监管，线下追索可能导致汇票在电子商业汇票系统外流转，从而威胁金融安全②等，认为线下追索无效。

也有部分案例认为线下追索有效，如（2021）最高法民申2878号案认为"虽然运销处未在电子商业汇票系统中向河南神马公司发出追索通知，但并不影响运销处通过诉讼的方式行使票据追索权，不能以违反《电子商业汇票业务管理办法》的规定为由排除运销处的诉讼权利"。

四、票据追索的前提条件以及线下追索效力论证

根据对前述案例的研究，笔者检索了相关法律规定，并咨询了上海票据交易所，得出以下结论。

① 详见广东省东莞市第一人民法院民事判决书，（2021）粤1971民初27544号。

② （2）、（3）详见广东省深圳市中级人民法院民事判决书，（2020）粤03民终20972号。

（一）票据追索的前提条件

根据《票据法》第61条、[1] 第62条、[2] 第68条、[3] 第17条第1款，[4]《最高人民法院关于审理票据纠纷案件若干问题的规定》第4条[5]的规定，持票人行使追索权需满足以下几个条件：（1）汇票已到期被拒付，或者虽未到期，但满足①被拒绝承兑、②承兑人或者付款人死亡或者逃匿、③承兑人或者付款人被依法宣告破产的或者因违法被责令终止业务活动任一个情形的，即持票人的付款请求权得不到实现时，才可以行使追索权；（2）行使追索权时，应提供拒绝证明，或者退票理由书，或者其他可替代拒绝证明的材料；（3）在票据时效期限内行使追索权。

（二）线下追索效力论证

笔者更赞同线下追索有效。或者退一步说，笔者认为，通过诉讼的

---

① 《票据法》第61条规定："汇票到期被拒绝付款的，持票人可以对背书人、出票人以及汇票的其他债务人行使追索权。汇票到期日前，有下列情形之一的，持票人也可以行使追索权：（一）汇票被拒绝承兑的；（二）承兑人或者付款人死亡、逃匿的；（三）承兑人或者付款人被依法宣告破产的或者因违法被责令终止业务活动的。"

② 《票据法》第62条规定："持票人行使追索权时，应当提供被拒绝承兑或者被拒绝付款的有关证明。持票人提示承兑或者提示付款被拒绝的，承兑人或者付款人必须出具拒绝证明，或者出具退票理由书。未出具拒绝证明或者退票理由书的，应当承担由此产生的民事责任。"

③ 《票据法》第68条规定："汇票的出票人、背书人、承兑人和保证人对持票人承担连带责任。持票人可以不按照汇票债务人的先后顺序，对其中任何一人、数人或者全体行使追索权。持票人对汇票债务人中的一人或者数人已经进行追索的，对其他汇票债务人仍可以行使追索权。被追索人清偿债务后，与持票人享有同一权利。"

④ 《票据法》第17条规定："票据权利在下列期限内不行使而消灭：（一）持票人对票据的出票人和承兑人的权利，自票据到期日起二年。见票即付的汇票、本票，自出票日起二年；（二）持票人对支票出票人的权利，自出票日起六个月；（三）持票人对前手的追索权，自被拒绝承兑或者被拒绝付款之日起六个月；（四）持票人对前手的再追索权，自清偿日或者被提起诉讼之日起三个月。"

⑤ 《最高人民法院关于审理票据纠纷案件若干问题的规定》第4条规定："持票人不先行使付款请求权而先行使追索权遭拒绝提起诉讼的，人民法院不予受理。除有票据法第六十一条第二款和本规定第三条所列情形外，持票人只能在首先向付款人行使付款请求权而得不到付款时，才可以行使追索权。"

线下追索方式有效，其他线下追索方式，如追索函、律师函等，认定为有效也更为妥当。具体论证如下：

1. 关于《电子商业汇票业务管理办法》能否作为裁判依据？笔者认为，根据《票据法》第109条[①]、《最高人民法院关于审理票据纠纷案件若干问题的规定》第62条规定，在一定程度上，《电子商业汇票业务管理办法》可以作为裁判依据，但前提是不与上位法相冲突，适用程度为“可以”“参照”适用。

2. 能否根据《电子商业汇票业务管理办法》第5条认为电子商业汇票只能通过线上追索，线下追索无效？《电子商业汇票业务管理办法》第5条规定：“电子商业汇票的出票、承兑、背书、保证、提示付款和追索等业务，必须通过电子商业汇票系统办理。”笔者认为不能根据《电子商业汇票业务管理办法》第5条认为线下追索无效。

首先，电子商业汇票，除了载体和纸质票据有别之外，也是票据的一种表现形式，本身的权利义务仍应当遵循《票据法》等相关法律法规的约束。这一点，即使《电子商业汇票业务管理办法》推出时间在《票据法》施行之后，仍应当如此。

《票据法》第二章“汇票”第六节“追索权”除了第66条[②]规定持票人被拒绝事由应当书面通知前手或者各汇票债务人外，未限定票据追索权行使的其他具体方式。《电子商业汇票业务管理办法》效力位阶为部门规章，而根据《立法法》第91条第2款[③]之规定，部门规章不

① 《票据法》第109条规定：“票据管理的具体实施办法，由中国人民银行依照本法制定，报国务院批准后施行。”

② 《票据法》第66条第1款、第2款规定：“持票人应当自收到被拒绝承兑或者被拒绝付款的有关证明之日起三日内，将被拒绝事由书面通知其前手；其前手应当自收到通知之日起三日内书面通知其再前手。持票人也可以同时向各汇票债务人发出书面通知。未按照前款规定期限通知的，持票人仍可以行使追索权。因延期通知给其前手或者出票人造成损失的，由没有按照规定期限通知的汇票当事人，承担对该损失的赔偿责任，但是所赔偿的金额以汇票金额为限。”

③ 《立法法》第91条第2款规定：“部门规章规定的事项应当属于执行法律或者国务院的行政法规、决定、命令的事项。没有法律或者国务院的行政法规、决定、命令的依据，部门规章不得设定减损公民、法人和其他组织权利或者增加其义务的规范，不得增加本部门的权力或者减少本部门的法定职责。”

得设定减损公民、法人和其他组织权利。因此，在《票据法》未限定票据追索权行使的具体方式时，《电子商业汇票业务管理办法》也不得限定该方式。如限定，则涉及违反《立法法》之规定，减损持票人权利。

其次，持票人对背书人、出票人、汇票的其他债务人，行使追索权，实质是关于“追索”的意思表示要到达相对人。《民法典》第137条[①]、第139条、[②] 第140条[③]规定了意思表示的几种形式，包括对话与非对话、公告、明示与默示。再结合《最高人民法院关于审理票据纠纷案件若干问题的规定》第10条，[④] 规定的是在付款人或者承兑人被法院依法宣告破产，持票人因行使追索权而向法院提起诉讼时应提交的证据。按照文义解释“因行使追索权而向法院提起诉讼”，即向法院提起诉讼，是持票人行使追索权的形式之一。因此，持票人可通过向法院诉讼的方式行使追索权。该规定为最高人民法院制定，为司法解释。

最后，如果根据该条即认为线下追索无效，纸质汇票的持票人可以通过线下方式追索，但电子商业汇票的持票人却不能通过线下追索。两者本质相同，对追索方式的限定范围却如此不同。且电子商业汇票要求通过线上追索，实质是为了方便人民银行管理，但是从某种程度上看，认定线下追索无效却限缩了当事人法律上行使权利的方式（诉讼是通常意义下，当事人行权方式之一）。因此，笔者认为，不能单独根据《电子商业汇票业务管理办法》第5条认为线下追索无效。

---

① 《民法典》第137条规定：“以对话方式作出的意思表示，相对人知道其内容时生效。以非对话方式作出的意思表示，到达相对人时生效。以非对话方式作出的采用数据电文形式的意思表示，相对人指定特定系统接收数据电文的，该数据电文进入该特定系统时生效；未指定特定系统的，相对人知道或者应当知道该数据电文进入其系统时生效。当事人对采用数据电文形式的意思表示的生效时间另有约定的，按照其约定。”

② 《民法典》第139条规定：“以公告方式作出的意思表示，公告发布时生效。”

③ 《民法典》第140条规定：“行为人可以明示或者默示作出意思表示。”

④ 《最高人民法院关于审理票据纠纷案件若干问题的规定》第10条规定：“付款人或者承兑人被人民法院依法宣告破产的，持票人因行使追索权而向人民法院提起诉讼时，应当向受理法院提供人民法院依法作出的宣告破产裁定书或者能够证明付款人或者承兑人破产的其他证据。”

3. 追索通知是否是追索权行使的必要条件？笔者认为追索通知不是追索权行使的必要条件。《电子商业汇票业务管理办法》第 24 条第 4 款规定，[①] 电子商业汇票追索行为的发生日是指追索通知的指令进入电子商业汇票系统的日期。此即《电子商业汇票业务管理办法》认为，通过电子商业汇票系统发送追索通知即是在进行追索行为。

而《票据法》第二章“汇票”第六节“追索”第 62 条第 1 款规定了追索权行使，应提供被拒绝承兑或付款的证明，第 66 条第 1 款、第 2 款则规定了被拒绝承兑或付款的证明，未通知其前手或各汇票债务人的，持票人仍可以行使追索权。此即在《票据法》规定的票据追索中，通知不是追索权行使的必要条件。因此，通过电子商业汇票系统发送追索通知，也不是追索权行使的必要条件。

4. 无论持票人以何种形式行使追索权，均不影响票据时效制度设立的目的。《票据法》第 17 条第 1 款是关于票据时效的规定，其中，第 3 项、第 4 项是关于追索权、再追索权的行使期限。关于票据时效是属于诉讼时效，还是除斥期间，或者是两者都不属于而仅是票据法上关于票据权利期限的特别规定，目前存在争议。暂且不论票据时效的性质，民法上关于时效等权利行使期限的规定，主要目的在于督促当事人行权——不保护在权利上沉睡的人，以及维护交易的稳定。而《票据法》要求在一定期限内追索，除了前述目的之外，也是为了保证各方当事人均知道票据的当前状态，以免误清偿，或者导致自身权利、义务长期处于不确定的状态。因此，在这个基础上，无论持票人以何种形式行使权利，均不影响上述目的达成。而如果限制追索方式，必将会限制行权，反而导致明明在时效期间内向法院起诉，而未获得维权的效果，本末倒置。

---

① 《电子商业汇票业务管理办法》第 24 条规定：“电子商业汇票的出票日是指出票人记载在电子商业汇票上的出票日期。电子商业汇票的提示付款日是指提示付款申请的指令进入电子商业汇票系统的日期。电子商业汇票的拒绝付款日是指驳回提示付款申请的指令进入电子商业汇票系统的日期。电子商业汇票追索行为的发生日是指追索通知的指令进入电子商业汇票系统的日期。承兑、背书、保证、质押解除、付款和追索清偿等行为的发生日是指相应的签收指令进入电子商业汇票系统的日期。”

5. 结合目前国内人员对票据的认知能力以及票据追索的操作流程，追索实操存在一定难度。而电子商业汇票系统因系统故障或设置原因，也可能无法进行线上追索。因此，不能排除当事人采用诉讼方式对其救济。

结合目前国内实际情况，大量获得票据处理权限的人员，非专业人士，对票据认知能力有限，票据追索的实际操作流程也并不统一（经笔者于2024年1月4日咨询上海票据交易所，得知如需线上追索，需要根据不同银行的要求，进行相对应的操作），也为当事人增加了实操难度。在实践中，也存在因电子商业汇票系统故障或设置原因，已经满足线上追索条件而无法在系统上操作，此时，不能排除当事人采用诉讼方式对其救济。

6. 电子商业汇票系统，可以根据法院判决，变更票据信息。经笔者于2024年1月4日，咨询上海票据交易所，得知目前在当事人无法自行通过电子商业汇票系统变更持票人时，可以通过持有法院生效判决，向上海票据交易所提交变更票据持票人的业务申请，上海票据交易所会根据法院判决处理票据信息变更。

五、结语

法律法规等的制定在通常情况下具有一定滞后性。诚然，目前已出现了越来越多的电子商业汇票，选择纸质汇票的主体越来越少，使用电子商业汇票或是未来的大趋势。如能通过《电子商业汇票业务管理办法》第5条之规定，规范、引导电子商业汇票的业务办理形式，将能极大限度地提高电子商业汇票的流通率，以及利于监管。因此，在未来，在电子商业汇票发展日趋成熟，电子商业汇票系统的操作更规范、便捷，公民更了解并熟稔使用电子商业汇票系统后，仍不排除《电子商业汇票业务管理办法》第5条之规定通过《票据法》修订，或者其他方式真正实现适用。

当然，目前的情况是，如笔者前述在北大法宝上对“电子商业汇票”加“线下追索”的检索结果，关于电子商业汇票线下追索效力，仍存在较大争议。因此，笔者建议结合《民事诉讼法》（2023 年修正）第 26 条、[①]《最高人民法院关于审理票据纠纷案件若干问题的规定》第 6 条等的规定，根据票据的具体情况，在可选择的范围内，尽量检索当地判例，确定管辖法院。当然，也因为不同法院存在不同判例，因此，在实操中仍建议尽量在票据时效期限内，同时采取线上方式向相对方追索，以免因法院认定不同而败诉。

另外，关于线下追索信息同步至电子商业汇票系统，在实操中确实存在一定难度，但从上海票据交易所的咨询结果来看，已经存在根据法院判决变更票据持票人的可行性操作。

（本文仅代表作者个人观点。特约编辑：朱慧慧）

① 《民事诉讼法》（2023 年修正）第 26 条规定："因票据纠纷提起的诉讼，由票据支付地或者被告住所地人民法院管辖。"

互联网环境下反不正当竞争纠纷若干问题研究

张学军*

互联网不正当竞争的争议处理在我国法院的司法实践已有近 20 年历史。从司法实践来看，国内法院认定不正当竞争行为的总体比例较高，法院对市场上各种类型的商业模式及该种模式下具体的经营行为采取了较为严格的立场和规范尺度，体现了对互联网企业在经营过程中沉淀积累的客户资源和各类型数据"权利"的保护态势。本文旨在通过对中外案例的分析，探讨对这种"权利"保护裁判的功能、效果及得失，以飨读者。

一、竞争法一般原则的价值与作用

（一）竞争法与知识产权法的不同价值目标

《反不正当竞争法》第 1 条规定，为了促进社会主义市场经济健康发展，鼓励和保护公平竞争，制止不正当竞争行为，保护经营者和消费者的合法权益，制定本法。虽然该条在"为了"之后罗列了若干目的，

* 金杜律师事务所深圳分所顾问。

但该法最直接、最核心的价值目标，是鼓励和保护市场公平竞争。

在知识产权法各部门中，《专利法》第1条规定专利法的目的是保护专利权人的权益；《商标法》第1条规定商标法的目的是保护商标权；《著作权法》第1条规定著作权法的目的是保护作者的著作权。可见，《知识产权法》的立法宗旨是保护权利人的专有权。国家通过赋予权利人专有权，使权利人在权利范围内实现独占或垄断。

可见，《知识产权法》的目的是设立垄断，而《反不正当竞争法》的本质恰恰是反对垄断。对此，我们必须要有清醒的认识。如果混淆二者的价值目标，就可能在应该保护知识产权时，错误地鼓励抄袭假冒行为，而在应该鼓励和保护公平竞争的时候，错误打压中小企业的商业模式创新与经营等正当权利。

（二）《反不正当竞争法》一般条款在案件中的裁判原则转化

针对不正当竞争行为，1993年《反不正当竞争法》采取的立法体例是，在第一章“总则”第2条规定，“经营者在市场交易中，应当遵循自愿、平等、公平、诚实信用的原则，遵守公认的商业道德。本法所称的不正当竞争，是指经营者违反本法规定，损害其他经营者的合法权益，扰乱社会经济秩序的行为”；在第二章“不正当竞争行为”中具体列举11类不当行为。

自1993年《反不正当竞争法》问世以来，一直有人主张，由于第二章没有兜底条款，因而，凡是不属于第二章规定的具体不正当竞争行为的，都不属于《反不正当竞争法》禁止的行为。这是不正当竞争行为标准的法定主义。支持者认为，若把是否属于不正当行为的自由裁量权交给执法者则将损害经营者和公众利益。原国务院法制局协同相关部门编撰的关于《反不正当竞争法》的法规释义丛书在解释《反不正当竞争法》第2条时写道：“凡本法第二章没有列举的行为，不是本法所称的不正当竞争行为。”

但是，司法从一开始就没有认同这种将不正当竞争行为局限于类型化条款的法定主义说。时任最高人民法院知识产权庭庭长孔祥俊先生曾经指出：行政执法奉行严格的法定原则，行政执法机关只能对法有明文规定的不正当竞争行为予以查处。但侵权行为不实行法定原则，按照原则性规定认定不正当竞争行为不存在法理上的障碍。因应实践中的强烈需求，司法与时俱进，在适用法律时对立法意图作反映社会需求的扩张解释，即便这种解释与立法者起始的意图不一致。如果固守当初的立法意图而任由法律条文脱离实际，才是真正的背离立法意图。就《反不正当竞争法》而言，仅将该法的调整范围限定为第二章类型化的行为，显然会限制该法的效应。此务实司法原则长期以来在司法界都占据主导地位。

正如腾讯诉奇虎 360 不正当竞争纠纷案［广东省高级人民法院（2011）粤高法民三初字第 1 号］一审判决认为，根据《反不正当竞争法》第 2 条之规定，在本案中要判断被告的行为是否构成不正当竞争，关键在于厘清被告的行为是否违反了诚实信用原则和互联网业界公认的商业道德，并损害了原告的合法权益。在本案中，被告针对原告的 QQ 软件专门开发了扣扣保镖。在安装了 QQ 软件的电脑上安装运行扣扣保镖后，该软件就会自动对 QQ 进行体检，进而宣布 QQ 存在严重的健康问题。同时，扣扣保镖使用 Hook 技术挂钩 LoadlibraryW 函数、Coloadlibrary函数或 SetWindowsPos 等函数，阻止 QQ. exe（QQ 文本）进程加载特定插件、扫描模块以及弹出窗口，从而屏蔽 QQ 软件使用的插件，清理 QQ 软件产生的临时、缓存文件及其他相关文件，过滤 QQ 软件的信息窗口等。另外，被告还向网络用户宣称，QQ 软件存在扫描用户隐私的行为，如果网络用户点击“查看 QQ 扫描了哪些文件”的链接后即可调用“360 隐私保护器”。扣扣保镖针对 QQ 软件进行所谓“体检”后给出的结论，配合奇虎公司在互联网上发布的关于 QQ 软件正在扫描用户隐私等不实宣称，必然会使不具备网络专业知识的网络用户陷入惶惑和恐慌，产生对 QQ 软件的不信任感；再加上用户希望既要免费使用 QQ 软件提供的即时通讯服务，又无须受广告和推销产品插件打扰的心态，必然会使用扣扣保镖提供的上述功能，删除 QQ 的功能插件，屏蔽 QQ 发布的广告、游戏，停止使用 QQ 提供的各种功能和服务，修改 QQ 提供给用户的安全中心功能和安全扫描功能。上述行为的后果将使原告损失广告收入、游戏收入和增值服务交易机会，给原告造成严重的经济损失；同时，还将使原告的软件运行产生障碍，用户体验产生改变，给原告的企业和品牌声誉造成损害。被告针对原告 QQ 软件专门开发的扣扣保镖破坏了原告合法运行的 QQ 软件及其服务的安全性、完整性，使原告丧失合法增值业务的交易机会及广告、游戏等收入，偏离了安全软件的技术目的和经营目的，主观上具有恶意，构成不正当竞争。该一审判决结论被最高人民法院（2013）民三终字第 5 号民事判决维持。

（三）2017 年修法引入了保护消费者利益的价值目标

2017 年《反不正当竞争法》修订，将第 2 条第 2 款修改为：本法所称的不正当竞争行为，是指经营者在生产经营活动中，违反本法规定，扰乱市场竞争秩序，损害其他经营者或者消费者的合法权益的行为。根据该条款的规定，在考虑认定不正当竞争行为时引入一个重要的维度，即不应当将权益损害仅仅局限于是否损害了被告的利益和竞争秩序，还应该考虑其是否损害了广大消费者的合法权益。

二、互联网环境下的不正当竞争行为辨析

互联网平台是维系买家和卖家的平台，是一个双边或者多边市场，一个向网络用户免费的市场和一个向广告用户、增值服务用户收费的市场在平台上同时共存。

双边市场有着不同于单边市场的盈利本质，平台的价值取决于平台的规模。网络用户的规模越大，向广告用户收费的价格就越高，向增值服务用户的收费也是如此。因此，在通常情况下，平台会对单边群体采取不同的收费策略，以不同的价格来平衡每个群体的规模，从而谋求更多的利润。有时，平台甚至对一边市场零收费，而为另一边的市场群体提供补贴。例如，婚介服务平台可能采取支付补贴的方式邀请一种性别参与，而向另一种性别收费，以便使男性和女性达到适当的平衡。再

如，网约车平台在某个阶段会给予乘客补贴，换取乘客数量增加，从而向驾驶员群体收取更多的费用。

搜索引擎平台也属于多边市场。从一开始搜索引擎经营者就面对内容提供商和零售商，网站需要吸引网络用户、网络用户需要找到自己感兴趣的网站，广告客户需要寻求网络用户浏览。搜索引擎有效地在网络用户和内容商、零售商的网站以及广告客户和网络用户之间进行构建，从而形成了搜索引擎的商业模式。在这种模式下，搜索引擎服务商始终在用户方面采取零价格，然后通过向广告客户收取广告费以及出售搜索结果中的特殊位置发布广告等方法来获取利润。美国国会议员“互联网零知识”的笑话反映了行外人对此商业模式的无知，当脸书（Facebook）的扎克伯格参加国会调查案的听证会时，参议员奥瑞恩·哈奇问道：“脸书不是免费的吗？你们怎么赚钱？”扎克伯格停顿了一下后回答：“参议员，我们靠经营广告收费。”

网络不正当竞争行为有以下几个类型。

（一）干扰破坏行为

如前所述，以腾讯诉奇虎360不正当竞争纠纷案为发端，人民法院提出了一般不正当竞争行为的构成要件。根据这个一般要件，对于被告开发应用软件并利用该软件插入其他软件的启动程序，达到屏蔽其他软件的广告和增值服务的行为而言，即便不正当竞争法在不正当行为中没有明文列举这种行为，但由于其违反商业道德和诚实信用，损害其他经营者的权益和竞争秩序，且行为人主观上存在过错，亦应当认定为干扰、妨碍、破坏他人经营的不正当竞争行为。

2017年《反不正当竞争法》修订时，立法体例依然遵循1993年该法的路径，即明文规定和列举具体的互联网妨碍、破坏等不正当竞争行为，尽量减少以《反不正当竞争法》第2条来裁判案件的情况。但这种试图将网络具体不正当竞争行为写入立法的方法并非一劳永逸。事实证明，网络经营行为的更新快速和多元化，远远超过立法的脚步，更多新的有争议的经营行为涌现，使得《反不正当竞争法》的规定捉襟见肘。

在优酷诉猎豹屏蔽视频广告案（案号：最高人民法院〔2013〕民三终字第5号）判决作出后，司法遭遇了批评。反对意见主要源自以“电视精灵”案为代表的德国模式。在比较了德国法院判决与国内法院判决之后，反对者认为，国内法院对于不正当竞争法的适用，错误地走向允许垄断的权利法的方法路径，对于竞争行为的评价过于严苛，不利于商业模式创新和鼓励自由竞争。

假设以德国模式来裁决“电视精灵”系列案，那么裁判原则应当如下。其一，市场的生命力在于商业活动自由和创新自由。由于任何竞争都会对其他竞争者产生影响，要认定某个单独的竞争行为是否应予禁止，必须考虑多方面因素，并且坚持个案判断，综合权衡竞争者、消费者、其他市场竞争者的利益。在本案中，基于对前述众多利益的综合考量，被告的利益更值得保护，因为被告的广告屏蔽装置的销售虽然加重了原告的经营负担，但并未威胁其生存。然而，被告企业如果被禁止生产和销售广告屏蔽装置，会遭受危及生存的损害，广告屏蔽本身是被告商业创意创新和商业效果的核心。其二，用完全禁止一种商业模式的方式来拯救另一种商业模式，不是法院的责任。

无论从业界、公众和大多数司法从业人员本身的商业道德观与不正当竞争法律文化观出发，都难以接受一个企业的商业模式干扰和破坏（有时仅仅是影响）另一个企业的盈利。干扰和破坏本身就是难以接受的。要退一步去考量干扰和破坏是否有其他价值维度，例如，考量这种干扰和破坏是否有利于消费者，是否有利于商业模式和技术、文化创新，在禁止这种干扰破坏后，是否令被告处于灭顶之灾，但这些与干扰破坏的性质相比，都难以成为左右中国法院判决的决定性因素。

例如，在优酷信息技术（北京）有限公司与北京搜狗信息服务有限公司不正当竞争纠纷案［案号：北京知识产权法院（2021）京73民终451号］中，搜狗公司系“搜狗搜索”App（英文Application的缩写，意为应用程序）的运营者，该App具备广告屏蔽功能。当用户使用“搜狗搜索”App并开启屏蔽功能后，进入优酷网观看视频时可跳过视频前的贴片广告，同时，优酷公司在视频右上角设置的引导用户开通会员的跳过广告按钮，也一同被屏蔽。针对这一事实，法院判决认为，搜狗公司提供的涉案 App 在用户安装并打开其广告屏蔽功能后，无须成为优酷公司付费会员，亦无须观看贴片广告，即可观看优酷视频 App 上的视频内容，破坏了优酷公司向用户提供播放服务从而获得广告收益或者会员费收入的商业模式，构成不正当竞争。

但是，争议和批评声音的出现，也给法院带来更多维度的视角。例如，湖南快乐阳光互动娱乐传媒有限公司（以下简称快乐阳光公司）诉广州唯思软件股份有限公司（以下简称唯思公司）商业贿赂和不正当竞争纠纷案［案号：广州知识产权法院（2018）粤 73 民终 1022 号］。该案的事实是，快乐阳光公司与唯思公司分别是网站和浏览器的运营者。这里的“网站”是指在互联网上根据一定的规则，使用 HTML（Hyper Text Markup Language，超文本标记语言，标准通用标记语言的一个应用）等工具制作的用于展示特定内容相关网页的集合，人们可以通过网页浏览器来访问网站，获取自己需要的资讯或者享受网络服务。“浏览器”是指可以显示网页服务器或者文件系统的 HTML 文件内容，并让用户与这些文件交互的一种软件，用来显示在互联网或者局域网等内的文字、图像及其他信息。

快乐阳光公司指控唯思公司通过其经营的 720 浏览器的内置功能，让使用该浏览器的网络用户可以实现拦截屏蔽快乐阳光公司的芒果 TV 网站片头广告、暂停广告及屏蔽会员免广告功能按钮的行为。该行为的后台技术是，拦截屏蔽广告的功能通过内置的 AdblockPlus（加锁插件）实现。互联网的网页都有一个或者多个 URL（图片、视频、文件）资源，浏览器将这些 URL 资源加载到页面中，用户就能够看到整个网页的展示效果；只要浏览器把网页中的广告部分的 URL 请求过滤掉，就可以实现拦截屏蔽广告的效果。720 浏览器的拦截广告功能需要匹配加锁插件过滤规则列表里的过滤规则去进行拦截。加锁插件的过滤规则由浏览器经营者自定义、选择、排除、编辑，类似于通常使用的实现过滤功能的黑名单、白名单一类技术手段。

显然，与另一种向用户提供加锁插件技术，由用户根据自己的想法和需求安装于浏览器并自行选择、编辑过滤规则的行为相比，被诉行为对于网络用户而言，技术门槛是不一样的。在被诉行为中，用户使用浏览器只需要通过简单的操作甚至不需要额外操作即可对视频广告进行拦截屏蔽。而仅仅向用户提供加锁插件技术时，用户需要自己耗时耗力去研究、选择、安装、设置拦截屏蔽的插件，因此，用户通过后者实现广告屏蔽的难度明显高于被诉行为。

针对该案，广州知识产权法院判决认为：

其一，公认的商业道德应该包括互联网行业惯例、行业通行做法以及互联网相关公约等表现形式。

从相关行政规章和相关公约来看，《互联网广告管理暂行办法》（已废止）禁止以下行为：（1）提供或者利用应用程序、硬件等对他人正当经营的广告采取拦截、过滤、覆盖、快进等限制措施；（2）利用网络通路、网络设备、应用程序等破坏正常广告数据传输，篡改或者遮挡他人正当经营的广告，擅自加载广告。《互联网终端软件服务行业自律公约》第19条约定，除恶意广告外，不得针对特定信息服务提供商拦截、屏蔽其合法信息内容及页面。

从行业惯例来看，IE（Internet Explorer，网页浏览器）、QQ、搜狗等国内主要浏览器均不存在直接拦截屏蔽涉案视频广告的功能，因此，浏览器包含直接拦截视频广告的功能并非行业惯例。

就法律性质而言，唯思公司干扰和影响的是快乐阳光公司对于其网站内合法经营的广告播放内容的处分权，属于对他人处分权的侵害行为。由此，唯思公司的行为违反了互联网领域公认的商业道德。

其二，浏览器的经营者在设定浏览器的功能时，应当审慎运用自己的“特权”，履行应尽的注意义务，将不利影响限制在尽可能小的恰当范围和限度之内。

法院认为，“广告+免费视频”与“会员+无广告”的商业模式，均属于双边市场的商业模式，唯思公司经营的720浏览器所采取的实质上也是相同的双边市场模式。唯思公司的720浏览器一边以宣传的“看视频无广告”“独特的广告屏蔽技术让您欣赏视频快人一步”，作为区别于市场主流浏览器的免费主打产品，用于集聚用户资源；另一边则利用用户资源来提供增值的网络游戏运营服务。唯思公司在其网站上大肆宣传，并在软件安装界面出现“720 就是没广告！广告屏蔽，游戏辅助，娱乐平台”字样，由此可见，其用 720 浏览器来屏蔽广告的行为是故意的。

同时，唯思公司加锁插件的过滤规则库是可选择、可编辑的。720 浏览器在使用该插件时选择了包含针对快乐阳光公司芒果 TV 网站视频广告的过滤规则却未加以合理排除，因此，唯思公司拦截屏蔽视频广告的行为已包含了对于快乐阳光公司的针对性和指向性。而且，唯思公司对拦截屏蔽广告默认开启的方式，相较于由用户自主选择是否开启使用而言，也明显更不恰当，主观过错更大。

另外，法律上认可的绝对权利或权益具有一定的垄断性，故在法律没有明确规定时，给予绝对权利或权益的保护应当慎重。鉴于商业模式应作为权利或权益受到保护没有法律明确规定，因此，不应将快乐阳光公司主张的商业模式作为一种具体权利或权益单独赋予快乐阳光公司。但即使如此，唯思公司仍然应当以质优价低、效能竞争等方式施以公平竞争集聚用户资源，而不应为了增加自身的用户资源干扰侵害他人的处分权。加锁插件的屏蔽广告技术本身是中立的，但唯思公司的被诉行为并非单纯向用户提供加锁插件技术，由用户按其需求安装于浏览器，并自行选择、编辑过滤规则；相反，其是将插件作为一种工具使用在自己的浏览器中进行经营。唯思公司在浏览器中使用该插件，拦截屏蔽芒果 TV 网站的视频广告，其实际使用的目的亦并非单纯为消费者谋福利，实质是为了增加浏览器自身的用户资源和谋求更多的交易机会。

其三，关于被诉行为是否有利于技术创新。

法院认为，正如奇虎与腾讯不正当竞争纠纷案中所认定的，竞争自由和创新自由必须以不侵犯他人合法权益为边界，不能借技术进步、创新之名，而行“丛林法则”之实。唯思公司在 720 浏览器中使用加锁插件并非基于技术创新必要性的考量。同时，双方当事人均确认，防止拦截的方法相对于拦截屏蔽技术而言明显处于劣势地位。屏蔽视频广告的结果会导致视频网站经营者的广告费和会员费等收入减少，甚至可能无法填补免费播放视频的运营成本而难以为继，但唯思公司在造成上述后果的同时，却未能为用户继续观看免费视频的需求提供其他等效的替代解决方案，只见破坏而不见创新。另外，将被诉行为认定为不正当竞争行为，只是对唯思公司将加锁插件作为一种工具使用在自己的浏览器中进行经营的行为作出否定评价，而非对于加锁插件这类技术本身作出否定。

其四，在通过法益权衡、效果评估来审查竞争行为正当性时，应在一定程度上向消费者利益倾斜。

芒果 TV 网站为消费者是否观看视频的片头广告、是否暂停广告提供了不同选择与合理安排。视频网站所播放的视频并非真正“免费”，只不过“看广告”付出的对价是看广告的时间成本，“不看广告”付出的对价是真实的金钱，以上选择是消费者意思自治的体现，所形成的视频网站与消费者之间的合意既保护了消费者整体的利益，也不会影响消费者个体的自主选择权。唯思公司没有证据证明我国目前的经济发展水平足以让消费者轻松承担视频网站将广告费收入转嫁给消费者的成本；没有证据证明消费者付费观看网络视频的消费模式已然取代目前的模式而在国内互联网环境中占据绝对优势；没有证据证明唯思公司为用户继续观看免费视频的需求提供了其他等效的替代解决方案；没有证据证明通过浏览器屏蔽视频广告不影响视频网站存续。长期而言，被诉行为可能令网络用户无法实现继续观看免费视频的需求，却没有提供其他等效的替代解决方案，对消费者的长远利益将产生负面的、消极的影响。

法庭在进行分析时所采取的逻辑是，第一，考察被诉行为是否违反了公认的商业道德。这一问题需要从行政管理、公约的规定以及其他大部分企业的利益等三个角度来看。

第二，在确定被诉行为违反公认的商业道德后，法庭认为依然不能遽下定论，仍然需要衡量被诉行为实施人的目的和立场，并且得出结论认为被诉行为人在屏蔽广告的问题上存在对自己和对他人的双标；行为人提供软件时实施的技术手段指向了特定的对象即原告的网站；行为目的实质是增加行为人自身的用户资源和谋求更多的交易机会。

第三，法庭在认定某个单独的竞争行为是否应予禁止时，必须权衡经营者、消费者、其他市场竞争者等多方面因素，必须考虑保护技术创新，并对个案进行综合考量。这与德国法院所采取的裁判原则是相同的。在这个原则指导下，法庭分析了被诉行为是否有利于技术创新，结论认为，加锁插件本身中立并不受禁止，法庭禁止的仅仅是被告将加锁插件用于浏览器从而屏蔽原告广告的行为。判决还分析了被诉行为是否有利于消费者福祉，结论是，在目前现实情况下，网络用户通过浏览广告换取免费视频节目的商业模式，尚无法被其他更好的模式替代，被告并未创新出更好的模式，只见破坏而未给出解决方案，因而并不会给消费者提升长远福祉。

第四，判决确实退了一步，比较了被诉行为与另一种仅仅向用户提供加锁插件技术由用户自主使用的行为。言下之意，如果是后一种行为的话，则是可以接受的。因为后一种行为符合技术中立的原则，虽然提高了用户自行屏蔽原告广告的技术难度，但也减少了原告广告被屏蔽的风险。

综上，从快乐阳光案判决强大的说理中，我们可以看出法庭对互联网不正当竞争行为考量维度的增加，法庭对具体经营行为进行否定评价的标准相较而言更为科学合理。

（二）利用他人公开提供的数据的行为之争与违反 robots（机器人）协议

1. robots 协议相关技术行为

robots 协议与搜索引擎技术密切相关。在互联网发展早期，用户从网上获取信息，需要直接进入相关网页查找，效率不高。随着海量信息的出现，原有的方式不足以应付需求。于是，诞生了搜索引擎技术。搜索引擎的原理是使用网络机器人识别并抓取相关网站上的信息。搜索引擎有两大类，即通用搜索引擎和垂直搜索引擎。通用搜索引擎的用户根据关键词将所有网站上的相关信息检索出来提供给客户。百度、谷歌及360搜索都属于通用搜索引擎。垂直搜索引擎是专门针对某一领域的专业搜索，其搜索结果仅限于目标领域，如一些专业的购物网站、视频分享网站提供此类服务。搜索引擎实现其功能是通过spider（网络爬虫）或称robots的自动访问程序，在互联网上浏览一个又一个网页，将网页缓存之后建立索引，方便后续检索，这个过程称为“爬取”（crawling）。爬取本质上是对网站的自动访问。缓存，从搜索服务的角度出发，是为了方便而建立的搜索引擎服务器上的索引，这是任何网络用户访问网站时都会做的动作，只有把网页缓存到本地，用户才能在本地浏览网页。出于尊重网页版权的考虑，更因为服务器容量要求，搜索引擎对于本地的缓存一般只会保留一段时间，过后就会自动删除，或者被新的网页覆盖。

如果一个网页是公开的，只要用户可以人工自由访问，那么网络爬虫爬取该网页就不存在技术障碍。但这也产生了新问题，如网络机器人过快抓取或重复抓取相同的网页会导致受访网站的服务器过载，影响网站的运行。此外，还可能抓取网站管理后台的内部信息、临时性文件、cgi（公共网页接口）脚本等对用户没有使用价值的信息。为避免网络爬虫有意或无意爬取到这些信息，荷兰网络工程师Koster（考思特）提出了一个指引性文档《机器人排除标准》（A Standard for Robot Exclusion，robots. txt）。1994年6月30日，一些网络机器人设计者在网络机器人论坛上达成一致意见，同意了Koster提出的文档，建议所有网站在其根目录下设置这个文档robots. txt（机器人文本）。由于大家都接受这个做法，便出现了所谓的robots协议（机器人协议）。

robots协议定义了网站上哪些网页信息是允许爬虫爬取的，哪些网页是网站所有者不希望爬虫爬取的。这个所谓的协议本身仅仅是一个建议，在技术上，不能像密码等技术保护措施那样去阻止爬虫。这是一种“君子协定”，不构成一个法律上的协议或者合同，不是双方当事人一致的意思表示。

鉴于robots协议这样一种独特的技术与法律性质，围绕爬虫忽略、无视其存在，照样爬取网站公开数据的行为，究竟能否以法律进行规范，就出现了一系列争议。

2. 以领英案 hiQLabs，Inc. v. LinkedIn Corp.（希奇实验室公司诉领英公司）［273 F. Supp. 3d 1099（N. D. Cal. 2017）；938 F. 3d 985（9th Cir.，2019）］为代表的美国法院裁判原则

本案的案件情况是，原告 hiQL（希奇）基于公开数据统计分析各类人员的从业情况数据，并向企业雇主提供以牟利。被告 LinkedIn（领英公司）是一家专注于各阶层特别是白领阶层职业发展的社交平台，用户可在平台上制作、修改和公开展示自己的简历。hiQL 的数据分析业务完全依赖于 LinkedIn 上的公开数据信息。它的商业模式是以网络爬虫抓取 LinkedIn 网站上公开的会员资料，再通过数据分析技术，分析抓取到的资料。由某个从业人员频繁更新自己公开档案内容的行为，预测该员工另觅新工作的可能，并将该分析结果销售给需要聘请员工的雇主。

LinkedIn 对自己的网站设置了 robots 协议，禁止除通用搜索引擎之外的爬虫抓取其网站数据。除了 robots 协议之外，LinkedIn 还通过其他技术手段侦测爬虫，一旦发现有爬虫在抓取其网站数据，就会对这个爬虫进行限流乃至封锁，阻止其继续爬取。

hiQL 并未遵从 LinkedIn 设置的 robots. txt 的指示，也无视 LinkedIn 的反爬虫妨碍手段，仍然抓取了 LinkedIn 上海量的公开数据。对此，LinkedIn 向 hiQL 致信，要求 hiQL“立即停止并终止抓取未获授权的数据以及其他妨碍 LinkedIn 用户协议的行为”，同时起诉 hiQL。

hiQL 则认为，LinkedIn 的行为构成不公平竞争；同时，还构成民事侵权和合同违约，包括故意妨碍合同履行和违反禁反言原则；以及进一步地，违反了加利福尼亚州（以下简称加州）宪法规定的言论自由。hiQL 也向加州北区法院提起诉讼，请求法庭对 LinkedIn 的行为给予初步禁令。加州北区法院支持了 hiQL 的主张，领英公司不服，上诉至联邦第九上诉法院，上诉法院维持了一审判决。

两审法院均认为：第一，是否给出禁令，需要衡平双方利益。由于 hiQL 的业务模式完全依赖于 LinkedIn 的公开数据，如果 hiQL 被迫停止

爬取 LinkedIn 公开数据，很可能会被逼破产。进而，如果法庭不向 LinkedIn 颁发禁令，则 hiQL 毫无疑问会面临无法弥补的损害。相反，LinkedIn 所面临的损害，与其用户对隐私的保护欲望以及影响 LinkedIn 用户对其信任等因素有关，而这些因素是不确定的。同时，LinkedIn 自己并未积极行动维护这些隐私。LinkedIn 没有提供任何证据证明 hiQL 申请禁令的行为给 LinkedIn 造成了经济或其他方面的损害。在禁令中需要衡平双方利益这一原则，明显对 hiQL 有利。

第二，是否违反了 CFAA（《计算机欺诈和滥用法》）的规定。法院认为，CFAA 旨在处理对私人的、通常是受密码保护的大型计算机的“黑客行为”或“非法入侵”。而在本案中，hiQL 只访问公开可查看的数据。虽然 hiQL 的爬虫违反 robots 协议，但是这并不会导致计算机非法行为，双方对此并无争议（robots 协议属于自愿遵守的文件，并无强制约束力）。而对于 LinkedIn 采取的其他反爬虫措施，与常见的图形验证码（CAPTCHA）一样，并非拒绝特别用户的访问，而仅仅是降低特别用户的访问权限。这些反爬虫对抗手段无法使用户使用爬虫抓取公开数据构成“未经授权”的访问，它们不属于非法入侵计算机，或者破解技术保护措施。

第三，关于 LinkedIn 的行为是否构成《加利福尼亚州反不正当竞争法》（UCL）中的“不正当”竞争。法院认为，LinkedIn 正打算与 hiQL 在数据分析市场进行竞争。LinkedIn 终止了 hiQL 对其公共会员数据的访问，在很大程度上是因为它想要对该数据进行独占控制，以实现自己向数据分析业务进军的目的，LinkedIn 的行为构成不正当竞争。

第四，关于公共利益。法院认为，LinkedIn 用户在其公开数据中的所谓“实际隐私利益”是不确定的。那些选择在 LinkedIn 上对公众开放设置个人信息的人，实际上更加期望他们的公开形象被搜索、挖掘、整合和分析。如果支持 LinkedIn 等私人实体阻止访问者在其网站上获得公开数据，并令后者受到 CFAA 制裁，那么互联网对公共话语（public discourse）和信息自由流动所带来的便利将受到妨碍和威胁。让已经积累大量数据的实体决定谁有权爬取数据，将使其获得过大的控制权。

hiQL 的立场与公共利益更加吻合。LinkedIn 的行为可能违反了《加利福尼亚州反不正当竞争法》，属于排除竞争的行为，向其颁发初步禁令更有利于公众利益。

但是，在历经美国终审法院的发回重审后，2022 年 12 月，LinkedIn 与 hiQL 之间的一系列争议，迎来了重大反转。北区地方法院就 LinkedIn 诉 hiQL 案给出实体判决：hiQL 向 LinkedIn 赔偿 50 万美元。永久禁止 hiQL 通过违反他人用户协议的方式，直接或间接地和使用 LinkedIn 平台的数据；永久禁止 hiQL 从 LinkedIn 平台收集数据；永久禁止 hiQL 分析从 LinkedIn 平台获取的数据，等等。判决指出，如果此类社交平台无法对数据抓取者行使追索和救济权，这些平台将不得不将大量个人信息隐藏起来，最终导致相关信息和帖子不能被搜索以及被限制发现或推荐流量。

分析本案双方互诉的漫长经过和美国法院的不同判决，笔者认为，无论是联邦第九巡回法院给出的禁令，还是北区地方法院给出的判决，其中的理由正误不相伯仲。前者堵死了 LinkedIn 希望从未经授权非法访问计算机来追究 hiQ 违反 robots 协议和其他反爬虫手段相关责任的路径；考量了 LinkedIn 希望垄断数据资源减少竞争的主观目的和行为效果；重视数据流通对公共利益的影响。司法关注的角度和判决原则背后的考量，对于评判一个竞争行为是否正当，显然是经过深思熟虑的。

然而，反过来，北区地方法院给出的社会利益考量是，如果允许经营者爬取他人数据，则会倒逼数据拥有者以藏匿、不公开数据的方式来经营数据，最终，造成这些数据彻底无法被公众获知，同样妨碍数据流通和公共利益。由此可见，两个完全不同的判决所秉持的理由是共通的，就是在评价竞争行为时，不仅要关注竞争者双方的利益，更要保护和促进包括经营者激励和消费者利益在内的更广群体的公共利益。

把视角转向其他法域，如欧洲法院的判例。

（1）Innoweb BV v. Wegener ICT Media BV（因诺网公司诉韦格内媒体公司）案

本案的案件事实是，被告 Innoweb（因诺网）开设的网站提供了一个专用元搜索引擎 GasPedaal（油门）。这个软件的技术特征是，它能够调用其他搜索引擎的功能帮助网络用户进行搜索，且信息内容仅针对汽车广告信息。由此，用户可以在不登录原告 Wegener ICT Media BV（韦格内媒体公司）所开设的 Wegener（韦格内）买车网站的情况下，通过被告的搜索引擎获取原告网站上的汽车广告数据，包括出厂年份、价格、里程和预览图。这些数据通过被告自己开设的网站，以被告自己编辑后的格式展示给用户，还可以发送到用户邮箱。原告的网站每日响应被告的爬虫达 10 万次，被告前后总计搜索到原告的广告约 30 万条。原告遂根据欧盟 96/9 指令第 7 条起诉被告，要求法庭判令被告停止侵害其数据库专用权，诉请获得了一审法院支持。被告上诉到海牙上诉法院，海牙上诉法院遂请求欧盟法院对于被告行为是否违反数据库指令第 7 条给出法律意见。

欧盟法院认为，欧盟数据库指令所定义的复制式利用行为，成立条件是“剥夺了数据库建立者承担风险、投入人力、技术和/或经济资源、建立和运营数据库所应获得的收益”。本案中元搜索引擎的运营，使得用户可以“以一搜多”，从而使汽车卖家不再积极地在多个买车网站发布广告（因为只要在任何一家网站发广告，元搜索引擎总能搜到），因而打击了原告买车网站的商业机会。同时，元搜索引擎从多个买车网站获得数据后进行整合和呈现，使得原本会点击进入买车网站的用户可以直接在被告的网站看到更全面的车辆数据。即使用户想进一步了解该广告，其也会直接点击广告，而不会再使用买车网站的搜索功能，这显然降低了买车网站的点击率。因此，被告的行为构成欧盟数据库指令第 7 条所规定的“复制式利用”：①提供了与原数据库相同的功能，对原告数据库起到了替代的作用；②使用元搜索引擎提取了原数据库的全部数据；③通过整合、排序等方式为用户提供了额外的数据。综上，构成违反欧盟数据库指令。

由此可以看出，第一，基于欧洲数据库指令，欧盟法院关注的是爬取对方的数据之后，是否会形成一个对原有数据库形成替代作用的新的数据库。如果形成了替代，则构成对原有数据库的复制式利用，从而侵犯了数据库制作者的数据库权。换言之，被告的元搜索引擎与一般通用搜索引擎不同。通用搜索引擎的用户在搜索界面获得自己想要的网页链接之后，仍需点击该链接进入原网站进行访问；而在本案中被告利用元搜索引擎搜索到其他网站数据内容后，在自己的网站内编辑整理这些数据内容，以被告自己的版面形式提供给用户。因此，构成对其他网站数据库的替代。

第二，替代的直接后果是原告商业机会的丧失。此即元搜索引擎通过“以一搜多”而聚合各个买车网站的数据，使得用户不必再访问或者说减少访问包括 Wegener 网站在内的买车网站，导致广告发布商减少在多家网站发布广告，从而会影响其他网站获取广告发布的商业机会。

第三，基于欧洲数据指令，欧盟法院实际上认可哪怕这 30 万条广告信息中的每一条都是原告对公众开放并且可以被公众自由接触的，但原告对其 30 万条广告信息之和仍然享有数据库权。

（2）Ryanair v. PR Aviation（莱雅内诉 PR 航空）案

本案的案件事实是，原告 Ryanair 系一家航空公司的网站，其访问者必须通过勾选“接受”Ryanair 航空的一般用户条款和条件，来享受网站的服务。这些一般条款约定，网站信息均只能用于私人和非商业目的，禁止使用计算机自动化系统或软件从网站提取数据用于商业目的。被告 PR Aviation 作为机票比价服务提供者，使用计算机自动系统直接从 Ryanair 航空网站和用户可以公开访问的数据库来抓取航班信息，然后由收费用户从被告的网站上进行机票预订并同时支付佣金。

Ryanair 航空主张 PR Aviation 侵犯了其著作权和数据库权，并且违反 PR Aviation 作为 Ryanair 航空网站的用户，与 Ryanair 网站之间签订的一般用户条款和条件。荷兰最高法院就 Ryanair 的数据库是否应受数据库权保护、Ryanair 网站的一般条款是否对 PR Aviation 有约束力，提请欧盟法院解释。

欧盟法院认为，其一，数据库权应当以对数据的获取、核实或输出进行实质性的投入为前提，且根据“副产品原则”，为专门建设数据库和数据内容、为获得数据而进行投入，和为其他业务进行投入而衍生出数据内容，这两种投资需要严格区分。Ryanair 的数据库不过是其航空经营业务的副产品，其并未就相关数据的收集进行额外投入，因此构成典型的“单一数据源数据库”（数据单一来源于原告经营的航空业务），该数据库并非《数据库指令》的保护对象。其二，Ryanair 网站设置了禁止爬虫爬取的一般用户条款，而在访问该网站时，用户必须勾选同意该条款才能继续访问网站，这就意味着 PR Aviation 的爬虫必然也勾选同意了该条款。而违反该条款就意味着 PR Aviation 违反了与 Ryanair 之间的合同约定，PR Aviation 的爬取行为属于违约。

本案欧盟法院对于欧盟数据指令的适用做出了重大适用解释，形成了副产品原则，即只有那些真正由经营者投入人力、物力、财力，通过多来源获得、建设的数据库，才是欧盟数据指令所保护的数据库。相反，那些在经营其他事业（例如，主营业务）的过程中，自然沉淀、积累下来的数据，则是主营业务的副产品，并非享有欧盟数据指令保护的数据库。例如，电商平台为了经营电商业务，可能会在长时间中衍生出海量的数据，但是这些数据不能作为数据库享受数据权益保护，因为经营者的投入是经营电商平台并获取利润，其并没有为数据库的建设另行投入人力、物力、财力。因此，平台上的海量数据并非其数据库权益。副产品原则的提出，将欧盟数据指令中数据库的权益相对控制在一个较小的范围内，既有利于保护数据库权益人的利益，同时又兼顾了数据流通与公众利益。

我们再回顾一下中国法院的裁判情况。

1. 奇虎 360 诉百度案

2012 年 11 月 1 日，在中国互联网协会的牵头组织下，12 家互联网企业签署了《互联网搜索引擎服务自律公约》（以下简称《自律公约》）。该公约第 7 条第 1 款规定：遵循国际通行的行业惯例与商业规则，遵守机器人协议（robots 协议）。第 8 条规定：互联网站所有者设置机器人协议应遵循公平、开放和促进信息自由流动的原则，限制搜索引擎抓取应有行业公认合理的正当理由，不利用机器人协议进行不正当竞争行为，积极营造鼓励创新、公平公正的良性竞争环境。

纠纷的起因是百度网讯公司和百度在线公司在其相关网站均通过robots 协议设置了访问限制，其 robots 协议采取的是“白名单”制度，即只有该文件中明确列举的搜索引擎的网络机器人才能抓取百度旗下相关网站的内容，未列举的搜索引擎则不能抓取。2012 年 8 月 16 日，360 搜索引擎上线运营，但百度网讯公司和百度在线公司相关网站的 robots 协议均未将 360 搜索引擎列入其“白名单”中，以致引起奇虎 360 的运营商起诉。

北京市第一中级人民法院在（2013）一中民初字第 13657 号一审判决中认为，robots 协议作为一种互联网行业惯例，一方面，要求搜索引擎的网络机器人遵守受访网站的 robots 协议；另一方面，也要求受访网站设置的 robots 协议本身应当是合理的，不应违背“促进信息共享”的初衷。

就本案而言，首先，百度网讯公司、百度在线公司通过设置 robots 协议的方式限制 360 搜索引擎对其相关网页的抓取与 robots 协议的初衷背道而驰。百度网讯公司、百度在线公司的行为造成网络用户通过 360 搜索引擎无法得到完整的搜索结果，人为设置信息流动的障碍。360 搜索引擎属于通用搜索引擎，而通用搜索引擎的网络机器人进入一个对公众开放的网站抓取信息通常并不会损害网站的利益，反而有利于其宣传推广。事实上，目前绝大多数网站对通用搜索引擎持开放、欢迎的态度，因为如果被搜索到，就意味着更多的网页浏览量以及由此带来的潜在用户。正因如此，绝大多数网站非但不会使用 robots 协议禁止通用搜索引擎抓取，反而希望能被更快地被搜索出来并展示在搜索结果中较为前列的位置，这也促成了搜索引擎竞价排名等商业模式的产生。而百度网讯公司、百度在线公司却在允许国内外主流搜索引擎抓取其网页内容的情况下，限制 360 搜索引擎抓取，其行为显然有悖于 robots 协议的初衷。

其次，从我国目前互联网搜索行业的发展现状来看，百度搜索引擎在市场份额上占据绝对优势，而 360 搜索所占的市场份额较小。在这种情况下，百度网讯公司、百度在线公司通过设置 robots 协议的方式限制

360 搜索引擎对其相关网站内容的抓取，会导致网络用户在使用 360 搜索引擎时无法及时获取所需信息，转而使用百度搜索引擎，这不仅会降低 360 搜索的用户满意度，损害奇虎公司的合法权益，也会在客观上增强百度搜索引擎的市场优势地位。不难想象，如果国内各主要网站都针对某一特定的搜索引擎以设置 robots 协议的方式限制其抓取，这一搜索引擎必然无法在市场上立足。事实上，包括互联网工程任务组在内的一些重要的国际组织拒绝采纳 robots 协议作为行业标准的原因，就是考虑少数行业巨头可能会利用 robots 协议本身的漏洞而将其作为垄断的工具。因此，百度网讯公司、百度在线公司以设置 robots 协议的方式限制 360 搜索引擎抓取的动机难谓正当。

如果把网站比作一个对公众开放的博物馆，robots 协议就相当于在博物馆入口处悬挂的提示牌，告知游客哪些区域不对外开放，如："本馆三楼 301—302 室正在装修、四楼为办公区，谢绝参观"。设置提示牌的目的并不是限制游客的正常参观活动，而是通过提示游客哪些区域为非参观区，从而引导游客更有效地参观游览。提示牌的内容对所有游客应一视同仁，如果要禁止某一类人进入参观，则需要有合理、正当的理由，如可基于安全的考虑，禁止无民事行为能力人进入参观。以设置 robots 协议的方式限制通用搜索引擎的抓取应当具有合理、正当的理由，如：（1）出于保护受访网站的内部信息或敏感信息的需要。由于这些信息属于隐私信息，且对于网络用户而言没有使用价值，故不应被抓取。（2）出于维护受访网站正常运行的需要。如果抓取会导致受访网站无法正常运行，则有必要对其进行限制。（3）出于保护社会公共利益的需要。如果抓取会损害社会公共利益，则理应对其加以限制。就本案而言，百度网讯公司、百度在线公司限制 360 搜索引擎抓取的内容不属于其内部信息或敏感信息，也没有证据显示 360 搜索引擎的抓取会导致相关网站无法正常运行或损害社会公共利益。因此，百度网讯公司、百度在线公司限制 360 搜索引擎抓取缺乏合理、正当的理由。百度网讯公司、百度在线公司还主张其设置 robots 协议是针对奇虎公司的侵权行为而采取的自力救济措施，对此，一审法院认为，如果网站所有者认为搜索引擎的抓取侵犯了其某项具体的民事权利，应当通过相应的法律途径寻求救济，而不应以限制互联网信息流动的方式进行所谓的自力救济，故百度网讯公司、百度在线公司的主张不能成立。综上，百度网讯公司、百度在线公司的涉案行为不仅损害了奇虎公司的合法权益，也扰乱了公平竞争的市场秩序，并最终将会损害广大网络用户的利益，其行为已构成不正当竞争。

北京市高级人民法院（2017）京民终487号二审判决认为，本案争议的核心并不在于robots协议本身的效力，而在于百度网讯公司、百度在线公司对robots协议的使用行为是否构成《反不正当竞争法》第2条规定的不正当竞争行为。由于百度网讯公司、百度在线公司实施的被诉行为属于《反不正当竞争法》特别条款未予明确规定的行为，故判断该行为是否构成《反不正当竞争法》第2条规定所指的不正当竞争行为，应当从该行为的损害后果及其是否具有不正当性两方面进行考量。

（1）关于被诉行为的损害后果。根据《反不正当竞争法》第1条所规定的立法目的，既要“鼓励和保护公平竞争，制止不正当竞争行为”，又要“保护经营者和消费者的合法权益”。在网络不正当竞争纠纷中，判断被诉行为是否属于《反不正当竞争法》第2条禁止的不正当竞争行为，应当兼顾经营者、消费者、社会公众的利益，在权衡被诉行为对竞争相对方合法权益的损害程度以及对消费者利益和竞争秩序的影响程度等基础上对其损害后果作出综合认定。

在本案中，百度在线公司、百度网讯公司对robots协议的设置方式是以白名单的形式区分希望抓取其相关网页内容的搜索引擎，即未能纳入白名单的搜索引擎，将无法抓取其相关网页内容。因百度在线公司、百度网讯公司未将360搜索引擎纳入白名单，导致360搜索引擎无法抓取其相关网页内容。被诉行为的损害后果体现在以下几方面。

首先，被诉行为影响了360搜索引擎的正常运行。奇虎公司的360搜索引擎属于通用搜索引擎，即在正常情况下，可以根据网络用户输入的关键词，将互联网上能够检索的所有相关信息提供给网络用户。百度在线公司、百度网讯公司对robots协议的设置方式导致360搜索引擎无法抓取其相关网站的网页内容，使得360搜索引擎的功能无法正常发挥，从而直接影响360搜索引擎用户的上网体验，进而可能导致360搜索引擎的网络用户流失。

其次，被诉行为损害了相关消费者的利益。由于被诉行为影响了网络用户对其所选择的360搜索引擎的正常使用，在影响网络用户对360搜索引擎使用体验的同时，迫使存在相关信息检索需求的网络用户不得不更换其他搜索引擎，从而影响网络用户自主选择的决定权，增加了选择成本，损害了该类网络用户作为消费者的利益。

再次，被诉行为将导致360搜索引擎与百度搜索引擎之间交易机会和竞争优势的“此消彼长”。尽管百度在线公司和百度网讯公司对相关网站robots协议的设置是基于其网站经营者的身份，但二者并非单纯的网络内容提供者，还是网络搜索引擎的经营者，且所经营的百度搜索引擎在被诉行为发生时在互联网搜索行业占据优势地位，其与奇虎公司之间存在直接的竞争关系。在互联网环境下，竞争优势的形成与网络用户的访问量和点击率直接相关，在百度在线公司和百度网讯公司相关网站的robots协议只允许当时国内外主流搜索引擎抓取其内容的情况下，使得存在相关信息搜索需求的用户放弃使用360搜索引擎，转用包括百度搜索引擎在内的其他搜索引擎，在导致360搜索引擎的交易机会和竞争优势受到削弱的同时，在一定程度上增加了百度搜索引擎的交易机会和竞争优势。

最后，被诉行为有违公平竞争原则，扰乱了正常的互联网竞争秩序。市场竞争的本质在于用户资源、商业机会的争夺，但此种争夺应当依靠改善自身商品或服务的质量与品质，从而赢得市场交易机会，而不是不劳而获或者损人利己。就本案而言，百度在线公司和百度网讯公司作为互联搜索引擎领域的主要经营者，应当本着诚实信用的原则，平等对待其他经营者，才能使相关消费者利益受到平等的尊重。百度在线公司和百度网讯公司对robots协议的利用方式，是将其他经营者区别对待，此种有针对性、歧视性的设置方式，有违公平竞争原则，该行为不仅损害与其存在竞争关系的奇虎公司的利益，也损害了相关消费者的利益。此种行为与互联网发展普遍遵循的开放、平等、协作、分享原则不符，若任由其发展，可能导致同行业经营者的效仿，将使原本遵循互联、互通、共享、开放精神的互联网变成信息相互隔绝、无法自由流动的信息“孤岛”，将有碍互联网功能的正常发挥，对互联网竞争秩序造成破坏，从而有损社会公共利益。

（2）关于被诉行为是否具有不正当性。《反不正当竞争法》作为规制市场竞争行为的法律，注重鼓励商业创新与维护市场公平与自由竞争的平衡；允许商业模式、经营方式以及竞争策略的创新与发展，在一定程度上容忍竞争过程中的“损人利己”。因此，认定被诉行为是否构成不正当竞争行为，不仅要考虑其损害后果，还要审查其是否违反诚实信用原则和公认的商业道德。诚实信用原则要求人们在从事民事活动时，遵守诚信、善意的原则，在不损害他人利益和社会利益的前提下，追求自身的利益。在网络不正当竞争纠纷中，对公认的商业道德进行认定时，应当以特定行业普遍认同和接受的经济人伦理标准为尺度，可以综合参考信息网络行业的特定行业惯例；行业规范或者自律公约；行业的技术规范以及可以参考的其他内容。根据本案查明的事实，《自律公约》系在中国互联网协会的组织下，由部分会员提出草案，并得到包括本案当事人在内的互联网企业广泛签署的行业自律公约，在某种程度上说明了该自律公约具有正当性并为业内所公认，可以将《自律公约》的相关约定作为认定互联网行业惯常行为标准和公认商业道德的参考依据。

2. 微梦创科诉字节跳动案

微梦创科公司是新浪微博的运营者。字节跳动公司是今日头条的运营者。自 2016 年 10 月起，字节跳动公司通过爬虫抓取或由其公司员工以人工复制方式大规模获取源发自新浪微博的内容，并紧随其后发布、展示在今日头条中，向用户进行传播。一审判决判令字节跳动公司停止不正当竞争行为并赔偿微梦创科公司经济损失 30 万元人民币。

北京市高级人民法院（2021）京民终 281 号民事判决撤销了一审判决并驳回字节公司的诉讼请求。二审判决认为：《立法法》第 93 条规定，法律、行政法规、地方性法规、自治条例和单行条例、规章不溯及既往，但为了更好地保护公民、法人和其他组织的权利和利益而作的特别规定除外。2017 年《反不正当竞争法》于 2018 年 1 月 1 日起施行，并在 2019 年 4 月 23 日再次修订，并自公布之日施行。本案被诉行为发生在 2016 年 4 月 15 日至 2019 年 7 月 18 日，跨越 1993 年《反不正当竞争法》（已被修改）、2017 年《反不正当竞争法》（已被修改）和 2019 年《反不正当竞争法》施行期间。一审法院受理本案的时间在 1993 年《反不正当竞争法》施行期间，而一审判决作出时 2019 年《反不正当竞争法》已经施行。根据上述规定，本案被诉行为持续到 2019 年《反不正当竞争法》施行期间，故应适用 2019 年《反不正当竞争法》。一审判决适用 1993 年《反不正当竞争法》有误，本院对此予以纠正。鉴于字节跳动公司系依据《反不正当竞争法》一般条款提出的诉讼主张，故本院将根据 2019 年《反不正当竞争法》中的一般条款，即 2019 年《反不正当竞争法》第 2 条对本案进行审理。

2019 年《反不正当竞争法》第 2 条规定，经营者在生产经营活动中，应当遵循自愿、平等、公平、诚信的原则，遵守法律和商业道德。本法所称的不正当竞争行为，是指经营者在生产经营活动中，违反本法规定，扰乱市场竞争秩序，损害其他经营者或者消费者的合法权益的行为。根据上述规定认定不正当竞争行为时，不仅要考虑其他经营者的合法权益，还要同时考虑市场竞争秩序和消费者的合法权益。

本案在案证据显示，微梦创科公司限制的“ToutiaoSpider”（图跳蜘蛛）网络机器人的应用场景并非搜索引擎，而是“微头条”等非搜索引擎应用场景。因此，一审判决将《自律公约》作为本案中商业道德的参考显然不妥。在判断 robots 协议对于网络机器人限制行为的正当性时，其核心在于保护网站经营者的自主经营权与维护其他经营者利益、维护消费者利益、维护竞争秩序之间的平衡。因此，对本案被诉行为是否具有正当性，应从以下方面进行分析。

首先，虽然 robots 协议的设置初衷，主要在于防止被抓网站的服务器过载影响网站正常运行，以及防止网络机器人抓取一些管理后台的内部信息、临时性文件、cgi 脚本等对网络用户没有使用价值的数据，但随着网络机器人应用场景的不断扩展，在非搜索引擎应用场景下，网络机器人不仅仅是抓取检索网站的信息编制成索引便于其他用户访问，而往往抓取其他网站公开的各种数据，甚至是其他网站用户生成的数据，直接用于自己的商业行为。在数字经济时代，数据日益成为企业重要的生产要素，数据资源的获取与利用是极为重要的一种资源配置。网站经营者对数据的收集、整理等基本都付出了相应的人力、物力、财力和时间等经营成本。robots 协议在某种意义上已经成为维系企业核心竞争力，维系市场有序竞争的一种手段。尽管 robots 协议在客观上可能造成对某个或某些经营者的“歧视”，但在不损害消费者利益、不损害公共利益、不损害竞争秩序的情况下，应当允许网站经营者通过 robots 协议对其他网络机器人的抓取进行限制，这是网站经营者经营自主权的一种体现。在案证据能够证明，除微梦创科公司外，其他网站的 robots 协议也存在以主体进行抓取限制的情形，特别是字节跳动公司在其网站上也明示了其他网站可以通过 robots 协议禁止其抓取的内容。由此可知，包括字节跳动公司在内的互联网企业对于网站经营者通过 robots 协议来限制其他网络机器人的抓取行为都是认可和遵守的。因此，通过 robots 协议对网络机器人进行限制并不当然违背互联网行业的商业道德。

其次，互联网行业中信息的自由流动应控制在合理范围内，即符合互联网行业的商业道德，否则，将不利于鼓励商业投入与创新。对搜索引擎场景下的 robots 协议进行较为严格的限制，主要是基于搜索引擎的作用就是便于公众搜索，降低搜索成本，符合互联网互联、互通、共享、开放的精神。互联网领域中消费者福利的增加，依赖于数据在更大范围和更深层次的共享利用，而非通过数据爬取对数据进行明显替代性或同质化的利用。在非搜索引擎的应用场景中，特别是在类似本案字节跳动公司的“toutiaospider”网络机器人将抓取后的内容直接“移植”到“微头条”，实现对微博内容实质性替代的应用场景，虽然在一定程度上扩大了消费者对于用户发布内容的获取途径，但并没有在实质上增加消费者的消费体验。即使微梦创科公司不允许字节跳动公司的

“toutiaospider” 网络机器人抓取，消费者通过微梦创科公司的网站也可以获取用户发布的内容，或者通过搜索引擎搜索到用户发布到微博上的内容。因此，被诉行为并未对消费者的利益造成损害。

再次，从字节跳动公司自己网站上载明的 robots 协议内容来看，其明示其他网站经营者可以根据 robots 协议拒绝其抓取。由此可见，字节跳动公司对于其他网站经营者通过 robots 协议拒绝其网络机器人抓取是认可的，对结果也是有明确预期的。因此，被诉行为与字节跳动公司的经营意愿并不违背。事实上，字节跳动公司也并没有因为微梦创科公司设置了 robots 协议的限制而未能抓取到微博内容，而是在抓取后根据是否获得用户的授权来决定删除还是保留。该事实进一步证明，字节跳动公司并没有因为被诉行为受到实际损害。

此外，由于微梦创科公司仅对字节跳动公司的 “toutiaospider” 网络机器人设置了 robots 协议限制，即其他网络机器人仍然可对微博内容进行抓取，故不会导致出现所谓的信息孤岛现象，进而违背互联网互联、互通、共享、开放的精神，损害公共利益或竞争秩序。至于微梦创科公司将 robots 协议的链接放置在微博用户协议中的行为，虽然该行为使该协议内容处于被消费者阅读的可能性中，但作为一般消费者通常不会仔细阅读用户协议，即使点开其中的链接去读取 robots 协议，作为一般消费者而言，大多也不会理解 robots 协议中语句的具体内涵。因此，该行为亦不足以给字节跳动公司带来损害。

最后，《反不正当竞争法》不是权益保护法，其对互联网行业的竞争行为进行规制时不应过多考虑静态利益和商业成果，而应立足于竞争手段的正当性和竞争机制的健全性，更应考虑市场竞争的根本目标。对于网站经营者通过 robots 协议限制其他网站网络机器人抓取的行为，不应作为一种互联网经营模式进行绝对化的合法性判断，而应结合 robots 协议设置方与被限制方所处的经营领域和经营内容，被限制的网络机器人应用场景，robots 协议的设置对其他经营者、消费者以及竞争秩序的影响等多种因素进行综合判断。根据前述分析，本案被诉行为应被认定为行使企业自主经营权的行为，但这并不意味着对于互联网企业所设置的任何 robots 协议均能够基于企业自主经营权而当然地认定其具有正当性。

综上，被诉行为应属于微梦创科公司企业自主经营权范畴内的正当行为，并不构成不正当竞争行为，一审判决有关被诉行为违反《反不正当竞争法》一般条款的认定有误，本院对此予以纠正。本院在此还要特别指出，2019 年《反不正当竞争法》在第 12 条对互联网不正当竞争行为进行了规制，但互联网行业的不正当竞争行为纷繁多样，法律不可能穷尽所有的不正当手段。因此，对于上述法律条款中未明确规定的互联网行业其他非类型化不正当竞争行为，可以依据《反不正当竞争法》的一般条款予以认定，但对于能够归入上述法律条款所规定的不正当竞争行为，仍应优先适用上述法律条款，且在适用上述法律条款对不正当竞争行为作出规则后，不宜再适用一般条款。

3. 抖音诉刷宝案

一审原告北京微播视界科技有限公司（以下简称微播公司）是抖音 App（应用程序）的开发者和运营者。被告创锐公司是刷宝 App 的开发者和运营者，刷宝 App 也是短视频运营平台。微播公司发现，创锐公司大量抓取抖音 App 的短视频文件及评论内容，并在刷宝 App 上展现，遂诉至北京市海淀区人民法院，案号为（2019）京 0108 民初 35902 号。法院判决认为，其一，微播公司作为抖音 App 的开发者和运营者，投入相应的人力、财力成本，通过正当合法的经营，一方面，吸引用户至抖音 App 平台发布短视频，积累用户和短视频内容；另一方面，通过经营短视频资源吸引用户观看、评论、分享，带来相应流量。微播公司与用户之间订有协议，其在正常的经营活动中使用抖音 App 上的短视频内容有合法的授权。故抖音 App 平台所展示的短视频内容、用户评论等资源均是微播公司通过正当合法的商业经营所获得，并由此带来经营收益、市场利益及竞争优势，上述合法权益应受《反不正当竞争法》的保护。其二，刷宝 App 上有 50, 392 个短视频与抖音 App 的短视频相同，证据显示有 127 处评论内容相同，且短视频中含有抖音专有的 VID 码。刷宝 App 上多处评论内容、评论顺序甚至标点符号与抖音

App对应评论完全相同。同时，刷宝App还存在表情图未能以正常的图像效果显示，却展现为表情符号的现象，也证明相关评论内容系来源于抖音App的用户评论。创锐公司系采用技术手段或人工方式获取来源于抖音App中的视频文件、评论内容并通过刷宝App向公众提供。其三，创锐公司未通过正常运营刷宝App产品吸引用户、培育市场、建立竞争优势，并以此获得相应的合法经营利益，而是直接采用技术手段或人工方式获取微播公司赖以经营和获利的视频资源、评论内容。创锐公司在未投入相应成本的情况下，直接获取上述资源，掠夺微播公司的经营成果，并以此与微播公司争夺流量和用户，削弱了微播公司的竞争优势，损害了微播公司的合法权益，此种行为违反诚实信用原则和公认的商业道德，构成不正当竞争。

在我国台湾地区发生的爬取数据纠纷案中，原告房仲公司为10家不动产中介公司，它们发现被告屋比公司2016年推出了房屋比价网站“屋比——超省房屋比价App”，在网络上以及App平台上提供“屋比（找一找）”搜索引擎。被告的比价网站的搜索引擎通过网络爬虫抓取原告网站数据，之后在被告的网站上汇合整理了来自各大房屋网站的房屋资讯；还提供“呼叫经纪人”功能，可以联络专业房屋中介经纪人，沟通买、租屋事宜。原告主张，自己投入相当人力、物力、资源等成本形成宝贵的房屋数据资讯，而被告未经原告同意，擅自复制、撷取原告等10家公司网站的数据，大量扩充为自己网站的内容；这种直接拿取、重制他人努力成果的行为，应属榨取他人努力成果之不劳而获的行为。我国台湾地区智慧法院判决认为，要认定被告的行为属于不正当竞争，首先，需要判断被告建立“屋比比价平台”有无“欺罔”行为（是否存在仿冒并混淆来源的行为）。被告设计的软件系统通过超链接连接到原告各房屋中介业者公开网站的相关页面，被告比价平台用户所获取的数据，是原告公司所提供，并显现于搜寻结果网页。用户搜索得到的对象均有其来源，并有原告公司标识，用户可以清楚知道该数据来源。而“屋比比价平台”网页显著位置突出标识有“屋比”二字及图案，与原告各公司网页名称及图形有明显不同，足以进行区别。因此，被告的

“屋比比价平台”并无积极欺瞒或消极隐匿重要交易数据、误导交易对象的欺罔行为。其次，需要判断被告建立“屋比比价平台”是否“显失公平”。法院认为，被告自己也付出人力、物力，精心设计软件系统，才能建立屋比比价平台；被告通过自行设定的搜索条件搜寻原告各公司网站上的公开数据，提供给用户；并以超链接导引用户回到原告公司网站，获取原告公司公开网站提供的房产信息。屋比比价平台的搜索功能系协助用户作出经济上之合理抉择，与一般搜索引擎的功能相差无几。屋比比价平台针对相同对象（例如，同一处房屋）向用户提供多重信息，使用户得以便捷地取得充分数据；并且，该平台仅仅提供信息，并未约束、限制用户的选择，如何联系房屋中介仍是用户自己的选择。另外，爬取房屋中介网站数据的行为也不违背通常的社会伦理，不属于显失公平的竞争行为。该案法院通过典型的不正当竞争法的分析框架，把焦点放在爬虫的抓取行为是否符合一般的商业道德上，具体而言，就是这种行为是否构成违反诚信和显失公平。笔者分析该案的判决可以看出：其一，从行为损害角度来看，法院认为用户通过深度链接看到的依然是原网站网页讯息，因此，原告损失的仅仅是用户直接从原告的网站入口进入网页的通道。而原告网站上的房屋资讯（例如，房屋价格）内容作为一个整体，并不属于原告；换言之，法院不认可原告就其网站上的房屋广告整体拥有数据库权益。由此，被告将原告的网页内容聚合到自己的网站上，这种爬取数据的行为既不属于复制内容的行为，也不属于替代原告网站内容的行为。其二，法院从价值观上肯定了被告屋比比价平台并未不劳而获，相反，被告在建设比价平台时同样花费了自己的人力、物力、财力精心设计软件。由此，即便被告网站也提供经纪人服务，并且依靠原告网站的信息数据来生存，但被告是否从爬取原告的数据中获益，不是衡量该行为是否正当的考量因素。其三，影响法院判决的最重要因素是消费者福祉。法院认为提供比价功能的网络爬虫使消费者获得了更便捷的检索方式，检索结果使得用户可以快速就同一对象进行价格比较，促进了公共利益和消费者福祉。同时，即便被告网站也提供经纪人服务，但是消费者选择被告的服务，还是选择原告或其他主体的服务，都是消费者自己的权利，被告并未干预、约束与限制。可以看出，我国台湾地区智慧法院在本案中所持的价值观是更为看重消费者利益而非原告的利益。

（三）强制消费者或者其他经营者选择产品或服务的行为

2017 年《反不正当竞争法》（已被修改）第 12 条第 2 款规定，经营者不得利用技术手段，通过影响用户选择或者其他方式，实施下列妨碍、破坏其他经营者合法提供的网络产品或者服务正常运行的行为，包括：……（3）恶意对其他经营者合法提供的网络产品或者服务实施不兼容；（4）其他妨碍、破坏其他经营者合法提供的网络产品或者服务正常运行的行为。

例如，“饿了么”案。在本案中，涉案四个商户均系先入驻美团外卖平台后入驻饿了么平台的跨平台商户。两被告通过计算机软件检测美团商户是否入驻“饿了么”平台，发现上述四商户的情况后，商户 1 麻辣烫店报名参加的关于美团会员活动的优惠条件被取消；配送范围被修改；美团平台上无法搜索该店铺，收货地址显示“距离当前位置较远可能无法配送”，导致该商户的有效订单、营业额、曝光人数均大幅下降。商户 3 排骨米饭店无法参加“折扣商品”“减配送费”等平台优惠活动，已经参加的“满减活动”“减配送费”活动被收回，有效订单、营业额、曝光人数同样均大幅下降。商户 4 麻辣烫泰山三路店无法参加平台优惠活动，已经参加的“被收回”，有效订单、营业额大幅下降。针对上述事实，法院判决认为，互联网餐饮外卖平台的商业模式为平台向与平台签约的商户提供服务，商户按照约定向平台支付服务费，平台的核心竞争力来自入驻商户的数量和消费者的数量。平台入驻商户的数量下降，平台的消费者数量及交易金额就会下降，相应的平台收取的服务费也随之下降。被告实施被诉行为的目的是迫使美团平台的商户与其独家合作，行为结果必然会影响商户正常入驻饿了么平台，导致饿了么平台商户流失，妨碍了原告的正常经营，削弱了原告的盈利能力，对原告的竞争利益造成损害。被告的行为对商户在美团外卖平台的正常经营同样造成极大影响，使得商户丧失饿了么平台的交易机会，影响商户通过多平台经营获得更多的客户及收入。法院认为，互联网餐饮外卖服务具有区域需求明确、有限供给的特点，被告的行为导致其他平台竞争者损失商户及消费者等核心资源，使得其他平台竞争者不得不花费更大成本争取商户、扩展规模，也不当地增加了商户选择跨平台经营的成本，从而大幅度提高了原告以及其他同行业经营者进入市场的竞争成本，扰乱了市场竞争秩序。

山东省青岛市中级人民法院在（2020）鲁02民初580号民事判决书中认为，即使被告与涉案商户存在独家合作协议，其作出的关于自己不构成不正当竞争的抗辩也不成立。一般而言，合同双方在自愿、平等、诚信的基础上达成的独家交易协议应受法律保护。但与传统领域不同，被告是具有一定市场竞争优势的电子商务平台经营者，其与商户签订独家交易协议会产生排除限制竞争、损害平台内经营者利益并最终损害消费者利益等负面影响，因此，如果依据合同所获得相关权利违反法律规定，其不能因披上合同的合法外衣而受到保护。

（四）恶意不兼容

腾讯诉联络易公司、登堂公司案的事实是，厦门联络易科技有限公司（以下简称联络易公司）开发了“微信管理系统”以及“OK微信管家”软件，通过微信软件在客户端的内置公钥，模拟微信iPad（平板）端口，使得相同的微信账号可以同时在该软件及手机端口登录，并可同步显示微信同一账号下的信息，手机微信界面还会显示“ipad微信已登录”提示信息。相同微信账户如果使用PC端登录的，该账号就会自动在联络易微信管理系统软件中下线；如通过该软件上线的，则PC端即自动下线，并显示该账号已在ipad设备上登录。该软件的运行界面有“会话”“历史消息”“群发助手”“朋友圈”“客户管理”“报表管理”“账号管理”“帮助中心”等8个模块。

针对以上事实，广州知识产权法院判决［案号：（2021）粤73民终第153号］认为，微信通信协议或微信客户端程序并非公开明示的信息，其内置公钥亦非供所有网络用户取用的公共信息。联络易公司并未明确其获取微信客户端内置公钥的途径，亦未举证证明其知悉并使用微信客户端内置公钥的合法性，该未经同意使用微信客户端内置公钥的行为显然侵害了腾讯公司合法权益。

法院认为，微信客户端公钥由微信运营者为实现微信运营维护而设置。其目的是供微信客户端与微信运营端服务器之间进行微信验证和通信。联络易公司通过技术手段使得联络易开发的“微信管理系统软件”得以实现微信信息数据的收发，导致微信服务商接收并处理了来自非微信客户端发送的信息和指令，妨碍了微信经营者对微信产品的正常运行。实现微信客户端与服务器的信息互换，需要同时具备客户端公钥及用户协议，联络易微信管理系统软件在知悉公钥的情况下仍实施了破解用户协议的行为。联络易微信管理系统软件伪造 iPad 登录端口，导致使用者的微信账号无法同时登录正常的微信网页版或 PC 客户端，对微信服务商合法提供的微信网页版和 PC 客户端不兼容，构成不正当竞争。

一直以来，苹果公司开发的 iOS 移动操作系统与 macOS 电脑操作系统均是一个封闭系统。例如，在 iOS 应用的开发中，开发者需要遵循苹果为其设定的开发者协议，没有遵循规定协议而开发的应用不能通过 App Store（应用程序商店）审核。如此一来，开发者在开发应用的时候必须遵守一定的协议，没有权限操作任何非本程序目录下的内容。与此同时，手机用户在苹果 App Store 内购买虚拟商品时，必须使用苹果的 IAP 支付系统；并且，如果使用了 IAP 支付，苹果会对每次交易额抽取 30% 的金额作为手续费。对于该种“不兼容”是否构成不正当竞争的挑战，目前在世界范围内寥寥无几。即便有人有意发起挑战，也会发现自己将面临强大的抗辩事由。因为 iOS 系统依靠绝对封闭的系统，赢得了较为突出的安全性和流畅度。

iOS 从系统底层代码逻辑到应用层完全都在苹果的控制之中，iOS 源代码不会对外公布。苹果还会使用多种加密模式来对其源代码进行加密，想要破解 iOS 的难度非常高。同时，所有顶层应用的开发者想要开发应用，只能使用苹果公布的 API 接口进行开发，并且还会受到苹果官方的审核。在手机行业中，App Store 上架审核之严格有目共睹。另外，消费者只能在官方的应用市场下载应用程序，不支持其他途径的应用安装，这也就完全规避了恶意应用的攻击。因为对于恶意软件的开发者来说，iOS 系统就是一个让人看不透的黑箱，没有接口文档，没有任何技术说明，想要找到漏洞进行攻击，只能作黑盒测试，技术门槛非常高，世界范围内能够掌握攻击 iOS 能力的团队屈指可数。

封闭的操作系统带来的正面效应是，它使得苹果可以更好地控制系统的使用和应用程序的运行，还可以令 iOS 很好地与硬件进行配合，通过对软硬件的紧密协作，提供更流畅的用户体验。同时，对应用程序的严格审核和管理保证了应用程序的质量和稳定性。以上种种，使得苹果手机不仅在运行速度上表现出色，在应用程序的加载、响应和关闭等方面更加流畅，同时更为重要的是，赢得了高度安全性的品牌口碑。

因此，要利用“不兼容”条款对苹果的行为发起不正当竞争指控，将很难证明苹果的行为出于恶意。最便利的指控事由，集中在苹果利用封闭的、不兼容的系统，牟取 App Store 中应用软件 30% 的交易提成。但牟取高额提成本身，很难单独满足不正当竞争行为的要件，要考察苹果的行为是否构成恶意，依然需要从软件安全性、流畅度、便捷性等消费者体验去全面考察与衡量这种不兼容是否超过了必要限度，举证的难度与法庭认定的标准都具有巨大的不确定性。

综合上述强制消费者选择产品或服务的相关案例，笔者认为：

其一，关于恶意不兼容与妨碍、破坏行为的界定。强制消费者选择产品或服务，可以通过软件后台技术实施（如封闭系统，技术上不兼容未经审核批准的应用软件），也可以通过平台营销政策实施（如单方通知、达成协议令平台销售商家退出有竞争关系的平台），或者兼而有之（在应用软件中通过技术操控、妨碍、影响那些加入了竞争对手平台的销售商家的经营）。一般而言，恶意不兼容条款主要指通过软件后台技术使得其他应用软件与自身的应用软件（特别是操作系统软件、杀毒软件）不兼容；在营销政策上的强制消费者或者其他经营者选择，在行为上表现为妨碍与制造难题（有时候甚至可能达到破坏的程度）。无论是从技术上实现软件系统恶意不兼容，还是从商业策略上强令选择，其背后的实质后果都是迫使“二选一”。由于《反不正当竞争法》第 12 条对互联网不正当竞争行为的列举式立法，始终无法跟上、一一贴切地对应现实中的不正当竞争行为本身。因而，用恶意不兼容 + 妨碍条款来规制“二选一”相关行为，目前亦属于勉强可以适配的法律适用方法。

其二，不兼容本身，作为软件特别是操作系统类软件经营者的技术安排与经营策略安排，不应单独被界定为不正当竞争行为；仅仅在恶意 + 不兼容都具备的情况下，才能认定为不正当竞争行为。而恶意的考量，又需要考量经营者经营成本，如选择何种保持系统安全的政策，才能更为节约成本和提高功效。此外，还需要考量消费者利益，即消费者是否更为愿意接受此种封闭的系统，以保证自己通讯、交易的安全性与操作系统的顺畅度。

（五）关于恶意植入插件，掠夺网店的交易机会等不正当竞争行为

上海市浦东新区人民法院（2015）浦禁字第 1 号民事裁定认为，本案的事实是，“帮 5 买”网站提供“帮 5 淘”插件的下载。用户安装该插件后，使用 IE、百度等主流浏览器在“淘宝网”购物时，该插件会在“淘宝网”页面嵌入“帮 5 买”网站的广告栏和搜索栏，并在淘宝网的购物页面的标价附近嵌入“现金立减”等标签，用户点击后则跳转至“帮 5 买”网站完成交易。时值“双十一”即将到来之际，淘宝公司以被申请人构成不正当竞争，不及时制止可能对其造成不可弥补的损失为由，向法院提出诉前行为保全申请。

法院认为，“淘宝网”和“帮 5 买”网站具有直接竞争关系；“帮 5 买”网站的行为涉嫌利用“淘宝网”的知名度和用户基础，有可能构成不正当竞争；“双十一”在即，若不及时制止上述行为，可能对申请人造成难以弥补的损害，遂作出支持申请人的裁定。

二审法院终审判决认为：关于淘宝网是否有损失的问题。从涉案软件“帮 5 买”的运行过程来看，消费者使用涉案软件享受比价和帮购

服务时，仍然需要跳转至“淘宝网”，并没有证据显示淘宝网总体流量有所减少。但就消费者的流量起始入口而言，将会产生一定的变化，导致原先选择在“淘宝网”平台直接购物的用户改为选择在“帮5买”网站获得购物服务；就电子商务网站而言，流量入口具有很高经济价值。另外，帮购软件的运行，最终与淘宝网商户直接进行交易的是载和公司（上海载和网络科技有限公司，即该案被申请人）而非消费者，这意味着淘宝公司（浙江淘宝网络有限公司，即该案申请人）将无法掌握有关消费者在消费过程中所产生的数据信息，而这些数据信息对于电子商务类网站无疑具有巨大的商业价值。因而，淘宝网有损失。

关于被控行为是否违背诚实信用原则和公认的商业道德的问题。法院认为，其一，在互联网这样一个竞争充分且各种产品往往具有一定互相依附、关联的市场领域，要求经营者之间固守自己的领域提升业绩而不进行干扰是不切实际的，正如对抗性比赛中不可避免的合理冲撞一样，竞争者在市场竞争中也需要容忍适度的干扰。更为重要的是，创新更多地来自经营者技术或商业模式之间激烈的撞击，而非各自在自己“地盘”上互不干扰的和平共处。在本案中，“帮5买”软件插入淘宝页面的横幅宽度有限且位于页面顶部而非页面中心，并未遮挡淘宝网站页面中的内容，且该横幅可以进行收缩。因此，插入横幅这一行为总体上并未实质性地影响被上诉人网站内容的展示，未对被上诉人正常经营活动的开展造成过度妨碍。但是，法院还提出，就在淘宝网的具体商品详情页面插入相应标识和按钮而言，该等标识和按钮系直接嵌入被上诉人网站页面的显著位置，与被上诉人网站内容形成一体，且通过插入的按钮引导消费者至其网站进行交易，用户对此无法选择关闭，该行为已严重破坏上诉人网站页面的完整性，使得被上诉人无法按照自己的意愿在自己网站上正常展示信息，已属于过度妨碍被上诉人正常经营的行为。

其二，互联网领域很多所谓的干扰行为，在技术上往往有一定的创新之处，既可能给其他经营者的利益造成损害，但同时也会为消费者带来福利或提升公共利益的保障水平。在是否违反商业道德的判断上，还需从更广阔的市场环境、更多的利益主体去看待。就涉案软件所提供的帮购、比价等服务能够方便消费者在购物时进行价格比较，作出最优的交易决定，也能通过帮购服务使消费者以更低的价格购买到产品，具有提升消费者利益的积极效应。但在被上诉人网站中心位置页面中插入图标和按钮，并引导消费者至其网站交易的行为，足以使相关消费者对提供服务的主体产生混淆，或认为两者网站具有特定的关联关系，在客观上存在误导消费者的情形；虽然涉案软件在用户安装前作出了一定的告知，但该等告知内容并未有效消除相关公众所产生的混淆。可以提升消费者利益的行为并不能当然被排除在不正当竞争行为之外，仍要就被控行为的正面效果与对被干扰者所造成的损害进行衡量。上诉人在页面中插入相应标识和按钮，并引导消费者至其网站完成交易的行为已属过度妨碍被上诉人正常经营的行为，且该行为会产生误导消费者的可能，其对被上诉人所造成的损害与其欲实现的正面效应显然不符合比例原则。

其三，上诉人在页面中插入横幅的行为并未对被上诉人的正常经营造成过度妨碍，但由于该行为是在涉案软件安装后所产生的，本案所有被控行为的表现形式是一个整体，而被上诉人在本案中主张停止使用涉案软件，从有利于判决执行的角度看，一审法院对被控行为未作区分亦有合理之处。电子商务网站整体的经营状况与比价、帮购等服务的开展是一种正相关的关系，只有在保证电子商务行业整体的正常经营和蓬勃发展的情况下，相关的比价、帮购等服务产业才能持续发展。虽然两上诉人的行为会给消费者带来一定的福利，但其过度妨碍被上诉人网站正常经营不仅有损被上诉人的利益，长期以往也会给电子商务网站的商业投入和创新带来负面影响，进而破坏电子商务和比价、帮购等服务共存的生态，消费者也难以获得长期持续的利益，有损公平竞争的市场秩序。

分析本案可知，终审判决的突出贡献在于，首先，司法再次强化了损害竞争对手利益，可能属于竞争的“合理冲撞”，不能单纯地从原告因被告的行为利益受损，就简单认定构成不正当竞争。在此原则指导下，法院甚至提出了即便“帮 5 买”软件将其搜索和广告栏横栏插入淘宝网页面，也属于可以接受的竞争行为。其次，法院提出了干扰行为的两面性问题，即干扰行为不排除会有一定的创新，在损害其他经营者利益的同时，也会促进消费者和社会公共利益福祉。因此，对于干扰行为的不正当竞争视域的判断，需要在更为广阔的格局下衡量各种利益。这个原则，显然也与德国电视精灵案的原则在理论上一致。最后，法院认为，在淘宝网页面的显著位置插入标识和按钮，对淘宝网构成过度妨碍，同时使得消费者将会混淆淘宝网与“帮我淘”的服务，致使消费者利益受损，因而是不可接受的。这个与我国台湾地区的“屋比比价平台”案的判决，虽然结果不同，但是原则是一致的，都考虑了消费者的混淆问题。而消费者是否会混淆，需要根据不同的网页场景来进行事实判断。

三、互联网环境下不正当竞争司法裁判原则的未来走向

从以上世界范围内，特别是国内司法裁判的发展历程、案例积累来看，互联网环境下不正当竞争司法裁判的发展方向依然是有迹可循的。

其一，数据竞争问题。已经有越来越多的学者关注数据的民事权利问题。数据的权利化，是数据保护的最高标准。但是数据的权利化，必然也会带来数据的垄断问题。从现有法律架构来看，数据库作为汇编作品来保护，早有先例，也无须更大的法律突破。从欧盟数据指令的路径来看，其基本上认可了权利（益）人对于数据库的专有权（益）。在确定了数据库权益的情况下，对于数据的“复制”“重制”“提取”式使用，对原数据库权利或权益人不公平，这从各国司法实践来看，都是不可接受的。其二，数据副产品问题。欧盟法院所提出的数据副产品问题，特别值得关注。当经营者并未出资购买，亦未出资从不同渠道搜集、整理、编撰，更非为建设数据库之目的，仅仅是在从事其他电子商务的过程中，长期积累、大量沉淀下来的、对全部公众均公开的信息，属于主营业务的副产品，并非受法律保护的数据库。副产品原则的创举在于，将数据库的权益相对控制在一定范围内，既有利于保护数据库权益人的利益，又同时兼顾了数据流通与公众利益。其三，消费者利益的

巨大不确定性。对企业的经营行为或者盈利模式进行竞争法评价时，考量是否有利于消费者，是中外法院都已经认可的理论上的原则。但是，理论上的原则在实际案件中，将面临巨大的不确定性。例如，美国的领英案，在经过几级来回后，各级法院的考量点都是消费者利益，然而，是否有利于消费者，却来源于法官的有限经验和逻辑。在实践中是否真的有利于消费者，依然无法实证。但在这种不确定性中，至少有一部分是具有相当可信度的。例如，在现有中国的互联网环境下，如果破坏原告的广告收益模式，令所有网络用户都通过付费模式去观赏视频与音乐节目，显然不切实际；破坏这种广告收益模式，长远看将损害视频、音频内容库的建设。再如，开发植入插件，插入他人电商平台时，如果不能避免混淆和误认，导致消费者误以为自己在与电商平台交易，实际却是与插件开发者交易，显然也属于损害消费者利益的行为。其四，国内法院目前对于妨碍行为的尺度，对于大量爬取他人公开数据的尺度，显然比国外更严格。这种严格态度，部分源于东方文化中长期以来对竞争文化的否定，部分源于大企业的强话语权及扩张权利意图。对国内企业缺乏诚信和创新精神、寄希望于搭别人便车的做法，司法一直持否定性评价。即便法院现在确立了应该从更为广阔的市场格局和多利益主体的维度去衡量一个竞争行为是否正当的原则，但是在短时间内，上述严格的态度不会改变。对于这种严格的正误利弊，目前下结论尚为时过早。

（本文仅代表作者个人观点。特约编辑：周海荣）

债务加入人法定追偿权之债权让与机理鉴察

——以《合同编通则司法解释》第 51 条为中心

王永敬*

《民法典》第 552 条没有规定加入债务的第三人在未与原债务人约定追偿权的情况下履行债务后的法定追偿权问题，看似属于显性的法律漏洞。《最高人民法院关于适用〈中华人民共和国民法典〉合同编通则若干问题的解释》（以下简称《合同编通则司法解释》）第 51 条规定对此法律漏洞进行了填补，以不当得利请求权作为债务加入人追偿权的首要请求权基础并采用了开放式的请求权依据描述。由此再次引发了关于债务加入人请求权基础的不当得利请求权说、无因管理请求权说、连带债务追偿权说、不真正连带债务追偿权说、类推适用保证人追偿权说等众说纷纭。

按文义解释、目的解释、体系解释结合的民法解释路径，将债务加入人法定追偿权认定基于债权让与而获得的债权求偿权，更符合法理和逻辑，更符合公平、合理原则，也更有利于保护加入债务的第三人的合法权益。

一、问题的提出

债务承担可分为免责的债务承担和并存的债务承担。免责的债务承

* 广东晟典律师事务所律师、高级合伙人、管理委员会主任，武汉大学法学博士。

担，系指第三人成为新债务人承担原债务人的债务而原债务人的债务责任同时免除，免责的债务承担需获得债权人的同意并通常以债务转移协议的方式实现。《民法典》第551条规定：“债务人将债务的全部或者部分转移给第三人的，应当经债权人同意。债务人或者第三人可以催告债权人在合理期限内予以同意，债权人未作表示的，视为不同意。”该规定确立了免责的债务承担法律规范。并存的债务承担，系指第三人承担原债务人的债务但原债务人的债务责任仍继续并存。并存的债务承担又称为债务加入，《民法典》第552条对此有明确规定：“第三人与债务人约定加入债务并通知债权人，或者第三人向债权人表示愿意加入债务，债权人未在合理期限内明确拒绝的，债权人可以请求第三人在其愿意承担的债务范围内和债务人承担连带债务。”

《民法典》第522条通过立法方式明确了并存式债务承担即债务加入在我国民法体系中的具体规范，但未规定债务加入人在未与原债务人约定追偿权的情况下承担原债务以后能否向原债务人追偿以及追偿的理由，看似一个明显的实定法漏洞，给司法实践带来了不确定性以及随之而生的困惑与争议。对前述情形下债务加入人的追偿权及其享有和行使机制，因不以与原债务人的追偿约定为基础，暂且称之为法定追偿权，其请求权基础值得深入研究、检讨并进而指导司法和完善立法。

二、《合同编通则司法解释》第51条的实践价值与机理紊乱

对于《民法典》第552条中未规定债务加入人法定追偿权这一明显的制定法漏洞，最高司法机关有权且应当于司法审判之情境为便利公正司法之需要制定司法解释填补之、完善之。于是，2023年5月23日通过并于2023年12月5日起施行的《合同编通则司法解释》第51条明确规定：“第三人加入债务并与债务人约定了追偿权，其履行债务后主张向债务人追偿的，人民法院应予支持；没有约定追偿权，第三人依照民法典关于不当得利等的规定，在其已经向债权人履行债务的范围内请求债务人向其履行的，人民法院应予支持，但是第三人知道或者应当知道加入债务会损害债务人利益的除外。债务人就其对债权人享有的抗辩

向加入债务的第三人主张的，人民法院应予支持。”该规定明确了债务加入人与原债务人约定了追偿权情形下与未约定追偿权情形下债务加入人追偿权的法律依据，并规定原债务人可向债务加入人主张原债务人对债权人享有的抗辩。

《合同编通则司法解释》第 51 条规定实际区分了债务加入人的约定追偿权和法定追偿权（暂且称为法定追偿权），并进而认为，约定追偿权的依据是债务加入人与原债务人的追偿权约定，而法定追偿权的依据是不当得利等法定债务事由。可见，《合同编通则司法解释》第 51 条也无法确定债务加入人追偿权的依据是否仅归结为不当得利请求权这一项，因此，对追偿权的依据采取了开放式的列举。基于此，理论界对债务加入人行使法定追偿权的请求权基础提出了不当得利请求权说、无因管理请求权说、连带债务追偿权说、不真正连带债务追偿权说、类推保证人追偿权规则等观点。笔者认为，前述观点均存在不足或值得商榷之处。

（一）不当得利请求权说之指摘

在上述关于债务加入人法定追偿权请求权基础的学说中，不当得利请求权说应当是最缺乏理论依据和最易产生理论冲突的，尽管《合同编通则司法解释》第 51 条将不当得利作为债务加入人法定追偿权的首要事由和依据。

第一，就学理上而言，不当得利属于准侵权行为，并存式债务承担或债务加入不能划入准侵权行为。无论是债务加入人与原债务人约定的债务加入，还是债务加入人对债权人表意的债务加入，均属于参与债务承担的意思表示，该等意思表示行为理应不属于侵权或准侵权的范畴。

第二，原债务人具有法律上的依据，不存在不当得利问题。债务加入人按《民法典》第 552 条规定履行债务，就是原债务人就已履行部分免除对债权人履行债务的法律依据。对原债务而言，无论是原债务人自己履行抑或债务加入人履行，均是对债务的履行，债务加入人按《民法典》第 552 条规定履行债务是合法行为，仅产生债务追偿或利益补偿问题，而不应产生原债务人获得不当得利的问题。

第三，不当得利事件产生的是初始法定债务，而债务加入是解决原债务的履行负担。不当得利是债的发生原因，产生不当得利法定之债。而《民法典》合同编项下的合同之债是意定之债，且债务加入人承担债务解决是原债务的履行负担和追偿问题，于原债权债务人间并未产生新的债务。

第四，按不当得利主张追偿，不利于债务加入人的利益保护。债务加入人若按不当得利追偿，不仅要证明原债务人获益没有法律依据，还需考虑不当得利人（原债务人）的受益情况和不当（类过错）程度等，加重了债务加入人行使追偿权的负担。如前所述，原债务人获得替代偿债的利益是以《民法典》第552条为依据的，且在此法律依据下是难以证明原债务人存在不当的。

第五，如若认为《民法典》第552条规定的债务加入人履行产生了获益问题，暂且不论正当与否，则债权人的债权得以增信和及时履行，减少了风险，债权人也应该属于受益一方，特别是在原债务人已经破产且无法偿债的情形更是如此。债务加入人如若并未明确放弃追偿权或利益填补权，则原债务人其实也未能最终获益。因此，不能将《民法典》第552条项下的债务加入人法定追偿权的依据建基于该履行行为产生相关主体的额外（原合同外）利益及权利义务关系之上。易言之，债务加入人放弃向原债务人追索时才产生原债务人的真实获益问题，在债务加入人未放弃追索权的情况下，原债务人并无资产规模角度的实际获益，更不应存在不当得利返还问题。

另需强调的是，《合同编通则司法解释》第51条本身也产生了新的、更难以调补和解释的漏洞。该条规定第1款的但书部分“但是第三人知道或者应当知道加入债务会损害债务人利益的除外”显然属于定性条款而非定量条款，且定性得非常武断。其一，知道或应当知道会损害与实际损害，是两个不同的概念和法律后果，但按此条款，无论是否实际损害了债务人利益，债务加入人均无追偿权。其二，如果债务加入人知道或应当知道会损害原债务人部分利益，或仅实际损害了原债务人部分利益，则按此但书条款，债务加入人将丧失全部代偿债务额的追偿权。前述两个丧失全部追偿权的法律后果显然是不公平、不合理的。鉴于该但书条款规定得很具体、缺乏弹性，且司法解释不能再解释，由此造成了新的更刚性的漏洞。

（二）无因管理请求权说之不足

无因管理属于准合同范畴，但认为债务加入人法定追偿权可基于无因管理请求权主张，也存在以下理据不足。

第一，将债务加入及履行视为无因管理，有悖法理。无因管理尽管属于准合同，但其仍属于事实行为而非法律行为。事实行为无须与行为相对人达成意思联络或一致，而法律行为需要。债务加入人按《民法典》第552条与原债务人或债权人表示加入债务，均是一种表意的法律行为，该等法律行为不应被归入无因管理之列。

第二，无因管理的成立基础是无法律上的原因，但债务加入人履行债务属于有法律上的原因。在《民法典》第552条规范中，原债务人与债权人之间已存在基础债务，债务加入人履行原债务是存在基础法律原因的。故，债务加入人无论是基于和原债务人的合意还是基于和债权人的合意履行债务，均属于有因行为。无因管理，重点应在于管理人是否无因，而不在于被管理人是否无因或认为无因，因此，即便原债务人事先不知道第三人加入债务并履行了债务也不能算作无因管理。极端地说，第三人在未与原债务人或债权人任何一方做出表意或合意的情况下直接替原债务人偿还债务，可以算作无因管理，但《民法典》第552条规范调整的显然不属于该等情形，而是属于第三人与原债务人或债权人其中一方达成了债务加入合意。

第三，无因管理行为产生的是初始的法定债务，而债务加入是解决原债务的履行负担问题。无因管理是债的发生原因，产生无因管理法定之债。而《民法典》合同编项下的合同债权债务是意定之债，且债务加入人承担债务解决是原债务的履行负担和追偿问题，并未产生新的债务。

第四，以无因管理为依据，对债务加入人行使追偿权产生了限制。其一，按《民法典》第 979 条的规定，无因管理请求权需以“为避免他人利益受损失”为构成要件，而债务加入人替原债务人履行债务往往缺失避免原债务人利益受损失这一构成要件。其二，按《民法典》第 979 条第 2 款之规定，无因管理请求权须满足“符合受益人真实意思”之要件，而《民法典》第 552 条规范下的第三人加入债务可以基于符合债权人的意思。其三，无因管理请求权难以实现债务加入人的全额追偿，《民法典》第 979 条只规定管理人基于事务的管理有权要求本人偿还必要费用，这里的“必要费用”具体包括哪些范围、债务及其利息本身是否属于管理（代偿）债务的费用等，均存在很大争议。

（三）连带债务追偿权说之制度冲突

采取连带债务追偿权说的学者认为，第三人加入债务后债权人可以要求该债务加入人在加入的债务范围内和原债务人承担连带债务，因此，加入的债务范围属于原债务人与债务加入人的连带债务，债务加入人可依据连带债务追偿权请求原债务人偿还。然而，该观点与实定法制度存在冲突。

第一，债务加入不应认定为共同债务，否则不产生追偿权问题。尽管《民法典》并未明确区分共同债务的连带偿还责任和连带债务的差异，但区分共同债务的连带责任和连带债务仍有必要。共同债务和连带债务在对债权人的外部关系上，债权人可要求部分或全部债务人履行全部债务，但在债务人之间的对内关系上，共同债务一般无分摊或追偿机制（除非共同关系终止），而连带债务内部关系则由《民法典》第 178 条、第 517 条及第 519 条规定了按份债务和推定为等份额债务，并规定了追偿机制。债务加入不应被认定为产生共同债务关系，否则，债务人内部无法分摊或追偿。

第二，以连带债务追偿请求权作为债务加入人追偿权的请求权基础，与实定法冲突，无法实现该追偿权。有学者将共同合同、债务加入、连带保证担保列为意定连带债务的基本类型，① 加之《民法典》第552条规定债务加入人的责任是连带债务，似乎债务加入人法定追偿权以连带债务追偿权为请求权基础似乎合情合理。但事与愿违，该种理论在实定法上行不通。其一，《民法典》第517条及第519条第1款规定，债务加入人与原债务人要么约定内部债务分摊份额，要么被推定为份额相等。其二，不论约定了加入债务范围（金额）分摊份额或推定均摊，则根据《民法典》第519条第2款的规定，债务加入人只能追偿已承担债务中不属于自己分摊部分的金额。其三，如果极端地认为债务加入的金额范围就是债务加入人对总债务的约定分摊份额，则根据《民法典》第519条第2款的规定，债务加入人无权追偿任何金额。

（四）不真正连带债务追偿权说之欠缺

史尚宽先生认为“不真正连带债务谓数债务人基于不同之发生原因，对于债权人负以同一之给付为标的之数个债务，依一债务人之完全履行，他债务因目的之达到而消灭之法律关系。属于广义请求权并存之一种”。② 如果将债务加入全部一律作为连带债务，那么可能产生违反当事人预期的不当情形，因此，日本学者认为债务加入产生的债务也可能属于不真正连带债务，即如果当事人并未明确约定成立连带债务，那么应视为不真正连带债务。③

然而，不真正连带债务追偿权说依然存在以下欠缺。

第一，在不真正连带债务中，各个债务人的债务原因是独立的，形成的债务是独立的，只是各债务人的债务指向同一给付内容，而在债务加入中，加入的是原债务人的同一债务，不存在两种或以上债务指向同一给付内容。

---

① 参见张平华：《意定连带责任的构造与类型》，载《法学》2022年第4期。

② 史尚宽：《债法总论》，中国政法大学出版社2000年版，第672页。

③ 参见王利明：《论债务加入人的追偿权——以〈合同编通则司法解释〉第51条为中心》，载微信公众号“中国民商法律网”2024年2月1日，https：//mp. weixin. qq. com/s/ZaE35wjZjiGBYcPq - gsHSg。

第二，在不真正连带债务中，各债务人的债务原因产生了新的债务，而债务加入产生的是对原债务的连带义务，并未产生新债务。

第三，在通常情况下，不真正连带债务因无意思联络的不当得利、无因管理、侵权等行为产生，而《民法典》第552条项下的债务加入是通过第三人与原债务人或债权人达成合意而产生。

第四，在不真正连带债务关系中，各债务人的债务原因都是独立的、足以产生独立的债务责任，债权人享有可选择的竞合的请求权，因此，各债务人对债权人所负的债务均是“自食其果”，不存在替代其他债务人承担的问题，不应产生追偿权问题。

（五）类推保证人追偿权之商榷

有学者认为，就《民法典》而言，债务加入人的责任要重于保证人，《民法典》第700条规定保证人承担保证责任后有权向债务人追偿，而《民法典》第552条并没有承认债务加入人对原债务人的追偿权。因此，《最高人民法院关于适用〈中华人民共和国民法典〉有关担保制度的解释》（以下简称《有关担保司法解释》）第12条规定，公司法定代表人以公司名义加入债务的，准用担保的规则，以适当减轻债务加入人的负担，这就是“存疑准用担保”的规则；进而认为，采用类推适用保证人追偿规则解决债务加入人的追偿问题具有合理性。具体而言，类推适用保证人追偿权规则的主要理由在于：债务加入与保证的功能相似、有效实现债务加入的规范目的、原债务人与保证人的抗辩权相似。①

笔者认为，上述将债务加入人法定追偿权类推适用保证人追偿权的理由尚存可商榷之处。

第一，《有关担保司法解释》第12条的规范意旨与债务追偿权无关。《有关担保司法解释》第12条规定公司法定代表人以公司名义加

① 参见王利明：《论债务加入人的追偿权——以〈合同编通则司法解释〉第51条为中心》，载微信公众号“中国民商法律网”2024年2月1日，https：//mp. weixin. qq. com/s/ZaE35wjZjiGBYcPq－gsHSg。

入债务时准用担保的规则，其规范意旨是约束法定代表人的权力：要求公司加入债务时需与提供担保的规则一致——经董事会、股东会决议。

第二，债务加入与保证担保的功能是不一样的，性质也是不一样的。认为债务加入与保证担保的功能都是为债务履行提供担保的观念尤其值得商榷。第三人加入债务后，对债务负有直接履行义务，无须以原债务人拒绝或不能履行债务为逻辑前提；而保证担保的逻辑前提是，保证人在主债务人拒绝或不能履行债务时承担担保责任。保证债务是次债务，债务加入是主债务，次债务人履行后向主债务人追偿以获得利益填补与并行债务的已履行一方要求另一方填补利益的法理和逻辑，明显不同。

第三，在实现债务加入的规范目的方面，存在法理冲突。类推适用保证人追偿权的观点认为：债务人是终局的责任人，保证人在承担保证责任后，有权向债务人全额追偿，债务加入人承担的责任比保证人承担的责任还要重，因此，若判定其不享有追偿权则可能导致价值失衡的结果；并且，如果不承认债务加入人在承担责任后享有追偿权，那么在债权人选择请求债务加入人承担债务后，债务加入人因代债务人履行而遭受的损失将难以获得有效救济。故而，该论点存在法理冲突：债务人因是终局责任人，故保证人可向终局责任人追偿，但债务加入人自己是终局责任人，恰恰不应享有类似于保证人的追偿权；保证关系属于次债权债务法律关系，债务加入后产生主债权债务关系，适用不同的法律、援引不同的法理进行利益填补，甚至承担不同的法律后果，均非属价值失衡而是各得其所；不承认债务加入人在承担责任后享有追偿权将导致债务加入人的损失难以救济的说法也不成立，债务加入人履行债务属承担法律后果而非遭受损失，不类推适用保证人追偿权并不等于不承认债务加入人追偿权或利益填补权。

第四，原债务人与保证人的抗辩权并不相似，且对于论证类推适用保证人追偿权没有意义。《合同编通则司法解释》第 51 条第 2 款“债务人就其对债权人享有的抗辩向加入债务的第三人主张的，人民法院应予支持”是规定债务加入人获得追偿权后，债务人可向该债务加入人主张债务人对债权人的抗辩。《民法典》第701条“保证人可以主张债务人对债权人的抗辩。债务人放弃抗辩的，保证人仍有权向债权人主张抗辩”是规定保证人（次债务人）享有主债务人对债权人的抗辩。前者是主债务人抗辩另一主债务人，后者是次债务人抗辩债权人，存在明显差异。而且，前者是债务加入人行使追偿权情境下的抗辩，后者是保证人履行担保责任时（未到追偿环节）的抗辩，对比前后者并得出债务加入人追偿权可类推保证人追偿权的结论，显属论证不足。

三、基于债权让与机理对债务加入人追偿权理论完善

当我们被功利主义迷蒙视野时，难免会忽略初衷和本位。笔者认为，上述不当得利请求权说、无因管理请求权说、连带债务追偿权说、不真正连带债务追偿权说、类推保证人追偿权说等若干对《民法典》第522条项下债务加入人追偿权法律漏洞及《合同编通则司法解释》第51条漏洞填补规则进行补充和解释的学说，均存在不同程度的急于填补《民法典》第522条漏洞、急于论证完善《合同编通则司法解释》第51条的追偿权事由留白、以论证债务加入人追偿权毫无疑问的功利主义倾向，因而在法律解释方面存在过分单一倚重目的解释方法的问题，导致其理据存有商榷之余地。

对《民法典》第522条项下债务加入人追偿权法律漏洞及《合同编通则司法解释》第51条漏洞填补规则进行补充和解释，不应先定结论再找理由，即先入为主认为债务加入人享有法定追偿权，进而认为应享有连带债务人的或类似次债务人的追偿权，然后再去找各种理据来论证结论的合理性、正当性。这种论证推理方式违背了逻辑推理的规则和方向，也缺乏批判思考的参与。其实，在《民法典》第522条的漏洞填补和对《合同编通则司法解释》第51条漏洞填补规则的解释和补充方面，在目的解释方法之外还需考虑文义解释、体系解释等法律解释方法；需对是否构成法律漏洞、构成何种法律漏洞、如何填补法律漏洞等进行否定之否定的批判思考，甚至对为何《民法典》第552条不明文规定追偿权及“追偿权”概念是否准确等进行反思。如此，并不一定能

获得债务加入人利益补偿规则的真理，至少可将察识变得深远，也距离真理越近。

（一）《民法典》第552条未规定债务加入人追偿权是否显示为法律漏洞

在《民法典》第552条规范项下，如第三人与原债务人约定加入债务并通知债权人的情形，如已约定债务加入人履行债务后的利益补偿机制，则不存在法律漏洞问题；如在债务加入人与原债务人未约定利益补偿机制但债务加入人并未明确放弃利益补偿权的情形下，或在第三人与债权人达成债务加入合意的情形下，如未规定追偿权或利益补偿机制问题，似乎属于明显的法律漏洞。

（二）《民法典》第552条表面上属于何种法律漏洞，是否属于实质上的法律漏洞

卡纳里斯将法律漏洞分为禁止拒绝裁判式的漏洞、目的性漏洞和原则或价值漏洞。禁止拒绝裁判式漏洞，指对于某一个问题，法律根本就没有给出任何答案，法官要么拒绝裁判，要么发展规则来裁判；目的性漏洞是基于法律规范的目的，或基于法律的具体价值判断，而要求对具体法律条文进行超越其文义的扩张或限缩适用；原则或价值漏洞是指一般性法原则或法价值要求某种规则的存在，但在实证法中却不存在该规则。[①] 从《民法典》第552条的表面漏洞看，应属于原则或价值漏洞，即债务加入人的利益填补追偿权从公平、合理等一般性法原则或法价值而言，要求《民法典》第552条予以规定但却未予以规范。然后，需要反思的是，若存在其他法律条文对此已予以规定，是否还存在实质意义上的法律漏洞？

---

① 参见纪海龙：《法律漏洞类型化及其补充——以物权相邻关系为例》，载《法律科学（西北政法大学学报）》2014年第4期。

（三）“追偿权”概念准确吗？债务加入人一定需要基于债务人立场去追偿原债务人吗

在人的思维世界，错误的概念就像被风吹歪的路标，总能引人步入迷途。尽管债务加入人履行债务后的利益填补按一般法律原则或价值应当得到填补，但一定需基于追偿权的概念创设吗？同是并行债务人和终局债务人，债务加入人凭什么向原债务人追偿？如原债务人与债务加入人因未约定债务份额而被推定份额相等，债务加入人则凭什么全额追偿？

（四）结合文义解释和目的解释方法，债务加入人的利益求偿权本质上应类推适用债权人求偿权

从《合同编通则司法解释》第 51 条第 2 款“债务人就其对债权人享有的抗辩向加入债务的第三人主张的，人民法院应予支持”的规定可知，债务加入人行使该条规定的追偿权时，债务加入人被作为债权人角色而面对原债务人的抗辩事由。《民法典》第 524 条规定：“债务人不履行债务，第三人对履行该债务具有合法利益的，第三人有权向债权人代为履行；但是，根据债务性质、按照当事人约定或者依照法律规定只能由债务人履行的除外。债权人接受第三人履行后，其对债务人的债权转让给第三人，但是债务人和第三人另有约定的除外。”第三人加入债务一般是对履行该债务具有合法利益，否则无利不起早。第三人按《民法典》第 524 条向债权人作出代为履行的表意，与《民法典》第 552 条“或者第三人向债权人表示愿意加入债务”的法律效果本质上是相同的：第三人未履行前该债务成为第三人与原债务人的并存债务，第三人或原债务人任何一方履行后，相应债务对第三人及原债务人均消灭。因此，在《民法典》第 552 条中“或者第三人向债权人表示愿意加入债务”的情形下和债务人和第三人未约定利益补偿的情形下的债务加入人利益补偿，可根据或至少可类推适用《民法典》第 524 条第 2 款规定。就此而言，债务加入人是基于获得债权后以债权人身份求偿债权，

而非基于债务人或连带债务人身份去追偿。

（五）根据体系解释方法，债务加入人利益补偿机制按债权让与规则适用或类推适用，均比不当得利请求权说、无因管理请求权说、连带债务追偿权说、不真正连带债务追偿权说、类推适用保证人追偿权说更合理、顺畅

《民法典》第552条位于《民法典》合同编第六章“合同的变更和转让”，具体位于合同债权转让及合同债务转让相关规定之后，因此，《民法典》第552条应纳入合同债权债务转让的整体范畴。严格意义上，《民法典》第552条属于“复合型”条款，即《民法典》第552条所述第一种情形“第三人与债务人约定加入债务并通知债权人”的债务加入属于第三人与原债务人之间的债务承担（共担）合意；而第二种情形“或者第三人向债权人表示愿意加入债务，债权人未在合理期限内明确拒绝的”则属于第三人与债权人达成代原债务人履行债务的合意，根据公平、合理原则及《民法典》第524条的规定，具有债权转让的意蕴。根据体系解释的方法，对法律规范的理解和解释应结合其上下文和规则体系。债权债务转让规则是距离《民法典》第552条最近的、最有机联系的规则体系，故《民法典》第552条的性质及法律后果等应按符合债权债务转让规则体系的理路来解释和类推。不当得利请求权、无因管理请求权、连带债务追偿权、不真正连带债务追偿权、类推适用保证人追偿权等规则体系所在的编、章、节，均相较于债权债务转让规则体系距离《民法典》第552条更远，相关性更弱。

（六）根据目的解释方法，将债权让与规则适用于债务加入人利益填补请求权，更符合公平、合理原则，更有利于债务加入人利益保障

若债务加入人适用债权转让规则以外的请求权基础向原债务人行使追偿权，均无法基于债权人身份获得债权担保、债权保险等从权利。暂且以担保权为例，如果债务加入人按债权让与规则以债权人身份向原债

务人主张债权，则相应的担保权益将归于债务加入人，更有利、更完整地保障了债务加入人的利益。否则，债务加入人追偿时会产生：债务加入人已履行部分债务时，债权人仅剩部分债权仍持有全部担保权益，债务加入人就其追偿权却毫无担保权益；债务加入人已履行全部债务的，原担保权随之消灭，原债务人和担保人的担保责任得以逃脱，而债务加入人的利益难以保障，这样的结果是不公平、不合理的。

需要说明的是，在实践中不少加入债务或代偿债务的第三人，其目的就在于合法获得对担保物的优先受偿权等相关权益，如按债权让与规则以外的请求权基础适用于债务加入人追偿权，则该等第三人加入债务的积极性和履行债务后的利益将受损，这不利于提升债务化解的经济效率和社会效益。

四、结语

对于《民法典》第552条中涉及的债务加入人利益填补规则问题，如果适用《民法典》第524条的规定，则《民法典》第552条并不存在法律漏洞。如果认为存在法律漏洞，则按债权让与规则并类推适用《民法典》第524条行使债务加入人利益填补权，均比不当得利请求权说、无因管理请求权、连带债务追偿权说、不真正连带债务追偿权说、类推适用保证人追偿权说更合理、更周全，更有利于公平、完整地填补债务加入人的应得利益。

《合同编通则司法解释》第51条显然是将《民法典》第552条未规定债务加入人追偿权认定为法律漏洞。暂且不问该认定是否必要和合理，该司法解释条款以不当得利请求权作为债务加入人追偿权的法律依据显然是理据难通的。可能在制定该司法解释条款时对不当得利请求权是否作为债务加入人追偿权的请求权基础是拿不准的，故采用了“第三人依照民法典关于不当得利等的规定”这一开放性描述。其实，未约定追偿权情形的债务加入是一种法律行为，债务加入人如何能基于一种法律行为产生多个不同的请求权？也正是该开放性描述，引起了学术界认为债务加入人追偿权的请求权基础还包括无因管理请求权、连带债务追偿权说、不真正连带债务追偿权说、类推适用保证人追偿权说，等等。

《民法典》第551条规定："债务人将债务的全部或者部分转移给第三人的，应当经债权人同意。债务人或者第三人可以催告债权人在合理期限内予以同意，债权人未作表示的，视为不同意。"《民法典》第551条与第552条前后紧密相连，《民法典》第551条也未规定第三人承担债务后的追偿权问题，且也处于《民法典》合同编第六章"合同的变更和转让"部分。如果不按债权让与规则适用或类推适用于《民法典》第522条中的债务加入人利益填补权，则《民法典》第551条中的债务承担人（新债务人）的利益填补问题是不是也需另行制定司法解释，或又按不当得利请求权说、无因管理请求权说、连带债务追偿权说、不真正连带债务追偿权说、类推适用保证人追偿权说等去解释？易言之，《民法典》第551条、第552条中债务承担人、债务加入人的法定追偿权均可适用或类推适用《民法典》第554条。

（本文仅代表作者个人观点。特约编辑：周殿梁）

行政机关在行政公益诉讼中“不履行职责”的标准分析

陈浩鹏*

引 言

《行政诉讼法》规定，法律监督机关在行政公益诉讼的过程中有权依法对“不履行职责”的行政机关提起诉讼。这一规定的出台促使法律各界对行政机关的行为是否构成“不履行职责”进行深入讨论。在现行立法《行政诉讼法》第25条第4款中规定检察机关是在“行政机关违法行使职权或者不作为”以及“致使国家利益或者社会公共利益受到侵害”两方面共同影响下方可提起行政公益诉讼，而且行政机关的行为与危害结果之间应当存在因果关系。但是看似清晰的立法规定却并没有充分说明“不履行职责”的标准。随后2020年颁布的最高人民法院、最高人民检察院《关于检察公益诉讼案件适用法律若干问题的解释》第21条的规定也仅仅是对《行政诉讼法》第25条第4款内容的照搬，同样并未有效终止当前理论界的相关争议。2021年由最高人民检察院颁布的《人民检察院公益诉讼办案规则》（以下简称《办案规则》）第82条中详细列出了行政机关未依法履行职责的7种行为。但是与《行政诉讼法》第25条第4款对比不难发现，《办案规则》中对“不履行职责”的认定思路主要是围绕行政机关的违法行为进行展开，而并未

* 广东晟典（东莞）律师事务所律师，高级合伙人、主任。

突出危害结果的影响，例如，“没有实质性执行”、“未采取整改措施”以及“没有采取有效整改措施”等情形。

行政机关“不履行职责”的认定标准不统一不仅体现在立法中；实务界中的判断标准同样较为模糊，司法裁判缺少统一认定标准，致使行政公益诉讼难以实现监督行政机关、保障社会公共利益的功能。[①] 在司法实践中，不同机关对行政公益诉讼案件关注焦点并不相同，行政机关在诉讼中更多关注其是否已经做出行使职权的行为，而检察机关则重点关注行政机关有无有效避免或阻止危害结果的发生，更重要的是，不同法院在对此类案件做出裁判的过程中，其关注的重点亦不尽相同。根据2023年最高人民法院、最高人民检察院印发的行政公益诉讼典型案例,[②] 其中，在“重庆市石柱土家族自治县人民检察院诉龙沙镇人民政府不履行供水工程监管职责公益诉讼案”中，虽然龙沙镇政府在审理期间已经做出了提供供水工程配套消毒设施、组织清洗水池、委托石柱县疾病预防控制中心对水质进行检测等行为，但最终法院仍以“检测结果均不符合国家标准”为由，支持了检察院的全部诉求，在此案中法院实际上是将最终危害结果作为考量行政机关是否履行职责的标准。而在“贵州省贞丰县检察院诉兴仁县环保局不作为案”[③] 中，普安县人民法院最终认为：“本案中，被告对远程煤矿的环境监管做了大量的工作，也对远程煤矿作了相关的处罚，对该履职行为应予肯定。”由此可见，在本案中人民法院最终是以行政机关所作出的行为作为判断“履行职责”的标准，而并非以最终结果为衡量标准。

当前立法与司法领域适用标准不统一的状况，同样引发了学界对此问题的反复争论。在现有的研究成果中，对行政机关“不履行职责”的讨论主要围绕在应注重行为还是应注重结果的讨论中，由此产生了

---

① 参见陈德敏、谢忠洲：《论行政公益诉讼中“不履行法定职责”之认定》，载《湖南师范大学社会科学学报》2020年第1期。

② 参见最高人民法院、最高人民检察院《关于印发〈行政公益诉讼典型案例〉的通知》（法〔2023〕206号）。

③ 参见兴仁县环境保护局环境保护行政管理（环保）案，（2017）黔2323行初3号行政判决书。

"结果标准"、"行为标准"以及"混合标准"（一说复合标准）三类不同观点。同时，还有学者认为如何认定行政机关不履职一直是行政诉讼中的难题，无法从既定的公式中找寻答案，必须结合具体因素进行综合判断。有学者认为应当围绕权力外部"功能秩序"平衡和内部优化逻辑，在修正监督对象、评价标准、监督方式以及反馈形式的基础上确定检察机关职责的限度。① 还有学者提出应当从有无监督管理职责、有无具体履职手段和是否穷尽履职手段三个方面进行审查。② 笔者认为，在讨论行政机关是否属于"不履行职责"时，既要立足于现有立法规定结合司法实践，以学界现有的研究成果为工具，特别是从相关典型案例入手进行原则性定义，同时，也要对其他因素进行综合考量。

当前，学者大多习惯直接从正面讨论"不履行职责"的标准，如此容易陷入烦琐的理论证成中，最终得出的结论往往难以理解与适用。笔者认为，首先应立足对实务的研究，从相关典型案例入手，以司法实践为指导结合理论研究，尝试从反面先行论证较为简单的"履行职责"的含义，进而明确"不履行职责"的标准。由于行政公益诉讼的特殊性，行政机关依法享有的职责不同于普通行政诉讼中的职责。因此，首先，必须对"职责"的来源与具体范围进行明确的界定。其次，针对"履行"的认定，通过对"结果标准""行为标准"优缺点的辨析最终引入"混合标准"对履行行为进行考量。最后，通过对公益诉讼的客观事实特性进行分类，进而以此为依据"混合标准"的认定方式进行细化并分别制定适用规则。

一、行政机关在行政公益诉讼中的"职责"认定

（一）行政机关"职责"来源的判定

判断行政机关是否"履行职责"是一项复杂的工作。首先对行政

① 参见胡婧：《行政监督管理职责公益诉讼检察监督的限度分析——以2017—2020年行政公益诉讼判决书为研究样本》，载《河北法学》2021年第10期。

② 参见王红建：《论行政公益诉讼中不履行监督管理职责的认定标准》，载《河南财经政法大学学报》2022年第1期。

公益诉讼中行政机关“职责”的来源进行统一限定尤为重要。而对其来源范围是否仅局限于法律、法规还是应当作扩张解释，全国人民代表大会常务委员会法制工作委员会行政法室编写的释义书倾向于行政机关“职责”的来源仅限于法律、法规的规定。①而最高人民法院行政审判庭所编写的释义书中的观点则与之相反，更倾向于扩大“职责”来源的范围：法定职责，是指行政机关具有保护特定行政相对人人身权和财产权等合法权益的法定义务，法定义务应作扩大理解，主要包括：法律法规明确规定的义务、特定行政机关所负有的义务，行政协议、行政允诺等合意行为约定的义务、因先行行为形成的义务、因对行政行为的信赖而形成的义务。②而《办案规则》第72条规定“人民检察院认定行政机关监督管理职责的依据为法律法规规章，可以参考行政机关的‘三定’方案、权力清单和责任清单等”也是对“职责”来源进行了扩充。

在实践过程中，行政机关由于其特殊的法律地位与政治职能，其既要受到宪法与法律的外部约束，有时也会受到内部上级行政机关的领导，在行政法律关系中行政机关做出某种行政行为的职责来源往往呈现多样化特点，因而有必要对其来源进行分类。对此可对当前实务中认定行政机关“职责”来源的现实做法进行整理分类，借鉴内部行政法与外部行政法的分类思想，将行政机关“职责”来源分为外部职责与内部职责两类。

在“吉木萨尔县人民检察院诉吉木萨尔县文化体育广播电视和旅游局不履行文物保护行政管理职责行政公益诉讼案”中，③关于被告县文化体育广播电视和旅游局的职责来源，检察院依据《文物保护法》第8条的规定，认定县文化体育广播电视和旅游局未尽到履职责任，最终法院经过审理认定该县文旅局具有该法律规定的监督管理职责。此案并不

① 参见全国人大常委会法制工作委员会行政法室编著：《中华人民共和国行政诉讼法解读》，中国法制出版社2014年版，第40页。

② 参见最高人民法院行政审判庭编著：《中华人民共和国行政诉讼法及司法解释条文理解与适用》，人民法院出版社2015年版，第484页。

③ 参见吉木萨尔县人民检察院诉吉木萨尔县文化体育广播电视和旅游局不履行文物保护行政管理职责行政公益诉讼案，（2022）新2327行初20号行政判决书。

是个案，在现实的司法实践中对行政职责的来源认定几乎均以法律为主。由此可见，行政机关职责的主要来源便是由全国人民代表大会及其常委会所制定的相关法律，但并不意味着行政机关的职责来源仅限于如此狭隘的范畴。在枣庄市市中区人民检察院诉枣庄市市中区自然资源局不履行法定职责行政公益诉讼案中，[①] 在对枣庄市市中区自然资源局法定职责进行判定时，法院根据《土地管理法》以及国务院《土地复垦条例》最终认定，枣庄市市中区自然资源局未履行法定职责。与此同时，在“陕西省某县人民检察院诉某县某镇人民政府未履行环境保护和污染防治法定职责行政公益诉讼案”中，[②] 法院生效裁判认为：某镇政府所辖区域位于渭河支流清河的北部沿岸，其具有地方法规《陕西省渭河流域管理条例》规定的“建设农村公共污水管网和污水集中处理设施”的法定职责。从以上两个案例不难发现，在各地司法实践中，关于行政机关的职责来源的判定既包括了中央立法，同时也包含了地方立法。

不难发现，大多数案例中行政机关职责来源均为法律规范性文件，根据依法行政原则，行政机关在行政诉讼过程中必须严格遵守行政法的各项规定、行政机关的行为必须具有法的授权，即行政法法律渊源的授权。而行政机关在行政公益诉讼中由立法所规定的职责是指其职责的根本来源。因此，行政机关在行政公益诉讼中的部分职责来源应当与行政法法律渊源保持一致，只有如此，才能保证其“职责”与权利相匹配，否则便会出现在某些领域，行政机关有法的授权却无相应职责，导致出现权责不对等的情况。因此，对实践中行政机关此部分职责来源可参考行政法的法律渊源，而我国当代行政法的渊源主要是以宪法为核心的各种制定法，包括宪法、法律、行政法规、地方性法规、规章、自治条例和单行条例等。[③] 而将此类法律、行政法规、地方性法规、规章等对行政机关具有强制约束力的规范性文件所规定的义务，而这些义务在行政

① 参见山东省枣庄市市中区人民法院行政判决书，（2021）鲁0402行初92号。

② 参见陕西省三原县人民法院行政判决书，（2016）陕0422行初21号。

③ 参见胡建淼：《行政法学》（第5版），法律出版社2023年版，第16页。

主体的身上则转化为行政职责和行政责任，[①] 将这部分职责便统称为外部职责。通过以上案例不难发现，所谓外部职责的具体含义就是指任何行政机关都应当遵守依法行政的原则，行政机关行政行为的作出必须具有职权依据、事实依据、规范依据并符合法定程序。[②]

在“徐州市鼓楼区人民检察院诉徐州市自然资源和规划局不履行法定职责案”中，[③] 争议焦点之一便是徐州市自然资源和规划局是否具有管理职责，最终人民法院也是根据行政机关下发公文最终认定：“‘根据《省委、省政府关于印发〈徐州市人民政府机构改革方案〉的通知》（苏委〔2010〕18 号）和《市委、市政府关于印发〈徐州市人民政府机构改革实施意见〉的通知》（徐委发〔2010〕13 号）有关精神……’根据上述规定，被告作为徐州市政府林业行政主管部门，对涉案被违法占用林地行为具有监督管理法定职责。”另外，在“枣庄市市中区人民检察院诉枣庄市市中区自然资源局不履行法定职责行政公益诉讼案”以及“陕西省某县人民检察院诉某县某镇人民政府未履行环境保护和污染防治法定职责行政公益诉讼案”中均涉及有关行政管理部门批示、行政命令的规定是否属于其职责来源的判定，最终法院在审理中认可了以上职责来源的合法性。在相关实践中，所谓的省政府、市政府下发的文件、相关批示等，从法理角度来看，其制定过程不具有严格的立法程序。因此，该类文件批示并不属于法律规范性文件的范畴，更近似于行政机关内部上下级之间对某事项的指示命令，而由于行政机关内部之间的领导与被领导的关系，使得上级命令对下级行政机关具有强制力，因此，导致下级行政机关相应地在部分领域中承担了有关职责，即内部职责。由此可见，将此类内部职责作为行政机关公益诉讼中的“职责”来源存在合理性。

对于内部职责，行政职能的多元化，既是社会发展对政府职能的必然要求，也是构建公民社会对政府职责不断完善的倒逼，这就意味着行

① 参见胡建森：《行政法学》（第 5 版），法律出版社 2023 年版，第 135 页。
② 参见胡建森：《行政法学》（第 5 版），法律出版社 2023 年版，第 49 页。
③ 参见徐州铁路运输法院行政判决书，（2017）苏 8601 行初 1419 号。

政机关履行职能不仅要受到法律的约束和调整，还要受到其他规范的约束。[①] 除了上文所提到的“三定方案”之外，同时还包括在处理日常行政事务中，上级行政机关的命令指示所产生的职责义务。不同于上下级人民法院之间的监督关系，各级行政机关之间严格的领导与被领导关系。这种由宪法和法律确立的、特殊的隶属关系导致我们在讨论行政机关在公益诉讼中的“职责”来源时，必须将上级行政机关的命令、指示考虑进去。因此，内部职责是指产生于行政组织内部主要影响行政组织内部事务，基于行政隶属关系而衍生的由特定行政机关所必须承担的义务，其中最典型的包括前文中《办案规则》所提到的“三定”方案。

在对行政机关内部职责与外部职责的具体内容进行详细甄别并梳理之后，又一个需要探讨梳理的问题便是，当内部职责与外部职责的内容发生冲突时如何选择的问题，即内部职责与外部职责的层级梳理问题，例如，在某行政公益诉讼案件中，根据行政机关上级机关所发布的命令指示，该行政机关对某项事务具有管理职责，但是根据法律或者规章内容，行政机关并无相应法的授权，这时，法院应如何判定其职责。一般应分为两种情况：一种情况便是发出该命令指示的行政机关与某项法律规范性文件的制定机关平级或隶属于该制定机关时；另一种情况则与之相反。然而不论是何种情况，行政机关的命令指示都不能与立法机关制定或由立法机关批准实施的规范性法律文件相抵触。因此，必然应以外部职责来源为准，任何命令、决定都不能与法律相违背，更不具有超于法律的特殊地位，可由上级行政机关改变、撤销其不适当的决定。

（二）行政机关“职责”范围的划定

对行政公益诉讼中行政机关“职责”范围的划定，其本质是指行政机关何时应当开始履行职责，其职责应当在何时便已宣告结束。不妨以时间轴作为线索，当在立法中明确规定时，行政机关便拥有了相关职

---

① 参见李大勇：《论行政公益诉讼“不依法履职”的评判标准》，载《行政法学研究》2023 年第 3 期。

责；当组织或个人在生态环境、自然资源、食品药品安全、公共财产土地等关系社会公共利益的领域危害国家或社会利益的情况发生时，行政机关便自然开始履行职责，这一点目前已无争议，问题的关键在于行政机关的职责应当在何时终结。此问题的完全解答势必会涉及行为标准与结果标准的选择，下文中会进行详细讨论，该部分主要围绕学界争论的部分焦点内容对“职责”范围进行初步的划定。

1. “不回复检察建议”的认定问题

在行政公益诉讼中，检察机关面对国家、社会利益受到危害的情况，会先向有关行政机关发送检察建议，当收到检察建议的行政机关履行了相关职责之后却并未向检察机关回复或者超出法定期限后方向检察机关回复，对行政机关的此类行为是否应当认定为“不履行职责”。关于此问题，学界目前仍未有统一结论。在当前的实践中，行政机关往往将检察建议的价值弱化，将职责履行的重点放在了处理行政相对人、阻止危害结果继续发生等方面，而检察机关普遍将此种行为认定为“不履行职责”并由此向人民法院提起诉讼。在“珲春市人民检察院诉珲春市国土资源局公益诉讼案”① 中，控辩双方针对行政机关未及时回复检察建议行为的定性问题进行了讨论，最终，人民法院以“珲春市国土局迟延作出书面回复，不能构成实质性的违法。该行为也不属于本案审理的标的”为由否认了“不及时回复检察建议”的违法性。窥一斑而知全貌，从本案中不难发现当前行政机关与审判机关都忽视了检察建议的价值。不论是未回复检察建议还是未能及时回复检察建议，其行为本质都是一致的，都表明了行政机关在行政公益诉讼中将自身的职责单一化理解。片面地认为只要做出履行职责的行为、减少或阻止危害结果的发生便已经是履行了相关职责，这种错误的认识仍然暴露出行政机关未能将依法行政原则贯穿始终。

前文提到行政机关在行政公益诉讼中的职责来源包括法律法规等规范性文件的规定，其中关于“检察建议”的规定，《检察院组织法》第

① 参见吉林省延边朝鲜族自治州中级人民法院行政判决书，（2018）吉24行终104号。

21条第1款规定："人民检察院行使本法第二十条规定的法律监督职权，可以进行调查核实，并依法提出抗诉、纠正意见、检察建议。有关单位应当予以配合，并及时将采纳纠正意见、检察建议的情况书面回复人民检察院。"从中不难发现，《检察院组织法》在规定有关单位回复检察建议时用到了"应当""及时"的规范用语，这表明不论是未回复检察建议还是未能及时回复检察建议都具有违法性。同时，根据《检察院组织法》的规定，将检察建议的情况书面回复人民检察院这是行政机关应当承担的法律义务，在立法过程中没有给予行政机关选择的余地。因此，作为"职责"来源，其所规定的"应当及时回复检察建议"属于行政机关的"职责"范围。

行政公益诉讼由于其发生的原因以及当事人、法益的特殊性，有关程序规定的价值势必会与普通诉讼有所不同。在实践中，行政机关忽略了检察建议的程序功能，违背了依法行政的原则。如果未能将"回复检察建议"纳入行政公益诉讼行政机关"职责"的范围内，那么将会对法律监督机关的正常监督活动产生阻碍，同时，也将极大地弱化检察监督质效和公共利益保护力度，使得检察机关的法律监督权力受到损害。①

2. "监督管理职责"与"法定职责"范围是否等同的辨析

《行政诉讼法》第25条第4款规定："人民检察院在履行职责中发现生态环境和资源保护、食品药品安全、国有财产保护、国有土地使用权出让等领域负有监督管理职责的行政机关违法行使职权或者不作为，致使国家利益或者社会公共利益受到侵害的，应当向行政机关提出检察建议，督促其依法履行职责。行政机关不依法履行职责的，人民检察院依法向人民法院提起诉讼。"其中规定权利主体时提到"负有监督管理职责"。《办案规则》第67条第2项中也同样使用了与《行政诉讼法》相同的用语。而在第74条、第81条、第82条中却使用的是"依法履

① 参见张旭勇：《行政公益诉讼中"不依法履行职责"的认定》，载《浙江社会科学》2020年第1期。

行职责”一词。在同一条规定中也出现了使用不同概念的情况，例如，在《办案规则》第71条中规定：“人民检察院办理行政公益诉讼案件，围绕以下事项进行调查：……（二）行政机关的监督管理职责；（三）行政机关不依法履行职责的行为……”将监督管理职责与法定职责同时并列有何用意，“监督管理职责”与“法定职责”是否属于包含与被包含的关系？如果属于，那么何种职责范围更大？对此，首先则应该对监督管理职责的范围进行限定。

在“铜仁市万山区人民检察院诉铜仁市万山区林业局不履行林业行政管理职责行政公益诉讼案”中，[①] 对于监督管理是否属于万山区林业局职责的争议焦点，法院经过审理最终认为：“万山区林业局作为万山区人民政府林业行政主管部门，依照《中华人民共和国森林法》第五条规定，负责对万山区行政区域内森林资源保护、利用、更新的监督管理。万山区林业局应当依法履行职责。”在本案中，法院将立法中规定的“监督管理”纳入行政机关“职责”的范围内。但在吉林省检察机关督促履行环境保护监管职责行政公益诉讼案中，[②] 对如何正确理解行政机关的“监督管理职责”，作出的指导意见为“《中华人民共和国行政诉讼法》第二十五条第四款规定的‘监督管理职责’，不仅包括行政机关对违法行为的行政处罚职责，也包括行政机关为避免公益损害持续或扩大，依据法律、法规、行政规章和规范性文件相关授权，运用公共权力、使用公共资金等对受损公益进行修复等综合性治理职责”。显然该案中“监督管理”职责的认定范围更大。因此，从实务界整体来看，这个问题仍然未得到统一认识。单纯从字面意思分析，对“监督管理职责”应当拆分为“监督”与“管理”两方面进行定义。有学者认为，“管理”是一般通过计划、指挥、协调、控制等手段使不同群体实现共同目标的一种活动。[③] 笔者认为，在定义“监督”“管理”时既要分别

① 参见铜仁市万山区人民检察院诉铜仁市万山区林业局不履行林业行政管理职责行政公益诉讼案，最高人民法院指导性案例211号（2023年）。

② 参见最高人民检察院《关于印发最高人民检察院第四十批指导性案例的通知》。

③ 参见申喜连：《管理概念的新审视》，载《中国行政管理》2004年第3期。

理解，也要对二者之间的关系加以明确，只有如此，才能帮助我们更好地理解其含义范围。“监督”与“管理”绝非两个互相独立的行为，二者之间存在紧密的联系，许多学者在研究的过程中习惯将二者割裂开来，不利于我们真正了解“监督管理职责”。

行政公益诉讼具有保护公共利益和客观法秩序之目的。[①] 因此，行政机关的职责既具有事先预防性，又具有事后补救性。监督管理职责恰好符合事先预防性的特点。作为行政机关，监督行为一般是对某项事务或主体进行的事前预防当侵害法益的行为、结果尚未发生时，行政机关有权对其进行常态化预防，防止危害行为、结果的发生。而管理行为一般是行政机关为了某种目标从而对其他主体作出的支配行为，二者的共同目的都是更好地保护相关法益。因此，对于行政机关而言，二者之间具有相辅相成的关系，缺一不可。如果将行政机关比作一名执法者，那么“监督”作用更贴近于眼的职能，时刻防止侵害法益情形的发生；而“管理”的作用则近似于手的职能，做出日常的执行行为。综上，“监督管理”既有一定预防性，也有一定的强制性，但欠缺惩罚性。监督管理职责仅是一种日常的执行行为。只有当侵害国家、社会公共利益的行为、结果发生时，行政机关由于其自身所具有的限制、剥夺其他主体权益的职能，此时，便具有了对此类危害行为的惩治职能，而这部分职能则与《行政诉讼法》第 25 条第 4 款中提到的“职责”相对应。

因此，有关“监督管理职责”与《行政诉讼法》第 25 条第 4 款规定的“职责”之间的关系便十分清晰了。“监督管理职责”与“不履行职责”实则为两种相互衔接的法律责任，监督管理职责属于法定职责的一部分。行政公益诉讼中的行政机关职责随着客观情况的变化而变化。当其客观情况未发生法律规定的情形时，行政机关的职责为“监督管理职责”；当发生了法律规定的特定情形时，行政机关应当履行的“职责”为改变、制止危害行为、危害结果的、带有惩罚性的职责。笔者所

① 参见伍华军、荣锦坤：《论行政公益诉讼中“不履行法定职责”判定标准的构建》，载《重庆社会科学》2023 年第 3 期。

探讨的“不履行职责”的主题中的“职责”既包含监督管理职责，又包含客观情况发生变化之后，具有惩罚性的职责。

二、行政机关“不履行职责”中对“履行”的认定

（一）理论界关于行政机关“履行”标准的争论

自2017年《行政诉讼法》修改实施之后，学界关于第25条第4款行政机关“履行”的标准讨论一直没有得到普遍共识。通过对司法实践以及法理的研究，逐渐形成了“行为标准说”、“结果标准说”与“混合标准说”三类观点。三类观点的主要争议焦点在于，在行政公益诉讼中认定行政机关“履行”的标准应当重点考虑危害结果是否被有效阻止还是行政机关是否已完全实施了所有处理手段。

1. 行为标准观点

持行为标准观点的学者认为，所谓行为标准就是审查行政机关是否履行法定职责。[①] 也就是说，审判机关只能对行政机关的“履职行为是否全面充分”这一方面进行审查，对于相对人违法行为是否已经停止或被纠正、国家利益或社会公共利益受侵害的状态是否已经完全消除则不在审判机关的审查范围内。此即行为标准说认为，衡量行政机关是否“履行”职责应当以行政机关的行为作为标准，如果在行政公益诉讼中行政机关已经实施了法律规定的一切手段，即便对公共利益的侵害状态仍未消失也不能认定行政机关“不履行”职责。持该观点的学者普遍主张的理由为，由于行政公益诉讼所依据的客观事实具有特殊性，在一般情况下自然环境受损欲使其恢复到原有状态需要依靠自然环境的自我修复力，这需要一段较为漫长的过程，往往行政机关依法作出的履职行为已经结束，其侵害状态可能仍然存在，因而在此情况下，必须以行政机关的行为作为衡量其是否“履职”的标准。

虽然当前的立法并未明确确立行为标准的地位，但有关法律法规中仍不乏存在与“行为标准说”相近的条文。《办案规则》第67条、第

① 参见刘超：《环境环境行政公益诉讼诉前程序省思》，载《法学》2018年第1期。

68 条关于人民检察院立案情形的条文中便列举了“可能违法行使职权或者不作为”“怠于强制执行”“违法处分执行标的”等行为要求，以及在第 82 条中各款关于行政机关不履行职责的规定重点都落在了“行为”这一要件上，因为不管是以“行为标准”作为衡量依据，还是以“结果标准”作为依据，都无法完全避免对行政机关具体行政行为的考虑。即便是由于产生了危害结果导致检察机关依法提起行政公益诉讼，其中也与行政机关的行政行为具有关联。

2. 结果标准观点

与“行为标准说”相对应的便是“结果标准说”，持该观点的学者认为：应当以行政机关的措施是否实现了公益保护的效果作为其履职的判断标准。[①] 更有学者将如今“行为 + 结果”标准的观点也归纳到“结果标准”之中。[②] 总而言之，“结果标准说”所关注的重点是行政机关依法实施了各种手段之后的最终结果，原因在于该学说学者以行政公益诉讼的诉讼目的为出发点，《办案规则》第 2 条清晰地界定了行政公益诉讼的目的：“人民检察院办理公益诉讼案件的任务，是通过依法独立行使检察权，督促行政机关依法履行监督管理职责，支持适格主体依法行使公益诉权，维护国家利益和社会公共利益，维护社会公平正义，维护宪法和法律权威，促进国家治理体系和治理能力现代化。”持“结果标准说”的学者正是以此作为观点的论据。

3. 混合标准观点

随着“行为标准说”与“结果标准说”的争论逐渐深入，学界中产生了第三种观点，即“混合标准说”。该观点认为“行为标准”与“结果标准”都失之偏颇，有学者提出“行为标准说”会使行政机关将注意力、执法资源放在监管手段实施上，将会极大地误导行政机关。而“结果标准说”可能不当加重行政机关负担，诱发行政机关与相对人相

① 参见赵俊：《环境行政公益诉讼中行政机关履职的判断标准》，载《法学》2023 年第 10 期。

② 参见刘本荣：《行政公益诉讼中“不依法履行职责”认定的实质回归及其展开》，载《行政法学研究》2023 年第 3 期。

互配合、运动式治理等不良后果。[①] 因此，持“混合标准说”的学者提出，应当将“行为”与“结果”均作为衡量行政机关是否“履行职责”的标准，当行政机关已经穷尽法律允许范围内的所有手段仍然无法恢复国家、社会公共利益的情况时，则可认定该行政机关已经履行相应职责。[②] 通过对三种观点内容的辨析不难发现，学者们普遍以“行为”和“结果”作为衡量标准的两个相对立的方面，“行为标准说”和“结果标准说”均以其中一个方面作为自身标准选择的客观基础，而“混合标准说”则是将两个原本对立的方面进行融合，从而得出了“折中论观点”。

（二）实务界关于行政机关“履行”标准的争论

在司法实践中，对某一具体案件人民法院究竟是采用何种学说观点来判断行政机关“不履行职责”观点不一。例如，在“贵州省锦屏县检察院诉锦屏县环保局行政公益诉讼案”中，[③] 有学者认为此案为运用结果标准的典型案例，[④] 但也有学者根据最高人民检察院颁布的指导意义认为，此案中的检察机关与人民法院均坚持了行为标准。[⑤] 之所以会产生相关争议，原因在于当前人民法院在审理此类案件时往往从行为与结果两方面来认定，几乎很少有严格秉持单一“行为标准”或“结果标准”的司法判例，2020 年 1 月，最高人民法院发布 137 号指导案例“云南省剑川县人民检察院诉剑川县森林公安局怠于履行法定职责环境

① 参见王清军：《环境行政公益诉讼中行政不作为的审查基准》，载《清华法学》2020 年第 2 期。

② 参见夏云娇：《行政公益诉讼检察机关败诉案件检视及省思》，载《河南财经政法大学学报》2021 年第 5 期。

③ 参见锦屏县环保局行政公益诉讼案，最高人民检察院第八批指导性案例检例第 32 号（2017 年）。

④ 参见卢超：《从司法过程到组织激励：行政公益诉讼的中国试验》，载《法商研究》2018 年第 5 期。

⑤ 参见张旭勇：《行政公益诉讼中“不依法履行职责”的认定》，载《浙江社会科学》2020 年第 1 期。

行政公益诉讼案”,[①] 其裁判要点为“环境行政公益诉讼中，人民法院应当以相对人的违法行为是否得到有效制止，行政机关是否充分、及时、有效采取法定监管措施，以及国家利益或者社会公共利益是否得到有效保护，作为审查行政机关是否履行法定职责的标准”。

如上文所述，在现有的司法实践中，由于案情的复杂性学界很难判断出人民法院在衡量行政机关“不履行职责”时会严格秉持何种标准。在立法实践中，2019 年 1 月最高人民检察院、生态环境部等 10 家单位印发的《关于在检察公益诉讼中加强协作配合依法打好污染防治攻坚战的意见》第 13 条明确以是否采取有效措施制止违法行为、是否全面运用法定的行政监管手段、公共利益是否得到有效保护作为判断行政机关履职尽责的标准。2020 年 7 月，最高人民检察院、中共中央网络安全和信息化委员会办公室、国务院食品安全委员会办公室等 11 家单位印发的《关于在检察公益诉讼中加强协作配合依法保障食品药品安全的意见》第 10 条除明确判断行政机关履职尽责应坚持行为要件、职权要件、结果要件三个原则性标准外，还提出对主观上有整改意愿和客观上实施一定履职行为的行政机关须充分考虑环境污染、异常气候、检验能力、监管力量、突发情况等因素对其履职的影响。[②] 以《办案规则》为例，第 71 条规定：“人民检察院办理行政公益诉讼案件，围绕以下事项进行调查：（一）国家利益或者社会公共利益受到侵害的事实……”第 81 条规定：“行政机关经检察建议督促仍然没有依法履行职责，国家利益或者社会公共利益处于受侵害状态的，人民检察院应当依法提起行政公益诉讼。”第 74 条规定：“经调查，人民检察院认为存在下列情形之一的，应当作出终结案件决定：……（二）国家利益或者社会公共利益已经得到有效保护的；……”与“结果标准说”相近的有关条文与上述“行为标准说”相关条文大多情况下呈并列关系，仅从法律法规中很难明确立法机关对两种观点如何取舍，这也成为当前不同学说互相讨

① 参见云南省剑川县人民法院行政判决书，（2017）云 2931 行初 1 号。

② 参见刘加良：《行政公益诉讼中被告依法履行职责的判断标准及其程序应对》，载《国家检察官学院学报》2022 年第 2 期。

论的原因。

通过对相关案例以及实践经验进行梳理，在我国当下行政公益诉讼中人民法院对行政机关是否依法履行职责的判断，既考虑了行为标准，同时也考虑了结果标准。这种综合考量的做法与学界“混合标准说”的观点有较大相似之处。例如，在“广东省化州市人民检察院诉化州市市场监督管理局食品安全行政处罚公益诉讼案”中，①人民法院最终认为：“且在检察机关发出检察建议后不依法履责，导致涉案公司仍然具备生产、销售包装饮用水的资格，并出现饮用水再次被检验为不合格情况，危及了不特定消费者的身体健康和生命安全，社会公共利益持续处于受侵害状态，遂判决支持化州市人民检察院的全部诉求。”在本案中，审判机关认为行政机关既未能依法履行职责，同时社会公共利益处于受侵害状态未能有效停止，最终支持了法律监督机关的诉讼请求。但是当前法院的判决思路是否完全属于“混合标准说”，“混合标准说”的观点是否能与当前法治要求相适应，还需要进一步讨论。

（三）对“结果标准说”“行为标准说”适用的排除

1. “结果标准说”观点适用的排除

针对“结果标准说”而言，其观点所主张的以危害结果、侵害状态的发生作为行政机关“不履行职责”的认定标准已难以完全适应当前我国法治要求与现状。在“吉林省珲春市人民检察院诉吉林省珲春市国土资源局不履行法定职责案”②以及“吉林省白山市人民检察院诉白山市江源区卫生和计划生育局、白山市江源区中医院环境公益诉讼案”中，③从表面上看，行政公益诉讼的起诉目的是避免国家利益或社会公共利益继续受到侵害，似乎从最终结果的角度来衡量行政机关是否履职

① 参见最高人民法院、最高人民检察院关于印发《行政公益诉讼典型案例》的通知，载最高人民检察院官网，https：//www. spp. gov. cn/xwfbh/dxal/202312/t20231213_ 636700. shtml。

② 参见吉林省珲春市人民检察院诉珲春市国土资源局不履行法定职责案，（2018）吉24行终104号行政判决书。

③ 参见吉林省白山市中级人民法院行政判决书，（2016）吉06行初4号。

更为妥当，但是如今提起行政公益诉讼的客观事实逐渐呈现复杂化、多样化特点，如果仅以最终结果作为起诉行政机关的标准则势必会导致引发更大的行政争议，这也与行政诉讼的根本目的相违背；法律不能强人所难，在行政公益诉讼中同样如此，当行政机关已经在法律允许的范围内穷尽了所有治理手段，仍无法避免侵害状态的持续，且这种持续是因客观原因无法停止，在这种情况下似乎难以认定行政机关未履行职责。如果法律监督机关仍以“结果”为由提起行政公益诉讼，则难免会陷入权利滥用、违背客观事实的争议中。

除此之外，如果在认定过程中过分强调最终结果，也会逼迫行政机关在此类案件的执法过程中，忽视行政执法的合理性、合法性从而导致出现违背程序正当原则的情况。例如，行政机关是否会为了避免受到法律监督机关的影响从而追求表面治理，最终导致国家、社会公共利益遭受更大损失。司法裁判中审查标准的严格或者宽疏，直接载明了司法权力对于行政权力规制的力度。① 而“结果标准说”的衡量标准在当下势必会极大地影响行政机关今后的执法重心，“重结果，轻程序”的执法准绳不仅不利于规制行政机关依法履行职责，同时也会严重影响国家、社会公共利益。

最后，如前文所述，当前行政公益诉讼所依据的客观事实正呈现复杂化的特点，单纯的“结果标准说”已无法适应现状。正如当前部分学者提出的观点，不论是采取“行为标准”还是“结果标准”，应结合案件事实具体问题具体分析。② 不能以一种固定教条的标准一以贯之。综合以上观点，“结果标准说”存在难以适应今后现状的短板是客观存在且无法避免的。

2. “行为标准说”适用的排除

关于“行为标准说”的适用，也存在与“结果标准说”相同的原因。首先，便是无法具体问题具体分析。如上文所述，“结果标准说”

① 参见李大勇：《论行政公益诉讼“不依法履职”的评判标准》，载《行政法学研究》2023 年第 3 期。

② 参见王春业：《行政公益诉讼“诉前程序”检视》，载《社会科学》2018 年第 6 期。

无法适应复杂多变的客观情形，从而极易导致行政权力、司法权力、法律监督权力三者之间权力界限的相互突破。“行为标准说”也存在同样短板。

其次，有学者认为，“行为标准说”较之以“结果标准说”而言从语义符合度、关系协调度以及法理依据与现行法律体系的契合度来看更为妥当。① 但其却忽略了“行为标准说”在实践中对行政机关具体行政行为的影响以及对公共利益的间接影响。若仅单一强调行政机关的行为要件，而忽略了行政行为结果对行政机关的规制作用，则会使行政机关在面对国家、社会公共利益遭受侵害的情况时存在敷衍塞责的现象，甚至会出现行政机关面对其行政行为未能阻止国家、社会公共利益遭受侵害时过分强调客观原因，从而为行政机关不作为提供了“合理”借口。例如，在“广东省清远市清新区人民检察院诉清新区浸潭镇人民政府公益诉讼案”中，② 法律监督机关在监督过程中，面对行政行为未见成效的情况，某些行政机关互相推卸责任，过分强调经济负担等客观原因。由此可见，完全忽略结果的规制作用，也会影响行政机关做出行政行为的价值取向，究其法理本质是对权责统一原则的违背。

在“重庆市石柱土家族自治县人民检察院诉龙沙镇人民政府不履行供水工程监管职责公益诉讼案”中，③ 石柱县人民检察院对龙沙镇政府立案调查，于 2021 年 2 月 24 日向其发出检察建议，建议立即采取有效措施保证其供水水质安全，2021 年 4 月，龙沙镇政府回复称，通过新建水源池，其水质不达标问题已得到整改，此时，如果采用单纯的“行为标准”则便可认定该政府已然履行了相关职责，但事实却是水质污染问题仍未得到解决。在司法实践中，在许多情况下无法对行政机关行政行为的有效性进行认定，基于此，若以“行为标准”为准势必会增加

---

① 参见李瑰华：《行政公益诉讼中行政机关“依法履职”的认定》，载《行政法学研究》2021 年第 5 期。

② 参见《最高人民检察院公布 26 起检察机关提起公益诉讼试点工作典型案例》，2017 年 6 月 30 日。

③ 参见最高人民法院、最高人民检察院《关于印发〈行政公益诉讼典型案例〉的通知》（法〔2023〕206 号）。

诉讼过程中的案件事实争议，同时忽略了行为与结果之间的逻辑关系。关于二者之间的关系，刑法学理论中提出了“行为无价值”与“结果无价值”的观点，其围绕的焦点本质是结果与行为的取舍问题。而在行政公益诉讼的具体语境下，行为与结果之间并非完全的“对立”关系，如果将二者对立来看，则势必会又一次陷入“行为标准说”与“结果标准说”的极端思维中。综合司法实践的经验，“行为”与“结果”要件应当是相辅相成的，二者在认定行政机关“不履行职责”的问题中缺一不可。

（四）“混合标准说”的选择

当前，学界持“行为标准说”或“结果标准说”的部分学者认为，“混合标准”其本质仍属于“结果标准”或“行为标准”的一种。之所以会出现此种争议，原因在于，许多“混合标准说”学者在提出相应观点时仍未能彻底将“行为”“结果”要件之间的关系区分清楚，从而导致其观点表里不一。

在“混合标准说”内部，有学者在考虑衡量标准的同时通过兼采其他客观要素从而对其衡量标准进行补充，但鲜有学者从“行为”与“结果”二者之间关系的角度来重新认定衡量标准。不论选择何种适用标准，都应当以行政公益诉讼所依据的客观事实作为基础。“混合标准说”之所以比“行为标准说”“结果标准说”更能适应当前法治需要，原因在于“混合标准”可以通过每个具体案件不同的类型、事实特点从而灵活运用“行为”要件与“结果”要件二者之间的关系对行政机关“不履行职责”进行认定。这主要可分为两种认定方式：一种为“同时兼采行为要件与结果要件”；另一种则是“以行为要件为首，结果要件为辅”，根据客观事实的不同进行灵活运用。

1. 适用“混合标准说”的理由

（1）“政策实施型”司法现状的必然选择

每一项法律制度的落地实施既需要考虑其法理的正当性，同时也需要结合该法律制度的时代背景与客观基础，否则便是无根之木。行政公益诉讼中行政机关“不履行职责”的认定涉及行政权与司法权的相互监督与协调。因而针对该问题的解答必须考虑我国当前司法制度现状。脱离司法现实所制定实施的法律制度无疑将会在司法实践中充分暴露其缺陷，进而对司法的严谨性产生破坏。

法学家达玛什卡创造性地将司法类型根据政府权力组织形式分为两类。这两对理想（或纯粹）的程序类型则分别是：（1）基于权力组织形式的科层理想型程序和协作理想型程序，以及（2）基于司法目的的纠纷解决型程序和政策实施型程序。[①] 之所以我国司法类型近似于政策实施型，原因在于我国独有的法治体系。笔者并不否认我国司法的目的是以解决纠纷为主，但从我国整体法治体系以及未来法治建设需要的角度来分析，我国司法类型更贴近于政策实施型司法。从职能角度来看，我国司法除了其依据专业职能做承担的任务之外，还承担起为国家发展大局而服务的职能，即为全面推进依法治国战略而服务。从现实机构设置的角度来看，我国最高人民法院与最高人民检察院除了是我国审判机关、检察机关之外，还是具有政治意义的政治机关。从国家政策实施的角度分析，每当我国法治政策得到新的补充完善时，最高人民法院与最高人民检察院往往充当该政策执行者的角色。因而，将我国司法类型归纳为“政策实施型”更为贴切。

每当国家出台相关政策，国家各类型机关必然会努力使该政策逐步实现由落地到实施再到最终取得成效的过程。取得成效是国家政策的必然性要求，否则便会失去政策的价值与意义。有关行政公益诉讼制度的政策亦是如此，既要保证行政公益诉讼制度有效运行，同时也要求行政机关、检察机关、审判机关相互协调合作有效保护国家、社会公共利益。例如，在《中共中央关于全面推进依法治国若干重大问题的决定》中便指出：检察机关在履行职责中发现行政机关违法行使职权或者不行

① 参见李锦：《达玛什卡司法类型学及其中国意义——评〈司法和国家权力的多种面孔——比较视野中的法律程序〉》，载《法律书评》2009年第1期。

使职权的行为，应该督促其纠正，探索建立检察机关提起公益诉讼制度。[①] 2015 年，中央全面深化改革领导小组第十二次会议审议通过的《检察机关提起公益诉讼改革试点方案》进一步明确，“积极探索建立检察机关提起公益诉讼制度，充分发挥检察机关法律监督职能作用……维护国家和社会公共利益”。[②] 由此可以看出，“政策实施型”程序其核心价值在于对法益的保护，若最终诉讼活动未能使相关法益得到有效保护，则相关诉讼活动会失去其价值。

通过对“政策实施型”程序对诉讼结果价值要求的进一步明晰，回到行政机关“履行职责”认定的问题中，应当将保护“公益”作为认定标准的核心。这表明在对行政机关“履行职责”的认定中，“结果要件”的考虑与否决定着我国相关司法政策的成效，其所具有的法律价值不言而喻。

（2）客观诉讼的必然要求

莱昂·狄骥根据诉讼目的将诉讼活动分为主观诉讼与客观诉讼两种。大陆法系并对此予以发展和完善。通说认为所谓主观诉讼，是指以保护公民个人的权利和利益为目的的诉讼；而客观诉讼则是指以维护客观的法律秩序和确保行政活动的适法性，而与原告个人的权利和利益无关的诉讼。[③] 同时，围绕二者之间划分标准有学者认为：划分主观诉讼与客观诉讼的标准是诉讼目标和诉讼构造。主观诉讼以救济权利为目标，诉讼构造侧重于主观权利和损害争议的审查和裁判；而客观诉讼则以秩序公益为导向，诉讼构造以行政机关行政行为的合法性审查和裁判为宗旨。[④] 根据《行政诉讼法》第 25 条第 4 款以及《办案规则》第 2 条的规定，显而易见我国行政公益诉讼属于客观诉讼的范畴，同时，运

① 参见《中共中央关于全面推进依法治国若干重大问题的决定》，载中华人民共和国中央人民政府网，https：//www. gov. cn/zhengce/2014 – 10/28/content_ 2771946. htm。

② 参见《检察机关提起公益诉讼试点方案》，载最高人民检察院官网，https：//www. spp. gov. cn/zdgz/201507/t20150703_ 100706. shtml。

③ 参见［日］樱井敬子、桥本博之：《行政法》，弘文堂 2007 年版，第 251 页。

④ 参见薛刚凌：《行政公益诉讼类型化发展研究——以主观诉讼和客观诉讼划分为视角》，载《国家检察官学院学报》2021 年第 2 期。

用客观诉讼理论解决我国行政公益诉讼中的问题已然成为当前学界的共识。

通过对客观诉讼的概念特点分析发现，由于其保护的法益的特殊性，因而在此类诉讼的过程中司法机关将会重点审查行政机关所做出的行政行为的合法性以及行政机关在做出该行政行为时的程序的合法性，侧重对秩序的维护进而达到对相应法益的保护。从客观诉讼的内在特点分析，行政公益诉讼中对行政机关“履行职责”的认定必须以行政机关的行为作为依据，包括对其行为依据的认定、行为程序是否合法的认定以及行为本身作用的认定。因此，“行为标准”的观点内容与客观诉讼的内在要求更为契合。

由于“政策实施型”程序在价值选择中必然倾向于最终个案产生的结果价值，而无数个个案结果价值的累计便是“政策实施型”程序内在包含的价值要求。所以从“政策实施型”程序角度分析，在行政公益诉讼的相关问题研究中“结果要件”必不可少。但同时，由于行政公益诉讼所属客观诉讼的特点，使得在诉讼过程中司法机关将着重对行政机关行政行为进行综合认定，使得“行为要件”在行政机关是否履行职责认定中具有举足轻重的作用。综合以上内容，只有通过引入“混合标准说”的观点才能调和两种不同角度所带来的思维矛盾，进而在行政公益诉讼中对行政机关“履行职责”的认定更加灵活。

2. “混合标准”的具体适用规则

如前文所述，“混合标准”根据“行为要件”与“结果要件”之间关系的不同，可进一步细化为两种认定方式。但在对“混合标准”进行具体适用时，首先应当明确两种认定方式之间如何选择主要针对诉讼案件的不同类型与特点。对于何种类型案件应当适用何种认定方式，《行政诉讼法》第25条第4款可作为指引。第4款规定：人民检察院在履行职责中发现生态环境和资源保护、食品药品安全、国有财产保护、国有土地使用权出让等领域负有监督管理职责的行政机关违法行使职权或者不作为，致使国家利益或者社会公共利益受到侵害的，应当向行政机关提出检察建议，督促其依法履行职责。行政机关不依法履行职责的，人民检察院依法向人民法院提起诉讼。《行政诉讼法》已经对行政公益诉讼案件的类型初步进行了划分，即生态环境和资源保护、食品药品安全、国有财产保护、国有土地使用权出让等，将为后续认定方式的选择提供客观基础。

（1）“以行为要件为首，结果要件为辅”的适用

笔者认为，上述四种领域可进一步细划为两种，即生态环境和资源保护领域以及其他领域。之所以将生态环境和资源保护作为一类进行单独保护，主要在于生态资源环境其本身所独有的特点所导致的行政机关行政行为与行为效果之间的不同步性。

例如，在“吉林省珲春市人民检察院诉珲春市国土资源局不履行法定职责案”中，① 检察机关以珲春市国土局未能履行法定职责，导致森林受到破坏、图们江出现淤积、国家矿产资源遭受损失、致使国家利益和公共利益遭受损害为理由向人民法院提起诉讼，并认为珲春市国土资源局未能依法履行职责。但事实是，珲春市国土资源局在接到检察院的检察建议之后便开始履行相应职责，同时制止了行为人的违法行为，并将案件移交公安机关调查，而对于森林、江河、矿产资源的治理需要一定的时间，同时也需要相应部门共同承担责任，并非仅属于国土资源局的职责范围。除此之外，在“吉林省白山市人民检察院诉白山市江源区卫生和计划生育局、白山市江源区中医院环境公益诉讼案”中，② 对于在环境治理领域相关行政机关是否未履行职责的认定，法院最终认为“污水处理设施建设完工及环评验收需要一定的时间，故白山市江源区卫生和计划生育局应当继续履行监管职责，督促白山市江源区中医院污水处理工程及时完工，达到环评要求并投入使用，符合《吉林省医疗机构审批管理办法（试行）》第四十四条规定的校验医疗机构执业许可证的条件”。在以上案例中，生态环境的特点，导致修复其危害结果并非一朝一夕就能实现，检察机关此时应当重点衡量行政机关的履职行为是

① 参见吉林省珲春市人民检察院诉珲春市国土资源局不履行法定职责案，（2018）吉24行终104号行政判决书。

② 参见吉林省白山市中级人民法院行政判决书，（2016）吉06行初4号。

否合法、是否尽责，同时尊重科学规律给予行政机关一定的时间，而并非以单纯的结果为考虑条件贸然提起行政公益诉讼。

这种“行为要件”与“结果要件”之间的时间间隔往往容易成为司法机关认定行政机关“不履行职责”的依据。生态环境以及资源由于其本身的脆弱性，导致生态环境一旦遭到人为破坏，其恢复具有长期性与艰难性。由于生态环境自身具有一定的修复能力，所以当其遭受破坏时往往能够自我修复，但这需要经历漫长的过程，即便是行政机关进行人为的干预也无法在短期内获得成效。同时，在某些特殊情况下，生态环境遭到破坏的结果需要一定时间方能表现出来，而此时，即使行政机关通过公权力进行挽救，一时之间也无法使侵害状态停止。这些因素最终都导致行政机关在保护生态环境、生态资源领域的过程中，其保护的行为与最终的成效间隔时间较长。

为防止今后环境的客观因素导致司法权对行政权的过度侵蚀，在生态环境、生态资源保护领域的案件中司法机关可采用“以行为要件为首，结果要件为辅”的认定方式。此即首先判断行政机关是否已经完成了履职行为，而对此问题的判断可采用学界通说“穷尽说”，即行政机关已经穷尽了法律规定的所有履职行为和手段。其次，根据不同类型生态环境修复的客观规律，若行政机关在足够的时间内，使得侵害状态未能持续，国家、社会公共利益得到了保护，则可认定该行政机关已“履行职责”。相反，若“行为”“结果”任一要件未能满足该认定标准，则检察机关可依此向人民法院提起行政公益诉讼。

（2）“同时兼采行为要件与结果要件”的适用

在“广东省化州市人民检察院诉化州市市场监督管理局食品安全行政处罚公益诉讼案”中，[①] 法院审理认为该市场监督管理局“在检察机关发出检察建议后不依法履责，导致涉案公司仍然具备生产、销售包装饮用水的资格，并出现饮用水再次被检验为不合格情况，危及了不特定

① 参见最高人民法院、最高人民检察院《关于印发〈行政公益诉讼典型案例〉的通知》（法〔2023〕206 号）。

消费者的身体健康和生命安全，社会公共利益持续处于受侵害状态”，遂支持了检察院的全部诉求。该案属于食品安全领域行政公益诉讼的典型案例，人民法院在认定时既将行政机关的行为因素作为考量，同时，也兼采了行政机关所导致的危害后果因素的思维方式十分具有参考价值。与生态环境与资源保护不同的是，在食品药品安全、国有财产保护、国有土地使用权出让等领域，其损害行为与危害结果、状态之间往往不具有较长的时间间隔。并且，行政机关在此类领域中实施的行政行为一般会在短时间内产生效果。

这种特性要求审判机关、检察机关在认定行政机关“履行职责”时必须同时将“行为要件”与“结果要件”作为考量依据，二者缺一不可。但在部分司法实践中，人民法院、人民检察院往往对其结果进行重点判断，当结果符合法律要求时忽略了对行政机关行政行为的审查，或者当国家、社会公共利益受侵害状态仍未消除时，往往针对其结果作出判决，同样忽略了对行政行为的合法性审查。

因此，在有关食品药品安全、国有财产保护、国有土地使用权出让等领域的案件中，司法机关判断行政机关是否“履行职责”既要对其行政行为的合法性进行审查，又要对行政行为的成效进行关注。若行政行为存在瑕疵或者违法，即便最终“侵害状态”得到了制止，行政机关也不能认定为“履行职责”。因为行政机关“履行职责”是一个动态发展的过程，并非只是一瞬间，除了履行职责的结果之外，其间必然包含对行政行为程序的要求。若程序不符合法律规定则“履行职责”也必然存在瑕疵。相反，若国家、社会公共利益未能得到有效保护，即便行政机关已经穷尽履职行为，也不能认定为“履行职责”。只有同时符合“行为要件”与“结果要件”，才能认定为行政机关“履行职责”。

三、结语

在行政公益诉讼中，行政机关“不履行职责”的认定一直以来备受学界关注。笔者认为，对此问题的解决应当首先改变思路，通过对行政机关“履行职责”进行判断进而得出行政机关“不履行职责”的认定标准。立足法律文本与司法实践，对“履行职责”的判断应从“职责”“履行”两个方面进行。一方面，对“职责”的认定应当从来源和范围两方面进行判断，在认定其“职责”来源时，由于行政机关特殊的领导体制，可将其职责来源分为“内部职责”与“外部职责”两种。关于“外部职责”的来源应明确其与行政法法律渊源之间的联系，将行政机关“外部职责”的来源与行政法法律渊源相一致。而“内部职责”主要针对上级行政机关的指示、命令。在对“职责”范围进行判定时，应在排除监督管理职责与法定职责的包含关系的基础上将“不回复检察建议”的特殊情况纳入“职责”范围中。另一方面，关于“履行”的认定，在充分对“行为标准说”与“结果标准说”观点思考的基础上引入“混合标准说”，这也是当前我国行政公益诉讼现状的必然要求。通过对行政公益诉讼客观事实的分类，将“混合标准说”具体细化为“同时兼采行为要件与结果要件”与“以行为要件为首，结果要件为辅”两种认定方式。由于生态环境与自然资源的特殊性，在该领域案件中，采取“以行为要件为首，结果要件为辅”认定方式更有助于减轻行政机关压力；而在有关其他类型领域的案件中，则可以“同时兼采行为要件与结果要件”作为认定方式。

（本文仅代表作者本人观点。特约编辑：邓芬妮）

场所经营者（管理者）安全保障义务探究

杜江涛*

引 言

根据《民法典》第 1198 条的规定，安全保障义务是指经营场所、公共场所的经营者、管理者或者群众性活动的组织者所负有的在合理限度范围内采取一定的行为措施以保护他人人身和财产安全免受侵害的义务。近年来，随着经济发展，个体间的互动增加，场所经营者（管理者）违反安全保障义务的纠纷日益普遍。笔者特结合个人办案心得及办案过程中查阅学习的案例和学者文章，试对有关问题进行整合探究。

一、安全保障义务的法律渊源

个体作为参与社会互动的主体，每项互动交往都会开启对交往对象安全的注意义务，这是安全保障义务理念的来源。① 根据学者通说，我国安全保障义务理论来源于德国判例法中的“交往安全义务”理论及英美法系中的“注意义务”理论。② 在对国外法吸收的基础上，结合我国司法的实践，2003 年最高人民法院发布了《关于审理人身损害赔偿案件适用法律若干问题的解释》（已被修改），其第 6 条第 1 款规定：

---

* 广东晟典律师事务所律师。

① 参见孙瑛：《法律解释视角下安全保障义务裁判规则建构》，载陈金钊、谢晖主编：《法律方法》2023 年第 1 卷，研究出版社 2023 年版。

② 参见周洪波、谢睿：《安全保障义务合理范围的司法认定》，载《人民司法（案例）》2022 年第 23 期。

“从事住宿、餐饮、娱乐等经营活动或者其他社会活动的自然人、法人、其他组织，未尽合理限度范围内的安全保障义务致使他人遭受人身损害，赔偿权利人请求其承担相应赔偿责任的，人民法院应予支持。”此条解释正式确立了我国的安全保障义务制度，也由此确定了该项义务的具体内涵。

随后，在司法实践与理论研究的推动下，自2010年7月起实施的《侵权责任法》（已失效）第37条将关于安全保障义务正式上升到立法层面，以法律的形式使安全保障义务法定化。在原有司法解释基础上，立法对责任主体的描述改为了“宾馆、商场、银行、车站、娱乐场所等公共场所的管理人或者群众性活动的组织者”，并删去“合理限度范围”的要求，并且规定：“因第三人的行为造成他人损害的，由第三人承担侵权责任；管理人或者组织者未尽到安全保障义务的，承担相应的补充责任。”

后经过十余年的发展，自2021年1月1日起实施的《民法典》第1198条则在《侵权责任法》（已失效）的基础上，结合司法实践及学者理论，进一步对安全保障义务的责任主体进行了扩充：“宾馆、商场、银行、车站、机场、体育场馆、娱乐场所等经营场所、公共场所的经营者、管理者或者群众性活动的组织者，未尽到安全保障义务，造成他人损害的，应当承担侵权责任。”该法还规定：“经营者、管理者或者组织者承担补充责任后，可以向第三人追偿。”

随着《民法典》实施，2022年《人身损害司法解释》删除了原第6条，并且《侵权责任法》亦被废止。除《民法典》第1198条之外，在我国现行法律体系中，安全保障义务亦散见于《消费者权益保护法》《铁路法》《公路法》《民用航空法》《消防法》《娱乐场所管理条例》《营业性演出管理条例》等，它们与《民法典》共同构成我国安全保障义务的法律渊源。

二、安全保障义务的内涵

目前，我国关于安全保障义务的法律规定仅有《民法典》第1198

条及散见于上文所述法律中的条文，最高人民法院未出台新的司法解释对安全保障义务的实际内涵进行明确描述，因此，关于安全保障义务的内涵只能从学者观点及生效判决中归纳总结。

从学者观点和生效判决观点归纳可知，安全保障义务的核心内涵是指负有安全保障义务的主体，在事故发生前、中、后均须采取一定的行为来维护他人的人身或者财产免受侵害，主要包括三个方面：（1）事前的危险预防义务；（2）事中的危险消除义务；（3）发生损害后的救助义务。该义务的来源既有如《民法典》《消费者权益保护法》《铁路法》等法定来源，也有如因消费者与商家的买卖合同所形成的合同义务来源等。①

尽管《民法典》排除2003年《人身损害司法解释》（已被修改）第6条关于"合理限度范围"的规定，但是在现行司法实践中并没有使安全保障义务的范围无限扩张，基本仍将"合理限度范围"作为判断安保义务人是否违反安全保障义务的必要考虑因素。因此，厘清安全保障义务的合理限度范围在处理该类案件时尤为重要。

在确定安全保障义务的合理限度范围时，首先，要考虑个案的差异性。即便在相同地点，由于环境和时间的不同，违反安全保障义务可能导致不同的法律后果。过于刻板地套用统一标准可能导致法律适用和事实认定的错误。举例而言，综合性医院与精神专科医院在患者自杀风险防范义务上会有明显区别。同样，在某公园内，公园开放时间内与闭园后发生的游乐设施故障导致损害的纠纷，对园方安全保障义务的认定也存在显著区别。总体而言，相对封闭或受管理人控制力较强的场所应对安全保障承担较高的责任。

其次，在确定合理限度范围时，必须考虑权利与义务的适度性，根据不同的义务主体以其所获得的收益确定安全保障义务的合理限度。按照风险与收益成正比的原则，获得收益越低的主体其安全保障义务就越

---

① 参见侯国跃、刘玖玲：《安全保障义务：属性识别与责任分配——兼评〈民法典侵权责任编（草案第三次审议稿）〉第973条》，载《北方法学》2020年第1期。

低，而获得收益较高的主体则对其安全保障义务有更高的要求。例如，普通旅馆与五星级酒店在安全保障义务合理限度上存在差异。同样，对于经营性场所和非经营性场所，在实践中对安保义务的合理限度认定也存在差异。非经营性场所的安全保障义务标准相对较低，通常只需履行一般的警示、提示和防止损害扩大的义务。而经营性场所基于其营利性、交易性、专业性以及安保能力和企业社会责任，会赋予其较高的安全保障义务要求。

再次，在认定合理限度范围时需考虑价值导向性。安全保障义务的裁判不仅是司法机关解决个案纠纷，更是对双方当事人和整个社会进行警示教育的过程。良好的裁判应正确考虑其价值导向性。在安全保障义务的纠纷中，虽然主因是安保义务人未在合理限度内履行安全保障义务，但同时应引导社会认识到每个人都是自身安全保障的首要责任人。因此在一些判例中，如果受损害者未尽到合理审慎的注意义务，安全保障义务主体的责任可能会相应减轻。此外，在考虑价值导向性时，也要特别注意对儿童、残疾人、老年人等特殊主体进行特殊保护，以引导关爱弱势群体的社会价值观，比如，专门为未成年人设计的活动场所的管理者应当承担比成年人活动场所更高的安全保障义务等。

最后，认定合理限度范围时也需要考虑经济效益性。对公平的追求常伴随成本的发生，不能为了过分追求公平而对安保义务人加诸沉重的经济负担，否则会打击经济的繁荣，不利于社会生活的正常展开。因此在确定个案裁判标准时，需核算事故发生所带来的总成本，考虑安保义务人设置安全保障设施、配备人员、管理制度、危险处置等所需的成本。同时，要考虑受损者的经济、教育和预防能力，反向划定安全保障义务的经济边界。将预防措施成本大于事故概率乘以损失金额的防范措施排除出安全保障义务的范围，以期兼顾社会效率与公平。①

而在对于如何确定“安全保障义务”合理限度范围问题上，最高

---

① 参见詹亮、沈平：《餐厅经营者安全保障义务的限度》，载《人民司法》2020 年第 35 期。

人民法院指导案例140号和141号传递出了最高人民法院意图从内涵及主体等方面限缩安全保障义务边界的态度。上述案例的发布时间也恰在《民法典》通过之后、实施之前的过渡时期，表明最高人民法院意图在“民法典时代”为人民法院同类案件审理适用提供规范，减少司法实践中安全保障义务泛化的现象。

如最高人民法院指导性案例140号“李某月等诉广州市花都区梯面镇红山村村民委员会违反安全保障义务责任纠纷案”（人民法院入库编号：2020－18－2－370－001），红山村景区为不设门票的旅游景区，红山村村委会系景区内河道旁杨梅树的所有人，未提供免费采摘杨梅的活动。吴某私自上树采摘杨梅不慎从树上跌落后抢救无效死亡。吴某子女主张红山村村委会未尽到安全保障义务，请求判令其承担70%的人身损害赔偿责任。法院经审理认定景区管理人安全保障义务内容应限于管理和控制能力的合理范围之内，红山村景区属于开放式景区，未提供采摘杨梅活动，杨梅树本身并无安全隐患，要求对所有树木采取防护措施超过善良管理人的注意标准。红山村村委会并未违反安全保障义务，不应承担赔偿责任。该案体现出最高人民法院对安全保障义务边界的限缩态度，即公共场所经营管理者的安全保障义务应限于合理限度范围内，不应超过善良管理人的注意标准，应与其管理和控制能力相适应，不应随意扩大安全保障义务边界。

又如，最高人民法院指导性案例141号“支某1等诉北京市永定河管理处生命权、健康权、身体权纠纷案”（人民法院入库编号：2020－18－2－001－001），支某3夜晚遛狗时越过防护栏杆进入永定河拦河闸南侧消力池冰面处，因冰面碎裂支某3落水溺亡，其家属向法院起诉，请求北京市永定河管理处承担损害赔偿责任。该案法院经审理，从位置、抵达路径、场所性质、周边围挡情况等角度综合认定案涉消力池属于禁止公众进入的水利工程设施，不属于《侵权责任法》（已失效）第37条第1款规定的“公共场所”，而“不随意进入非群众活动场所是每一个公民应自觉遵守的行为规范”，且消力池的管理人和所有人采取了合理的安全提示和防护措施，因此判决北京市永定河管理处不承担侵权责任。从该案中亦可看出最高人民法院对于安全保障义务主体的限缩态度，即安全保障义务所保护的人与义务人之间常常存在较为紧密的关系，并且不应突破法律意义上的“公共场所的管理人或群众性活动的组织者”，完全民事行为能力人擅自进入非公共场所造成自身损害，请求管理人和所有人承担赔偿责任的，人民法院不予支持。

此外，结合当前各地司法判例，在实践中法院在确定安保义务的合理限度范围之时往往还需要综合考虑：安保义务人所在行业的普遍情况、所在地区的具体条件、行业平均安保标准、所组织活动的规模、安全保障义务人是否遵守强制性法律规定、是否对公共场所的风险进行防范排查、受害人的过错程度、受害人的认知能力等。

总之，在涉及安全保障义务的合理限度范围认定时，当事主体应当根据在案件中的不同身份，综合考虑多种因素，以实现自身诉求。

三、违反安全保障义务纠纷的归责原则

目前，在司法实践中对于违反安全保障义务纠纷的归责原则存在争议。主流观点认为其是过错原则，因我国民法侵权责任体系对适用过错推定规则及无过错规则的情形均以枚举式明文列出，未列举的情形均应适用过错原则，而原《侵权责任法》（已失效）及《民法典》均未对违反安全保障义务的归责原则进行特别规定，故认为违反安全保障义务纠纷的归责原则应为过错责任，即“谁主张，谁举证”，由受害人对管理人、经营者、组织者的过错进行举证，存在过错则承担侵权责任，反之，则不承担侵权责任。

但也有观点认为因安保义务人处于优势地位，受害者获取证据难度较大，因此应适用过错推定原则。如最高人民法院司法案例研究所《关于违反安全保障义务责任纠纷相关裁判规则汇总》一文即认为违反安全保障义务过错的证明应适用举证责任倒置，只要被侵权人在安保义务人控制的场所内发生了损害事实，即可推定场所的安保义务人有过错。如果安保义务人认为自己没有过错，应当承担举证责任。不能证明或者证明不足的，过错推定成立，安保义务人构成侵权责任。

理论的争议亦反映在现实的案件审理中，通过案例检索发现目前各地法院对于违反安全保障义务纠纷通常仍坚持依过错原则审理，但在实践中，对于有第三人介入、受害人为限制或无民事行为能力人、安保义务要求较高的经营场所内发生的违反安全保障义务纠纷，部分被侵权人主张按照过错推定原则归责，在司法实践中亦获支持。①

如在 2024 年年初上线的人民法院案例库首批入库案例中，入库编号 2023－07－2－001－002 “周某诉上海某有限公司生命权、健康权、身体权纠纷案”，对于消费者体验 VR（虚拟现实）游戏遭受人身损害时侵权责任的认定时，则明显采用了过错推定原则。该案法院经审理认定，身处 VR 环境中，玩家身体和意识的原有连接被打破，导致玩家大脑对身体的控制受到较大影响，较其在现实世界中玩游戏更加容易遭受人身损害。因此，经营者负有以积极行为防止危险、保护玩家人身安全的义务，即经营者应当事先询问玩家的身体状况，并告知其体验时的具体注意事项；当玩家体验时，经营者应当在现场派员工全程保护；经营者应当确保体验区域满足地面平整、可视可控、硬物软包等硬件安全要求。否则，经营者对消费者的人身损害存在过错，应当承担不作为侵权责任。故而法院判定经营者对消费者损害承担赔偿责任。

从最高人民法院近期公布的文章及入库案例来看，在近年来愈发明显的“受害人中心”法律思维影响下，对于违反安全保障义务纠纷的审理，最高裁判机关确有突破侵权法归责制度以适用过错推定原则的倾向。考虑当下中国社会的时代背景，往往要求司法裁判不仅要实现“法律效果”，而且要实现“社会效果”，即个案裁判的结果需与社会公众舆论相互呼应，也不难理解为何司法裁判风格渐趋偏向受害者。虽从结果上看加强了对人民群众生命权、身体权、健康权的保障力度，但也在客观上造成了立法与实践的部分脱节。正是在这种背景下，有法官提出安全保障义务责任的归责原则应坚持过错责任原则，受害人仍应初步举

① 参见最高人民法院司法案例研究院：《关于违反安全保障义务责任纠纷相关裁判规则汇总》。

证其所受损害的事实以及安全保障义务人未尽到安全保障义务而存在过错，但受害人的举证只需达到“一定的客观度”即可，受害人初步举证后举证责任即完成转移，而之所以在部分案例中看似法院适用了过错推定原则，实际上只是因受害者完成了初步举证后举证责任转移至侵权人。① 似乎如此设计，便可在不违反法律的情况下以充分实现对受害者的保障。

笔者认为“打补丁”并非解决问题的妥善方式，立法与实践的脱节终需以立法的完善来解决。从侵权归责制度建立过程来看，立法者创设过错推定规则的初衷是将过错推定置于介于过错责任和无过错责任之间，没有无过错责任那样的条件存在，而适用过错责任又过分加重了被侵权人的举证负担，在这种情况下就采用过错推定。② 过错推定是否为独立的归责原则，学界尚有争议，但不论过错推定是否为独立的归责原则，其归责事由与过错责任的归责事由是不同的。在实践中基于同样的事实与证据程度，适用过错责任与适用过错推定的审理结果必然有所不同。如上述法官提出的打补丁方式，其实现的前提必然在于大幅度降低对受害者初步举证的证明力度要求，如果受害者初步举证已经达到了可以证明侵权人存在过错的地步，自然不必再对举证责任进行转移。而之所以需要转移举证责任，正是因为受害人的证据无法达到证明侵权人存在过错的程度，如严格按照过错原则审理，举证不能应当承担不利后果，显然以“举证责任转移”来保护受害人也无法跳脱出以实践突破法律的现实困境。

立法与司法实践脱节，势必导致各地法院在审理案件此类案件时出现归责原则混乱问题，或将破坏法律的确定性。因此，笔者建议立法者应尽快对现行的侵权归责制度进行调整，审视现行侵权归责制度对过错

---

① 参见陈宝勇：《如何正确适用安全保障义务条款，合理划分责任比例?》，载微信公众号“上海高院”2024 年 2 月 19 日，https：//mp. weixin. qq. com/s/JMV_ QQkdSIZdXzr - 2f2U6g。

② 参见魏振瀛：《侵权责任方式与归责事由、归责原则的关系》，载《中国法学》2011 年第 2 期。

推定及无过错原则采取枚举式的罗列方式是否恰当，思考是否可通过原则归纳的方式对过错责任、过错推定、无过错责任的适用场景进行规范，以满足当下瞬息万变的社会发展现实，实现立法与实践的统一。

四、实务提示

理论研究终需落在实处，从实务角度，对于处理违反安全保障义务类纠纷，笔者对安保义务人及受害人提出如下事前及事后建议。

（一）对于安保义务人

1. 对于安保义务人，其最了解整个场所的实际情况，最能预见可能发生的危险和损害，其要做到具体、全面、详尽的安全告知义务，对于可能存在的风险要提前告知，确保场地适于公众通行或活动，定期维护检修设备和设施。要合理关注老人、儿童、残疾人等特殊群体。以未成年人为主要活动人群的场所及活动的安保义务人，应全面履行高标准的安全保障义务，积极履行看护和对陪同的未成年人的监护人进行安全提醒的义务。

2. 对于正在发生的损害，安保义务人需要最大限度地降低风险，减少伤亡和损失，并在过程中留下相关证据。平日要对各类紧急意外情况组织预案和演习，设置必要的救助设施设备、组织员工应急救助技能培训等，并注意留痕。侵权行为有第三人介入的，要知晓第三人身份、住址等信息，以便日后进行追偿。

3. 安保义务人对自己经营、管理的场所，应尽量安装必要的安全设备、监控设备，以确保消费者的人身和财产安全，并在损害发生时提供证据以减轻责任。

4. 安保义务人可以根据自身需要投保商业险，以降低侵权事件可能给自身造成的损失。

（二）对于受害者

1. 听从公共场所管理人和群众性活动的组织者的指挥，遵守被告知的活动规则，不实施被严格禁止的行为，不从事与场地内情况不相适宜的活动。

2. 对于自身特殊的健康情况或身体状况，应及时告知公共场所的管理人或群众性活动的组织者，在出现人身、财产损害后积极配合他人实施的救助或补救行为等。

3. 事故发生第一时间本人或亲友前往事发场所拍照录像留证，对可能涉嫌违反国家强制标准的设施及建筑，可在现场被破坏前对其形状、尺寸等进行详细的测定。事故发生后，有条件应第一时间报警，要求警方保留事发场所附近监控摄像头的记录，保留现场民警的联系方式，为后期诉讼做好证据搜集工作。

（本文仅代表作者个人观点。特约编辑：马士成）

申请不予执行仲裁裁决制度实务研究

陈粤武[*]　肖爱琴[**]

前　言

当前，我国现有纠纷解决机制主要包括仲裁和诉讼两种，仲裁程序以其快捷性、保密性、一裁终局性等优点，已被广大人民群众接受和认可。随着仲裁解决纠纷的案件数量增长，相应的申请不予执行仲裁裁决案件也逐年增多。如何维护仲裁裁决的权威性，强化仲裁裁决的可执行性，事关仲裁制度的长远发展。本文将从司法实务出发，深入分析申请不予执行仲裁裁决案件的基本要点、法定事由及救济路径等问题，以期对仲裁裁决执行实务有所裨益。

关于仲裁裁决的监督和执行，我国法律规定了相关当事人可采取两种途径：一是向仲裁委员会所在地的中级人民法院申请撤销裁决；二是向执行法院申请不予执行（见表 1）。本文仅围绕仲裁裁决不予执行的角度进行探讨。此外，本文在讨论过程亦限定于境内商事仲裁裁决的执行，暂不涉及劳动争议仲裁、农村土地承包经营纠纷仲裁、港澳台及外国仲裁裁决的执行问题。

---

* 广东晟典律师事务所律师。

** 广东晟典律师事务所律师。

表 1　申请撤销仲裁裁决与申请不予执行仲裁裁的“法定事由”

项目	撤销仲裁裁决 ——《仲裁法》	不予执行仲裁裁决 ——《民事诉讼法》
相关内容	第 58 条　当事人提出证据证明裁决有下列情形之一的，可以向仲裁委员会所在地的中级人民法院申请撤销裁决： （1）没有仲裁协议的； （2）裁决的事项不属于仲裁协议的范围或者仲裁委员会无权仲裁的； （3）仲裁庭的组成或者仲裁的程序违反法定程序的； （4）裁决所根据的证据是伪造的； （5）对方当事人隐瞒了足以影响公正裁决的证据的； （6）仲裁员在仲裁该案时有索贿受贿，徇私舞弊，枉法裁决行为的。 人民法院经组成合议庭审查核实裁决有前款规定情形之一的，应当裁定撤销。 人民法院认定该裁决违背社会公共利益的，应当裁定撤销。	第 248 条　对依法设立的仲裁机构的裁决，一方当事人不履行的，对方当事人可以向有管辖权的人民法院申请执行。受申请的人民法院应当执行。 被申请人提出证据证明仲裁裁决有下列情形之一的，经人民法院组成合议庭审查核实，裁定不予执行： （1）当事人在合同中没有订有仲裁条款或者事后没有达成书面仲裁协议的； （2）裁决的事项不属于仲裁协议的范围或者仲裁机构无权仲裁的； （3）仲裁庭的组成或者仲裁的程序违反法定程序的； （4）裁决所根据的证据是伪造的； （5）对方当事人向仲裁机构隐瞒了足以影响公正裁决的证据的； （6）仲裁员在仲裁该案时有贪污受贿，徇私舞弊，枉法裁决行为的。 人民法院认定执行该裁决违背社会公共利益的，裁定不予执行。 裁定书应当送达双方当事人和仲裁机构。 仲裁裁决被人民法院裁定不予执行的，当事人可以根据双方达成的书面仲裁协议重新申请仲裁，也可以向人民法院起诉。

一、仲裁裁决不予执行的基本问题

本部分内容主要聚焦在向法院申请不予执行的主体资格以及申请不予执行需要满足的条件两个方面。

（一）不予执行申请的主体

根据《民事诉讼法》第248 条的规定，被申请人享有向执行法院申请不予执行的资格。在司法实践中，被申请人一般指在仲裁案件中的被裁决要求承担责任的一方；而《最高人民法院关于人民法院办理仲裁裁决执行案件若干问题的规定》（以下简称《仲裁执行规定》）首次明确将不予执行的申请主体拓展到“案外人”——权利或利益受到仲裁裁决或仲裁调解书侵害的主体，司法实践中主要包含以下类型。

1. 被执行人的一般金钱债权人

天津市高级人民法院（2019）津执复38号执行裁定书认为，对于一般的金钱债权人，由于并未涉及具体的执行标的，因此，该类案外人并不具备申请不予执行仲裁裁决书的主体资格条件。但最高人民法院有案例[①]持有相反观点，认为案外人对被执行人的享有的债权即便是一般的金钱债权，但该债权能否得到清偿与被执行人的清偿能力相关联；申请执行人与被执行人之间的虚假仲裁的结果将导致被执行人清偿能力明显降低，影响到案外人债权的实现。案外人作为另一仲裁裁决的债权人，其可依据规定向法院申请不予执行本案仲裁调解书以维护其合法权益。

笔者认为，目前最高人民法院个案认定一般的金钱债权人享有申请不予执行的主体资格，从维护仲裁裁决的权威性角度出发，应当对该一般金钱债权人进行严格的审核，不宜扩张到所有的金钱债权人，否则容易造成滥诉的不利后果。

2. 执行标的的买受

最高人民法院（2019）最高法执监215号执行裁定书认为，在被执行人与申请执行人及案外人之间就“同一标的物”均存在合法有效的买卖合同关系时，即便申请执行人已通过仲裁程序取得案涉标的物的所有权及处分权，案外人亦应当享有申请不予执行仲裁裁决的资格。究其原因，笔者认为无论是申请执行人或是案外人，均应当同等地享有促使其合同目的实现的权利，为避免其相关的合法权益受损，案外人作为执行标的的买受人应该享有申请不予执行仲裁裁决的资格。

3. 被执行人的股东

在商事活动中，被执行人作为企业法人时，其法定代表人或实际控

① 参见最高人民法院执行裁定书，（2020）最高法执监10号。

制人往往会滥用其优势地位或者权力，致使被执行人陷入经营困境中，从而影响相关股东的权利；当仲裁裁决已明确了被执行人需承担相应的民事责任，案外人作为被执行人的股东认为其因被执行人的行为已导致其股东权利受损，有权提出不予执行的申请。①

但有学者认为虽然被执行人的股东可以作为不予执行仲裁裁决的申请主体之一，但事实上股东并不会因为公司处置自有资产或对外进行担保等公司行为而直接受到损害，只会对股东最终能够获得的利润或剩余财产等股东权益产生间接影响。② 因此，当案外人作为被执行人的股东时是否可以申请不予执行仲裁裁决实务中仍存在争议。

4. 执行标的的用益物权人

案涉的执行标的的用益物权已经法定程序确认归属于案外人，而现仲裁裁决书裁决又明确该案涉标的应由被执行人归还申请人，在执行过程中，案外人有权以因该案涉标的的返还必然损害案外人的占有、使用及收益等权益为由提出不予执行仲裁裁决的申请。③

5. 执行标的的共有人

案涉的执行标的为案外人与被执行人共同共有，而现仲裁裁决在执行过程中，查封并拟处置案涉标的，标的的其他所有权人因其共有权受到侵害而申请不予执行仲裁裁决。④ 该标的物的所有权不仅局限于实际上的共同共有，亦包括通过继承等方式而形成的所有权共有。⑤

（二）申请不予执行需要满足的条件

对于仲裁裁决的一方当事人申请不予执行的，仅需要提供证据证明仲裁裁决具有《民事诉讼法》第248条的法定情形；而对案外人申请不予执行仲裁裁决的，则需要符合《仲裁执行规定》中的具体要求。

---

① 参见陕西省高级人民法院执行裁定书，（2021）陕执复183号。

② 参见朱华芳、叶一丁：《仲裁裁决执行审查制度的实践观察及展望——以2020年度审结并公开的案件为例》，载《商事仲裁与调解》2021年第6期。

③ 参见山西省高级人民法院执行裁定书，（2021）晋执复107号。

④ 参见河北省高级人民法院执行裁定书，（2022）冀执复79号。

⑤ 参见四川省高级人民法院执行裁定书，（2020）川执复275号。

1. 程序性条件

（1）关于提出时效的限定

一般情况下，被执行人向人民法院申请不予执行仲裁裁决只能在执行通知书送达之日起 15 日内提出书面申请；特殊情况下，如果仲裁裁决是根据伪造的证据作出或者仲裁员在仲裁该案时有贪污受贿、徇私舞弊、枉法裁决行为的，被执行人则可以在知道有关事实或案件之日起 15 日内提出书面申请，但应当注意的是，该种特殊情况下亦必须是在执行程序尚未终结前提出请求。

而由于案外人并非仲裁裁决程序的当事人，且仲裁裁决及仲裁程序具有保密性，案外人对仲裁裁决的内容和结果影响均不知情，故案外人主张不予执行仲裁裁决的时间只要求在自知道或者应当知道人民法院对该标的采取执行措施之日起 30 日内提起即可，前提是此时执行标的（案外人主张的合法权益所涉及）尚未被执行终结。（见图 1）

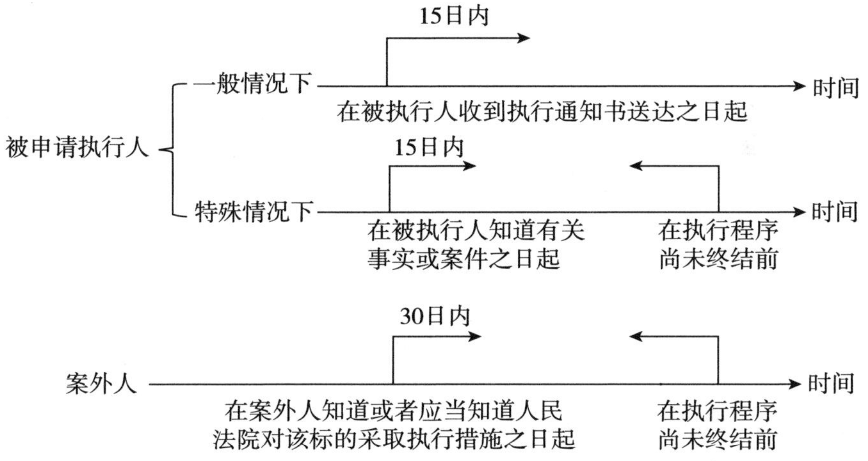

图 1 申请不予执行仲裁裁决的时效性限制

（2）关于管辖的限制

《最高人民法院关于适用〈中华人民共和国仲裁法〉若干问题的解释》第 29 条规定：“当事人申请执行仲裁裁决案件，由被执行人住所地或者被执行的财产所在地的中级人民法院管辖。”但目前，部分地区的中级人民法院为了合理调配执行资源、提高执行效率，要求符合条件的仲裁裁决执行案件由当事人直接向基层人民法院申请执行，[①] 那是否意味着不予执行仲裁裁决的案件管辖亦归属于基层人民法院？

答案并非如此，鉴于目前撤销仲裁裁决的司法审查是由中级人民法院进行，为避免出现中级人民法院驳回了撤销仲裁裁决的请求，即认定该仲裁裁决没有撤销的事由后，基层人民法院却裁定不予执行该仲裁裁决的自相冲突情形。[②] 因此，对于不予执行仲裁裁决申请的司法审查案件仍由中级人民法院负责审查，即便该仲裁执行的案件已由中级人民法院指定基层人民法院执行或者当事人已直接向基层人民法院申请执行的，均应当在收到不予执行申请后3日内移送至中级人民法院另行立案审查处理。

2. 实体性条件

对于申请不予执行仲裁裁决的主张，对其进行审查的焦点问题在于其主张的具体抗辩事由。应当注意的是，依照有关司法解释，有些抗辩事由的主张具有时效性或程序限制。例如，关于仲裁协议无效的抗辩主张，如果没有在仲裁程序中主张而仅在执行程序中主张的，不能得到人民法院的支持；相反，如果在仲裁程序中对仲裁协议的效力提出了异议，则在执行程序中可以继续作为抗辩事由。

对于案外人申请不予执行仲裁裁决的，最核心的是要求案外人证明仲裁案件当事人存在恶意申请仲裁或者虚假仲裁行为，损害其合法权益。最高法在（2020）最高法执监442号执行裁定书中认为案外人必须同时符合《仲裁执行规定》第18条规定的全部条件，且其中核心要件

---

① 参见深圳市中级人民法院《关于调整仲裁裁决执行案件级别管辖的公告》，自2022年9月21日起，除我国内地仲裁机构作出的涉外涉港澳台仲裁裁决、港澳台地区仲裁裁决以及外国仲裁裁决的执行案件外，下列仲裁裁决（含仲裁调解，下同）执行案件由本市各基层人民法院管辖，并由当事人直接向基层人民法院申请执行：1. 双方当事人住所地均在或均不在广东省内，执行标的额不满人民币5亿元；2. 一方当事人住所地在广东省外，执行标的额不满人民币1亿元。

② 参见刘贵祥、孟祥、何东宁、林莹：《〈关于人民法院办理仲裁裁决执行案件若干问题的规定〉的理解与适用》，载《人民司法》2018年第13期。

是第3项有证据证明"仲裁案件当事人之间存在虚构法律关系，捏造案件事实的情形"，而该条第4项所规定的应在第3项情形存在的基础上才进行审查。（见图2）

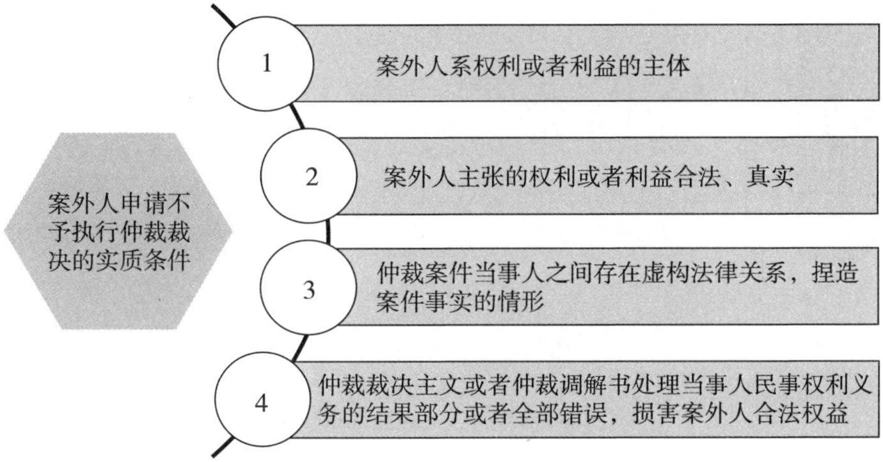

图2　案外人申请不予执行仲裁裁决的实质条件

二、仲裁裁决不予执行的法定情形及其细化

当事人申请不予执行仲裁时，能否结合案件事实及法律规定确定申请不予执行仲裁裁决的理由尤为关键。关于法院裁定不予执行仲裁裁决的理由，《民事诉讼法》第248条规定了7种不予执行理由，但均仅作了概括性的阐述，《仲裁执行规定》对此进行了细化。分述如下。

（一）当事人在合同中没有订有仲裁条款或者事后没有达成书面仲裁协议的

没有仲裁协议既包括当事人没有达成仲裁协议，也包括仲裁协议被认定无效或者被撤销。在实务中，仲裁协议被认定为无效，一般包括以下情形（见图3）。

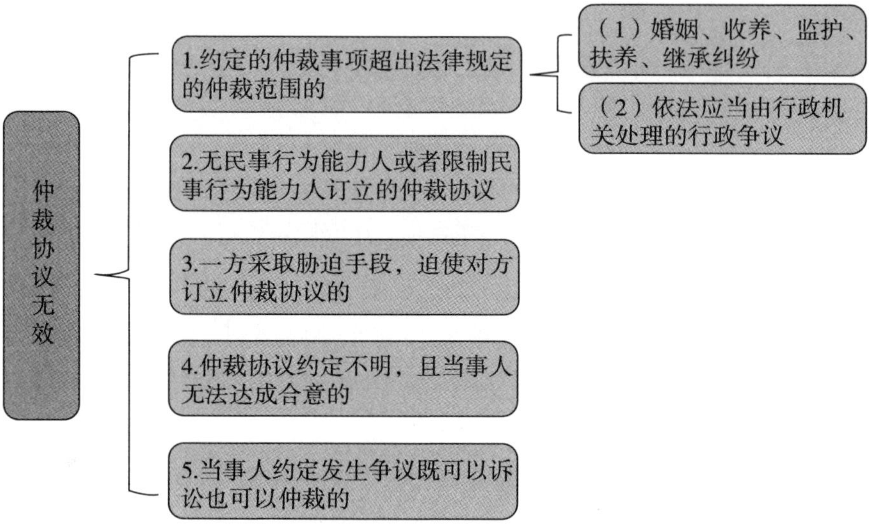

图3　仲裁协议无效的法定情形

可见，只有具备真实明确的仲裁意向、合法的仲裁事项、准确的仲裁机构三大要素，方能构成有效的仲裁协议。此外，我国现行法律对于仲裁协议的形式并未做严格的限制，仲裁协议可以以合同、微信聊天记录、① 电话录音、② 电子邮件③等形式予以达成。

（二）裁决的事项不属于仲裁协议的范围或者仲裁机构无权仲裁

值得注意的是，关于“超裁”的认定，最高人民法院在《全国法院涉外商事海事审判工作座谈会会议纪要》中明确规定，若仲裁裁决在查明事实和说理部分涉及仲裁请求或者仲裁协议约定的仲裁事项范围以外的内容，但裁决项未超出仲裁请求或者仲裁协议约定的仲裁事项范围的，不宜认定为超裁。此外，当仲裁裁决事项超出仲裁协议范围，且经审查属实的，法院一般会裁定不予执行仲裁裁决中的超裁部分，仅当超

---

① 参见北京市第四中级人民法院民事裁定书，（2021）京04民特715号。

② 参见新疆维吾尔自治区乌鲁木齐市中级人民法院民事裁定书，（2021）新01民特157号。

③ 参见江苏省常州市中级人民法院民事裁定书，（2020）苏04民初139号。

裁部分与其他部分不可分时，法院才会裁定不予执行仲裁裁决。[①]（见图4）

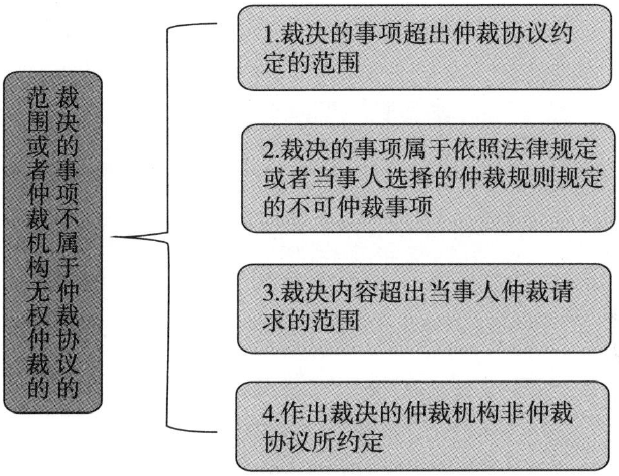

图4　认定裁决的事项不属于仲裁协议的范围或者仲裁机构无权仲裁的条件

因此，在实务中，特别是对于存在主从合同、主合同和补充协议等多个协议的情况，应注意在多个协议中约定相同的争议解决条款，避免出现约定仲裁的事项仅在从合同有约定但主合同却未约定仲裁管辖，而仲裁庭却依据从合同进行裁决，由此导致“超裁”情形发生。

（三）仲裁庭的组成或者仲裁的程序违反法定程序

“违反法定程序”是指违反仲裁法规定的仲裁程序和违反当事人选择的仲裁规则可能影响案件正确裁决的情形。《仲裁执行规定》第14条主要聚焦在争议较多的送达和回避两种情形中，实践中还存在下列情况。（见图5）

① 参见最高人民法院执行裁定书，（2013）执监字第204号。

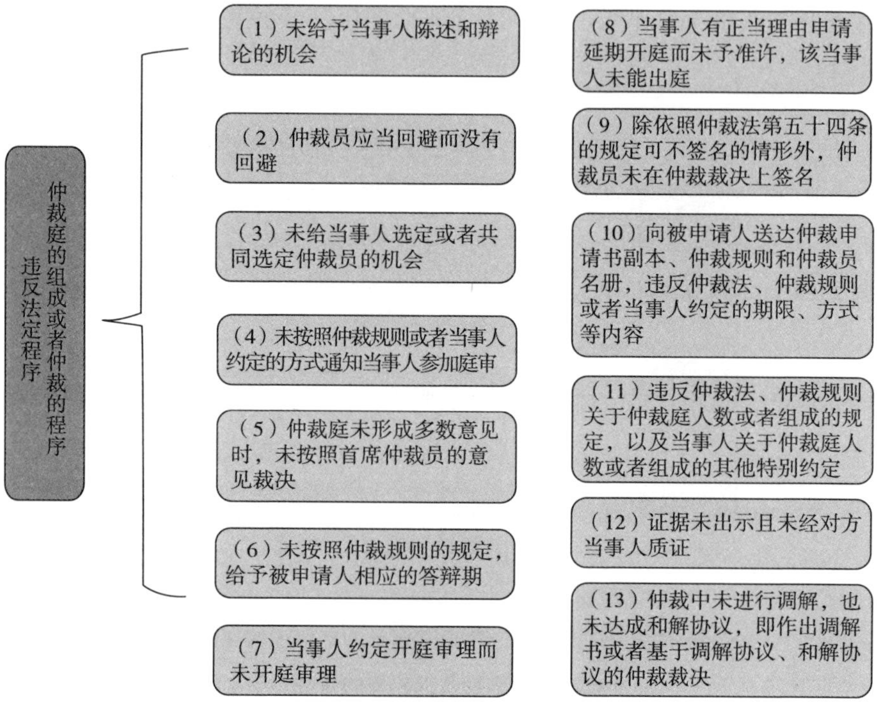

图5　仲裁庭的组成或者仲裁的程序违反法定程序的具体情形

值得强调的是，若适用仲裁程序或仲裁规则经特别提醒后，即当事人对违反仲裁程序或规则的情形事前明知，但仍然参加或继续参加仲裁，则视为其放弃异议权，当事人在裁决之后，不能以违反特定法定程序为由申请不予执行仲裁裁决。

（四）裁决所根据的证据是伪造的

当事人以该事由申请不予执行的案例相对较少，一般在仲裁庭审阶段，仲裁庭会核对证据原件，并组织双方质证。在实务中，曾出现以下情形：被执行人在相关案涉合同中的签章是虚构的且已经司法鉴定机构确认；[①] 被执行人授权第三人办理抵押登记的公证委托书，因非被执行

① 参见福建省福州市中级人民法院执行裁定书，（2019）闽01执异163号。

人签署而被公证处撤销的。[①] 总体而言，法院认定该情形时一般需满足的条件如下。（见图 6）

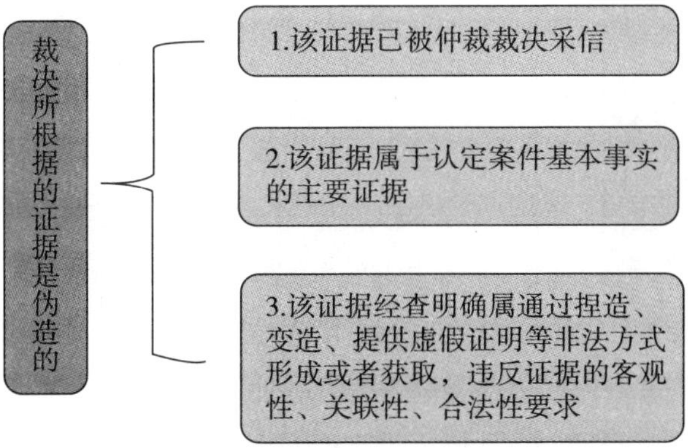

图 6　裁决所根据的证据是伪造的认定三要素

（五）对方当事人向仲裁机构隐瞒了足以影响公正裁决的证据

该种情形的重点在于“隐瞒”一行为的判断，如案涉证据并非由被申请人单方掌握，亦不是认定案件事实主要证据，则不构成“隐瞒”证据；此外，在仲裁庭审时，未要求另一方当事人出示也未请求仲裁庭责令提交前述证据的，亦不属于此种情形。笔者经过检索，发现在实践中当前法院认为对方当事人存在“隐瞒”证据的情形有：（1）在仲裁案件中，申请人隐瞒其是具有先合同履行义务一方的合同等证据，仅提供转款凭证；[②]（2）在仲裁案件中，申请人隐瞒其在施工工程中被申请人唯一签署的涉及结算规则的工程建设合同，仅向仲裁院提供补签后的合同；[③]（3）在仲裁案件中，申请人提出的仲裁请求金额没有扣减已经归还的部分。[④] 无论是何种情形，法院认定该事由成立均需要满足以下条件。（见图 7）

---

① 参见四川省成都市中级人民法院执行裁定书，（2020）川 01 执异 88 号。
② 参见山西省临汾市中级人民法院执行裁定书，（2019）晋 10 执 82 号。
③ 参见贵州省毕节市中级人民法院执行裁定书，（2020）黔 05 执异 9 号。
④ 参见安徽省宣城市中级人民法院执行裁定书，（2020）皖 18 执异 6 号。

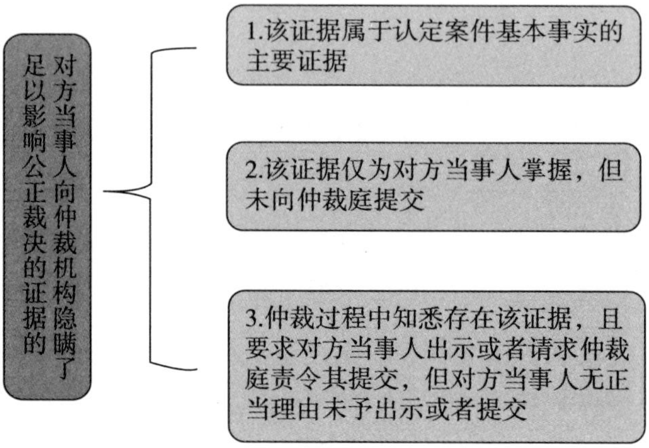

图7　对方当事人向仲裁机构隐瞒了足以影响公正裁决的证据的认定三要素

（六）仲裁员在仲裁该案时有贪污受贿、徇私舞弊、枉法裁决行为

根据《最高人民法院关于审理仲裁司法审查案件若干问题的规定》（以下简称《仲裁司法审查规定》）第18条的规定，仲裁员在仲裁该案时有索贿受贿、徇私舞弊、枉法裁决行为，是指已经由生效刑事法律文书或者纪律处分决定所确认的行为。因此，即便当事人发现或者向法院提供了该仲裁员存在贪腐的相关线索，但未经审判机关依法作出定罪判决或仲裁委员会、纪律监督检查委员会作出了纪律处分决定的,[①] 仍无法构成不予执行仲裁裁决的事由。

此外，在目前实务中，即便出现仲裁员与某一方代理人曾为同事关系的情形，除非申请人能提供充分、有效的证据证实双方存在直接的利益往来，否则法院难以认定双方存在利害关系，从而将此归属于仲裁员存在徇私舞弊的情形。[②] 笔者暂未检索到以此事由申请不予执行仲裁裁决成功的案例。

① 参见新疆维吾尔自治区乌鲁木齐市中级人民法院执行裁定书，（2022）新01执异253号。

② 参见北京市第四中级人民法院民事裁定书，（2019）京04民特227号。

（七）人民法院认定执行该裁决违背社会公共利益

因何谓“社会公共利益”的认定标准不明，在实务中对于如何认定争议较大，但可以明确的是，对于是否涉及社会公共利益，法院审查的标准均较为严苛。根据《仲裁司法审查规定》第3条的规定，非涉外涉港澳台仲裁司法审查案件，高级人民法院经审查，拟同意中级人民法院或者专门人民法院如果要以违背社会公共利益为由不予执行或者撤销我国内地仲裁机构的仲裁裁决应当向最高人民法院报核，待最高人民法院审核后，方可依最高人民法院的审核意见作出裁定。

在司法实践中，目前以仲裁裁决违背社会公共利益而不予执行的案件较少，该事由属于法院主动审查事项，需要经过多维度的综合考量方能认定。笔者经过检索，发现目前法院认定违背公共利益的情形有：（1）未获得金融从业资质的申请执行人，申请执行已胜诉的仲裁裁决，将扰乱金融管理秩序的；[①]（2）违反法律规定，未保障当事人的基本权利的；[②]（3）违反法律规定，通过仲裁程序跳过应当由政府行政规定的审核事项的。[③]

三、仲裁裁决不予执行后的救济问题

考虑到案外人与当事人在仲裁裁决案件中对于案情获取的信息不同，因此，在申请仲裁裁决不予执行的案件中，双方的救济途径略有不同。

（一）仲裁案件当事人

由于仲裁案件当事人参与了整个仲裁程序，在人民法院裁定不予执行仲裁裁决、驳回或者不予受理不予执行仲裁裁决申请后，当事人对该

① 参见重庆市第二中级人民法院执行裁定书，（2023）渝02执498号。
② 参见江苏省常州市中级人民法院执行裁定书，（2022）苏04执316号。
③ 参见海南省海口市中级人民法院民事裁定书，（2015）海中法仲字第10号。

裁定不可申请复议、提出执行异议、[①] 提出上诉、申请再审。[②] 此时，仲裁案件当事人仅可采取以下救济路径。（见图8）

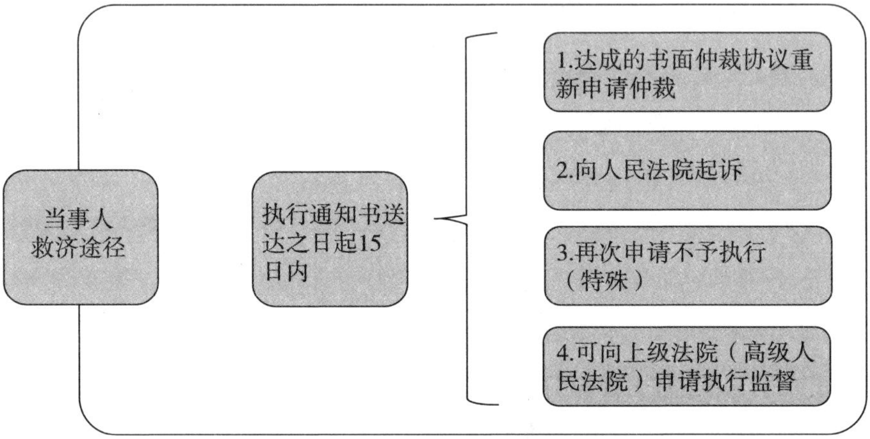

图8　仲裁案件当事人对法院认定不予执行仲裁裁决之后的救济途径

鉴于《仲裁执行规定》已明确了不予执行申请的一次性提出原则——对同一仲裁裁决存在多个申请不予执行事由的，当事人在申请不予执行申请时应当一并提出；当事人在被驳回不予执行申请后再次提出申请的，法院将不予审查。仅在有新证据证明佐证已进行的仲裁程序中，裁决所根据的证据是伪造的，或者仲裁员在仲裁该案时有贪污受贿、徇私舞弊、枉法裁决行为的情形时，方可突破该原则。

此外，由于法律赋予了上级人民法院有权依法监督、指导、协调下级人民法院的执行工作的职能，因此，若关于申请不予执行的仲裁裁决确有错误的，当事人亦可向上级人民法院提出申请，上级人民法院应当书面通知下级法院暂缓执行，并按照审判监督程序处理。[③]

---

① 《仲裁执行规定》第22条规定，人民法院裁定不予执行仲裁裁决、驳回或者不予受理不予执行仲裁裁决申请后，当事人对该裁定提出执行异议或者申请复议的，人民法院不予受理。

② 《仲裁司法审查规定》第20条规定，人民法院在仲裁司法审查案件中作出的裁定，除不予受理、驳回申请、管辖权异议的裁定外，一经送达即发生法律效力。当事人申请复议、提出上诉或者申请再审的，人民法院不予受理，但法律和司法解释另有规定的除外。

③ 参见最高人民法院（2015）执他字第15号函。

（二）仲裁案件案外人

《仲裁执行规定》创设了案外人申请不予执行仲裁裁决制度，赋予了案外人申请不予执行仲裁裁决/仲裁调解书的救济权利，且该制度以仲裁当事人恶意串通、虚假仲裁损害案外人合法权益为核心。[①]

当然，对于案外人申请不予执行的，法院要从程序和实质要件方面进行严格审查；对于审查结果，仲裁当事人、案外人还有向上一级人民法院申请复议的权利，以充分保障各方当事人的程序救济权益。（见图9）

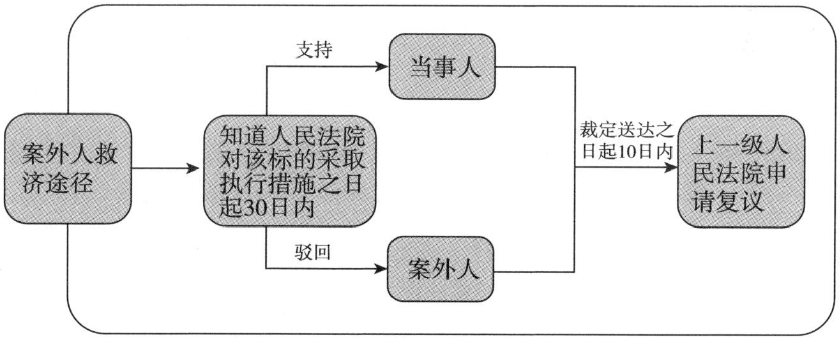

图9　仲裁案件案外人对法院认定不予执行仲裁裁决之后的救济途径

四、结语

申请不予执行仲裁裁决是各方当事人维护自身合法权益的重要方式之一，但该程序权利存在侵蚀仲裁程序快捷性的客观后果，此需要司法裁判者准确把握现行法律规定及个案的客观情况，在切实保护各方当事人合法权益的同时，亦依法维护仲裁裁决的权威性。

（本文仅代表作者个人观点。特约编辑：黄霆）

① 参见最高人民法院执行裁定书，（2019）最高法执监256号。

《私募投资基金监督管理条例》评析

——私募投资基金法律体系的关键一环

李寿双*

2023年7月3日，《私募投资基金监督管理条例》（以下简称《条例》）正式公布。从2017年8月开始公开征求意见至《条例》公布日，近6年时间；但实际自2012年《证券投资基金法》（已被修改）修订后，国务院就启动了《条例》的起草工作，至《条例》正式公布之日已有10年，名副其实的“十年磨一剑”，《条例》终于成功落地。

遥记2017年9月，笔者有幸参加了《条例》的立法专家咨询会，恰逢中国法学会的第100场立法专家咨询会，但此后迟迟未见有效进展。2018年4月，中国人民银行会同中国银行保险监督管理委员会、中国证券监督管理委员会、国家外汇管理局联合印发《关于规范金融机构资产管理业务的指导意见》（银发〔2018〕106号）（以下简称《资管新规》），彻底改变了资管市场生态，私募投资基金无论从市场到监管也都发生了翻天覆地变化。因此，外界普遍认为命运多舛，甚至一度被移出了证券监督管理委员会立法工作内容的《条例》可能就此作罢，没想到又能重回轨道并快速推出，总算补上了我国私募投资基金法律体

* 北京大成律师事务所高级合伙人；西南政法大学经济学学士及法学学士、北京大学法学硕士、清华大学经管学院高级工商管理硕士（EMBA）、美国加州大学伯克利分校法律硕士（LLM）；中国国际经济贸易仲裁委员会仲裁员、深圳国际仲裁院仲裁员、北京大学法学院法律硕士兼职导师、中国人民大学法学院法律硕士兼职导师。

系的关键一环。

一、关键之一：立法补位并平息争议问题

官方数据披露，截至 2024 年 1 月末，在中国证券投资基金业协会（以下简称基金业协会或协会）登记的私募基金管理人 21, 594 家，管理基金数量 153, 756 只，管理基金规模 20. 33 万亿元左右。相比之下，公募基金规模 27. 36 万亿元，换句话说，私募投资基金规模已经与公募基金相当，规模已经相当庞大，然而私募投资基金的法律体系却并不完善，这其中最突出的就是“中间法”的缺位。《条例》的出台，使得私募投资基金有了从上位法律，即《证券投资基金法》，到中间的《条例》，到证券监督管理委员会的规章，即《私募投资基金监督管理暂行办法》（中国证券监督管理委员会令第 105 号，以下简称 105 号令），再到基金业协会的自律规则的完善法律体系。

很多人可能觉得无非多了一个行政法规，它有多大意义呢？其实这是没有深刻理解法律层级的意义。比如，《民法典》第 153 条第 1 款规定，违反法律、行政法规的强制性规定的民事法律行为无效。换句话说，可以导致合同无效的最低层级是国务院行政法规的强制性规定，其他更低层级的规则，如违反证券监督管理委员会的 105 号令或者基金业协会的自律规则，原则上不能导致合同无效，这就是本质区别。又如，《条例》第 28 条规定，不得以私募基金财产与关联方进行不正当交易或者利益输送，那么，如果发生利益输送的关联交易，就可以直接据此主张合同无效；而此前如发生这种情况，在民事上，却无法主张交易合同无效，而只能提起损害第三人利益的侵权之诉。再如，根据《条例》第 32 条规定，私募基金管理人、私募基金托管人及其从业人员提供、报送的信息应当真实、准确、完整，不得有虚假记载、误导性陈述或者重大遗漏；那么，如果私募基金管理人、私募基金托管人及其从业人员存在虚假陈述的情况，相关主体即可据此主张虚假陈述从而提起合同无效之诉，并且其证明标准只要达到“重大性”门槛，而非一定要证明存在“欺诈”或“合同诈骗”的情况。此外，《条例》第 7 条第 2 款规

定，以合伙企业形式设立的私募基金，资产由普通合伙人管理的，普通合伙人适用本条例关于私募基金管理人的规定；这其实意味着，只要符合基金业务形态的，均应当“持牌”进行，这实际延续了《资管新规》第30条将资产管理纳入“特许经营”的立法精神（资产管理业务作为金融业务，属于特许经营行业，必须纳入金融监管）；《条例》出台之前，存在大量符合基金形态但不纳入监管的基金和基金管理行为，充其量是“不规范”，但《条例》出台之后，前述行为不仅可能导致合同无效（逻辑前述），还可能构成非法金融活动。

此外，《条例》不仅作为关键一环的立法层级存在，而且明确了关键问题，让私募投资基金的法律逻辑和体系更加明晰。这一关键问题就是《证券投资基金法》到底能不能适用于私募股权基金，特别是采取合伙制和公司制设立的私募股权基金。我国私募投资基金法律源头在2004年6月1日施行的《证券投资基金法》（已被修改），后经2012年、2015年的修订，明确该规定的适用范围，亦即《证券投资基金法》（2015年修订）第2条的规定，“在中华人民共和国境内，公开或者非公开募集资金设立证券投资基金（以下简称基金），由基金管理人管理，基金托管人托管，为基金份额持有人的利益，进行证券投资活动，适用本法”；第153条规定，公开或者非公开募集资金，以进行证券投资活动为目的设立的公司或者合伙企业，资产由基金管理人或者普通合伙人管理的，其证券投资活动适用本法。因此，在2014年8月《私募投资基金监督管理暂行办法》正式公布前，外界对投资于非上市企业股权的私募股权基金（含创投），特别是公司或合伙企业私募股权基金，到底是否能适用《证券基金法》一直存在争议。实际上，证券监督管理委员会105号令后来扩展了“证券”范围，包括了股权，笔者也详细论证过《证券投资基金法》适用于股权基金从法律逻辑上可以成立，但这仍然是一个容易引起争议的问题。[①] 在2014年8月《私募投资基金

① 参见一非：《中国创投委对决基金业协会，PE监管权争议何在?》，载财新网 http://finance.sina.com.cn/roll/2016-05-03/doc-ifxrtvtp1953397.shtml。

监督管理暂行办法》正式公布后，对私募投资基金作出了定义，亦即根据该办法第2条第1款、第2款规定，“本办法所称私募投资基金（以下简称私募基金），是指在中华人民共和国境内，以非公开方式向投资者募集资金设立的投资基金。私募基金财产的投资包括买卖股票、股权、债券、期货、期权、基金份额及投资合同约定的其他投资标的”。但基于其效力位阶仅是部门规章，如今《条例》出台，对非公开方式募集资金进行的投资活动作出了更明确、效力位阶更高的规定，亦即根据《条例》第2条的规定，“在中华人民共和国境内，以非公开方式募集资金，设立投资基金或者以进行投资活动为目的依法设立公司、合伙企业，由私募基金管理人或者普通合伙人管理，为投资者的利益进行投资活动，适用本条例”。第24条规定，“私募基金财产的投资包括买卖股份有限公司股份、有限责任公司股权、债券、基金份额、其他证券及其衍生品种以及符合国务院证券监督管理机构规定的其他投资标的”。可以说，《条例》在这个问题上给出了非常清晰明确的回应，应当可以给上述争议画上一个阶段性句号，同时也使得私募投资基金法律体系的大厦前所未有地牢固。

二、关键之二：升级法律责任体系

《条例》第二个关键一环的作用体现在对责任体系的升级和完善，这也是当时一定要制定《条例》的初心之一。证券监督管理委员会制定的《私募投资基金监督管理暂行办法》受限于《行政处罚法》规定，仅能设置责令改正，给予警告并处3万元以下罚款这种力度非常轻微的处罚。《行政处罚法》第13条第2款规定，尚未制定法律、行政法规的，国务院部门规章对违反行政管理秩序的行为，可以设定警告、通报批评或者一定数额罚款的行政处罚。罚款的限额由国务院规定。国务院1996年《关于贯彻实施〈中华人民共和国行政处罚法〉的通知》最初规定的限额最高就是 3 万元。[①]

显然这是非常有局限性的，这就导致私募投资基金责任体系中的行政责任这一块一直是个短板。[②] 这次《条例》出台也补充了行政责任的关键一环，把处罚金额最高提高到违法所得的 5 倍，对没有违法所得或违法所得不足 100 万元的，提高到 100 万元。这不仅仅单单是金额上的提升，其背后逻辑是把处罚标准跟《证券投资基金法》所调整的类似行为处罚标准统一，这样可以解决一些疑难关键问题。比如此次《条例》拉平了私募基金“老鼠仓”行为的处罚，与《证券投资基金法》第 123 条保持了一致，这样也就解决了上文注释中提到的证监会依照《证券投资基金法》第 123 条处罚私募基金“老鼠仓”问题的争议。[③]

《条例》的出台不仅完善了私募投资基金行政责任体系，同时在刑事责任体系的优化方面亦有所突破。2023 年 6 月 13 日，最高人民检察院发布第四十四批指导性案例，其中一个典型案例就是私募基金型非法集资。然而，私募投资基金刑事责任体系还有非常大的完善空间，特别是对涉嫌背信运用受托资产罪、利用未公开信息交易罪等重要犯罪类型，仍然没有把责任主体扩展到私募基金管理人。

在民事责任方面，《条例》第 11 条第 2 款还特意提到了，以非公开

---

① 《关于贯彻实施〈中华人民共和国行政处罚法〉的通知》（国发〔1996〕13 号），二、国务院各部门制定的规章对非经营活动中的违法行为设定罚款不得超过 1000 元；对经营活动中的违法行为，有违法所得的，设定罚款不得超过违法所得的 3 倍，但是最高不得超过 30000 元，没有违法所得的，设定罚款不得超过 10000 元；超过上述限额的，应当报国务院批准。地方政府规章设定罚款的限额，由省、自治区、直辖市人大常委会规定，可以不受上述规定的限制。

《关于进一步贯彻实施〈中华人民共和国行政处罚法〉的通知》（国发〔2021〕26 号），三、（四）……尚未制定法律、行政法规，因行政管理迫切需要依法先以部门规章设定罚款的，设定的罚款数额最高不得超过 10 万元，且不得超过法律、行政法规对相似违法行为的罚款数额，涉及公民生命健康安全、金融安全且有危害后果的，设定的罚款数额最高不得超过 20 万元；超过上述限额的，要报国务院批准。

② 参见巩海滨、赵涛：《私募基金“老鼠仓”行政处罚研究》，载黄红元总编：《证券法苑》第 24 卷，法律出版社 2018 年版，第 74 ~ 85 页。

③ 参见秦辉：《我国首起涉私募基金“老鼠仓”刑事案件法律适用是否恰当的探讨》，载北京德和衡律师事务所官网，http：//www. deheheng. com/Archives/IndexArchives/index/a_id/9303. html。

方式募集资金设立投资基金的，私募基金管理人还应当以自己的名义，为私募基金财产利益行使诉讼权利或者实施其他法律行为。其目的旨在解决契约型基金诉讼主体的问题。在《证券投资基金法》第19条中，对于公募基金管理人，就规定了以基金管理人名义，代表基金份额持有人利益行使诉讼权利或者实施其他法律行为的职责。第46条还特意赋予了基金份额持有人对基金管理人、基金托管人、基金服务机构损害其合法权益的行为依法提起诉讼的“诉权”。但因为《证券投资基金法》第十章内容非常简单，特别是又没有一个一般性的“准用条款”，所以对于没有实体的契约型基金，如何对外行使诉权等权利就存在争议。《条例》明晰了这一问题，解决了实践中的争议，这对当事人行使民事诉权是有帮助的。当然，在民事责任体系的发展方面，还存在很多争议问题，也需要很多新的探索，比如，是否可以借助《条例》第32条的规定，把私募投资基金的很多违规、违约行为拉到“证券诉讼”的轨道上来，从而达到对投资者更有利的保护，就非常值得研究和探索。①

三、关键之三：监管权加强

除罚款金额外，《条例》在第五章监督管理部分，大大加强了证券监督管理委员会的执法权，尤为值得关注的是第42条的规定，即证券监督管理委员会如发现私募基金管理人违法违规，或者其内部治理结构和风险控制管理不符合规定的，应当责令限期改正；逾期未改正，或者行为严重危及该私募基金管理人的稳健运行、损害投资者合法权益的，证券监督管理委员会可以区别情形，对其采取下列措施：(1)责令暂停部分或者全部业务；(2)责令更换董事、监事、高级管理人员、执行事

① 在美国投资公司发行股份是要适用1933年证券法和1934年证券交易法的，包括豁免注册的私募基金也是受到其中比如10b－5等反欺诈条款的约束，所以美国对私募基金监管、处罚乃至民事诉讼也是在证券轨道上的。而在我国法律体系下，按照《证券法》的规定，只有证券投资基金份额的上市交易，适用《证券法》，其发行则适用《证券投资基金法》，私募基金的发行更适用不到《证券法》，也因此，基金发行的虚假陈述只能用普通的违约之诉或普通的侵权之诉来解决，连构成刑事的诈骗，也是用“合同诈骗”“非法集资”等来处理，而不是欺诈发行来解决。

务合伙人或者委派代表，或者限制其权利；(3)责令负有责任的股东转让股权、负有责任的合伙人转让财产份额，限制负有责任的股东或者合伙人行使权利；(4)责令私募基金管理人聘请或者指定第三方机构对私募基金财产进行审计，相关费用由私募基金管理人承担。私募基金管理人违法经营或者出现重大风险，严重危害市场秩序、损害投资者利益的，国务院证券监督管理机构除采取前款规定的措施外，还可以对该私募基金管理人采取指定其他机构接管、通知登记备案机构注销登记等措施。相比105号令中证券监督管理委员会只能采取责令改正、监管谈话、出具警示函、公开谴责等行政监管措施而言，现在证券监督管理委员会处理问题机构的抓手更加直接和多样化。这些权力在诸如《保险公司股权管理办法》（第82条）中都有类似规定，也是过去几年金融监管机构整顿金融乱象和问题机构的重要监管手段和法律依据。

四、关键之四：统筹发展与监管

《条例》不仅着眼于加强监管，完善责任体系，统筹监管与发展，不少重要条款破解了行业痛点问题，而且对促进行业新发展特别是创投发展方面厘定了新的方向。

比如，根据《条例》第21条的规定，私募基金管理人运用私募基金财产进行投资的，在以私募基金管理人名义开立账户、列入所投资企业股东名册或者持有其他私募基金财产时，应当注明私募基金名称。这就为契约型基金解决其“身份存在”问题提供了制度供给。信托计划多少年来一直饱受无法登记公示之苦，如果契约型基金能够在工商系统或其他资产持有系统等明示身份并公示其资产，对真正做到资产隔离是非常有意义的。不仅如此，结合最近出台的中国证券监督管理委员会《监管规则适用指引——发行类第4号》有关“三类股东”的最新核查要求，也更有助于解决契约型基金股东在上市过程中面临的尴尬局面。

当然，更值得浓墨重彩的是差异化监管，特别是对创投的重视。《条例》第6条规定了国务院证券监督管理机构根据私募基金管理人业务类型、管理资产规模、持续合规情况、风险控制情况和服务投资者能力等，对私募基金管理人实施差异化监督管理。其实，在基金业协会的监管实践中，对私募基金管理人实施差异化监督管理早已落地，这一规定的好处是让现在的监管实践有了明确的法律依据。需要指出的是，《条例》第37条和第38条对创投的规定，确实非常值得期待，鉴于业内解读文章对此论证已经非常充分，在此不再赘述。

五、关键之五：未成为关键的关键

《条例》无论从立法技术上看，还是从重要规则厘定上看，无疑是非常重要也是非常成功的，但立法也总是妥协和遗憾的产物，就笔者“狭隘”视角看来，《条例》也存在一些值得进一步关注之处。

（一）协会自律监管定位模糊化

众所周知，基金业协会的自律规则及自律监管对私募投资基金行业具有重要的基石性作用。特别需要指出的是，基金业协会履行基金管理人登记及基金备案职责，是《证券投资基金法》第90条、第112条第7款规定的法定职责，并非来自证券监督管理委员会或其他机关授权。但是《条例》第10条却规定，私募基金管理人应当依法向国务院证券监督管理机构委托的机构（以下简称登记备案机构）报送材料。第22条基金备案也是类似规定。简言之，在《条例》中把基金业协会错误地定位为证券监督管理委员会委托的机构，且把负责行业自律监管的综合性机构（《证券投资基金法》第111条），简化为一个所谓的“登记备案机构”。在2017年发布的《条例》征求意见稿中，是有比较丰富的基金业协会自律监管相关规定内容的，但在《条例》中却几乎只字未提。显然，这降低或忽视了基金业协会自律监管的功能发挥，对基金业协会开展自律监管十分不利。此外，依法授权履行职责的监管具有制度稳定性和持续性优势，除非法律修改，否则不能发生变动；而依证券监督管理委员会授权的监管，则容易基于政策考虑而发生变动，坦言之，也为不同机构争夺私募投资基金行业自律监管权埋下了危险的伏笔。

（二）托管职责模糊化

私募投资基金，特别是股权基金的托管职责发挥一直是一个充满争议的问题。《条例》第16条规定可谓简单至极，仅规定私募基金财产进行托管的，私募基金托管人应当依法履行职责。私募基金托管人应当依法建立托管业务和其他业务的隔离机制，保证私募基金财产的独立和安全。

投资基金是通过一种特定法律载体（如公司、合伙或信托）吸收投资者资金，委托管理人进行管理，投资于特定标的，意图获取增值，为投资人创造利益。[①] 耶鲁大学摩雷（John D. Morley）教授指出，投资基金的核心特征就是“基金和管理人的分离”。[②] 投资基金这种特定的组织形式，决定了投资者天然处于一种脆弱地位，对于管理人而言，基金是所谓的“他人的钱”（other people's money，OPM），但又处于自己的全权管理之下，在这种特定关系之下，如何约束管理人，使得其为投资人最佳利益服务就成了投资基金监管始终关注的中心问题。无论在普通法上还是成文法上，管理人对投资人负有信义义务（fiduciary duty），应当为投资人最佳利益服务，这似乎是不证自明的。但是管理人常常会或非常有机会为了自己的利益而损害投资人利益，或者说，管理人利益和投资人利益并不总是，甚至经常是不一致的。那从法律规则的设计上又怎么解决这个问题的呢？从比较法的角度，我们可以看到解决这个中心问题的路径大概有两种模式：一种是欧洲的“三角架构模式”，另一种是美国的“基金董事会模式”。

欧洲的投资基金法是建立在所谓的“投资三角”（investment trian-

---

① 《证券投资基金法》第2条规定：在中华人民共和国境内，公开或者非公开募集资金设立证券投资基金（以下简称基金），由基金管理人管理，基金托管人托管，为基金份额持有人的利益，进行证券投资活动，适用本法……。

② Morley，John D.，*The Separation of Funds and Managers：A Theory of Investment Fund Structure and Regulation*（*December* 5，2013）. 123 Yale Law Journal 1228（2014），Virginia Law and Economics Research Paper No. 2013 – 04，Available at SSRN：https：//ssrn. com/abstract = 2240468 or http：//dx. doi. org/10. 2139/ssrn. 2240468.

gles）上，早在1985年欧洲就采取了这种架构，具体而言，投资人、管理人和存托人（depositary/custodian）之间形成的三角架构，其核心是管理人行使投资决策权，而存托人负有资产保管和对管理人的决策监督职能。[①] 质言之，欧洲对投资基金监管的制度设计，主要是依赖存托人监督管理人，赋予存托人非常重要的职能，不仅是包括资金和资产的存管（这可以委托一个金融机构作为托管人即 custodian 来做），而且需要监督管理人投资决策的合规性，这里的合规既包括符合法律法规及监管要求（如合格资产 eligible assets 等），也包括符合基金的招股书和组织文件等的要求。存托人对于不合规的交易，有撤销权。比如，欧盟委员会代表条例 Commission Delegation Regulation（EU）2016/438 中鉴于部分第（7）项的规定。[②]《美国投资公司法》则采取了另一种模式，把对管理人的约束职责赋予了投资公司的董事会，依赖董事会，特别是独立董事，作为"看门人"。[③]《美国投资公司法》仅赋予托管人（custodian）持有和保管资产的职责，托管人是指根据《美国投资公司法》第17（f）款授权为基金持有资产的银行或其他人。即便是美国证券交易委员会2009年最新更新的 Rule（规则）206（4）－2（监护规则，

---

① Zetzsche, Dirk Andreas, *The Anatomy of European Investment Fund Law* (*April* 12, 2017). Available at SSRN: https://ssrn.com/abstract=2951681 or http://dx.doi.org/10.2139/ssrn.2951681.

② By virtue of its obligation of oversight under Directive 2009/65/EC, the depositary should set up a procedure to verify on an ex post basis the UCITS′ compliance with applicable law and regulations and its rules and instruments of incorporation. This should cover areas such as checking that the UCITS′ investments are consistent with its investment strategies as described in the UCITS′ rules and offering documents and ensuring that the UCITS does not breach its investment restrictions. The depositary should monitor the UCITS′ transactions and investigate any unusual transaction. If the limits or restrictions set out in the applicable law or regulations or the UCITS rules and instruments of incorporation are breached, the depositary should act promptly to reverse the transaction that is in breach of those laws, regulations or rules.

③ Alfred Jaretzki, Jr., The Investment Company Act of 1940, 26 WASH. U. L.Q. 303 (1941); Walter P. North, *A Brief History of Federal Investment Company Legislation*, 44 NOTRE DAME L. REV. 677 (1969); Comment, Investment Company Act of 1940, 50 YALE L.J. 440 (1941). Wang Wallace, Wen-Yeu, *Corporate Versus Contractural Mutual Funds: An Evaluation of Structure and Governance*, Washington Law Review, Vol. 69, No. 4, p. 926-1048, October 1994, Available at SSRN: https://ssrn.com/abstract=906301.

“Custody Rule”）也并没有改变这一基本原则。

中国从 1997 年 11 月颁布的《证券投资基金管理暂行办法》（已失效）就大体是按照欧洲模式设计的（或者说是我们的独创但与欧洲模式类似），现行《证券投资基金法》也沿袭了这一做法，第 36 条和第 37 条的规定非常清楚。

诚然，我们应当面对托管人在托管私募股权基金方面存在的实际困难，但努力的方向应当是如何更好地应对这一困难，找到更可行的方案，而不是从中脱离出来，从而打破这一作为制度基石的“基金三角架构”，至少在新的制度设计可以替代之前不宜这么做。

当然，我们也要充分认识到，要求托管人在私募股权基金托管上充分发挥作用是有实际困难的。为此，笔者过去还提出过一个建议，就是把私募股权基金的管理人分成至少两类；比如，可以分为私募基金管理人和私募基金投资经理，前面一类是综合性管理人，后面一类则只能做项目投资，通俗点讲就是“大管理人”和“小管理人”，前面的门槛可以设置得高一些，反过来，后面的小管理人可以门槛低一些以满足更多具备条件机构获得入场资格。从制度设计上，让大管理人来监督小管理人，小管理人可以依托大管理人的平台，募集设立基金，同时共享其后台资源。大管理人则对小管理人提出的投资决策建议进行监督，把托管人这部分的职责承担起来，托管人则重点承担财产保管的职责，变三角架构为四角架构；大管理人一方面为了自身长久发展，另一方面也有较为充足的激励机制，更重要的是，可以凭有效的专业资源去判断投资经理的决策，可能反而能解决目前在私募股权基金中遇到的难题。这其实非常类似于英国的授权基金管理人（authorized fund manager，AFM）的做法，通常其发起基金，委托基金经理（portfolio manager）去管理，后者也可以是自己的关联方，但更多可能是市场上独立的第三方机构，前者对后者进行监督。① 笔者认为，这也是一个可以探索的做法。

---

① *The Investment Association*：*Fund Management And Oversight Introduction to the ACD Model*，available at https：//www. theia. org/sites/default/files/2021 - 07/ACD% 20Model% 20Explainer_ proof29% 20Jun. pdf.

（三）信义义务标准仍不够充分

如上文所指出的投资基金“基金和管理人的分离”的本质特征，这其实就把管理人的信义义务放在了核心位置。过去无论从理论、监管和实践，都非常强调管理人的信义义务。《条例》不仅在第3条第3款规定私募基金管理人管理、运用私募基金财产，私募基金托管人托管私募基金财产，私募基金服务机构从事私募基金服务业务，应当遵守法律、行政法规规定，恪尽职守，履行诚实守信、谨慎勤勉的义务；而且更值得关注的是，在第26条第2款规定，私募基金管理人应当遵循投资者利益优先原则，建立从业人员投资申报、登记、审查、处置等管理制度，防范利益输送和利益冲突。这就确立了“投资者利益优先”（put its client’s interests first）的基本原则，这也是符合国际实践的做法。

但是笔者始终觉得，这一信义义务的标准还是不够充分的，相比之下，《信托法》第25条的规定更佳，该条规定受托人应当遵守信托文件的规定，为受益人的最大利益处理信托事务。受托人管理信托财产，必须恪尽职守，履行诚实、信用、谨慎、有效管理的义务。这里不同的关键词是“受益人最大利益”（或者说“最佳利益”，best interests）、“有效管理”。在实践中存在大量虽然不违法不违约，但却是“无效”或者“低效”的管理，在更多时候这才是损害投资者利益的根本问题。当然，也应当看到，信义义务的“措辞之争”在我国特殊的社会环境和商业环境中是否具有现实意义确实需要打个问号，特别是我们司法传统和实践还不太有利于处理信义义务这种类型化和行为特征并不十分明确的法律义务，但尽管如此，在立法上提供更好的制度供给仍然是有意义的。①

① 如域外对信义义务制度供给就颇为重视。比如，美国证监会2019年5月发布的“关于投资顾问行为标注的解释”（“Release 5248”），认为对此做出卓越努力，但美国哥伦比亚大学著名法学教授 John C. Coffee, Jr. 联合十余位教授发表公开声明，批评美国证监会规则对信义义务的标准过低。

See John C. Coffee, Jr. , et. , *Statement of Concerned Securities Law Professors Regarding Investment Advisers and Fiduciary Obligations*, available at https：//clsbluesky. law. columbia. edu/2019/06/25/statement – of – concerned – securities – law – professors – regarding – investment – advisers – and – fiduciary – obligations/.

六、结语

当然，必须要说，《条例》的出台无疑是我国私募投资基金法律发展史上的一个里程碑事件，它不仅让私募投资基金法律体系的大厦更加完整，而且厘清了争议已久的关键问题，并且对许多关键问题的解决提供了良好的立法制度供给，也为行业差异化发展描绘了方向，可谓是私募投资基金法律制度发展乃至整个行业发展的“关键一环”。

（本文仅代表作者个人观点。特约编辑：周晓蕾）

简述境内公司印章及其风险管控

解　巍[*]　潘文博[**]

印章是人类交易活动要式主义的产物，是要式契约演化发展的结果。对于中国人来说，印章有着特殊的意义。《史记》中有记载："官名更印章以五字。"《后汉书》中亦有记载："多刻天下牧守印章，备置公卿百官。"可见，自古以来在中国，印章就被用作取信之物。

《民法典》第165条规定："委托代理授权采用书面形式的，授权委托书应当载明代理人的姓名或者名称、代理事项、权限和期限，并由被代理人签名或者盖章。"第490条规定："当事人采用合同书形式订立合同的，自当事人均签名、盖章或者按指印时合同成立。"可见，印章的使用是当事人对外进行民事活动其中一种法律认可的方式。

一、境内公司印章的一般种类

公司印章一般指公司刻制的以文字、图记表明其主体身份的公章、专用章等。在现代商事活动中，公司印章是公司身份和行为能力的证明，是公司的重要信用凭证。

公司印章种类多种多样，根据适用范围的不同，一般可分为公章、财务专用章、合同专用章、发票专用章、法定代表人名章、招投标章、出入库章、档案章等。其中，公章、财务专用章、合同专用章、发票专

* 北京李伟斌（深圳）律师事务所合伙人、律师。
** 协鑫集成科技（苏州）有限公司涉外法务经理。

用章需要根据相关规定在工商部门、公安部门、开户银行备案或预留印鉴等。

公章是公司法人在人格上独立和完善的标志，[①] 在公司所有印章中最为广泛使用，其是法人权利的象征，在现行的立法和司法实践中，是否盖有法人公章已作为民事活动是否成立和生效的重要标准。公章可以用于公司对外签订合同及其他法律文件，具有极高的法律效力，以公司名义发出的各类文件，包括公文、信函、证明等均可使用公章。

财务专用章用于公司各类票据的出具，通常被称为银行大印鉴。

合同专用章通常用于公司签订合同。

法定代表人章，一般用于特定的用途，在公司出具票据时也可能加盖法定代表人章，通常被称为银行小印鉴。

发票专用章，是公司开具发票时需要加盖的印章。《发票管理办法》第15条规定："需要领用发票的单位和个人，应当持设立登记证件或者税务登记证件，以及经办人身份证明，向主管税务机关办理发票领用手续。领用纸质发票的，还应当提供按照国务院税务主管部门规定式样制作的发票专用章的印模。主管税务机关根据领用单位和个人的经营范围、规模和风险等级，在5个工作日内确认领用发票的种类、数量以及领用方式。"第21条规定："开具发票应当按照规定的时限、顺序、栏目，全部联次一次性如实开具，并加盖发票专用章。"

二、公司印章的刻制要求

根据国务院《关于国家行政机关和企业事业单位社会团体印章管理的规定》（以下简称《印章管理规定》），公司印章应当符合以下具体要求：

1. 圆形；

2. 直径不得大于4.5厘米，中央刊五角星，五角星外刊单位名称，自左而右环行；

---

① 参见甘培忠：《企业与公司法学》，北京大学出版社2001年版，第494页。

3. 所刊名称，应为法定名称，如名称字数过多不易刻制，可以采用规范化简称；

4. 印章所刊汉字，应当使用国务院公布的简化字，字体为宋体；

5. 其他专用印章（包括经济合同章、财务专用章等），在名称、式样上应与单位正式印章有所区别，经本单位领导批准后可以刻制；

6. 应到当地公安机关指定的刻章单位刻制。

三、私刻公司印章的效力

《印章管理规定》第23条规定，“印章制发机关应规范和加强印章制发的管理，严格办理程序和审批手续。国家行政机关和企业事业单位、社会团体刻制印章，应到当地公安机关指定的刻章单位刻制”。根据该规定，在符合相关要求的情况下，在当地公安机关指定的刻章单位刻制的公司印章是合法有效的。

然而在实践中，可能存在私刻公司印章[①]的情形，在这种情形下私刻的印章效力如何？目前，法律法规并无明确规定。我们可以通过司法审判实践中的观点进行判断。

在“福建亨立建设集团有限公司建设工程施工合同纠纷案”[②]中，最高人民法院认为，虽然落款处加盖的公司合同专用章与其在公安机关备案的公章不是同一枚印章，但不能排除公司实际使用的公章不止一枚的可能性，更不能以此否定合同之效力。

在“青海创新矿业开发有限公司、洪某与青海创新矿业开发有限公司、洪某等民间借贷纠纷案”[③]中，最高人民法院认为，《担保保证书》上加盖的公章印文虽经鉴定机构认定与其在公安局备案的印章不符，但有证据确认公司实际使用的公章并非只有在公安部门备案的一枚的，公司以对外使用公章与备案公章不一致为由主张签订合同对其没有约束力

① 为免疑义，本文所称“私刻公司印章”指的是公司未经法定程序而刻制的印章，而非公司以外的未经授权擅自伪造公司印章的行为。

② 参见最高人民法院民事裁定书，(2018) 最高法民申3842号。

③ 参见最高人民法院民事裁定书，(2015) 民申字第2537号。

的，法院不予支持。

在“山东兴康医疗器械有限公司与薛启盟民间借贷纠纷再审案”①中，最高人民法院认为虽然担保函上公章印文与该公司在公安机关备案的公章印文不一致，但有证据证明担保函上加盖的公章系本公司使用。故公司实际使用的公章并非只有在公安部门备案的一枚的，公司以担保函上加盖的该公司公章印文不真实抗辩的，人民法院不予支持。

最高人民法院于2019年11月8日印发的《全国法院民商事审判工作会议纪要》中也说明“司法实践中，有些公司有意刻制两套甚至多套公章，有的法定代表人或者代理人甚至私刻公章，订立合同时恶意加盖非备案的公章或者假公章，发生纠纷后法人以加盖的是假公章为由否定合同效力的情形并不鲜见。人民法院在审理案件时，应当主要审查签约人于盖章之时有无代表权或者代理权，从而根据代表或者代理的相关规则来确定合同的效力……代理人以被代理人名义签订合同，要取得合法授权。代理人取得合法授权后，以被代理人名义签订的合同，应当由被代理人承担责任。被代理人以代理人事后已无代理权、加盖的是假章、所盖之章与备案公章不一致等为由否定合同效力的，人民法院不予支持”。

综上可见，加盖私刻的公司印章，在一定情况下亦可能会对公司产生约束力。因此，公司对其印章的风险管控，显得尤为重要。

四、公司印章风险管控措施

公司印章是公司的重要信用凭证，对外的滥用易产生较大的风险。从公司内部管控的角度，应重视对公司印章的管理。建议可考虑以下公司印章风险管控措施。

（一）建立印章法律风险防控体系

建立印章法律风险防控体系，首先，要加强对印章管控人法律风险

① 参见最高人民法院民事判决书，（2016）最高法民再194号。

防范的教育，使其认识到印章对公司管理的重要意义，提高其法律风险防范意识；其次，要建立健全的公司内部日常印章管理制度，对印章的保管、使用、登记、审核、审批、注销等进行严格管控；最后，要减少公司印章的数量，确保公司对外用印的唯一性，严禁在空白纸张上加盖公司印章。

（二）严守印章刻制程序与要求

就公司刻制印章，首先应由公司印章管理部门统一提出，经过公司法律部门、各专业部门审查，报公司内部有权部门决议。经决议后，由印章管理部门按照法律法规规定统一在当地公安机关指定的刻章单位刻制并备案，严禁私刻印章。

（三）管控印章日常使用

针对公司印章的日常使用，建议结合新形势、新技术创新管控方法。例如，采取视频监控的方式，将印章保管专柜、开柜、用印、入柜、备份等过程均置于视频监控之下，实现实时、音像管控。此外，还可利用网上审核和电子印章的方式，强化印章的机密性和盖章的程序性要求，以提升和完善对公司印章日常使用的管控。

（本文仅代表作者个人观点。特约编辑：卜斌）

仲裁协议效力扩张与当事人意思自治原则之间的冲突与权衡

——从最高人民法院公报指导案例切入

环中争议解决团队*

当事人之间达成的仲裁协议，既是当事人同意将相关争议提交仲裁裁决的合意，也是相关争议可以通过仲裁解决的前提条件，更是仲裁机构有权受理特定争议的依据。仲裁协议在仲裁制度中具有基石性地位，也是当事人意思自治的体现。然而，随着国际商事交易日益频繁，交易结构日趋复杂，当事人的书面约定似乎已不能完全限制仲裁协议的效力范围，仲裁协议的效力扩张已成为一种趋势。

尽管仲裁协议效力扩张是必然趋势，但从问题的另一面看，该趋势对合同相对性原则、当事人意思自治原则等传统理论和规则也提出了挑战，这便要求法院及仲裁机构基于具体案情与法律规定审慎权衡。《中华人民共和国最高人民法院公报》第36批指导性案例第198号：中国工商银行股份有限公司岳阳分行、刘某良申请撤销仲裁裁决一案（以下简称题述案件）恰恰体现了这种趋势及其具体展开。笔者认为，题述案件对于重新探讨当事人意思自治与仲裁协议效力扩张之间的价值平衡具有重要意义。

---

* 环中律师事务所成立于1993年，是中国司法部最早批准设立的合伙制律师事务所之一。

一、案例简述

审理法院：湖南省岳阳市中级人民法院（以下简称岳阳中院）

裁判文书号：（2018）湘06民特1号

裁判日期：2018年11月12日

申请人：中国工商银行股份有限公司岳阳分行（以下简称工行岳阳分行）

被申请人：刘某良

申请事项：请求撤销岳阳仲裁委员会作出的岳仲决字〔2017〕696号《裁决书》

（一）申请人的申请理由

工行岳阳分行称，2012年8月20日，工行岳阳分行与湖南巴陵建设有限公司（以下简称巴陵公司）签订了《装修工程施工合同》，约定由巴陵公司承接工行岳阳分行的办公楼整体装修改造内部装饰项目。合同对装修改造内容、标准、质量、完工时间、进度安排、双方的主要责任人员等内容进行了约定。合同第15.11条约定“本合同发生争议时，先由双方协商解决，协商不成时，向岳阳仲裁委员会申请仲裁裁决”。2013年7月23日，工行岳阳分行与巴陵公司又签订了《装饰安装工程施工补充合同》，对主要工程价款进行了约定。

刘某良当时系巴陵公司的技术负责人。2012年9月10日，在工行岳阳分行不知情的情况下，巴陵公司与刘某良签订《内部项目责任承包合同书》，巴陵公司在收取一定的管理费用后将其在《装修工程施工合同》中的其他权利与义务一并交由刘某良享有和承担。该承包合同书实际上为挂靠协议，而非权利义务转让协议。因工行岳阳分行未按合同约定对决算书进行审核，刘某良以工行岳阳分行未及时审核并提出审核意见为由向岳阳仲裁委员会申请仲裁，要求工行岳阳分行按照送审价17,697,651.37元结算，扣除已支付的9,160,000.00元，要求支付剩余工程价款8,537,651.37元，另按日万分之五支付违约金并承担营改增值税率差 3,000,000.00 元损失和仲裁费用。

2017 年 8 月 7 日，工行岳阳分行以其与刘某良未达成仲裁协议为由提出仲裁管辖异议。岳阳仲裁委员会于 2017 年 8 月 8 日作出岳仲决字〔2017〕8 号决定，以刘某良既是实际施工人，又是《装修工程施工合同》的权利义务受让人为由，驳回了工行岳阳分行的仲裁管辖异议。经仲裁庭审理后，裁决由工行岳阳分行向刘某良付清到期应付工程款，并支付逾期付款违约金。该裁决作出之后，工行岳阳分行以其与刘某良之间没有仲裁协议、裁决事项不属于仲裁协议范围、岳阳仲裁委员会无权仲裁等理由，申请撤销岳阳仲裁委员会作出的岳仲决字〔2017〕696 号《裁决书》。

（二）被申请人的答辩意见

刘某良辩称，工行岳阳分行名义上是申请撤销岳仲决字〔2017〕696 号裁决，其实质是申请撤销岳仲决字〔2017〕8 号决定，是申请对仲裁协议效力的重新确认。本案争议的不是有没有仲裁协议，而是仲裁协议是否约束刘某良。本案仲裁的是工程款结算纠纷，而工程款结算纠纷由工行岳阳分行与巴陵公司约定通过仲裁解决。工行岳阳分行是仲裁协议的签订方之一，仲裁协议对工行岳阳分行具有约束力。在仲裁过程中，工行岳阳分行已经向岳阳仲裁委员会提出了管辖异议，且岳阳仲裁委员会作出的岳仲决字〔2017〕8 号决定驳回了工行岳阳分行的管辖异议，上述决定具有终局性。工行岳阳分行与巴陵公司签订的《装修工程施工合同》约定了仲裁条款，本次仲裁解决的纠纷就是工程款结算纠纷，应提交由双方约定的仲裁委员会解决，不属于人民法院的主管范围。

从实际施工过程来看，刘某良自愿替代巴陵公司履行施工合同，刘某良事先知道并接受了施工合同的条款，根据工行岳阳分行与巴陵公司施工合同中的约定确定管辖既维护了工行岳阳分行签订施工合同时对管辖的正常预期，在客观上也不会对刘某良造成管辖突袭。从刘某良向工行岳阳分行主张支付欠付工程款的行为兼具代理承包的实质来看，其受发包人与承包人的仲裁协议约束也更为合理。实际施工人向发包人主张权利实际上具有代位请求的性质，实际施工人与发包人之间的关系和转包人与发包人之间的关系具有承继性，如发包人与违法转包人之间存在有效仲裁协议，实际施工人应受该仲裁协议约束。巴陵公司与刘某良签订的《内部项目责任承包合同书》实质就是巴陵公司将本案涉及的工程款的权利义务及债权债务转让给刘某良。而且，刘某良是巴陵公司的员工，其按内部管理制度进行项目承包并按承包协议履行了合同义务，故其应当享有相应的合同权利。刘某良作为实际施工人，接受了巴陵公司的权利义务并多次通知工行岳阳分行该工程由刘某良完成，工行岳阳分行从未提出异议。

如果撤销岳阳仲裁委员会的裁决，其后果就是剥夺了刘某良的诉权，那么刘某良必然要求巴陵公司根据仲裁协议提起仲裁，其解决的仍然是本案涉及的工程款结算纠纷。人民法院对申请撤销仲裁裁决案件的审查不同于案件的重新审理，对于仲裁庭认定的事实和适用法律的意见不应轻易否定。工行岳阳分行选择了仲裁的途径就应当承担相应的后果。刘某良不存在伪造证据及隐瞒证据的行为。因此，岳阳仲裁委员会作出的岳仲决字〔2017〕696 号裁决书不应被撤销。

（三）法院查明

2012 年 8 月 30 日，工行岳阳分行与巴陵公司签订《装修工程施工合同》，工行岳阳分行将其办公大楼整体装修改造内部装饰项目发包给巴陵公司，同时在合同第 15.11 条约定："本合同发生争议时，先由双方协商解决，协商不成时，向岳阳仲裁委员会申请仲裁解决。"2012 年 9 月 10 日，巴陵公司与刘某良签订《内部项目责任承包合同书》，巴陵公司将工行岳阳分行办公大楼整体装修改造内部装饰项目的工程内容及保修以大包干方式承包给刘某良，并收取一定的管理费及相关保证金。2013 年 7 月 23 日，工行岳阳分行与巴陵公司又签订了《装饰安装工程施工补充合同》，工行岳阳分行将其八楼主机房碳纤维加固、防水、基层装饰、外屏管道整修、室内拆旧及未进入决算的相关工程发包给巴陵公司。由于工行岳阳分行未能按照约定支付工程款，2017 年 7 月 4 日，刘某良以工行岳阳分行为被申请人向岳阳仲裁委员会申请仲裁。2017 年 8 月 7 日，工行岳阳分行以其与刘某良未达成仲裁协议为由提出仲裁管辖异议。2017 年 8 月 8 日，岳阳仲裁委员会以岳仲决字〔2017〕8 号决定驳回了工行岳阳分行的仲裁管辖异议。2017 年 12 月 22 日，岳阳仲裁委员会作出岳仲决字〔2017〕696 号裁决，裁定工行岳阳分行向刘某良支付到期应付工程价款及违约金。工行岳阳分行遂向岳阳中院申请撤销该仲裁裁决。

（四）法院认为

岳阳中院认为，仲裁协议是当事人达成的自愿将他们之间业已产生或可能产生的有关特定的无论是契约性还是非契约性的法律争议的全部或特定争议提交仲裁的合意。仲裁协议是仲裁机构取得管辖权的依据，是仲裁合法性、正当性的基础，其集中体现了仲裁自愿原则和协议仲裁制度。在本案中，工行岳阳分行与巴陵公司签订的《装修工程施工合同》第 15.11 条约定："本合同发生争议时，先由双方协商解决，协商不成时，向岳阳仲裁委员会申请仲裁"，故工行岳阳分行与巴陵公司之间因工程款结算及支付引起的争议应当通过仲裁解决。但刘某良作为实际施工人，其并非工行岳阳分行与巴陵公司签订的《装修工程施工合同》的当事人，刘某良与工行岳阳分行及巴陵公司之间均未达成仲裁合意，不受该合同中仲裁条款的约束。除非另有约定，刘某良无权援引工行岳阳分行与巴陵公司之间《装修工程施工合同》中的仲裁条款向合同当事方主张权利。刘某良以巴陵公司的名义施工，巴陵公司作为《装修工程施工合同》的主体仍然存在并承担相应的权利义务，案件当事人之间并未构成《最高人民法院关于适用〈中华人民共和国仲裁法〉若干问题的解释》（以下简称《仲裁法司法解释》）第 8 条规定的合同仲裁条款"承继"情形，亦不构成上述解释第 9 条规定的合同主体变更情形。2004 年《最高人民法院关于审理建设工程施工合同纠纷案件适用法律问题的解释》第 26 条虽然规定实际施工人可以发包人为被告主张权利且发包人只在欠付工程款的范围内对实际施工人承担责任，但上述内容仅规定了实际施工人对发包人的诉权以及发包人承担责任的范围，不应视为实际施工人援引《装修工程施工合同》中仲裁条款的依据。综上，工行岳阳分行与刘某良之间不存在仲裁协议，岳阳仲裁委员会基于刘某良的申请以仲裁方式解决工行岳阳分行与刘某良之间的工程款争议无法律依据。实际施工人依据发包人与承包人的仲裁协议申请仲裁，仲裁机构作出仲裁裁决后，发包人请求撤销仲裁裁决的，人民法院应予支持。

二、环中评析

（一）我国《仲裁法》修订正在考虑增补有关仲裁协议效力及与未签字第三人的相关规定

无论是从与国际接轨的现实需求看，还是从保障仲裁协议当事人的公平价值来看，对于我国而言，逐步完善仲裁立法，消弭与国际主流仲裁立法和理论上的差距，都是不容忽视且势在必行的。与此同时，近年来国际商事活动的日趋复杂也正在逐步倒逼商事仲裁的制度革新，在这样的背景下，仲裁协议效力是否可及于未签字的第三方，成为当下不得不正视的现实问题。而我国现行《仲裁法》就仲裁协议效力扩张问题仍存在立法上的缺位，仅有部分规定散见于《仲裁法司法解释》第 8 条、第 9 条，以及《全国法院民商事审判工作会议纪要》第 98 条项下。根据上述规定，我国仲裁法律框架仅允许在公司合并/分立、被继承人死亡、债权债务部分/概括转让、保险人行使代位求偿权的场景中，仲裁协议的效力可及于未签字的第三方；而对于国际主流仲裁实践与理论所认可的主从合同、代理、提单、股东代表诉讼、禁止反言、刺破公司面纱等情形均未进行规定。但值得欣喜的是，2021 年，我国司法部发布了《仲裁法（修订）（征求意见稿）》（以下简称《仲裁法征求意见稿》），此次拟修改的亮点之一便是增加了主从合同、股东代表诉讼场景下仲裁协议效力扩张的情形，整体来看很好地展现了我国仲裁立法与国际接轨的积极探索。

（二）本案法院认为《内部项目责任承包合同书》不构成债权转让情形，不引致仲裁效力及于刘某良

题述案件便诞生于《仲裁法征求意见稿》颁布的大背景下，在本案中，刘某良一方认为《装修工程施工合同》项下仲裁协议可以约束工行岳阳分行与刘某良，原因包括以下两方面：其一，实际施工人与发包人之间的关系和转包人与发包人之间的关系具有承继性；其二，刘某良是债权债务的概括受让人，理应享有《装修工程施工合同》项下的仲裁权利，并且，工行岳阳分行对于刘某良作为实际施工人的事实一直知情，也从未提出异议。法院认为，刘某良的上述主张似乎可以自圆其说，其实却严重欠缺法律依据，主要原因有：一方面，《仲裁法司法解释》只规定了公司合并/分立、自然人死亡情形下仲裁协议的承继，我国仲裁法律框架下没有任何一条支持实际施工人可以承继发包人与转包人之间的仲裁协议；另一方面，刘某良并非工行岳阳分行与巴陵公司签署《装修工程施工合同》的当事人，虽然其与巴陵公司签署了《内部项目责任承包合同书》，但其始终是以巴陵公司的名义施工，巴陵公司作为《装修工程施工合同》的主体仍然存在并应承担相应的权利义务。简单来说，法院认为本案情形首先不构成有效债权转让，因此也不适用《仲裁法司法解释》第9条“债权债务全部或者部分转让的，仲裁协议对受让人有效”的相关规定。

（三）在司法实践中，在经过合法有效的债权转让后，根据《仲裁法司法解释》第9条的相关规定，原合同项下的仲裁协议效力扩张至未签字第三人的案例其实也屡见不鲜

在陕西创鑫房地产开发有限公司（以下简称创鑫公司）、四川天蓝装饰装修工程有限公司（以下简称天蓝公司）等建设工程施工合同纠纷案［案号：（2022）陕0112民初31392号］中，由于原施工合同项下的债权人天蓝公司在将债权转让给四川漆彩蓝宇建筑劳务有限公司

（以下简称漆彩公司）的过程中，不仅与漆彩公司签署了《债权转让合同》，同时还向原施工合同项下的债务人创鑫公司成功送达了《债权转让通知》。因此，法院认为，本案中的债权转让行为有效，根据《仲裁法司法解释》第 9 条的规定，创鑫公司与天蓝公司关于仲裁的约定应及于新债权人漆彩公司。

在成都志才德运建设工程有限公司（以下简称成都志才公司）与武汉万达东湖置业有限公司（以下简称武汉万达公司）建设工程施工合同纠纷案［案号：（2022）京 01 民初 387 号］（以下简称武汉万达建设工程施工案）中，根据各方当事人的协议约定，作为武汉万达公司武汉中央文化区 K9 地块相关工程的分包商，神州长城国际工程有限公司（以下简称神州公司）不仅依约进行了项目施工，案涉项目工程也早已竣工验收，而武汉万达公司却仍欠 1, 862, 920 元工程款未向神州公司支付。此后，神州公司与成都志才公司签订《债权转让合同》，约定将神州公司于本案中施工合同项下对武汉万达公司享有的欠付工程款之债权转让给成都志才公司。并且，成都志才公司多次向武汉万达公司催告还款，武汉万达公司以各种理由拖欠，一直未付。在该案中，神州公司同样没有正式地向武汉万达公司送达《债权转让通知》，但法院基于新债务人成都志才公司向武汉万达公司的催债行为以及成都志才公司的诉讼行为便认同债权转让已经成立，并在审查了本案施工合同项下仲裁条款效力，以及成都志才公司不存在《仲裁法司法解释》第 9 条但书条款“当事人另有约定、在受让债权债务时受让人明确反对或者不知有单独仲裁协议”规定情形后，认定本案中施工合同项下的仲裁协议对成都志才公司有约束力，该案不属于人民法院受理范围，成都志才公司可以向武汉仲裁委员会申请仲裁。

总而言之，题述案件及以上同类案例的裁判观点均表明，在债权转让的场景下，仲裁协议效力的扩张应当以债权转让有效为前提。

（四）研读题述案件并与上述同类案件比较后，笔者认为被申请人的答辩意见和思路其实也具有一定的合理性，且更贴切实际商事活动的情形

在题述案件中，法院对我国仲裁法律制度框架下仲裁协议效力扩张相关法律法规的适用，采用了较为严格的适用标准。而从另一个角度来看，工行岳阳分行虽然不知晓《内部项目责任承包合同书》的签署情况，但其对于刘某良作为实际施工人的事实从始至终完全知晓，且从未提出异议，换句话说，刘某良此次以工行岳阳分行作为被申请人诉至岳阳仲裁委并未超出工行岳阳分行的合理预期。此外，在工行岳阳分行欠付工程款的前提下，无论巴陵公司或刘某良作为申请人向工行岳阳分行发起仲裁，都不影响工行岳阳分行欠款违约的事实。最后，刘某良与巴陵公司签署的虽然名为《内部项目责任承包合同书》，但该合同书下确实存在权利义务转让的实质内容，即便欠缺仲裁程序前的债权转让通知，但只要刘某良发起仲裁程序，仲裁申请书及相关证据材料送达后，工行岳阳分行便立刻知晓《内部项目责任承包合同书》的内容，债权转让通知的缺失也立即得以补足。恰如在上述武汉万达建设工程施工案中，法院也并没有拘泥于在诉讼开始前是否存在一个正式的债权转让通知，而是凭借新债权人成都志才公司的催债行为以及诉讼行为便认定债权转让成立，进而适用《仲裁法司法解释》第9条认为该案施工合同项下的仲裁协议对成都志才公司可以发生效力。

综上所述，笔者认为题述案件之所以能成为指导案例，其重要价值在于体现了我国法院对于仲裁协议效力扩张相关法律法规的严格适用，以及对当事人意思自治原则内核的思考与探索。与此同时，笔者也更深刻地理解在日新月异的时代背景下，对当事人真实意思表示谨慎把握的重要性，更具体来说，对当事人的“真意”的捕捉不应拘泥于纸质载体或是书面文字，故而，在仲裁协议效力扩张的大背景下，当事人意思自治如何在实质上得到尊重，还有待进一步探讨并付诸实施。

参考文献

1. 姜丽丽:《紧跟时代步伐、创新探索仲裁司法审查裁判规则》，载《人民法院报》2023 年 3 月 2 日，第 8 版。
2. 范祎蕾:《国际商事仲裁协议效力扩张问题研究》，河北经贸大学 2023 年硕士学位论文。
3. 吴琼:《仲裁协议的效力扩张对未签字第三方的效力》，载《老字号品牌营销》2021 年第 1 期。
4. 姚静以、夏银忠:《总公司、分公司间仲裁协议效力的扩张》，载微信公众号“审判研究”2017 年 12 月 7 日，https://mp.weixin.qq.com/s/R8aYize8TNSEc78QgR9u-A。

(本文仅代表作者个人观点。特约编辑:赵倩倩)

金融机构在香港特别行政区提供虚拟资产相关服务（包括代币化证券业务）的最新监管导向

乔喆沅[*]　成晓宇[**]　陈瑜诗[***]　申璐雯[****]

2023年12月22日，香港证券及期货事务监察委员会及香港金融管理局发出《有关中介人的虚拟资产相关活动的联合通函》（以下简称新通函），取代双方于2023年10月20日及2022年1月28日分别发出的两份旧版通函（以下简称旧通函）。新通函对1号牌中介人分销虚拟资产相关产品、提供虚拟资产交易服务、4号牌中介人就虚拟资产提供意见及9号牌中介人提供虚拟资产管理服务四个方面，就各类中介人需要遵守的条款条件提供了最新指引。新通函附录6及附录7也列明了香港证券及期货事务监察委员会对于提供虚拟资产相关服务的中介人（相对提供传统证券期货相关服务）需要遵守的额外条款及条件的更新版本（以下简称新条款条件）。

新通函为从事虚拟资产相关活动的中介人提供了最新指引，涵盖了虚拟资产相关产品的分销、虚拟资产的交易服务、虚拟资产的资产管理服务及虚拟资产的咨询服务。

---

* 君合律师事务所香港分所合伙人，香港大学法学学士。
** 君合律师事务所香港分所律师，香港大学法学学士。
*** 君合律师事务所香港分所律师，香港大学法学学士。
**** 君合律师事务所上海分所律师，纽约大学法学硕士。

鉴于提供虚拟资产相关服务的中介人在业务上与虚拟资产交易平台密不可分的联系，笔者注意到新条款条件的内容与香港证券及期货事务监察委员会早前发布的《适用于虚拟资产交易平台运营者的指引》有众多一致之处。

另外，笔者也注意到新通函中多处针对“代币化证券”提出中介人需要遵守的要求，包括“由香港证券及期货事务监察委员会不时发出有关中介人在代币化证券方面应达到的操守标准和指引”（具体见下文）。笔者颇为期待香港证券及期货事务监察委员会在不久的将来针对代币化证券相关业务颁布具体的监管准则，从而推动并规范香港特别行政区的证券型代币（Security Token Offering，STO）、现实资产代币化（Real World Asset，RWA）市场。

本文将以分析新通函对旧通函的主要修订为切入点，向读者介绍我国香港特别行政区中介人提供虚拟资产相关服务的最新监管要求。

一、分销虚拟资产相关产品

与旧通函相同，新通函下香港证券及期货事务监察委员会认为虚拟资产相关产品很可能构成复杂产品，而分销这些虚拟资产相关产品的中介人需要遵守《证券及期货事务监察委员会持牌人或注册人操守准则》及《网上分销及投资咨询平台指引》下有关销售复杂产品方面的规定。

在新通函中，香港证券及期货事务监察委员会进一步对构成复杂产品的不同类型虚拟资产相关产品进行分类，并明确了其各自的相关要求。

（一）构成复杂产品的非衍生品产品

分销这类虚拟资产相关产品的中介人需要遵守以下要求。

1. 有关销售复杂产品方面的规定，包括：遵守为客户提供合理适当建议的责任（无论是否涉及招揽或建议行为）、向客户提供产品资料及向客户提供警告声明（以下简称复杂产品销售要求）；

2. 这类产品只能够向专业投资者进行销售。

（二）衍生品产品［除下述第（三）项提到的少数在香港证券及期货事务监察委员会指明的（传统）受规管交易所上买卖的虚拟资产相关衍生产品］

分销这类虚拟资产相关产品的中介人需要遵守以下要求。

1. 有关销售衍生品产品方面的规定，包括：根据投资者对衍生产品的知识对投资者进行分类及确保投资者理解产品的性质及风险，并有足够的净资产用以承担投资产品带来的风险及可能遭受的损失（以下简称衍生品产品销售要求）；

2. 复杂产品销售要求；

3. 这类产品只能够向专业投资者进行销售。

（三）少数在香港证券及期货事务监察委员会指明的（传统）受规管交易所上买卖的虚拟资产相关衍生产品（指在《证券及期货（财政资源）规则》附件3所列的一系列商品/期货/证券交易所上交易的虚拟资产相关衍生产品及在香港交易所及其他12个国家/地区获相关监管机构认可或核准售予零售投资者的虚拟资产衍生产品基金）

分销这类虚拟资产相关产品的中介人需要遵守以下要求。

1. 衍生品产品销售要求；

2. 如果涉及招揽或建议行为，则还需遵守为客户提供合理适当建议的责任；

3. 这类产品可以向零售投资者进行销售。

（四）额外要求

除非分销虚拟资产相关产品的客户是机构专业投资者及合资格的法团专业投资者，中介人在上述（一）（二）（三）项之外，还应遵守以下额外要求。

1. 在代表客户执行虚拟资产相关产品的交易前，应先对客户进行虚拟资产知识评估。如果评估结论是客户不具备有关知识，那么只能在已向客户提供足够关于虚拟资产的性质及风险的培训的前提下，才可以为客户执行交易。新通函附录 1 列出了一些评估标准，值得注意的是，根据该标准，即使客户在过去 3 年内曾就任何虚拟资产或虚拟资产相关产品进行 5 次或以上的交易，也不会被自动视为具备足够知识。

2. 确保客户拥有足够的净资产，能够承担交易虚拟资产相关产品的风险和潜在损失。

3. 对有关产品进行妥善的尽职调查。新通函附录 4 还列明了对未经香港证券及期货事务监察委员会认可的虚拟资产基金的额外尽职调查规定。

4. 以清晰及易于理解的方式向客户提供有关虚拟资产相关产品的资料和警告声明及其所投资的虚拟资产的资料。

5. 特别就虚拟资产向客户提供风险披露声明（见新通函附录 5）。

二、提供虚拟资产交易服务

新通函规定中介人只可与获得香港证券及期货事务监察委员会发牌的虚拟资产交易平台合作，为客户提供虚拟资产交易服务。除此之外，香港证券及期货事务监察委员会及香港金融管理局目前只允许 1 号牌中介人提供虚拟资产交易服务。

（一）新通函下香港证券及期货事务监察委员会允许中介人向零售投资者就虚拟资产提供资产交易服务，但必须符合下列先决条件

1. 评估零售投资者对虚拟资产的认识和风险承受能力（也适用于个人专业投资者及非合资格法团专业投资者）；

2. 在参照零售投资者的财务状况及个人情况后，为每名零售投资者设定上限，以确保其就虚拟资产所承担的风险是合理的（也适用于个人专业投资者及非合资格法团专业投资者）；

3. 确保虚拟资产交易活动仅通过在香港证券及期货事务监察委员会持牌平台（前提是该香港证券及期货事务监察委员会持牌平台的发牌

条件不限制其为专业投资者之外的客户提供服务）上开立及维持的综合账户进行；

4. 实施充分的监控措施，以确保零售投资者只可就由香港证券及期货事务监察委员会持牌平台提供予零售投资者买卖的虚拟资产进行交易。

（二）除此之外，无论向何种类型的投资者提供虚拟资产交易服务，中介人还需遵守以下规定

1. 不可向客户提供财政资助。

2. 如果涉及招揽或建议行为，则还需遵守为客户提供合理适当建议的责任。若向零售投资者就虚拟资产进行招揽或建议行为，应确保相关虚拟资产为由香港证券及期货事务监察委员会持牌平台提供予零售投资者买卖的“合资格的大型虚拟资产”。

3. 不得就客户的虚拟资产作出任何可以产生回报的安排，即不得将客户的虚拟资产用于质押、借贷及其他用途。

4. 此前香港证券及期货事务监察委员会限制客户只可向中介人存入及提取法定货币，不容许中介人提取和转移客户虚拟资产。新通函下香港证券及期货事务监察委员会允许中介人的客户存入或提取虚拟资产，但只可通过中介人在香港证券及期货事务监察委员会持牌平台或符合香港金融管理局有关虚拟资产保管标准的认可财务机构（银行、有限制牌照银行及接受存款公司）开立及维持的独立账户提存客户的虚拟资产，并且必须确保客户的虚拟资产通过客户的钱包地址进行存取。

5. 若中介人将客户介绍至香港证券及期货事务监察委员会持牌平台直接进行虚拟资产交易，那么其不能够代表客户转发任何交易指示或持有任何客户资产。

三、就虚拟资产提供资产管理服务

与旧通函要求一致，若9号牌中介人拟管理投资目标明确为虚拟资产的投资组合，或有意将投资组合中10%或以上的总资产价值投资于

虚拟资产，便需遵守《适用于管理投资于虚拟资产的投资组合的持牌法团或注册机构的标准条款及条件》（见新通函附录7）所列的额外规定。另外，新通函也澄清若1号牌中介人将获其客户授权以委托形式提供虚拟资产交易服务作为一项附属服务，其应只将该客户的投资组合中少于10%的总资产价值投资于虚拟资产。

在新通函下香港证券及期货事务监察委员会允许中介人向零售投资者就虚拟资产提供资产管理服务，但必须符合下列先决条件：评估零售投资者对虚拟资产的认识和风险承受能力（也适用于个人专业投资者及非合资格法团专业投资者）；仅可代表零售投资者进行由香港证券及期货事务监察委员会持牌平台提供予零售投资者买卖的“合资格的大型虚拟资产”的交易。

四、就虚拟资产提供意见

与旧通函要求一致，香港证券及期货事务监察委员会仅允许1号牌中介人（作为一项附属服务）及4号牌中介人向现有客户就虚拟资产提供意见。

在新通函下香港证券及期货事务监察委员会允许中介人向零售投资者就虚拟资产提供意见，但必须符合下列先决条件：评估零售投资者对虚拟资产的认识和风险承受能力（也适用于个人专业投资者及非合资格法团专业投资者）；仅可向零售投资者就由香港证券及期货事务监察委员会持牌平台提供予零售投资者买卖的“合资格的大型虚拟资产”提供意见。

五、代币化证券

新通函特别提到，如果中介人提供代币化证券的交易服务、资产管理服务或就代币化证券提供意见，还必须遵守香港证券及期货事务监察委员会现行的有关“证券”的相关规定，以及由香港证券及期货事务监察委员会不时发出的有关中介人在代币化证券方面应达到的操守标准和指引。

六、持续汇报责任

中介人如有意从事涉及代币化证券及虚拟资产的任何活动或有意对所进行的有关活动作出任何变动（包括服务的客户类别的变动），务必预先通知香港证券及期货事务监察委员会及（适用于注册机构）香港金融管理局。

七、过渡期及实施日期

中介人如现正向非合资格的法团专业投资者及个人专业投资者提供虚拟资产交易服务，并有意继续向他们提供有关服务，便应修改各自的系统和监控措施，以符合新通函（包括各附录）的规定。在新通函所载的预期规定全面实施之前，为现有客户提供虚拟资产交易服务的中介人可获 3 个月的过渡期。

中介人如目前没有从事虚拟资产相关活动，或计划将其虚拟资产交易服务扩展至涵盖非合资格的法团专业投资者、个人专业投资者或零售投资者，在推出有关服务前，应确保其符合新通函（包括各附录）的规定。

八、结语

虚拟资产行业在我国香港特别行政区的发展，有望给香港的金融业、金融科技业、会展旅游业等带来深远的影响。近半年来，笔者观察到香港传统金融行业与区块链行业呈现加速融合的趋势。新通函放宽了过去仅限于专业投资者的限制，开始允许中介人在符合一定条件的情况下向零售投资者提供虚拟资产相关服务，为促进我国香港特别行政区虚拟资产行业的蓬勃健康发展提供了巨大的动力，也体现了我国香港特别行政区政府及监管机构对进一步发展虚拟资产行业的支持。

笔者也期待香港证券及期货事务监察委员会在不久的将来就代币化证券颁布具体的监管指引，进一步吸引更多机构在我国香港特别行政区发展未来具有万亿资产规模潜力的代币化证券市场。

（本文仅代表作者个人观点。特约编辑：麦靖）

用人单位拒绝与员工续签无固定期限劳动合同的若干问题

熊　川[*]　吴绣书[**]

在公司的实际日常经营管理中，劳动人事管理存在不少困境，面临如何在法律合规与企业实际经营情况之间权衡取舍、如何在法理和成文法规定以及实际管理效果之间寻找平衡点等现实问题。例如，用人单位已经与员工连续签订两次固定期限劳动合同，但是很多时候囿于公司整体经营发展现状，与员工合作并非十分满意，更有甚者与员工之间存在矛盾等情况，在最后一次固定期限劳动合同到期前，员工已向公司提出正式申请要求续签合同，但是用人单位希望不予续签甚或辞退。此时，用人单位是否必须与员工续签无固定期限劳动合同？若用人单位拒绝续签的，面临何种法律责任？就上述问题，笔者结合规则与案例探究如下。

一、用人单位能否拒绝与员工续签无固定期限劳动合同

（一）相关规则

根据《劳动合同法》第 14 条第 2 款的规定：（1）劳动者在该用人单位连续工作满 10 年的；（2）劳动者在该用人单位连续工作满 10 年且距法定退休年龄不足 10 年的；（3）连续订立 2 次固定期限劳动合同，

[*] 北京海润天睿（上海）律师事务所高级合伙人、律师。
[**] 北京海润天睿（上海）律师事务所实习律师。

且劳动者没有本法第 39 条（过失性辞退）和第 40 条第 1 项、第 2 项（工伤后仍不能胜任工作、经过培训或调岗后仍不能胜任工作等）规定的情形，劳动者提出续订无固定期限劳动合同的，用人单位应当与员工续签无固定期限劳动合同。

从对规则的文义解释层面看，员工在符合法律规定的情形下提出续签无固定期限劳动合同的，用人单位应当订立无固定期限劳动合同。然而，什么是“应当”，用人单位是否负有必须续签无固定期限劳动合同的法定义务，依然无法从规则层面直接明确，使用不同的法解释方法可能会得出不一样的结论。值得一提的是，在实务中，北京地区和上海地区的法院对于该规则的解读也呈现两种截然不同的观点。

2014 年发布的北京市高级人民法院、北京市劳动争议仲裁委员会《关于劳动争议案件法律适用问题研讨会会议纪要（二）》第 34 条规定：“用人单位与劳动者连续订立二次固定期限劳动合同的，第二次固定期限劳动合同到期时，用人单位能否终止劳动合同？根据《劳动合同法》第十四条第二款第三项规定，劳动者有权选择订立固定期限劳动合同或者终止劳动合同，用人单位无权选择订立固定期限劳动合同或者终止劳动合同。上述情形下，劳动者提出或者同意续订、订立无固定期限劳动合同，用人单位应当与劳动者订立无固定期限劳动合同。”

根据2009 年发布的上海市高级人民法院《关于适用〈劳动合同法〉若干问题的意见》（沪高法〔2009〕73 号）第 4 条相关规定，“与劳动者第三次续订合同时”才涉及是否订立无固定期限劳动合同的情形。但如果用人单位不愿意续订劳动合同的，则因为缺乏双方共同的“续订劳动合同的”意思表示，导致双方就再次续签劳动合同并未达成合意。在此种情况下，即使劳动者提出了续订劳动合同的要求，但也不符合该条规定的条件，导致无须签订无固定期限劳动合同，劳动合同到期终止。

从北京地区和上海地区法院不同的裁判观点来看，其本质暗含对《劳动法》是公法还是私法的判断，实质是对劳动者与用人单位之间是否属于平等主体之关系的权衡，也透露出对《劳动法》规范目的的不同理解。具体而言，北京地区的法院更倾向于认为劳动者与用人单位之间的关系并非属于完全平等的民事主体之关系，因此，《劳动法》需要对劳动者予以更多的倾斜保护。劳动者有权选择订立固定期限劳动合同或者终止劳动合同，而用人单位无权选择订立固定期限劳动合同或者终止劳动合同，用人单位负有与劳动者订立无固定期限劳动合同的义务。而上海地区的法院则倾向于认为劳动者与用人单位之间亦为平等的民事主体，因此，如果用人单位不愿意与劳动者续订劳动合同的，就二者之间缺乏共同的续订劳动合同的意思表示，即使劳动者提出续订劳动合同的要求，但考虑用人单位的真实意志，其无须与劳动者续签无固定期限劳动合同。

相关规定详细列示如下。（见表1）

表1　劳动法关于续签无固定期限劳动合同的相关规定

序号	规则名称	要点	具体内容
1	《劳动合同法》	无固定期限劳动合同订立	第14条第2款　用人单位与劳动者协商一致，可以订立无固定期限劳动合同。有下列情形之一，劳动者提出或者同意续订、订立劳动合同的，除劳动者提出订立固定期限劳动合同外，应当订立无固定期限劳动合同： （1）劳动者在该用人单位连续工作满10年的； （2）用人单位初次实行劳动合同制度或者国有企业改制重新订立劳动合同时，劳动者在该用人单位连续工作满10年且距法定退休年龄不足10年的； （3）连续订立2次固定期限劳动合同，且劳动者没有本法第39条和第40条第1项、第2项规定的情形，续订劳动合同的。
2		过失性辞退	第39条　劳动者有下列情形之一的，用人单位可以解除劳动合同： （1）在试用期间被证明不符合录用条件的； （2）严重违反用人单位的规章制度的； （3）严重失职，营私舞弊，给用人单位造成重大损害的； （4）劳动者同时与其他用人单位建立劳动关系，对完成本单位的工作任务造成严重影响，或者经用人单位提出，拒不改正的； （5）因本法第26条第1款第1项规定的情形致使劳动合同无效的； （6）被依法追究刑事责任的。

续表

序号	规则名称	要点	具体内容
3	《劳动合同法》	无过失性辞退	第40条　有下列情形之一的，用人单位提前30日以书面形式通知劳动者本人或者额外支付劳动者一个月工资后，可以解除劳动合同：……（2）劳动者不能胜任工作，经过培训或者调整工作岗位，仍不能胜任工作的；（3）劳动合同订立时所依据的客观情况发生重大变化，致使劳动合同无法履行，经用人单位与劳动者协商，未能就变更劳动合同内容达成协议的。
4	《劳动合同法实施条例》	无固定期限劳动合同订立	第11条　除劳动者与用人单位协商一致的情形外，劳动者依照劳动合同法第14条第2款的规定，提出订立无固定期限劳动合同的，用人单位应当与其订立无固定期限劳动合同。

（二）相关案例

结合司法案例，我们看到实务中关于用人单位能否拒绝与员工续签无固定期限劳动合同其实存在不同的裁判观点。

（1）大多数法院倾向于认为在符合《劳动合同法》第14条第2款规定的情形下，劳动者有选择是否签订无固定期限劳动合同的权利，用人单位则应承担签订无固定期限劳动合同的法定义务。也即在多数法官心证下，《劳动法》还是需要对劳动者予以更多的倾斜保护，以此达到劳动者和用人单位之间真正的平衡，用人单位负有与劳动者订立无固定期限劳动合同的法定义务，无权自由选择。

（2）上海地区的法院在裁判类似案件时认为订立无固定期限合同需要同时满足以下3个条件，即已连续订立2次固定期限劳动合同、劳动者提出续订无固定期限劳动合同、用人单位同意续订劳动合同。换言之，即使前2个条件都满足，但用人单位不同意续订的，劳动关系依然可以因合同期满而终止。

相关案例列示如下。

1. 用人单位不能拒绝与员工续签无固定期限劳动合同（见表2）

表2　用人单位不能拒绝与员工续签无固定期限劳动合同的案例

序号	案号/裁判法院	裁判要旨
1	山东省人力资源和社会保障厅、山东省劳动人事争议仲裁委员会联合发布2016年度全省劳动人事争议典型案例之三：丁某诉某证券公司劳动合同纠纷案	在第二次固定期限劳动合同期满后，用人单位没有无条件单方随意终止劳动合同的权利。如何理解《劳动合同法》第14条第2款第3项“续订劳动合同的”，是否需要用人单位和劳动者双方都同意续订才可以依法订立无固定期限劳动合同？结合立法本意和《劳动合同法》第14条第2款的前提条件“有下列情形之一，劳动者提出或者同意续订、订立劳动合同的，除劳动者提出订立固定期限劳动合同外，应当订立无固定期限劳动合同：……”此处的“续订劳动合同的”应当理解为只要符合条件的劳动者提出续订，用人单位便有签订无固定期限劳动合同的法定义务。 因此，对《劳动合同法》第14条第2款第3项规定应做如下理解：用人单位与劳动者连续订立2次固定期限劳动合同，且劳动者没有本法第39条和第40条第1项、第2项规定的情形，第2次固定期限劳动合同到期后，双方可以不再续订劳动合同，但是劳动者一旦要求续订劳动合同，除劳动者自己提出订立固定期限劳动合同外，用人单位有订立无固定期限劳动合同的义务。此即在法定情形具备的情况下，劳动者有选择是否签订无固定期限劳动合同的权利，用人单位则应承担法定义务。
2	（2023）鲁02民终6410号/山东省青岛市中级人民法院	关于入职时间，依据薛某宁提交的其2012年6月12日工资发放银行流水，一审法院推定薛某宁的入职时间为2012年5月。薛某宁工作至2022年6月1日，双方已多次签订固定期限劳动合同，薛某宁有权要求与青岛电影学院订立无固定期限劳动合同，青岛电影学院拒绝续签劳动合同，并在固定期限劳动合同到期时发出《劳动合同到期不续签通知书》，终止了双方的劳动关系，不符合《劳动合同法》第14条之规定，应认定为违法终止劳动合同。
3	（2021）苏0591民初1416号/苏州工业园区人民法院	依照相关法律规定，连续订立了2次固定期限劳动合同的，劳动者提出或者同意续订劳动合同的，应当订立无固定期限劳动合同。《江苏省劳动合同条例》第18条规定，用人单位与劳动者连续订立了2次固定期限劳动合同的，用人单位应当在第二次劳动合同期满前30日前，书面告知劳动者可以订立无固定期限劳动合同。故李某华与热优公司在已连续订立了2次固定期限劳动合同的情况下，系已

续表

序号	案号/裁判法院	裁判要旨
		符合签订无固定期限劳动合同的法定情形。在本案中，双方第二次劳动合同于2020年10月31日期满，热优公司于2020年9月30日向李某华发送了劳动合同到期终止不予续签的通知，而非是告知可以订立无固定期限劳动合同的通知。此时已经表明了热优公司不与李某华订立无固定期限劳动合同的意思表示，事实上达到了解除双方劳动关系的法律后果。虽其后李某华表示要求与热优公司签订无固定期限劳动合同，但热优公司多次拒绝，直到2020年10月30日20：27才回复“你好，公司会签”。但实际此时已过了正常工作时间，“会签”并不代表了实际已签订。故在劳动合同期满终止前，双方就签订无固定期限劳动合同的事宜未重新达成一致。热优公司于2020年9月30日向李某华发出双方的劳动合同于2020年10月31日到期后终止系违法解除双方劳动关系，应当支付赔偿金。
4	（2011）扬广民初字第237号/江苏省扬州市广陵区人民法院	根据《劳动合同法》第14条第2款、第82条第2款规定，原、被告已经连续签订了2次固定期限劳动合同，在第三次签订劳动合同时，除了作为用人单位的被告能够举证证明是作为劳动者的原告提出订立固定期限劳动合同外，被告应当与原告签订无固定期限劳动合同，本案被告无法证明在签订第三次劳动合同时是原告提出要求订立固定期限劳动合同，而被告却与原告仍旧签订了固定期限的劳动合同，因被告没有按照法律规定与原告签订无固定期限劳动合同，被告自应当订立无固定期限劳动合同之日起向原告每月支付2倍工资（最多不超过11个月），且被告无权依合同到期为由终止第三次连续签订的固定期限劳动合同。因此，对于原告的诉讼请求予以支持。

2. 用人单位可以拒绝与员工续签无固定期限劳动合同（见表3）

表3　用人单位可以拒绝与员工续签无固定期限劳动合同的案例

序号	案号/裁判法院	裁判要旨
1	（2021）沪01民终3494号/上海市第一中级人民法院	由本案查明的事实可知，陈某峰与江铜公司连续订立二次固定期限劳动合同。根据《劳动合同法》第14条及《劳动合同法实施条例》第12条的规定，固定期限劳动合同对双方当事人具有约束力。合同期满时，该合同可以终

续表

序号	案号/裁判法院	裁判要旨
		止。陈某峰提出与江铜公司签订无固定期限劳动合同的要求，需建立在江铜公司就该劳动合同期满后仍欲与陈某峰续订劳动合同之前提条件的基础上。现江铜公司在双方签订最后一份劳动合同期满前并无续订劳动合同的意思表示，书面明确告知了陈某峰劳动合同到期终止、不再续签劳动合同。在此情形下，陈某峰虽事后向江铜公司提出要求签订无固定期限劳动合同，在江铜公司并无此合意继续建立劳动关系的情形下，并不产生双方应续签无固定期限劳动合同之法律后果。江铜公司因劳动合同到期终止双方的劳动关系，并无不当，该终止行为合法，陈某峰要求江铜公司支付违法终止劳动合同赔偿金的诉讼请求，无事实依据，一审法院不予支持。
2	（2021）沪01民终8080号/上海市第一中级人民法院	根据法律规定，连续订立2次固定期限劳动合同，且劳动者没有《劳动合同法》第39条和第40条第1项、第2项规定的情形，续订劳动合同的，劳动者提出或者同意续订、订立劳动合同的，除劳动者提出订立固定期限劳动合同外，应当订立无固定期限劳动合同。在本案中，杨某辉与阿尔斯通公司签订2次劳动合同后，双方符合签订无固定期限劳动合同的条件，但此后双方连续4次签订固定期限劳动合同，且无证据表明杨某辉续订此后的固定期限劳动合同时违背其真实意思表示，故此后的固定期限劳动合同应视为双方的合意，合法有效。双方续订的末次劳动合同于2020年7月31日到期，阿尔斯通公司决定合同到期后不再续签，并无不妥。
3	（2021）沪01民终10821号/上海市第一中级人民法院	至于上海宝鸟公司是否有权到期终止劳动合同，双方是否应当续签无固定期限劳动合同。一审法院已进行了充分阐述，本院予以认同。在曹某平连续工作未满10年的情形下，续签劳动合同需要双方的合意，上海宝鸟公司决定不续签劳动合同，并无不当，双方也无须续签无固定期限劳动合同。

二、用人单位拒绝续签无固定期限劳动合同的法律责任

（一）相关规则

根据《劳动合同法》《中华人民共和国劳动合同法实施条例》的相

关规定，用人单位违法解除或者终止劳动合同的，应当按照经济补偿标准的2倍向劳动者支付赔偿金；若用人单位仅是劳动合同期满的终止劳动合同的，应当向劳动者支付经济补偿。因此，用人单位拒绝续签无固定期限劳动合同的法律责任主要因其是否被认定为违法解除而有所差异。若认定用人单位无权拒绝的，则其与劳动者解除劳动合同属于违法解除，需要按照经济补偿标准的2倍向劳动者支付赔偿金；若认定用人单位亦有用工自主权，劳动合同的签署亦需要尊重用人单位意志的，那么用人单位拒绝与劳动者续订无固定期限劳动合同，选择解除劳动合同的，只需向劳动者支付经济补偿。

相关规则列示如下（见表4）：

表4　用人单位拒绝续签无固定期限劳动合同的法律责任规定

序号	规则名称	要点	具体内容
1	《劳动合同法》	劳动合同期满不再续期	第44条　有下列情形之一的，劳动合同终止：（1）劳动合同期满的……
2		违法解除劳动合同	第48条　用人单位违反本法规定解除或者终止劳动合同，劳动者要求继续履行劳动合同的，用人单位应当继续履行；劳动者不要求继续履行劳动合同或者劳动合同已经不能继续履行的，用人单位应当依照本法第87条规定支付赔偿金。
3		法律责任	第46条　有下列情形之一的，用人单位应当向劳动者支付经济补偿：……（3）用人单位依照本法第40条规定解除劳动合同的；……（5）除用人单位维持或者提高劳动合同约定条件续订劳动合同，劳动者不同意续订的情形外，依照本法第44条第1项规定终止固定期限劳动合同的； 第82条第2款　用人单位违反本法规定不与劳动者订立无固定期限劳动合同的，自应当订立无固定期限劳动合同之日起向劳动者每月支付2倍的工资。 第87条　用人单位违反本法规定解除或者终止劳动合同的，应当依照本法第47条规定的经济补偿标准的2倍向劳动者支付赔偿金。

续表

序号	规则名称	要点	具体内容
4	《中华人民共和国劳动合同法实施条例》	法律责任	第25条　用人单位违反劳动合同法的规定解除或者终止劳动合同，依照《劳动合同法》第87条的规定支付了赔偿金的，不再支付经济补偿。赔偿金的计算年限自用工之日起计算。

（二）相关案例

结合上文梳理，对于用人单位拒绝续签无固定期限劳动合同的法律责任也因法院是否认可用人单位是否有权拒绝而不同，具体而言：

（1）若法院认为用人单位负有强制缔约义务，在员工符合且提出签署无固定期限劳动合同的情况下，用人单位拒绝续签、终止劳动合同的，视为用人单位违法解除或终止劳动合同，需要按照经济补偿标准的二倍向劳动者支付赔偿金；

（2）若法院认为订立无固定期限劳动合同也需要用人单位同意，即用人单位有权拒绝续签的，此时拒绝与员工续签，用人单位无须承担违法解除或终止劳动合同的赔偿金，只需支付因劳动合同期满终止合同的经济补偿金（《劳动合同法》第46条）。

相关案例列示如下：

1. 用人单位承担违法解除或终止劳动合同赔偿金（见表5）

表5　用人单位拒绝续签承担违法解除或终止劳动合同赔偿金的案例

序号	案号/裁判法院	裁判要旨
1	（2022）京03民终7412号/北京市第三中级人民法院	在本案中，根据在案事实，万创公司与张某丽已连续2次签订固定期限劳动合同，根据前述法律规定，张某丽提出订立无固定期限劳动合同的，万创公司应当订立无固定期限劳动合同。现万创公司提供用人单位为案外人的固定期限劳动合同供张某丽签订不符合法律规定，张某丽有权利拒绝签署。后万创公司告知张某丽不再续签劳动合同，一审法院认定其系违法解除劳动合同并应依法支付张某丽违法解除劳动合同赔偿金具有法律依据，本院予以维持。

续表

序号	案号/裁判法院	裁判要旨
2	（2018）京02民终9431号/北京市第二中级人民法院	因宁夏大厦公司已与佟某签订过3次固定期限劳动合同，故佟某符合订立无固定期限劳动合同的条件，除佟某提出订立固定期限劳动合同外，宁夏大厦公司应与佟某订立无固定期限劳动合同。宁夏大厦公司提交的2017年11月7日录音未明确载明其公司提出与佟某签订无固定期限劳动合同，而佟某不同意续签，故一审法院认定在此情况下应由宁夏大厦公司承担举证不能的不利后果，双方劳动合同因宁夏大厦公司未提出签订无固定期限劳动合同而终止，属于违法终止，宁夏大厦公司应向佟某支付违法终止劳动合同赔偿金，并无不当。

2. 无须承担违法解除或终止劳动合同赔偿金，只需支付经济补偿金（见表6）

表6　用人单位拒绝续签无须承担违法解除或终止劳动合同赔偿金的案例

序号	案号/裁判法院	裁判要旨
1	（2022）沪01民终3494号/上海市第一中级人民法院	由本案查明的事实可知，陈某峰与江铜公司连续订立2次固定期限劳动合同。根据《劳动合同法》第14条及《劳动合同法实施条例》第11条的规定，固定期限劳动合同对双方当事人具有约束力。合同期满时，该合同可以终止。陈某峰提出与江铜公司签订无固定期限劳动合同的要求，需建立在江铜公司就该劳动合同期满后仍欲与陈某峰续订劳动合同之前提条件的基础上。现江铜公司在双方签订最后一份劳动合同期满前并无续订劳动合同的意思表示，书面明确告知了陈某峰劳动合同到期终止、不再续签劳动合同。在此情形下，陈某峰虽事后向江铜公司提出要求签订无固定期限劳动合同，在江铜公司并无此合意继续建立劳动关系的情形下，并不产生双方应续签无固定期限劳动合同之法律后果。江铜公司因劳动合同到期终止双方的劳动关系，并无不当，该终止行为合法，陈某峰要求江铜公司支付违法终止劳动合同赔偿金的诉讼请求，无事实依据，一审法院不予支持。

三、初步结论

从规则层面上看，员工在符合法律规定的情形下提出续签无固定期限劳动合同的，用人单位应当订立无固定期限劳动合同。但是结合司法案例来看，在实务中关于用人单位能否拒绝与员工续签无固定期限劳动合同及其对应的法律责任，存在不同的裁判观点。

1. 大多数法院倾向于认为在符合《劳动合同法》第14条第2款规定的情形下，劳动者有选择是否签订无固定期限劳动合同的权利，用人单位则应承担签订无固定期限劳动合同的法定义务。此时，用人单位拒绝续签、终止劳动合同的，视为用人单位违法解除或终止劳动合同，需要按照经济补偿标准的2倍向劳动者支付赔偿金。

2. 也有法院如上海地区法院在裁判类似案件时认为订立无固定期限合同需要同时满足以下3个条件，即已连续订立2次固定期限劳动合同、劳动者提出续订无固定期限劳动合同、用人单位同意续订劳动合同。换言之，即使前2个条件都满足，但用人单位不同意续订的，劳动关系依然可以因合同期满而终止。此时，用人单位无须承担违法解除或终止劳动合同的赔偿金，只需支付因劳动合同期满终止合同的经济补偿金。

笔者理解，用人单位是否有权拒绝与劳动者续订无固定期限劳动合同还是应当根据实际情况判定。在通常情况下，该种争议发生在劳动者与用人单位之间的劳动用工关系破裂或紧张的情况下，在极端情况下若用人单位主张与劳动者之间存在不可调和的矛盾，出于保护劳动者的角度，法院在裁判时也不宜直接裁决用人单位应当与劳动者续签无固定期限劳动合同，可以通过赔偿金的方式给予劳动者更周全的保护。

（本文仅代表作者个人观点。特约编辑：张艳）

离婚冷静期适用现状与反思

韩耀耀[*]　周　鑫[**]

我国《民法典》创设离婚冷静期制度作为婚姻家庭编的新内容，自出台以来，备受关注。随着人的解放，社会对婚姻的态度也越来越开放，近年来离婚率持续高企，对家庭稳定、未成年人心理健康等带来了不利影响。离婚冷静期制度的出台就是为了抑制这种不利影响。据统计，2021 年上半年，我国离婚人数有所减少。当然，任何事物的出现都不会是完美的，离婚冷静期制度也是如此。本文拟对离婚冷静期的基础理论及适用现状开展分析，并提出完善建议。

一、离婚冷静期制度概述及适用现状

（一）离婚冷静期的概念及分类

离婚冷静期，是指法律规定在夫妻任何一方向婚姻登记机关提出离婚登记申请时，婚姻登记机关给符合条件的双方当事人留出 30 日的申请撤回时间，这就是所谓冷静期。使双方考虑清楚后再行决定是否继续离婚，当事人冷静考虑的时间称为离婚冷静期。

理论上讲，离婚冷静期有诉讼离婚冷静期和登记离婚冷静期。

诉讼离婚主要发生在双方当事人想解除婚姻，但未能对离婚具体事宜作出意见一致的划分而产生纠纷或者只有其中一方当事人想要离婚，

* 廊坊师范学院法学学士。

** 廊坊师范学院副教授，河北天源通和律师事务所律师。

另一方不同意离婚或者对具体事宜划分不一致，进而向法院起诉请求司法裁判。而诉讼离婚冷静期制度是指在诉讼离婚中一方当事人不同意离婚的情况下，为了使双方当事人冷静下来，寻找解决问题的方法，法院为其规定一段时间的冷静期，再次考虑是否离婚。

所谓登记离婚冷静期，是指在双方同意向婚姻登记机构提出离婚申请后，给予双方一段时间的考虑，以便让双方有多一点的时间对婚姻关系是否存续再次进行慎重考虑。

关于诉讼离婚冷静期制度，我国没有立法上的规定。诉讼离婚既有专门的调解制度，也有较长的诉讼期限，冷静期用于诉讼离婚中，作用要小于在登记离婚中适用。因此，本文主要侧重于《民法典》规定下的登记离婚冷静期制度进行研究。

（二）离婚冷静期在我国的适用现状

1. 初现成效：离婚率下降

离婚冷静期制度的立法目的是缓解轻率、冲动离婚带来的离婚率持续走高的现象，降低我国离婚率，进一步促进家庭社会和谐。

随着经济发展，民众思想越来越开放，离婚也不再是人们不愿提及的话题，如图 1 所示，近 40 年以来，我国离婚率除个别年份少有波动外，整体上呈现快速上升趋势，从 1978 年的 0. 18‰上升至 2019 年的 3. 36‰，增长了 18 倍。

表 1 是我国 2019—2021 年民政部统计的我国结婚离婚夫妻对数。2019 年离婚对数 403. 3 万对，上半年是 203. 8 万对。2020 年全年离婚对数是 373. 3 万对，上半年是 159. 5 万对，2020 年上半年因受新冠肺炎疫情影响，全国人民都在居家隔离，对于办理离婚外出不便，所以不把 2020 年上半年离婚对数作为参考数据，按 2020 年全年离婚登记数量的一半算约是 186. 6 万对。2021 年上半年我国离婚登记夫妻对数仅 96. 9 万对，相较 2020 年减少了五成，2021 全年离婚登记夫妻对数 213. 9 万对，相较 2020 年大幅度降低。离婚人数下降有多方面原因，其中一个关键因素是离婚冷静期制度的实施。

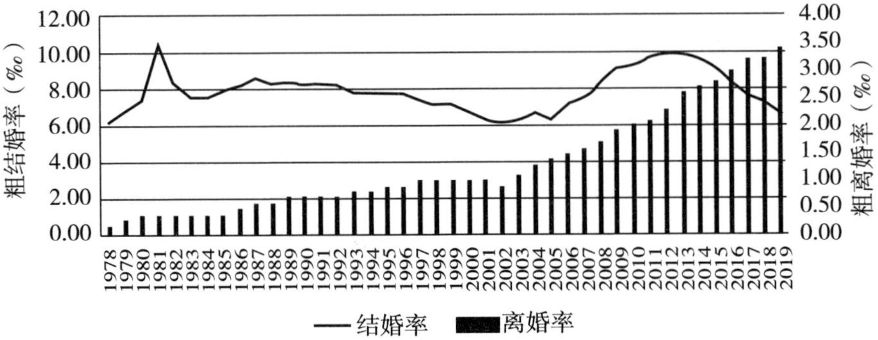

图1　1978—2019 年中国离婚率与结婚率变动趋势

资料来源：1978—2018 年数据来自《中国民政统计年鉴——2019》，2019 年数据来自《2019 年民政事业发展统计公报》。

表1　2019—2021 年我国结婚与离婚对数

年份	2021 年上半年	2021 年全年	2020 年上半年	2020 年全年	2019 年上半年	2019 年全年
结婚登记/万对	416.6	763.6	387.9	813.1	498	926
离婚登记/万对	96.6	213.9	159.5	373.3	203.8	403.3

资料来源：《民政数据统计季报》2019—2021 年，载民政部官网 2022 年 4 月 13 日，http：//www. mca. gov. cn/wap/。

调查结果显示，有离婚当事人提出离婚请求后，冷静期尚未超过 30 天便“撤销离婚”，甚至上午提出申请，下午又提出撤销，而撤销的大部分都是由于之前一时口角、一时冲动，与“离婚冷静期”的立法目标是一致的。离婚冷静期的目的不是要限制离婚自由，也不在于阻止当事人离婚，而是宽容对待那些出于冲动想要一拍两散的夫妻，也给那些仍有感情的夫妻一次选择的机会。我国离婚冷静期制度的实行对降低离婚率起到不可忽视的作用，设立冷静期的立法目的已初见成效。

2. 舆论现状：群众不理解

通过调查发现，专业人士对离婚冷静期制度大多表达了认可态度，而普通民众大多不理解离婚冷静期设立的目的，群众的反对声较大，主要可归于以下三类。观点一认为，离婚冷静期妨害婚姻自由。这个观点是许多营销号和群众发言最核心的观点，他们认为冷静期使想要离婚的人受到一定限制从而不能实现离婚自由，使离婚程序变得麻烦起来，甚至有人发表出“若离婚无自由，则结婚无意义”“设定离婚冷静期无疑是对离婚自由权利的剥夺”等观点。观点二认为，离婚冷静期会强化未婚人士对婚姻的恐惧，离婚冷静期不能保障在此期间内弱势一方的人身财产安全，况且离婚变得困难，也让更多年轻人产生对婚姻的恐惧感。观点三认为，冲动离婚的只是一小部分，不能让大部分人买单。持这个观点的人们站在那些真正婚姻破裂想要离婚的夫妻的立场上，认为不该一致适用冷静期。

（三）我国离婚冷静期制度适用中的突出问题

《民法典》设立离婚冷静期制度是必要的、可行的，但施行细则和具体规定并未细化，此存在不足。民众对离婚冷静期的反对原因主要是担心在离婚冷静期内，夫妻弱势一方的人身安全和财产利益得不到保障。例如，男女双方在成婚后，女方怀孕生子照顾家庭，男方打拼事业，难免会收入不平衡，在离婚冷静期内一方会不会转移财产、隐匿财产？甚至可能在冷静期内恶意制造债务，来达到自己多分割共同财产的目的，应如何防范这种情况发生？有的当事人在离婚冷静期内，觉得已经是“待离婚”状态，违背夫妻忠诚义务，或者男方当事人不尊重女方当事人意见，强行发生性关系等。上述情况都会使原本不和的夫妻关系雪上加霜，与设立离婚冷静期的目的背道而驰，不利于婚姻的挽回。因此，推行离婚冷静期制度需要有足够的配套制度对其进行支撑，才能使冷静期制度适用效率得到提升，尽最大限度地降低冲动离婚和轻率离婚，空有冷静期制度是达不到最终目的的。

综上所述，我国离婚冷静期制度面临的突出问题有以下几点：（1）适用范围划分不明确，未规定排除适用情形；（2）未明晰不同情形的合理期限，存在“一刀切”适用问题；（3）期间内夫妻权利义务规定不明确，也未对双方财产利益规定制度保护；（4）配套措施不完善，没有辅助措施进行支撑。

二、离婚冷静期适用中的问题剖析

《民法典》规定的离婚冷静期制度还处于落实阶段，要实现该制度的长远有效发展，还需要进行一步健全该制度。本章对于离婚冷静期制度在我国的适用中的突出问题进行剖析，包括以下几点。

（一）适用范围过于宽泛

笔者认为，对于存在家庭暴力、虐待、遗弃、转移、隐匿财产等情形的应当区别对待，不能适用于离婚冷静期。这些情况下的当事人，可能离婚时婚姻尚未完全破裂，但是如果适用离婚冷静期，其中一方的人身权益和财产权益就难以得到保障，挽回婚姻引起的负面效应可能会超过离婚本身给弱势一方带来的影响。

安徽某县30岁的杨某，因无法办法忍受丈夫的暴力行为，以及公公婆婆对自己的刁难，向丈夫提出了离婚要求。相关部门采取了调解措施但并没有任何效果，通知杨某在30天离婚冷静期过后再来办理离婚手续。4天后，杨某带着2个孩子跳楼，自杀身亡。通过上述案例，我们可以看到，对于婚姻关系中存在家暴、虐待情形的夫妻来说，适用冷静期对当事人并不是有利的，且可能造成严重的后果。

（二）冷静期间设置不合理

我国《民法典》明确规定离婚冷静期的期限为30天。笔者认为，30天的时间过于短暂，对于真正可以通过离婚冷静期来挽回婚姻的夫妻来说，为时太短。首先，当前的生活节奏较快，处于离婚冷静期的当事人也需要忙于工作，可能会导致30天内的交流并不充分，离婚冷静期的效果便难以显现。其次，对于婚龄较短的当事人，缺乏适应婚姻关系的时间，也更容易发生冲动离婚。设置为期更长的冷静期除了对夫妻增加磨合感情的机会之外，也有利于对子女抚养问题进行妥善安排。最后，增加离婚冷静期的时长，有利于家事调解员、咨询工作人员充分发挥作用。

另外，“一刀切”式规定30天的离婚冷静期缺乏合理性。原因有两点：一是每对夫妻的感情状态不同，离婚缘由也存在差异，夫妻双方感情是否完全破裂等情况不同，统一适用相同的冷静期过于机械；二是离婚当事人有无未成年子女，所对应的冷静期应有所不同，设置灵活的期限更有利于保障未成年子女的健康成长。

（三）对冷静期内夫妻权利义务没有规定

在适用离婚冷静期时，夫妻双方婚姻关系并没有解除，但是处于将要解除或者“问题婚姻”有待解决的状态，这时候是一个特殊时期，在这一特殊时期中，夫妻应享有的权利和应履行的义务，缺乏明确规定。

1. 夫妻财产权利未规定

在离婚冷静期内，夫妻双方的状态与正常夫妻关系期间有所差异，当事人享有的权利和承担的义务与正常夫妻亦有所不同。该期间内其中一方所获得的财产归属如何界定，就值得慎重考量。如果认为当事人此时尚未完成离婚登记手续，一方所得收入仍属于夫妻共同财产，则不利于民众对离婚冷静期的理解和接受。如果认为该期间已然是分开持有所得，则会使双方产生已经离婚的错觉，不利于双方感情的修复。

2. 夫妻人身关系义务未规定

在冷静期期间内夫妻双方是否应履行夫妻忠实义务，或者其中一方的性权利怎样才能得到保障？如何更大限度地保障双方各自的利益，更快地化解矛盾，对于冷静期内人身关系的进一步探索很有必要。

（四）配套措施不完善

我国各地民政部门和法院的实践表明，离婚冷静期需要相应的配套措施予以支持，才能发挥该制度的最大效力，有效减少非理性离婚。我国离婚冷静期需要进一步健全配套的原因有以下几点。

第一，离婚冷静期不宜让当事人在消极等待中度过，而应该给予当事人一定的调解、咨询等帮助，使双方当事人理性思考，冷静分析。

第二，婚姻家庭关系不仅涉及子女、财产问题还涉及家庭伦理关系，错综复杂，单单依靠国家公权力的干预是远远不够的，每个家庭的问题都不一样，法律不可能把问题都一一规定出来，这就需要社区、妇联等社会力量发挥作用，国家公权力与社会力量刚柔并济，使我国的离婚诉讼制度不再僵化，更有温度。

三、我国离婚冷静期制度的完善建议

目前，我国离婚冷静期制度只存在一条法律规定，这显然不能适应社会需求，也不能解决婚姻家庭中各种各样的问题。为了能让我国离婚冷静期制度充分发挥出作用，需要进一步细化离婚冷静期制度的具体规则。本章针对我国离婚冷静期制度的不足，提出制度构建的完善建议。

（一）明晰适用范围，规定排除适用情形

在我国婚姻家庭关系中，家暴、虐待的情形客观存在。根据最高人民法院的司法大数据表明，2016 年 1 月至 2017 年 1 月我国法院受理的诉讼离婚案件中，离婚原因是遭到家庭暴力的有 14.86%，[①] 所以，在我国离婚冷静期制度的进一步完善中，不能忽视的是保障这一部分受侵害群体的利益，当有家庭暴力发生或者严重威胁到人身安全的情形发生在夫妻之间或者其他家庭成员之间时，应当免除适用离婚冷静期。另外，如果夫妻一方有转移、隐匿夫妻共同财产的情形，也不应该统一适用离婚冷静期。相关部门如果确认夫妻一方有家暴、虐待、转移夫妻共同财产、遗弃家庭成员的行为，应该采取相应措施，将离婚冷静期排除适用或缩短期间，婚姻登记机构可以在第一时间就同意解除婚姻关系并为双方进行离婚登记，以保障弱势一方人身财产权益。

---

① 数据来源：《司法大数据专题报告之离婚纠纷》，载最高人民法院官网 2018 年 3 月 23 日，https：//www. court. gov. cn/。

（二）灵活设置时长

1. 区分危机婚姻与“死亡”婚姻

对于那种夫妻感情确实破裂，共同生活没有办法进行的称为“死亡婚姻”，而那些感情还有希望挽回，解除症结后婚姻还能继续的称为“危机婚姻”。在“危机婚姻”中，如果感情还没有完全破裂，那么，夫妻仍然有可能继续生活在一起。因此，“危机婚姻”应该采用离婚冷静期，在冷静期进行心理疏导，引导其理性思维，并能有效地化解婚姻关系中的感情问题。“死亡婚姻”中的夫妻双方感情已无法修复，因此，也不必适用离婚冷静期进行限制。从长远的社会影响来看，如果不区别具体情况适用冷静期，将导致当事人产生抵触心理，对实施离婚冷静期的政策是不利的。

2. 区分有无未成年子女情形

我国多项立法中都有特别条款，未成年人的合法权利受到全面保护。离婚制度也应当减少对未成年子女的伤害，体现对未成年子女的保护。离婚冷静期制度要充分考虑未成年子女的影响，以便最大限度地促进未成年子女的健康成长。笔者认为，对于无子女的夫妇设置一个月的离婚冷静期，对于有子女且子女已满 18 周岁的夫妻设置 2 个月的离婚冷静期，而对于有未满 18 周岁子女的夫妻应设置 3 个月的离婚冷静期，此不仅可以让离婚当事人有更充分的考虑时间，也可以让未成年子女有更多的适应时间。

（三）规定夫妻权利义务

1. 冷静期间夫妻财产保护制度

在离婚冷静期内夫妻一方的收入问题，应该根据夫妻双方之间的协议规定，考虑离婚时双方之间的合意性，以夫妻双方的约定为主，遵循当事人自愿原则。如果当事人未协商一致，并没有约定冷静期内收入归属问题，应该按照公平公正原则，归一方个人所有。

为了防止夫妻一方在冷静期内恶意转移、藏匿、侵吞夫妻共同财产的状况出现，应当设立财产和债务申报制度，以增进夫妻间的交流来化解矛盾，维护当事人财产的合法权利。当夫妻想要解除婚姻关系实施离婚冷静期时，则要将双方的财产、债务等情况上报有关部门，并提供相应的证据，以确保其真实性。若冷静期过后夫妻考虑清楚并没有离婚，则可以申请退回这些材料，若当事人未申请退回，则进行销毁处理，如果一方当事人或双方仍坚持离婚，申报的财产债务数据则继续作为处理双方财产债务的证据。

2. 冷静期间夫妻人身关系规范制度

离婚冷静期期间内若一方当事人不履行夫妻忠实义务，作出违背伦理道德的事，如出轨、重婚、通奸等行为时，将会使离婚冷静期失去意义。处于离婚冷静期内的夫妻，婚姻关系还没有解除，仍需要履行忠实义务来保障子女的权益，也要维护忠诚的底线，因此，应该明确规定在离婚冷静期内应履行忠诚义务。

关于冷静期内的同居义务，笔者认为，双方可自主选择是否在冷静期内进行同居，在夫妻任何一方没有违反忠实义务和上述转移财产、危害人身安全的行为时，建议继续同居，这也符合离婚冷静期的立法目的。在离婚冷静期的适用中，应当按照当事人的真实意愿，订立协议，并对当事人认为有必要的其他事项作出约定。即使分居，也仍应该履行忠实义务，不能背叛对方，尽最大可能修复感情，维持婚姻关系。

（四）完善相关配套措施

1. 组建专业化的调解委员会

虽然离婚冷静期为双方当事人提供了冷静思考的时间，但是不排除有的夫妻在这一期间内继续用“冷暴力”的方法度过，或者因缺乏有效的沟通方法和渠道去改善关系，这样，离婚冷静期也就失去了意义，因此，离婚冷静期内第三方的调解是必要的。

调解，是指由专业的调解员（律师、教师和婚姻调解专家等）发挥专业能力，对当事人的状况进行深入的调查，利用自身的婚姻、法律等多方面的知识，对当事人之间的冲突事实进行有效分析，使双方认识到问题的本质，从而帮助解决问题。

2. 成立专业化的心理咨询队伍

许多夫妻在面对婚姻问题时都会遭受到身体和心理的双重煎熬，这种煎熬有时难以通过自我调整、亲友劝解解决，而需要通过专业的心理辅导人员提供帮助。婚姻家庭关系的心理咨询队伍，不应该仅仅限于处于离婚冷静期内的夫妻，对于婚姻内有问题矛盾的夫妻也可为其提供帮助，扩大咨询的受众范围，事前进行有效干预，维护家庭社会和谐。因此，建立专业化的心理咨询队伍，提供专业的心理咨询服务，可以帮助婚姻关系实现良性发展。

四、结语

高离婚率会引发各种社会问题，甚至会使年轻人改变对婚姻的观念。事实上，我国离婚冷静期制度的设立是符合我国国情和社会发展趋势的。我国将离婚冷静期制度写进《民法典》吸收了各国的先进经验，是我国婚姻家庭关系近年来最重要的探索，但离婚冷静期制度在我国仍处于初步探索阶段，仍有完善空间和必要。

参考文献

1. 陈苇主编：《外国婚姻家庭法比较研究》，群众出版社 2006 年版。
2. 王轶：《民法原理和民法学方法》，法律出版社 2009 年版。
3. 金玉珍译：《韩国民法典——朝鲜民法》，北京大学出版社 2009 年版。
4. 夏吟兰：《对中国登记离婚制度的评价与反思》，载《法学杂志》2008 年第 2 期。
5. 杜万华：《当前民事商事审判工作的九个重点问题》，载《法律适用》2016 年第 7 期。
6. 夏吟兰：《民法分则婚姻家庭编立法研究》，载《中国法学》2017 年第 3 期。
7. 郭剑平：《我国离婚冷静期制度构建的法理学思考》，载《社会科学家》2018 年第 7 期。
8. 杨立新：《对民法典婚姻家庭编草案规定离婚冷静期的立法评估》，载《河南社会科学》2019 年第 6 期。

9. 王歌雅：《民法典婚姻家庭编的价值阐释与制度修为》，载《东方法学》2020年第4期。
10. 夏吟兰：《婚姻家庭编的创新和发展》，载《中国法学》2020年第4期。
11. 支振锋：《设立离婚冷静期给婚姻一个机会》，载《环球时报》2019年12月19日。

（本文仅代表作者个人观点。特约编辑：王静）

数据要素流通利用的欧洲方案

——欧盟《数据法》解读

蔡　鹏[*]　肖莆羚令[**]　唐静思[***]

2023 年 11 月 27 日，欧盟理事会正式通过《关于公平访问和使用数据的统一规则的条例》（Regulation on Harmonised Rules on Fair Access to and Use of Data, Data Act，以下简称《数据法》)，该法在欧盟官方公报公布后第 20 日正式生效，并在生效之日起 20 个月后适用，其中，第 3 条第 1 款将在生效之日起 32 个月后适用。

一、前言

随着数字技术的不断创新和网络普及率的持续上升，数字经济方兴未艾，数据已然成为引领第四次工业革命的关键生产要素。近年来，以 ChatGPT 为代表的大模型产品的爆发式流行，更是引发了全球范围内对于人工智能及其背后海量数据使用方式的普遍关注。如何抢占数据资源高地、推进数据开发利用无疑已成为当下世界范围内最热门的议题之一。

欧盟委员会于 2022 年 2 月 23 日公布《数据法》草案，系对 2023 年 9 月已经生效《数据治理法》（Data Governance Act）的补充，共同

* 北京市中伦律师事务所合伙人、律师。

** 北京市中伦律师事务所律师。

*** 北京市中伦律师事务所法务助理。

推动欧盟内单一数据市场的建立。此前《数据治理法案》规定了促进资源数据共享的流程和体系，《数据法》明确了企业和个人访问、获取、共享数据的具体规则，为欧盟境内各方主体提供了公平访问和使用数据的统一方式。同时，《数据法》还致力于使数据处理服务中的用户获得与服务提供者平等的地位。作为欧洲数据战略的重要组成部分，欧盟《数据法》充分体现了欧盟在数据利用规则方面的创新，以适应于各类互联、物联产品生态环境。在传统产品购销合同下，我们需要产品的所有组件和配件；然而，对于互联网产品，尤其是物联网产品，产品的组成部分不仅包括实体的组件配件，还包括在产品使用过程中所产生的新的数据，这些数据被应用于该产品的运行，成为产品的重要组成部分之一。《数据法》将触及整个互联产品生产链条上不同领域、不同规模的企业，包括智能消费设备、汽车、物联网工业机械、智能冰箱和其他家用电器的制造商，以及与互联产品交互的任何相关服务的制造商。

欧盟《数据法》对于我国现阶段推进数据流通利用、释放数据要素价值的制度探索也具有借鉴意义。本文将对《数据法》中涉及企业如何参与数据流通的重点内容进行深入解析，并与我国当前立法趋势进行对比解读，以期为读者提供有益参考。

二、《数据法》的适用主体

在主体方面，《数据法》适用范围广泛，不仅适用于欧盟境内注册的企业实体，还涵盖了涉及特定数据流通环节的非欧盟企业，具体如表1所示。

表1 《数据法》的适用主体

企业类型	描　述
供应商	在欧盟市场销售联网产品或提供关联服务的供应商，无论其成立地点是否位于欧盟
欧盟用户	在欧盟市场销售的联网产品或关联服务的欧盟用户（含自然人用户和法人用户）

续表

企业类型	描述
数据持有者	向欧盟境内数据接收者提供数据的数据持有者，无论其成立地点是否位于欧盟
数据接收方	获取数据的欧盟境内数据接收方
公共部门机构、欧盟委员会等	出于执行符合公共利益的特定任务的特殊需要而要求数据持有者提供数据的公共部门机构、欧盟委员会、欧盟中央银行及欧盟机构
数据处理服务提供商	向欧盟用户提供数据处理服务的服务提供商，无论其成立地点是否位于欧盟
智能合约①应用程序供应商等	欧盟数据空间的参与者和使用智能合约的应用程序供应商，以及为他人部署智能合约的人员

三、《数据法》的适用客体

在客体方面，《数据法》适用于个人数据和非个人数据，并针对不同类型的数据的不同数据处理活动作出规范，具体如表2所示。

表2 《数据法》的适用客体

数据类型	《数据法》规制内容
与联网产品及关联服务的性能、使用和环境有关的数据②	企业对消费者和企业对企业的数据共享活动
受法定数据共享义务约束的任何私营部门数据	数据持有者根据欧盟法提供数据的义务
企业间基于合同获取和使用的任何私营部门数据	与企业间数据访问和使用有关的不公平合同
任何私营部门数据（以非个人数据为主）	因特殊需要向公共部门机构、欧盟委员会、欧盟中央银行、联盟机构提供数据的行为

① 智能合约，是指通过电子数据记录并确保其时间序列的完整性和准确性，用于自动执行协议或其部分的计算机程序。

② 不包括具体服务内容数据，例如，用户记录、传输、显示或播放内容。

续表

数据类型	《数据法》规制内容
数据处理服务提供商处理的任何数据	数据处理服务切换行为
数据处理服务提供商在欧盟持有的任何非个人数据	非个人数据的非法跨国政府访问和传输

四、《数据法》下的数据流通安排

作为欧盟数据流通规则，《数据法》对企业—用户（Business - to - Customer，B2C）、企业—企业（Business - to - Business，B2B）、企业—公共部门（Business - to - Government，B2G）等场景的数据共享进行了具体规定，厘清了企业、用户、公共部门等主体在数据流通过程中的权责关系。本文主要聚焦企业—用户和企业—企业之间的数据流通制度安排，以下将重点阐述。

（一）数据持有者向用户提供数据（B2C）

在数据持有者向用户提供数据方面，《数据法》设计了默认提供和基于申请提供的互补路径，并对数据持有者如何向用户提供联网产品及关联服务数据提出了较为具体的要求。数据共享路径：基于默认提供和基于申请提供。具体如下。

（1）基于默认提供。联网产品的设计和制造，以及关联服务的设计和提供，在技术可行的情况下，应确保用户能够基于默认，方便、安全、免费地直接访问以全面、结构化、通用和机器可读的格式呈现的产品数据和关联服务数据，包括解释和使用数据所需的相关元数据。

（2）基于用户申请提供。当用户不可直接访问相关数据时，可向数据持有者申请获取相关数据，数据持有者应当在没有不当延迟的情况下，以全面、结构化、通用和机器可读的格式，免费向用户提供任何现成可用的数据，以及解释和使用该数据所需的元数据。

针对基于用户申请提供数据的场景，为防止用户权利行使受阻和权利滥用，《数据法》还设置相应的数据流通保障机制。

一方面，要求数据持有者不得为用户设置任何行权障碍，包括要求用户提供除身份验证之外的信息、通过页面设计等方式损害用户的自主选择权。

另一方面，《数据法》关注数据持有者端的商业秘密保护问题，明确当用户获取的数据涉及商业秘密时，只有当数据持有者与用户均采取了必要措施以维护其机密性，并对商业秘密保护进行协商、约定后，数据持有者才应当向其提供相关数据。如在双方未能就商业秘密保护达成一致，或用户未能有效保护商业秘密的情况下，数据持有者可暂停向用户共享商业秘密数据；如数据持有者有证据证明即使用户采取了上述保护措施，仍极有可能因商业秘密泄露给其造成严重经济损失的，其可在个案中拒绝用户的数据获取请求。

（二）数据持有者基于用户请求向第三方共享数据（B2B）

《数据法》第5条规定，当用户或其代理人要求将联网产品及关联服务数据共享至第三方时，数据持有者应当在没有不当延迟的情况下，以全面、结构化、通用和机器可读的格式，按照与数据持有者获取该等数据的同等质量，免费向该第三方提供任何现成可用的数据，以及解释和使用该数据所需的元数据。在技术可行的情况下，此类数据应当连续实时地提供。

针对企业与企业之间的数据共享，为防止企业利用该规则不当获取或使用其他企业的数据，维护数据持有者的合法权益，《数据法》对该场景下的数据共享作出了以下限制。

（1）适用范围限制。将尚未投放市场的新产品、新物质或新工艺测试的现成可用的数据排除在企业间数据共享的范围之外，数据持有者与用户签订的合同另有约定的除外。

（2）数据获取手段限制。第三方不得使用胁迫手段或者滥用数据持有者旨在保护数据的技术基础设施中的漏洞来获取数据。

（3）商业秘密限制。涉及商业秘密的数据仅在为实现用户与第三方商定的目的所必要的情形下，才需要向第三方披露。数据持有者或商业秘密持有者应当与该第三方协商确定商业秘密保护措施，如在双方未能就商业秘密保护达成一致，或第三方未能有效保护商业秘密的情况下，数据持有者可暂停向第三方提供商业秘密数据；如数据持有者有证据证明即使第三方采取了上述保护措施，仍极有可能因商业秘密泄露给其造成严重经济损失的，其可在个案中拒绝用户的数据获取请求。

（4）再提供限制。获取数据的第三方不得将数据提供给其他第三方，除非该第三方与用户签署的合同另有约定的。

（5）数据使用限制。获取数据的第三方不得将所获取的数据用于开发与数据来源的相关产品竞争的产品，或基于此目的向任何第三方共享数据。

（6）数据分析限制。获取数据的第三方不得使用其所获取的数据来深入了解数据持有者的经济状况、资产状况、生产方法或数据使用情况。

（7）产品安全限制。获取数据的第三方不得以对联网产品或关联服务的安全性产生不利影响的方式使用所获取的数据。

（8）商业限制。获取数据的第三方不得阻止用户将其获取的数据提供给其他方。

除以上限制外，《通用数据保护条例》（General Data Protection Regulation，GDPR）对于个人数据处理的相关规定依然适用。换言之，企业在对个人数据进行共享时仍需要满足存在合法性基础、数据传输保护措施等要求。

此外，值得注意的是，《数据法》第3章“根据欧盟法律有义务向第三方提供数据的数据持有者的义务”的适用范围不仅覆盖《数据法》下的企业间数据流通场景，也包括数据持有者根据其他欧盟法律向第三方提供数据的场景。基于此，即使相关企业并不涉及联网产品相关业务，仍有必要关注《数据法》下的相关规定，识别自身的数据共享义务。

五、《数据法》如何保障数据公平自由流通

（一）破除专有权壁垒：明确联网产品数据不受《数据库指令》保护

在欧盟立法体系下，数据专有权保护是数据流通面临的首要困境。根据欧盟《数据库指令》的规定，内容选择、编排具有独创性的数据受到版权保护；而对于不具有独创性的数据，《数据库指令》则创制了"数据库特别权利"（sui generis right），对其赋予"抽取权"（right of extraction）和"再使用权"（right of re－utilization），在实质上授予了数据库所有者共享数据库中数据的专有权利。其中，"抽取"是指以任何方式或形式将（数据库的）全部或主要（substantial part）内容予以永久或暂时性地转移到另一载体（或介质）；"再使用"是指通过分发复制品、出租、线上或其他形式的传输，以任何形式向公众提供一个数据库的全部或主要内容。

此外，尽管《数据库指令》所规定的权利保护期限为 15 年，然而，数据库所有者只要对数据库不断更新且达到"相当投资"的水平（包括对数据库的维持与内容的确认等），即可重新计算保护期间，实际上等于赋予其无限期的数据共享专有权，无疑将成为数据流动利用的重大阻碍。

随着人工智能、物联网技术的持续发展，联网产品数据已成为企业从事产品研发、更新迭代的重要资源，《数据库指令》的垄断式赋权已难以适应当下突出数据流动、数据要素资源开发利用的经济发展需求，《数据法》第 35 条特别明确了《数据库指令》规定的数据库特别权利不适用于联网产品或关联服务中获取或产生的数据，已在实质上打破了数据库专有权利赋予数据持有者的垄断式保护。值得关注的是，《数据法》第 35 条仅排除了数据库特别权利，并未排除对于内容选取、编排具有独创性的数据库的版权保护，在数据选取、编排上具有独创性的数据库仍可受到版权保护。

（二）消解市场障碍：推动数据公平获取，防范数据垄断

1. 限制守门人获取数据

为了维护数字市场竞争秩序，欧盟于2022年通过《数字市场法》（Digital Market Act），对大型数字平台（守门人）提出了特殊的监管要求，平台数据反垄断进入落地阶段。作为回应，《数据法》对守门人获取用户数据进行了严格限制，以防止大型科技平台企业基于自身强大的经济、技术实力，利用旨在实现数据公平共享的数据流通规则，强化自身垄断势力，具体如下：

（1）守门人不得以任何方式（包括提供金钱或任何其他补偿）招揽或商业激励用户，将其从数据持有者处获取的数据用于该守门人的服务；

（2）守门人不得招揽或商业激励用户，请求数据持有人向该守门人的某项服务提供数据；

（3）守门人不得接收用户从数据持有者处请求获取的数据；

（4）数据接收方不得将基于用户请求所取得的数据提供给守门人。

概言之，守门人将被禁止通过任何渠道获取根据《数据法》共享的任何数据，包括通过用户直接获取或通过数据接收方间接获取。对此，需要提示的是，如相关企业基于用户请求从数据持有者处获取了相关数据，应避免向守门人提供此类数据，特别是在与守门人合作开发或运维相关联网产品或关联服务的过程中，应确保此类数据不向守门人传输。

2. 为中小微企业提供倾斜保护

（1）数据提供义务豁免

对于小微企业，[1]《数据法》明确，该法项下的B2C、B2B数据提

---

① 根据欧盟相关立法，微型企业是指员工人数少于10人且年营业额或资产负债表（公司资产负债表）低于200万欧元的企业；小型企业是指员工人数少于50人且年营业额或年资产负债表总额不超过1000万欧元的企业；中型企业是指员工人数少于250人且年营业额不超过5000万欧元和/或年资产负债表总额不超过4300万欧元的企业。

供义务不适用于微型企业或小型企业制造或设计的联网产品或提供的相关服务所产生的数据；对于中型企业，《数据法》将该豁免的时间范围限制在联网产品使用或投入市场后1年内（以较近者为准）。

（2）制止不公平合同，保障数据公平访问和获取

根据《数据法》第8条的规定，数据持有者与数据接收方应当协商确定数据共享的具体安排，获取数据的条件应符合公平、合理和非歧视原则（FRAND原则），如相关合同或条款的规定属于一方单方面强加给另一方的不公平合同条款，则将被视为无效，对另一方无约束力。此外，依据《数据法》的前言，欧盟委员会后续还将制定示范合同条款，协助相关企业确保数据共享协议的公平性，并将引入一项针对合同的不公平性测试（unfairness test），防止大型企业借助自身优势地位，滥用数据共享机制，损害中小微企业的利益。

（三）弥合技术分歧：推动数据处理服务互操作

除扫除上述法律和市场障碍外，《数据法》还对促进数据流通的技术性要求进行了明确，强调用户的服务切换自由和数据处理服务的互操作性。一方面，数据处理服务提供商应当消除用户在不同服务间切换的障碍，并逐步取消切换费用；另一方面，云服务提供商及数据处理服务提供商应满足互操作性要求。特别是对于云服务提供商而言，其不仅需要建立便于用户在不同云服务提供商切换的技术框架，还负有较为严格的信息披露义务，具体包括：

（1）应当充分说明数据集的内容、使用限制、许可证、数据收集方法、数据质量和不确定性，并应采用机器可读的格式予以披露，便于接收者查找、获取和使用数据；

（2）应当公开数据结构、数据格式、词汇表、分类方案、分类法和代码表（如有）等信息，并采用一致的方式对上述信息进行描述；

（3）应当充分描述访问数据的技术手段。

此外，欧盟还将制定云服务互操作性技术标准和数据处理的开放式互操作性规范和统一标准，确保数据的可携带性和数据处理服务之间的

互操作性。笔者理解的是，随着未来欧盟推出相应的实施细则和技术标准，互操作性将成为赴欧企业数据合规的必答题，相关企业有必要密切关注欧盟的相关立法动态，并尽早引入专业机构对公司可能涉及的互操作性要求进行梳理并提供合规建议。

六、对比与展望：中国数据流通立法趋势解析及制度建议

在数字经济时代，数据已成为新的经济发展推动力，数据资源的挖掘、获取以及数据资源的开发、利用已成为各国部署国际竞争战略、提升国际竞争力的战略高地。如何推动数据在不同主体之间有序、顺畅流动，已成为全球立法者、政策制定者的共同议题。《数据法》作为全球首部针对企业间数据流通利用的系统性立法，无疑将成为各国数据流通利用立法探索的重要范本。

近年来，我国也高度关注数据要素流通利用机制的探索。在国家政策层面，2022 年 12 月，中共中央、国务院发布《关于构建数据基础制度更好发挥数据要素作用的意见》，明确要更好发挥数据要素作用，并提出要构建；在地方立法层面，浙江、江苏、北京等地已发布数据知识产权登记管理办法，探索数据知识产权登记制度的落地方案。从我国现有政策、立法来看，我国对于数据流通利用的探索以构建数据产权为核心，强调通过构建数据资源持有权、数据加工使用权和数据产品经营权三权分置的数据产权制度来推动数据交易的方式，推动数据要素的开发利用。

与我国立法思路不同的是，《数据法》选择绕过难以在短期解决的数据权益归属问题，从公平分配数据价值入手，通过设定用户、数据持有者、数据接收者等各方权利义务来构建数据流通利用的具体路径，从而在尽量短的时间内达成共识性的数据流通利用规则。

鉴于我国与欧盟在立法思路上存在差别，以及在数字经济发展水平上也存在一定的不同，我国在制定数据流通相关立法的过程中，可考虑借鉴《数据法》的部分思路。立法目标不仅需考虑国内数字市场现状及国际数字竞争，还需确保数据流通规则符合中国数字经济发展需求。

首先，可通过立法明确各方主体在数据流通过程中的权利义务。尽管我国当前的探索路径聚焦于数据分权，笔者认为，在数据产权制度框架下，仍可借鉴《数据法》对于各方权利义务的细化规定，明确各方主体在数据流转交易过程中的权利义务边界，为相关企业提供具体细化的制度性指导。

其次，关注数据共享的公平性，防止大型企业滥用数据共享机制牟取垄断地位。网络效应的存在导致数字市场存在天然的垄断倾向，大型数字企业往往具有极强的经济、技术、数据、算法优势，其有能力也有动力通过不公平的数据共享条款攫取竞争优势；而当大量数据被控制在少数具有先发优势的数字巨头，中小微型企业又难以自行收集相关数据的情况下，若前者拒绝提供数据，将导致中小微型企业难以开展后续的数据利用，抑制数据要素价值的充分释放。

最后，进一步推进技术互操作性建设。技术互操作性是数据在企业间顺畅流动的又一基础，为了防止技术互操作性不足导致数据实质性被锁定在某些企业，笔者建议，立法者应当考虑推进数据技术标准化和互操作性建设，在兼顾中小微型企业技术实力的基础上，通过制定统一的技术标准，消除数据在不同主体间流通时的技术障碍。

七、结语

在各国数据利用立法不足、缺乏统一技术标准的当下，企业间数据流通仍然面临着权属不清与技术互操作性等多方面挑战，数据自由流通利用的理想图景与现实间仍然横亘着一条权属和技术鸿沟。欧盟《数据法》着眼数据价值的公平分配，越过难以在短期内达成共识的数据权属问题，直接从方法论的维度铺开数据流通的立法之路。

“他山之石，可以攻玉。”《数据法》不仅为欧盟提供了一套较为完善可行的数据流通利用方案，也为我国未来制定数据流通利用规则提供了重要参考。尽管目前我国尚无国家层面关于规范数据流通利用的法律法规，可以预见的是，数据要素的流通与利用也将成为我国未来一段时期内的重点议题，欧盟当前提出的方案无疑也将成为我国后续相关立法活动的重要参考。在这样的背景下，无论企业是否涉及赴欧盟开展相关业务，均有必要予以关注；尤其是在涉及互操作性、服务切换等方面时，应当积极开展技术研讨和后续的标准制定讨论，最大限度地维护自身发展利益。

（本文仅代表作者个人观点。特约编辑：江莉）

2024 年中国国际经济贸易仲裁委员会《仲裁规则》亮点评析

环中争议解决团队*

作为中国最早设立和最具代表性的常设仲裁机构、中国最早设立的涉外仲裁机构①，中国国际经济贸易仲裁委员会一直以来是我国仲裁事业发展的先驱，在推动我国仲裁专业化、国际化发展方面体现了其应有的担当。2021 年，Queen Mary 玛丽女王发布最新国际仲裁报告，中国国际经济贸易仲裁委员会在评选中首次跻身前五，与 ICC（国际商会）、SIAC（新加坡国际仲裁中心）、HKIAC（香港国际仲裁中心）、LCIA（伦敦国际仲裁院）并称为全球最受欢迎的仲裁机构。② 2024 年伊始，中国国际经济贸易仲裁委员会正式施行《中国国际经济贸易仲裁委员会仲裁规则（2024）》（以下简称 2024 年《仲裁规则》），彰显了中国国际经济贸易仲裁委员会勇于迎接新时代挑战，通过打造科学合理的仲裁规则，提质增效，积极建设国际一流仲裁机构的决心。

一、仲裁庭自裁管辖权

2024 年《仲裁规则》第 6.1 条在《中国国际经济贸易仲裁委员会

---

* 环中律师事务所成立于 1993 年，是中国司法部最早批准设立的合伙制律师事务所之一。

① 《贸仲首发全球仲裁员倡议——共同推进仲裁创新发展》，载共同推进仲裁创新发展，https：//www. moj. gov. cn/pub/sfbgw/fzgz/fzgzggflfwx/fzgzggflfw/202209/t20220909_463333. html。

② See Queen Mary, *2021 International Arbitration Survey: Adapting Arbitration to a Changing World*, Queen Mary University of London & School of International Arbitration, p. 9.

仲裁规则（2015）》（以下简称2015年《仲裁规则》）的基础上，明确了中国国际经济贸易仲裁委员会仲裁庭享有自裁管辖权，具体如下（见表1）。

表1　仲裁庭自裁管辖权

法律名称	2015年《仲裁规则》	2024年《仲裁规则》
相关内容	第6.1条　仲裁委员会有权对仲裁协议的存在、效力以及仲裁案件的管辖权作出决定。如有必要，仲裁委员会可以授权仲裁庭作出管辖权决定。	第6.1条　仲裁委员会有权对仲裁协议的存在、效力以及仲裁案件的管辖权作出决定。仲裁庭组成后，仲裁委员会授权仲裁庭作出管辖权决定。

仲裁庭自裁管辖权原则（Rule of Competence－Competence）是国际上商事仲裁的通行规则，简单来说就是“仲裁庭有权决定自己的管辖权”。在2015年《仲裁规则》项下，仲裁庭的自裁管辖权需要得到仲裁委员会的授权；2024年《仲裁规则》则在尊重仲裁庭自裁管辖权方面迈出重要一步，仲裁庭一经组成，即可以行使自裁管辖权。

其实，司法部早在2021年颁布的《仲裁法（修订）（征求意见稿）》（以下简称2021年《仲裁法征求意见稿》）中就已体现了对仲裁庭自裁管辖权的松绑及肯定，明确当事人对仲裁庭管辖权的异议“应当在仲裁规则规定的答辩期限内提供，由仲裁庭作出决定”。此次中国国际经济贸易仲裁委员会颁布新规，在遵循仲裁庭自裁管辖权原则方面响应我国仲裁法改革趋势、与国际主流接轨，将更好地助力我国仲裁事业发展。

二、数字化、智能化仲裁

在“人工智能＋”时代背景下，将数字化、智能化引入仲裁程序已成为大势所趋。中国国际经济贸易仲裁委员会于2024年《仲裁规则》项下，推进构建了一套涵盖网上立案、信息化存储系统、电子送达、远程视频开庭、电子签名等基于现代信息技术便捷高效的仲裁案件审理模式，旨在更好地适应数字经济时代需求，打造快速、公正、高效的争议

解决平台。（见表2）

表2　数字化、智能化仲裁

法律名称	2015年《仲裁规则》	2024年《仲裁规则》
相关内容	第8.1条　有关仲裁的一切文书、通知、材料等均可采用当面递交、挂号信、特快专递、传真或仲裁委员会仲裁院或仲裁庭认为适当的其他方式发送。	第8.1条　有关仲裁的一切文书、通知、材料（以下简称“仲裁文件”）等均可采用当面递交、挂号信、特快专递、传真、电子方式及其他任何能提供投递记录的通讯手段，或仲裁委员会仲裁院或仲裁庭认为适当的其他方式发送。电子方式送达包括向当事人约定/指定的电子邮箱、其他电子通讯地址，以及经由仲裁委员会信息化存储系统、各方可无障碍存取的信息系统等以电子形式送达仲裁文件。 第8.2条　仲裁文件可优先采用电子方式送达。
	第11条　仲裁程序自仲裁委员会仲裁院收到仲裁申请书之日起开始。	第11条　仲裁程序自仲裁委员会仲裁院收到仲裁申请书之日起开始。申请人向仲裁委员会书面提交仲裁申请及/或通过仲裁委员会网上立案系统申请仲裁的，仲裁程序开始于最先收到的日期。
	无	第37.5条　仲裁庭可在商各方当事人意见后，根据仲裁案件的具体情况，自行决定以现场出席、远程视频及其他适当的电子通讯方式开庭。 第37.6条　仲裁委员会仲裁院提供开庭设施及远程视频开庭的行政后勤支持。
	第49.7条　除非裁决依首席仲裁员意见或独任仲裁员意见作出并由其署名，裁决书应由多数仲裁员署名。持有不同意见的仲裁员可以在裁决书上署名，也可以不署名。	第52.7条　除非裁决依首席仲裁员意见或独任仲裁员意见作出并由其署名，裁决书应由多数仲裁员署名。持有不同意见的仲裁员可以在裁决书上署名，也可以不署名。仲裁员电子签名与手写署名具有同等效力。

早在2016年，“智慧法院”建设便被纳入国家信息化发展战略，[①] 2021年年底，司法部印发《全国公共法律服务体系建设规划（2021—2025）》进一步强调了“推进智慧法律服务”“提高法律服务智能化水平”的要求。中国国际经济贸易仲裁委员会此次制定新规响应中央号召、顺应时代发展，将网络信息技术应用到仲裁申请、仲裁文件送达、开庭、裁决作出等各个阶段，在打造新时代数字化仲裁方面起到示范引领作用。

尽管目前数字化仲裁尚处于初步发展阶段，其可能带来的数据信息安全隐患，及对仲裁保密原则、正当程序原则的价值冲击同样不容忽视，但时代的车轮滚滚向前，我们不能因噎废食，当下更应借鉴智慧法院、ICC等国际知名仲裁机构的制度经验，积极探索数字化仲裁规范与发展之间的动态平衡，方能把握仲裁的时代话语权，在传统仲裁向智能仲裁转型的过程中向世界贡献中国智慧。[②]

三、仲裁前的协商与调解

2024年《仲裁规则》新增了当事人约定多层次争议解决条款（Multi - tiered Dispute Resolution Clauses）对仲裁程序影响的内容。在实践中，许多当事人会约定仲裁之前进行“协商、调解”的前置程序，在经过一定期限、或协商调解不成的，方可将相关争议提交仲裁。2024年《仲裁规则》第12.2条，在尊重当事人意思自治的基础之上，明确了当事人事先是否实际进行协商或调解，不影响申请人提起仲裁申请及中国国际经济贸易仲裁委员会受理仲裁案件的态度。（见表3）

---

① 参见《最高法工作报告解读系列访谈：加快建设智慧法院》，载最高人民法院，https：//www. court. gov. cn/zixun/xiangqing/85032. html。

② 参见《贸仲委发布新版〈仲裁规则〉：推进数字化智能化在仲裁程序广泛应用》，载中国发展网，http：//www. chinadevelopment. com. cn/news/zj/2023/09/1857141. shtml。

表 3 仲裁前的协商与调解

法律名称	2015 年《仲裁规则》	2024 年《仲裁规则》
相关内容	无	第 12.2 条 仲裁协议约定仲裁前应进行协商、调解程序的，可协商、调解后提交仲裁申请，但未协商、未调解，不影响申请人提起仲裁申请及仲裁委员会仲裁院受理仲裁案件，除非所适用的法律或仲裁协议对此明确作出了相反规定。

近年来，一方当事人以仲裁条款项下的前置“协商、调解”程序未完成为由，挑战仲裁程序的进行，甚至挑战仲裁裁决的情况屡见不鲜，当事人也通常会援引《仲裁法》第 58 条第 3 款，主张未完成前置的“协商、调解”的事实，构成“仲裁的程序违反法定程序”的情形。而就该问题，法院的主要思路包括以下三种：一是将协商、调解程序认定为非仲裁程序性事项；[①] 二是采取较宽松、灵活的方式尽可能认定协商程序已经满足；[②] 三是认为当事人一方提交仲裁的事实，即表明“协商、调解不成”的前置条件已经达成。[③] 总而言之，近年来司法实践的趋势，基本上不会以前置协商程序未满足为由，而支持撤裁或不予执行仲裁裁决，2022 年 1 月最高人民法院发布的《全国法院涉外商事海事审判工作座谈会会议纪要》第 18 条第 107 项“未履行协商前置程序不违反约定程序”同样就该问题阐明了态度。[④]

2024 年《仲裁规则》新增第 12.2 条，鼓励并尊重了当事人通过一系列替代性争议解决方式组合，以及多层次争议解决条款的设计，以“对抗性”更小的方式，自治性地解决纠纷的意图；与此同时，也考虑到在实践中当事人以仲裁程序前置条件未满足为“借口”，故意拖延仲

① 参见姜某峰与被申请人李某宇申请撤销仲裁裁决案，（2019）京 04 民特 310 号民事裁定书。

② 参见上海轩都娱乐有限公司与上海市南市发展体育事业部申请撤销仲裁裁决案，（2018）京 04 民特 408 号民事裁定书。

③ 参见润和发展有限公司申请不予执行仲裁裁决案，（2008）民四他字第 1 号复函。

④ 《关于修订〈中国国际经济贸易仲裁委员会仲裁规则〉的说明》。

裁程序、挑战仲裁裁决的现象，并提出了积极应对方式。事实上，仲裁中调解也属常态，当事人提起仲裁并不影响其继续协商、调解解决争议。中国国际经济贸易仲裁委员会此次修订很好地兼顾了公平与效率价值，有利于依法及时保护当事人正当权益，[①] 同时，保障中国国际经济贸易仲裁委员会仲裁裁决的权威。

四、仲裁中追加合同、合并仲裁

2024 年《仲裁规则》对“多合同仲裁、合并仲裁”相关规定同样进行了修订。（见表 4）

表 4　多合同仲裁、合并仲裁

法律名称	2015 年《仲裁规则》	2024 年《仲裁规则》
相关内容	无	第 14.2 条　同时符合上述第（一）款 1、2、3 项规定情形的，申请人可在仲裁程序中申请追加合同，但上述申请过迟影响仲裁程序正常进行的，可决定不予追加合同。 第 14.3 条　上述第（一）（二）款程序事项，由仲裁委员会仲裁院决定。在仲裁庭组成后提出追加合同申请的，由仲裁庭决定。
	第 19.1.2 条　各案仲裁请求依据多份仲裁协议提出，该多份仲裁协议内容相同或相容，且各案当事人相同、各争议所涉及的法律关系性质相同。 第 19.1.3 条　各案仲裁请求依据多份仲裁协议提出，该多份仲裁协议内容相同或相容，且涉及的多份合同为主从合同关系。	第 19.1.2 条　各案仲裁请求依据多个合同仲裁协议提出，该多个合同系主从合同关系、或多个合同所涉当事人相同及法律关系性质相同、或多个合同所涉标的具有牵连关系，且多个合同仲裁协议内容相同或相容。

此次修订，中国国际经济贸易仲裁委员会基于丰富的实践经验，率先提出了“仲裁中追加合同”的概念，并允许“所涉标的具有牵连关

① 《关于修订〈中国国际经济贸易仲裁委员会仲裁规则〉的说明》。

系”的多个合同进行合并仲裁。这一举措将有效减少仲裁成本、提高仲裁效率，同时亦能避免多份有牵连关系的合同，于同一仲裁机构、不同仲裁庭仲裁情景下，所可能带来的多份仲裁裁决内容或结果不一致的问题。

五、变更或新增代理人

此次贸仲仲裁规则的修改，注意到变更或新增代理人所带来的仲裁中的利益冲突关系变化问题，针对实践中当事人以变更或新增仲裁代理人为手段，导致利用利益冲突逼迫仲裁庭回避的现象进行了应对，有利地维护了仲裁庭审的效率与公正。

创造和维护仲裁公信力的一个重要内容，就是仲裁员必须独立和公正地履行职责。变更或新增代理人是当事人的权利，但是其行使必须公平合理，且不得导致任何不公正情形的出现。如果出现可能导致不公平以及可能影响仲裁员独立性的情形，仲裁机构应当采取必要措施，包括不接受变更或新增代理人。（见表5）

表5　变更或新增代理人

法律名称	2015年《仲裁规则》	2024年《仲裁规则》
相关内容	无	第22.2条　仲裁庭组成后当事人变更或新增代理人的，仲裁委员会仲裁院院长可考虑当事人在合理期限内对仲裁员回避事项发表意见的情况、仲裁庭审理案件的进展等因素，采取必要措施防止仲裁员因当事人代理人的变化而产生的利益冲突，包括排除新的仲裁代理人参与仲裁程序。

六、仲裁庭的组成

2024年《仲裁规则》丰富了仲裁庭组庭相关规定，也是中国国际经济贸易仲裁委员会本次修订仲裁规则的重大亮点之一。（见表6）

表 6　仲裁庭的组成

法律名称	2015 年《仲裁规则》	2024 年《仲裁规则》
相关内容	无	第 26.4 条　如果当事人约定的组庭方式存在显著的不公平或不公正，或当事人滥用权利导致仲裁程序不必要的拖延、仲裁委员会主任可依据公平原则确定组庭方式或指定仲裁庭的任一组成人员。
	无	第 27.3 条　双方当事人可以约定由其各自选定的两名仲裁员共同选定首席仲裁员，该两名仲裁员在分别接受选定后 7 天内共同选定或共同委托仲裁委员会主任指定首席仲裁员，未在上述期限内共同选定或共同委托仲裁委员会主任指定的，由仲裁委员会主任指定首席仲裁员。
	无	第 27.5 条　经双方当事人约定或共同请求，仲裁委员会主任可以提名 3 名首席仲裁员人选供其在收到提名名单后 7 日内选定首席仲裁员。 除非当事人另有约定，本款应使用下述名单方法指定/选定首席仲裁员： 1. 每一方当事人可排除其反对的一人或数人并将提名名单上保留的人选名单提交仲裁委员会仲裁院。 2. 如双方当事人保留名单有一名相同人选的，则该人选为双方当事人共同选定的首席仲裁员；如双方当事人保留名单有两名或以上相同人选的，则由仲裁委员会主任根据案件的具体情况确定其中一名人选为许诺仲裁员，该名首席仲裁员仍为双方共同选定的首席仲裁员；双方当事人未选定相同人选时，由仲裁委员会主任在提名名单外指定首席仲裁员。

仲裁的质量取决于仲裁员（Arbitration is as Good as Arbitrator），仲裁员的公正性、独立性是仲裁裁决公信力的直接保障。我国现行《仲裁法》第 58 条明确将“仲裁庭的组成违反法定程序”列为仲裁裁决被撤销的情形之一，组庭程序正当的重要性也因此不言而喻。

有关仲裁庭组成的内容，2024 年《仲裁规则》在 2015 年《仲裁规则》基础上的创新、突破主要有以下三个方面。

首先，中国国际经济贸易仲裁委员会关注到实践中因“当事人意思自治”“当事人程序权利”超出合理限制，所导致的组庭程序不公，以及仲裁程序不必要拖延等问题，因此参考 ICC 现行仲裁规则第 12.9 条规定，允许中国国际经济贸易仲裁委员会主任在例外情况下，基于公平原则确定组庭方式或指定仲裁员，以维护中国国际经济贸易仲裁委员会仲裁的庭审权威。

其次，三人仲裁庭是实践中最为常见的形式，与 2015 年《仲裁规则》相比，2024 年《仲裁规则》项下有关首席仲裁员的产生，新增“当事人约定仲裁员共同选定”的模式，明确由当事人选定边裁后，由边裁共同选定首席仲裁员。该模式与 UNCITRAL 现行仲裁规则第 9.1 条保持了高度一致，在尊重当事人意思自治的基础上，兼顾了公正与效率价值。

最后，2024 年《仲裁规则》第 27.5 条规定了仲裁委员会主任提供首席仲裁员人选名单制度。在现实中大多数情况下，当事人是因信赖中国国际经济贸易仲裁委员会的公信力而选择中国国际经济贸易仲裁委员会仲裁，对于中国国际经济贸易仲裁委员会各个仲裁员的专业、素质、背景等信息很可能缺乏充分了解。当前，允许仲裁委员会主任向当事人提供首席仲裁员人选名单，具备现实合理性，也尽可能地平衡了“当事人意思自治”与“仲裁员公正性、独立性”之间的关系，体现了程序正当的精义。

综上所述，2024 年《仲裁规则》借鉴国际主流仲裁制度，对仲裁员的组庭程序进行了详尽规范，将有效保障中国国际经济贸易仲裁委员会仲裁裁决质量，维护贸仲的声誉及公信力。

七、中国国际经济贸易仲裁委员会《中国国际经济贸易仲裁委员会证据指引》

与 2024 年《仲裁规则》同时生效施行的还有中国国际经济贸易仲裁委员会 2024 年《中国国际经济贸易仲裁委员会证据指引》（以下简称 2024 年《证据指引》）。值得一提的是，即便不构成 2024 年《仲裁

规则》的组成部分，但经仲裁庭决定，2024 年《证据指引》可适用于案件审理。（见表 7）

表 7　证据指引

法律名称	2015 年《仲裁规则》	2024 年《仲裁规则》
相关内容	无	第 41.4 条　除非当事人另有约定，仲裁庭可以决定适用或部分适用《中国国际经济贸易仲裁委员会证据指引》（以下简称《证据指引》）审理案件，但该《证据指引》不构成本规则的组成部分。

商事仲裁领域其实并不缺证据规范，1999 年国际律师协会颁布的《IBA 国际仲裁取证规则》，以及 2018 年由大陆法系专家小组编写的《布拉格规则》，均在国际商事仲裁证据活动中发挥着无可替代的规范和指引作用。

中国国际经济贸易仲裁委员会其实早在 2015 年便已颁布证据指引，只是 2015 年证据指引只有经当事人在具体案件中约定适用后，方可适用。也因为如此，在实践中，2015 年证据指引的适用率并不高，未能发挥其应有的效果。而根据 2024 年《仲裁规则》第 41.4 条的规定，2024 年《证据指引》的适用并不受限于当事人约定，“仲裁庭可以决定适用或部分适用《证据指引》审理案件”，这毫无疑问地将《证据指引》提升至更为重要的地位。

我国现行《仲裁法》一直将“裁决所根据的证据是伪造的”“对方当事人隐瞒了足以影响公正裁决的证据”作为撤裁事由，充分说明了证据对于公正裁决的重要意义。此次中国国际经济贸易仲裁委员会颁布新规，明确仲裁庭决定《证据指引》适用的权力，并于《证据指引》项下对“举证、质证、证据认定”各个环节进行了细致规范，将有效减少现实中的证据违规情形，也可以进一步与国际仲裁惯例相结合，提高中国国际经济贸易仲裁委员会裁决质量。

八、第三方资助

在仲裁中，因第三方资助的介入，可能产生新的利益冲突关系，仲裁庭的公正性、独立性也因此受到影响。伴随近年来第三方资助在我国的发展，2024 年《仲裁规则》新增有关第三方资助的规定，值得关注。（见表 8）

表 8　第三方资助

法律名称	2015 年《仲裁规则》	2024 年《仲裁规则》
相关内容	无	第 48.1 条　获得第三方资助的当事人应在签署资助协议后，毫不迟延地将第三方资助安排的事实、经济利益、第三方的名称与住址等情况提交仲裁委员会仲裁院。仲裁委员会仲裁院应转交相关当事人和仲裁庭。仲裁庭认为必要的，可要求获得第三方资助的当事人披露相关情况。 第 48.2 条　在就仲裁费用和其他相关费用作出裁决时，仲裁庭可以考虑是否存在第三方资助情形，以及当事人是否遵守第（一）款的规定。

根据 2021 年 UNCITRAL 第三工作组颁布的《关于 ISDS 改革的第三方资助规则草案》的规定，第三方资助是指，非争议当事方的自然人或法人，通过捐赠、赠与，或者根据仲裁结果收取报酬的方式，向争议的一方当事人直接或间接提供资助或其他同等性质的支持。① 但考虑在当前仲裁实践中第三方资助的范围已经不拘泥于资金费用的支持，第三方资助者还可能对案件的重大战略决策进行控制和密切监督，其资助内容取决于资助双方的内部规则和协议等原因，② 2024 年《仲裁规则》仅对第三方资助披露事项及第三方资助对仲裁费用最终承担的影响作出规定，有关第三方资助的概念和范围，尚且留白。

其实早在 1998 年，英国高等法院于 Bevan Ashford v. Geoff Yeandle

① Article Ⅱ A of Draft Provisions on Third – party Funding: Is any provision of direct or indirect funding or equivalent support to a party to a dispute by a natural or legal person who is not a party to the dispute through a donation or grant, or in return for remuneration dependent on outcome of the proceeding.

② 《关于修订〈中国国际经济贸易仲裁委员会仲裁规则〉的说明》。

（贝芬诉格夫）判例中便肯定了第三方资助可适用于国际仲裁案件,[1]自此以后，第三方资助的发展便势不可挡。目前，在英国、澳大利亚、新加坡等普通法系国家已经形成了较为成熟的制度规范，ICC、HKIAC、SIAC 等国际知名仲裁机构的现行仲裁规则均纳入了第三方资助内容，认同仲裁中第三方资助的合法性。此外，第三方资助对投资仲裁一类涉案金额巨大的国际案件尤其具有重要意义，国际律师协会也早在 2014 年便意识到在仲裁中第三方资助的介入对利益冲突关系可能带来的影响。[2]

第三方资助在国内的兴起相对滞后，从制度层面来讲，2017 年 7 月，中国国际经济贸易仲裁委员会出台了《第三方资助仲裁指引》，2017 年 10 月，中国国际经济贸易仲裁委员会制定的《中国国际经济贸易仲裁委员会国际投资争端仲裁规则（试行）》纳入了“第三方资助”，首开先河地对投资仲裁中的第三方资助问题进行了规制。[3] 在司法实践中，直至 2022 年 11 月，北京市第四中级人民法院在董某成等与国银飞机租赁（天津）有限公司申请撤销仲裁裁决一案[4]中，首次肯定了在仲裁中第三方资助的合法性，并对第三方资助相关的利益冲突、披露义务、与仲裁保密性的冲突等相关问题进行了全面解读。

此次，中国国际经济贸易仲裁委员会颁布 2024 年《仲裁规则》，一方面，顺应国际潮流、我国最新司法实践，肯定了仲裁中第三方资助的合法性；另一方面，也意识到全面接纳第三方资助可能带来的隐患，对接受第三方资助一方当事人设置了较为严格的披露要求，并允许仲裁庭

---

① Bevan Ashford v. Geoff Yeandle (Contractors) Ltd [1999] Ch. 239 at 249D – G; [1998] 3 W W. L. R 172.

② Explanation to General Standard 6 (b): Third – party funders and insurers in relation to the dispute may have a direct economic interest in the award, and as such may be considered to be the equivalent of the party. For these purposes, the terms ‘third – party funder’ and ‘insurer’ refer to any person or entity that is contributing funds, or other material support, to the prosecution or defence of the case and that has a direct economic interest in, or a duty to indemnify a party for, the award to be rendered in the arbitration.

③ 《关于修订〈中国国际经济贸易仲裁委员会仲裁规则〉的说明》。

④ 北京市第四中级人民法院民事裁定书，（2022）京 04 民特 368 号。

在仲裁费用承担裁判中考虑第三方资助因素。

九、早期驳回程序

自2006年被ICSID仲裁规则纳入以来，早期驳回程序正受到越来越多的关注，在参考2023年7月第五十六届会议审议正式通过“早期驳回程序”文案的基础之上，[①] 2024年《仲裁规则》新增早期驳回程序，允许当事人以仲裁请求或反请求明显缺乏法律依据或明显超出仲裁庭的管辖范围为由，申请早期驳回全部或部分仲裁请求或反请求。（见表9）

表9　早期驳回程序

法律名称	2015年《仲裁规则》	2024年《仲裁规则》
相关内容	无	第50.1条　当事人可以以仲裁请求或反请求明显缺乏法律依据或明显超出仲裁庭的管辖范围为由申请早期驳回全部或部分仲裁请求或反请求（以下简称早期驳回程序申请）。 第50.2条　当事人应以局面形式提出早期驳回程序申请，并应说明其事实和法律依据。仲裁庭可要求提出请求的一方当事人提供正当理由，并可要求其证明实施早期驳回程序将加快整个仲裁程序，以防止当事人滥用早期驳回程序申请拖延仲裁程序。当事人提起早期驳回申请不影响仲裁庭继续进行仲裁程序。

事实上，2021年《仲裁法征求意见稿》第30条已经明确，“当事人没有约定或者约定不明确的，仲裁庭可以按照其认为适当的方式仲裁”“仲裁程序应当避免不必要的延误和开支”。从上述规定来看，我国新《仲裁法》修订正在考虑与UNCITRAL《示范法》趋于一致，允许仲裁庭享有更宽泛的程序管理裁量权，并日益重视仲裁成本的节约，以及仲裁效率的提高。

从国际仲裁“软法”层面来看，2022年《ICSID仲裁规则》、2016

① 《关于修订〈中国国际经济贸易仲裁委员会仲裁规则〉的说明》。

年《SIAC 仲裁规则》项下均设置了早期驳回程序，中国国际经济贸易仲裁委员会早在2017年便于投资仲裁规则项下对早期驳回制度进行了“试水”，此次中国国际经济贸易仲裁委员会颁布2024年《仲裁规则》系我国仲裁机构首次尝试于商事仲裁规则项下引入早期驳回制度。

与其他仲裁机构相比，2024年《仲裁规则》对早期驳回程序的规制更为谨慎，不仅从准入门槛上要求当事人的请求必须达到“明显（manifestly）缺乏法律依据或明显（manifestly）超出仲裁庭的管辖范围”的程度，同时不允许早期驳回程序适用于答辩，一般也不适用于基于仲裁协议效力的管辖权问题。[①] 并且，2024年《仲裁规则》第50.2条还特别允许仲裁庭要求提出早期驳回请求的当事人说明正当理由，强调“防止当事人滥用早期驳回程序申请拖延仲裁程序”的立规意图。

关于早期驳回程序的纳入，2024年《仲裁规则》在借鉴国际仲裁最新成果的基础上，结合我国仲裁实务特点进行了创新、优化，将有效地避免商事仲裁领域中的滥诉情形，巩固仲裁灵活、效率的优势，提升仲裁的吸引力。

十、仲裁员责任限制

2024年《仲裁规则》首次讨论了仲裁员等相关人员的责任限制问题。（见表10）

表10　仲裁员等相关人员的责任限制

法律名称	2015年《仲裁规则》	2024年《仲裁规则》
相关内容	无	第86条　仲裁委员会及其工作人员、仲裁员、紧急仲裁员和仲裁程序中仲裁庭聘请的相关人员，不就其根据本规则进行的任何与仲裁有关的行为包括任何过失、行为和不作为，向任何人承担任何民事责任，且不负有作证义务，除非仲裁所适用的法律另有规定。

① 参见张维：《变革中的突破：修订仲裁规则切实回应时代需要——访问中国国际经济贸易仲裁委员会副主任兼秘书长王承杰》，载法治网，http：//www.legaldaily.com.cn/index/content/2023－09/26/content_8906813.html。

尽管目前我国仲裁法律制度对于仲裁员责任豁免相关问题的规定仍有待完善，但从 Queen Mary 发布的最新国际仲裁报告来看，世界上最受欢迎的仲裁地“伦敦、新加坡、中国香港、巴黎、日内瓦”① 相应的仲裁地法（Lex Arbitri），几乎均制定了面向仲裁从业人员相对友好的责任豁免规定。具体来说，英国对商事仲裁员的法律责任采取豁免原则，1996 年《英国仲裁法》第 29 条规定：“仲裁员不对其在履行或试图履行职能的过程中的任何作为或不作为承担责任，除非该作为或不作为是仲裁员主观恶意进行的（An arbitrator is not liable for anything done or omitted in the discharge or purported discharge of his functions as arbitrator unless the act or omission is shown to have been in bad faith，仲裁机构的免责）。”2001 年《新加坡仲裁法》更是于第 59 条（Immunity of Arbitral Institution）专门规定了对仲裁机构，包括机构人员、秘书的免责条款。

早在 2021 年，司法部印发《全国公共法律服务体系建设规划（2021—2025 年）》便提出了“完善仲裁制度，提高仲裁国际化水平”的要求，并且明确“支持面向世界的国际商事仲裁中心建设，培育面向区域的国际商事仲裁中心，努力将我国打造成为国际商事仲裁新目的地”的目标。此次中国国际经济贸易仲裁委员会颁布 2024 年《仲裁规则》专门增设有关仲裁员等相关人员责任限制的内容，将有助于提高我国仲裁员池的丰富性，吸引更多优秀、外籍仲裁员、仲裁从业人员投入将“我国打造成为国际商事仲裁新目的地”的事业中。

立足于深厚的仲裁实践经验，中国国际经济贸易仲裁委员会此次颁布 2024 年《仲裁规则》，不仅彰显了其积极迎接新时代挑战，推动仲裁制度创新的勇气与决心，亦体现了中国国际经济贸易仲裁委员会密切关注国际仲裁发展趋势，结合中国仲裁当代发展需求，制定便利化、专业化、国际化仲裁规则的坚定态度。中国国际经济贸易仲裁委员会 2024

① See Queen Mary, *2021 International Arbitration Survey*: *Adapting Arbitration to a Changing World*, Queen Mary University of London & School of International Arbitration, p. 2.

年《仲裁规则》是中国国际经济贸易仲裁委员会自身迈向“国际一流仲裁机构”的重要举措，同时也是推动我国国际仲裁中心建设中浓墨重彩的一笔。

（本文仅代表作者个人观点。特约编辑：黎伟）

论证券虚假陈述中独立董事的民事侵权责任形态

黄启蒙*

独立董事的证券虚假陈述责任源自独董在公司法和证券法上的义务。当前，独立董事侵权责任形态认定实践存在责任判定依据混淆、主观状态认定不当、比例连带创设失据、过错与责任不相匹配四个主要的逻辑误区。独立董事特殊的法律地位，决定了独立董事证券虚假陈述侵权责任在主体、因果关系、归则原则上均具有其特殊性。未来，应当着重考察独立董事在证券虚假陈述案件中的原因力问题，并基于意思表示、主观注意和勤勉尽责情况，限缩解释“过失”与“连带”，形成对独立董事“连带”与“按份”并存的差异化规制，健全独立董事证券虚假陈述责任体系。

一、问题的提出

2021 年年末“康美药业案”判决的作出，将独立董事（以下简称独董）证券虚假陈述责任这一学理问题推入公共视野。康美药业的独董按照法院判决负有高额赔偿责任，引起了公众的极大关注，并一度引发了独董离职连锁反应。然而，不同案件关于独董证券虚假陈述民事赔偿责任的判决尺度却相差较大，虽然总体形成了“过错与责任相适应”

* 腾讯集团高级法律顾问，西南政法大学法学学士、中国人民大学法学硕士。

的司法认定原则，但对于“是否具有过错”以及“过错程度”的判断难以统一，就责任形态的认定也是“连带责任”有之，“补充赔偿责任”有之，“比例连带责任”亦有之。在《最高人民法院关于审理证券市场虚假陈述侵权民事赔偿案件的若干规定》（以下简称新《证券虚假陈述规定》）实施以后，少有公开的裁判文书援引新《证券虚假陈述规定》的相应条款进行裁判，基于现有实践，可以说，共识还远未达成。

学界对独董证券虚假陈述民事责任的研究是逐渐深入的。早期，有学者认为可参考日本立法经验，对独董设置责任限额，且不应让独董之间或独董与其他董事承担连带责任。[①] 近年来，随着独董证券虚假陈述案例的涌现，部分学者认为，就独董证券虚假陈述的民事责任形态，仍应继续坚持法律规定的连带责任，只是连带责任制度有待细化。也有学者提出，可考虑修改现有法律，进行类型化规定或将连带责任改为补偿责任。[②] 还有学者提出，没有意思联络则没有连带责任，而应按过错程度适用按份责任。[③]

在证券集体诉讼实行之前，由于没有特别代表人，各地法院普遍仅就证券虚假陈述纠纷采取单独立案，因此，往往只有极个别投资者会选择同时起诉独董，且单个案件索赔金额不会过高，即使判决赔偿，相关赔偿金额也仅限于个案索赔金额。但在证券集体诉讼模式实行之后，独董一旦需要承担赔偿责任，由于集体诉讼的索赔总金额极高，即使按照酌情确定的百分比计算独董赔偿金额，仍然是巨额判决，从经济成本角度看，独董的职业风险与津贴收入已呈现极不相称的局面。如何在现有法律框架下，合理判断在不同过错程度下独董应承担的不同形态责任，

---

① 参见吴建斌：《试论上市公司独立董事的责任及其限制》，载《南京大学学报（哲学·人文科学·社会科学版）》2006 年第 3 期。

② 参见傅穹：《司法视野下独立董事的责任反思与制度创新》，载《法律适用》2022 年第 5 期。

③ 参见周成：《独立董事的虚假陈述责任》，载《人民司法（应用）》2019 年第 19 期；李有星、钱颢瑜、孟盛：《证券虚假陈述侵权赔偿案件审理制度研究——新司法解释的理解与适用高端论坛综述》，载《法律适用》2022 年第 3 期。

兼顾投资者利益保护和独董责任公平匹配，已经成为一个迫切需要解决的课题。

本文从独董虚假陈述民事侵权责任的特殊性入手，对实务中相关案件判决的责任形态进行分析、总结，分析目前司法实践中就独董的四种责任形态各自的理论依据和实践效果，总结出目前司法实践在认定责任的逻辑误区，并提出具体的优化路径，以期为加深对独董侵权责任形态问题的理解提供助益。

二、独立董事责任形态认定的实证观察

尽管独董所涉的虚假陈述案件总量每年都在增加，但将独董列为被告且将独董责任认定作为争议焦点的裁判样本并不充足。根据笔者检索的案例，目前在司法实践中独董的责任承担形式有四大类：全额连带责任、比例连带责任、全额补充责任、比例补充责任。总体而言，虽然在“商业判断规则”的影响下，商事侵权领域中似乎存在广泛适用连带责任的趋势，但司法裁判已经体现出司法对于独董是否承担连带责任的宽松态度。在“康美药业案”之前，裁判机构更倾向于审慎认定独董责任，尽量通过补偿责任限缩独董的责任范围，在“康美药业案”之后，裁判机构开始效仿使用“比例连带责任”这一理论工具。

（一）判决承担全额连带责任

“潍坊亚星化学股份有限公司证券虚假陈述责任纠纷系列案”① 是目前笔者能检索到的唯一一个论述独董承担全额带责任的案例。该案虽然论述了独董应承担全额连带责任的原因，但由于各原告是在揭露日及以后购买的证券，并不存在损失因果关系，最终相关独董并未最终担责。

在该案件中，其审理法院济南市中级人民法院没有展开过多论述，其论述逻辑为：中国证券监督管理委员会行政处罚代表发行人构成证券

① 参见山东省济南市中级人民法院民事判决书，（2013）济商初字第252号。

信息虚假陈述应承担责任，因此，独董陈某没有证据证明其不存在过错，故应承担连带赔偿责任。

（二）判决承担比例连带责任

连带责任存在内外部的区分，从外部视角观察，相关主体应负一并责任，也就是说，特定责任人均需向权利人负完全责。[①] 近年来，在连带责任的情况下，司法裁判者结合实际就独董担责创造性地使用了比例连带责任的概念，即独董仅就特定比例部分向投资者承担责任。这种思路已在多个案例中被实际应用。

其典型案例为“康美药业案”，[②] 该案为全国第一单虚假陈述集体诉讼案，诉讼代表人中证中小投资者服务中心有限责任公司代表55,326名投资者起诉。在该案中，广州市中级人民法院基于参与程度、过失大小等，认定相关独董应在被支持的索赔金额下，按照5%至20%的比例予以连带赔偿。承担责任的重要依据是独董没有勤勉履职，结合独董的职能和职责，对于公司的信披违法行为，裁判者推定独董存在过错，并认为公司长时间存在造假行为，如果独董勤勉履责，那么应当能够发现相关大规模造假行为并向董事会或社会公众提出警示，但独董未能发现，这本身也证明了其存在未能勤勉履责的过失。基于本案系集体诉讼，发行人就五万余名原告需要承担的责任金额高达二十余亿元，独董最高需承担20%责任，折算为近5亿元；最低5%的比例，折算下来也高达1.2亿元。

又如，在“青岛亨达股份有限公司证券虚假陈述案”[③] 中，山东省高级人民法院认为，对于独董的勤勉义务范围应按照相关履职指引规定进行认定，独董在该案中并没有主动采取所需要的行动，没有采取合理方式考察、监管企业，没有对中介机构财务审计报告等作出更多的交流和核查要求，未尽勤勉义务。但是，审理法院也认为，独董地位特殊，

---

① 参见孔祥俊：《论连带责任》，载《法学研究》1992年第4期。

② 参见广东省广州市中级人民法院民事判决书，（2020）粤01民初2171号。

③ 参见山东省高级人民法院民事判决书，（2020）鲁民终3132号。

不会全面参与或干预公司经营，没有落实具体业务，独董获得信息的途径取决于公司的管理层或者中介机构，但在本案中律所、会所等提供了无保留意见。同时，独董并不直接参与案件中所涉及虚假陈述的信息生产，也不知晓有关虚假陈述的行为，故综合考量上述因素，酌情认定独董连带赔偿责任的比例为5%。

在洋浦中视广告有限公司虚假陈述案[①]中，最高人民法院支持二审法院的认定理由与上述青岛亨达股份案件中基本一致。

（三）判决承担比例补充责任

如果责任人的赔偿义务存在先后顺序，也即一者赔偿为主，一者赔偿为辅，则可以说此时有补充责任的适用空间。此时，在两个相同的损害赔偿请求之间存在先后顺序判断的问题。仅在前序位补偿不足以弥补所有损害的情况下进行，后序责任人才相应担责。[②] 而在独董虚假陈述案中，比例补充责任，即独董存在过错，在投资人所主张金额一定范围，负有后序的、补充的补损义务。

如在“协鑫集成科技股份有限公司证券虚假陈述责任纠纷案”、[③]“海润光伏科技股份有限公司证券虚假陈述系列案”[④] 中，审理法院南京市中级人民法院均认为，由于中国证券监督管理委员会在《行政处罚决定书》中已经对每个事件中的责任人员进行了认定，各方均未提交证据反驳，《行政处罚决定书》可直接作为认定谢某在相关证券虚假陈述中存在过错的证据。但关于独董的责任形态，审理法院认为，按照《证

① 参见最高人民法院民事裁定书，（2022）最高法民申101号。

② 参见张新宝：《我国侵权责任法中的补充责任》，载《法学杂志》2010年第6期。

③ 参见江苏省南京市中级人民法院民事判决书，（2016）苏01民初2066号。

④ 参见江苏省南京市中级人民法院民事判决书，（2016）苏01民初539号。

券法》的规定，[①] 董事连带的裁判标准限于故意的状态下，但在本案中，独董仅仅是没有按照要求尽责履职，是过失导致虚假陈述，其既不是相关虚假陈述的主要决策者和始作俑者，也没有证据证明独董明知发行人存在虚假陈述，酌情将责任范围认定在后序的10%，实为补充赔偿责任。

又如，众和虚假陈述案，[②] 在该案中福州市中级人民法院论证思路与协鑫集成案中南京市中级人民法院认定思路类似，同样直接采纳福建省证监局作出的行政处罚决定，基于轻微过失判决独董依较小额度和比例补充赔偿。

（四）判决无须承担责任

除了以上三种责任形态，司法实践中也有判决独董无须承担责任的。部分法院认为，若案件中的虚假陈述行为超出了独董的职权范围，已经不属于独董的专业分工范围，且客观性、主观上都未达到侵权要件，独董则不必负责，更不能混同监管处罚与民事责任之间的关系，直接放弃要件认定而要求独董担责。有趣的是，法院对于无须承担责任的论述，其实与上述三种不同责任形态的论述并无太大差异。

如在“中安科虚假陈述案”[③] 中，审理法院上海市高级人民法院认为根据证券监督管理委员会的行政处罚决定，发行人聘请了专业中介机

---

① 《证券法》（2014年修正）（已被修改）第69条规定：“发行人、上市公司公告的招股说明书、公司债券募集办法、财务会计报告、上市报告文件、年度报告、中期报告、临时报告以及其他信息披露资料，有虚假记载、误导性陈述或者重大遗漏，致使投资者在证券交易中遭受损失的，发行人、上市公司应当承担赔偿责任；发行人、上市公司的董事、监事、高级管理人员和其他直接责任人员以及保荐人、承销的证券公司，应当与发行人、上市公司承担连带赔偿责任，但是能够证明自己没有过错的除外；发行人、上市公司的控股股东、实际控制人有过错的，应当与发行人、上市公司承担连带赔偿责任。”

② 参见福建省福州市中级人民法院民事判决书，（2021）闽01民初1024号。在该案中福建省福州市中级人民法院查明证券监督管理委员会认定张某春、朱某惠、唐某华3名独董在知悉金鑫矿业债务逾期后多次督促公司采取解决措施、在较长时间未领取报酬的情况下能继续履行职责等因素，对其3人的罚金酌情降低。对张某春、朱某惠、唐某华给予警告，并分别处以4万元罚款。

③ 参见上海市高级人民法院民事判决书，（2021）沪民终870号。

构对作为主要资产重组一部分的收购资产进行审计和估值，但没有发现收购的资产有夸大经营收入和估值的情况。对于外部董事而言，其并不一定熟悉公司的每一项具体业务，要求其监督有关公司项目的进展情况，并核实有关公司经营情况的信息，这显然超出其作为独董、独立受托人的职责范围，故应予免责。

又如，在“济南高新虚假陈述案”① 中，审理法院济南市中级人民法院认为，独董可获得的主要信息来源是管理层提供的或由受公司委托的会计事务所出具的审计报告。在上市公司公布相关年报时，独董核实了会计师事务所和会计师的资格，对报告发表了独立意见，已尽其责任。由于没有证据表明独董参与了本案中争议的虚假陈述的准备工作，或对发行人的虚假陈述知情，独董的行为是尽职的，主观上没有过错，因此不应作出赔偿。

再如，在“保千里虚假陈述案”② 中，该案判决虽然并未区分独董与外部董事，但审理法院广东省高级人民法院就全部董事的作出了相同的责任认定。审理法院认为，不能仅以行政处罚作为推定过错的认定原则。本次证券违法行为涉及外部消息，相对于内部情况而言，董事相应的注意义务不高。因此，董事在调研、聘请专业机构后已履行了其作为董事的勤勉义务，并无过错。

三、独立董事责任形态司法实践认定误区

（一）责任判定依据混淆

1. 行政认定替代民事认定

根据《证券法》第 82 条的规定，董事需审核确认公司相关报告,③，换言之《证券法》树立了特定人员保真义务。而针对独董行政处罚的依据则是其违反了保真义务。保真义务具体是指，董事应当保证

① 参见山东省济南市中级人民法院民事判决书，（2021）鲁 01 民初 1694 号。

② 参见广东省高级人民法院民事判决书，（2019）粤民终 2080 号。

③ 《证券法》第 82 条规定：“发行人的董事、高级管理人员应当对证券发行文件和定期报告签署书面确认意见。”

相关披露行为的时效及公允，保证相关披露信息的是真实、准确、完整的。若董事无法作出相应保证，则应提出书面异议及理由。发行人对于董事的异议及理由，应当予以披露。如果上市公司不发布公告，董事可以径自申请进行公开披露。

但事实上，由于认定依据不同，上述行政责任的认定逻辑并不能直接推演适用于民事责任承担。行政责任过错，强调信息披露违规导致的违反行政管理秩序，民事责任过错则强调个体损害。① 虽然民事责任、行政责任作为同级法律术语，但民事侵权与行政处罚中的过错认定有所区别，前者强调独董尽责问题，而后者强调破坏证券强制披露管理秩序，对独董作出的行政处罚，并不当然表明独董需要就此被科以民事义务。

从上述裁判文书中不难发现，大部分法院对于是否承担责任，仅仅依赖行政处罚决定，其背后隐藏的逻辑是，如果独董尽到勤勉义务，那么虚假陈述行为就应该被提前发现，就不会产生真正的虚假陈述行为，故可以直接通过行政处罚结果倒推，得出应承担责任。同时，只要独董进行了签字行为，后续被证实进行了虚假陈述，独董事理所当然负有连带责任。这样直接套用行政责任的认定显然缺乏合理性。

2. 未区分独董与内部董事

行政责任认定不能直接套用，但不代表不能援引行政处罚决定书中的事实认定。然而，大部分行政处罚决定书并未区分独董与内部董事，② 不能笼统援引。

《证券法》第85条仅规定了董事作为相关责任人员未按规定披露

---

① 参见张保生、朱媛媛：《证券虚假陈述责任纠纷中董事民事责任边界探析——以两则上市公司董事免责抗辩成功案例为引入》，载郭锋主编：《证券法律评论》2020年卷，中国法制出版社2020年版。

② 《公司法》（2018年修正）（已被修改）第13条明确提出了“执行董事”的概念，规定“公司法定代表人依照公司章程的规定，由董事长、执行董事或者经理担任或者经理担任”。《公司法》（2023年修订）取消了“执行董事”的概念，第10条改为“公司的法定代表人按照公司章程的规定，由代表公司执行公司事务的董事或者经理担任”。故为减少争议，本文采用内部董事与外部董事的表述。

信息、虚假记载、误导性陈述或者重大遗漏情况下所应承担的过错推定责任，但未就董事承担法律责任的注意标准作出明确规定，故在实践中独董是否承担行政处罚责任，证券监管机构可在相当范围内酌情执法。从处罚决定书可以看出，对于独董，在证券监管机构公开的案件中，一般而言很少会将独董与内部董事、高管等区分开来进行单独处罚，忽视了独董的特殊性。

从众多独董提出的复议程序中可知，监管机构对于独董就处罚提出的抗辩理由并未采纳。典型的抗辩理由包括并不事前知悉相关违法行为、没有参与相关违法行为、没有参与公司经营管理、实际履职存在客观困难、无法识别非本人专业问题、系基于对专业机构意见的信赖、公司未提供履职相关条件等，均不被采纳。而上述理由中的“系基于对专业机构意见的信赖”已经是新《证券虚假陈述规定》中新增的无过错抗辩事由。行政监管部门对于独董履职事实上采取的是“无过错责任”的问责逻辑，和民事“过错推定”本质不同，不能直接将独董承担行政责任等同于应承担民事责任。

新《证券虚假陈述规定》不再将处罚决定作为必要的民事诉讼前提，从这个层面看，将行政处罚与民事裁判脱钩，其实也意味着民事裁判应回归民事义务、责任的认定，更加聚焦于个案中董事具体行为的考量，而非依赖行政处罚。

（二）主观状态认定不当

目前，司法实践更多强调独董的身份责任，而非其行为责任。此即，因为独董身份而要求承担责任，忽视了独董的具体行为。在判断民事责任承担时，《证券法》第85条适用的“过错推定”虽然没有明确提及故意与否，但新《证券虚假陈述规定》对“过错”的认定标准进行了细化，将“过错”一分为二，既包括故意，也包括严重违反注意义务。新《证券虚假陈述规定》这一点不同于传统的过错认定思路：故意、过失构成过错，而过失又包括重大过失、一般过失、轻微过失三类。新《证券虚假陈述规定》通过“严重违反注意义务”的表述，将过失的程度限定在“重大过失”，明确了在此类案件项下，如果相关主体的过失不构成重大过失，则不能认定其具有过错。因此，在进行独董过错认定时，有必要对过失进行程度区分。

而此前司法案例，由于独董不能预见，也没有串谋其中，可以确定独董不存在故意，但对于独董的过失程度，并非所有审理法院都会区分过失性质及对应后果，即使进行了过失程度的区分，也会基于同样的过失类型得出不同的责任形态认定，或者基于不同的过失类型得出相同的责任形态认定。

此外，在我国目前司法实务中也没有区分义务范围。而在美国特拉华州，在评估董事对第三方的责任之前，会明确通过成文法允许公司免除董事对公司违反信托义务的金钱责任，但违反忠诚义务、不诚实行为、故意不当行为和导致不当个人利益的行为责任不能免除。《特拉华州法典》允许公司免除董事对公司及其股东因重大过失行为造成的损害承担的金钱责任。之所以对董事的责任（重大过失）进一步降级，一个有说服力的理由是，公司和股东应该能够选择他们关系的基础，尽管由于董事在谨慎义务方面的责任减少，股东可能会受到损失，但会增加大量愿意服务的董事，以及增加理想的创业决策的机会。

（三）比例连带创设失据

按照《证券法》的规定，独董虚假陈述的责任模式似乎是一种全有或全无的情况，即要么独董不承担责任，要么独董与上市公司共同承担所有投资者损失的责任。但事实上，法院在审理过程中，即使作出了独董在证券虚假陈述中存在过错的认定，但基于独董的客观特性及个案证据，独董确实不存在故意，并未与发行人共谋，其仅仅是存在过失行为，甚至在部分案件中并非存在重大过失行为，因此，让独董与上市公司的实控人等主体共同承担连带赔偿责任的确过于严苛。鉴于《证券法》有关连带责任的规定，法院暂时无法找到其他合理的解决方案来减少独董承担的责任，因此，比例连带责任的适用成为一解燃眉之急的折中做法。

比例连带责任的目的，一方面是实现与《证券法》规定的一致性，在证券虚假陈述案件中保持对发行人和董事的高度压力，并通过扩大责任范围维护市场秩序；另一方面，它还旨在确保独董的责任与他们所犯的错误相称，而不是让独董为轻微的错误接受严厉惩罚。但比例连带责任形态的创设，缺乏其法律正当性，比例连带理论上难以自洽，在实践中也容易走偏。①

第一，缺乏解释论的合理空间。目前，司法实践实际已对《证券法》进行了扩大解释，将“连带赔偿责任”扩大解释为“连带赔偿责任或按比例的连带赔偿责任”，并以该条文作为按比例连带之法律渊源。但从体系解释来看，该扩大解释似乎并不具有合理性。《证券法》第85条、新《证券虚假陈述规定》、《全国法院审理债券纠纷案件座谈会纪要》就独董并未像中介机构一样，对其“连带赔偿责任”作出不同的条款规定。②

第二，客观上导致连带责任内外效力混乱。比例连带责任的形式看似分辨了独董责任，但从更深的意义上说，已经突破了连带的基础逻辑。其一，比例连带与外部效应不相容。按照应然逻辑，上市公司实控人负有全部责任时，独董也应承担全部责任，而不是按一定比例承担。此外，投资者作为受害方，有权选择任何一个被告，即投资者可以只要求发行人或只要求独董承担全部或部分责任。但是，比例连带没有允许权利人就个别义务人主张全部索赔。其二，比例连带内部适用也是有缺陷的，比例连带没有解决首要责任主体和独董义务划分的最大障碍。由于证券欺诈诉讼只解决了对外责任的分配问题，在笔者检索到的现有案例中，法院未在判决书中确定连带责任方相互追偿的比例，因此，不排

① 参见李志刚等：《证券虚假陈述纠纷中独立董事的赔偿责任：案例、法理与制度完善》，载《人民司法》2022年第1期。

② 《最高人民法院全国法院审理债券纠纷案件座谈会纪要》第31条第2款规定：“会计师事务所、律师事务所、信用评级机构、资产评估机构等债券服务机构的注意义务和应负责任范围，限于各自的工作范围和专业领域，其制作、出具的文件有虚假记载、误导性陈述或者重大遗漏，应当按照证券法及相关司法解释的规定，考量其是否尽到勤勉尽责义务，区分故意、过失等不同情况，分别确定其应当承担的法律责任。”

除会继续衍生系列案件。

（四）过错与责任不相匹配

1. 未考虑独董履职困境

第一，独董基于其法律定位，通过其自身的力量难以获取公司内部经营的全部信息。首先，中介机构的介入是行业惯例，也是法律要求，在相关中介机构已经签字认可或出具无保留意见的情况下，独董自行出具相关法律或财务文件存在极大难度。其次，上市信息披露具有时效性，重新聘请第三方机构再进行一次耗时、耗力的审查工作也缺乏现实可行性。最后，相关聘任事实上也需要董事会批准，2022 年轰轰烈烈的莱宝高科独董提议新聘请会计师事务所一事不了了之后，其自动辞职即是证明。[①] 第二，从独董信息核实的要求来看，中国上市公司协会《上市公司独立董事履职指引》第 6 条要求独董的参与不低于 15 个工作日，而这 15 个工作日的工作形式，独董可以自由选择是否实地进行，在法律本身要求不高的情况下，很难保证其有效工作效果。独董的法律特征决定了其特殊的履职现状，但此前司法实务中却鲜有在作出责任认定时考虑该因素。"异议且反对"作为实务近乎唯一的免责事由，但反过来可能又强化了独董的消极履职。[②]

2. 未平衡独董收益付出

从目前判决独董承担责任的案例分析，似乎并未充分实现过错与责任的匹配，独董责任与其报酬之间存在一定现实差距。如因超日公司经营不善，谢某在担任独董期间，所获薪水仅有 3 万元，远远低于业内独董的薪资水平，且该收入已上缴了行政罚款。而在"康美药业案"中，

---

① 《深圳莱宝高科技股份有限公司独立董事 2021 年度述职报告》、《深圳莱宝高科技股份有限公司 2021 年年度报告》（2022 年 3 月 31 日）公开披露在深圳莱宝高科技股份有限公司 2021 年年报公示前，独董蒋某曾向公司董秘提出，出资聘请注册会计师协助其审阅会计年报和半年报，建议没有获得通过；后该独董又提议由其个人自费聘请注册会计师审阅年报，但公司认为年报数据属于保密事项，不得外泄，该提议亦未能通过。此后，该独董辞职。

② 参见王怡丞、左进玮：《独立董事的信息披露监督定位与勤勉义务研究》，载《金融监管研究》2020 年第 12 期。

独董的赔偿额更是成为天文数字。现行责任认定，实则是要求每个独董对历次董事会决议中所涉及的所有财务数据、交易行为的真实性、准确性和完整性负责，并要求他们提前预知、预判某笔交易行为是否存在撤销、合同是否可能解除、是否可能承担违约责任、资产是否真实等。这无疑已经将独董与公司内部董事混为一谈，有违设立独董规则的本意，可能对独董制度带来比较严重的不利影响。

四、基于独立董事功能定位的责任定性

（一）独立董事角色、特性决定了其责任性质的特殊性

为明晰独董在证券虚假陈述中的民事责任形态争论，需要明确独董证券虚假陈述的民事责任法理基础，即为何独董需要对外部投资者的证券虚假陈述投资损失承担民事责任。为了保护投资者的利益，中国证券监督管理委员会先后发布了《关于加强社会公众股股东权益保护的若干规定》[①]《上市公司独立董事规则》[②]《上市公司治理准则》《上市公司独立董事管理办法》。2022 年《上市公司独立董事规则》第 5 条规定了独董的诚信勤勉义务，2023 年《上市公司独立董事管理办法》第 3 条将其修改为忠实勤勉义务。

独董在证券虚假陈述案件中，其责任为对投资者的责任，即对第三人侵权责任。如果独董违反了上述法定的职责及义务，产生了相应损失的，自当予以赔偿。当然，独董的履职也离不开上市公司对独董的配合。《公司法》对独董的界定只在上市公司设立。[③] 对《上市公司独立董事管理办法》第 2 条[④]所作分析，独董突出其独立性，将独董的作用定位为监督者。依照《上市公司独立董事管理办法》第 18 条、第 19 条

---

① 2004 年 12 月 7 日起实施，现已失效。

② 2022 年 1 月 5 日起实施，现已失效。

③ 《公司法》（2018 年修正）（已被修改）第 122 条规定："上市公司设独董，具体办法由国务院规定。"现为 2023 年修订后《公司法》第 136 条。

④ 《上市公司独立董事管理办法》第 2 条规定："独立董事是指不在上市公司担任除董事外的其他职务，并与其所受聘的上市公司及其主要股东、实际控制人不存在直接或者间接利害关系，或者其他可能影响其进行独立客观判断关系的董事。"

以及其他相关指引文件，区别于内部董事仅有的决策管理权，独董享有两项特殊权利：独立权及事先权。独立权是指就相关事项发表独立意见。事先权，是指独董对具体事项提出事前认可意见的必要性。上述独立权及事先权既是一种权利，也是一种职责。与此同时，根据《上市公司独立董事管理办法》第3条的规定，独董除了要对公司及股东的利益负责，信守承诺，尽职尽责，同时，也要特别关注对公司中小股东利益的维护，使他们的合法权益免遭侵犯。总的来说，尽管独董与内部董事在内部权责层面存在差异，但董事均需对公司和股东保持诚信、忠实与勤勉义务。

基于独董的外部性，其履职行为离不开公司内部人的配合。在赋予独董职责的同时，也需要上市公司给予独董相应的履职配合，包括内部董事、监事、高管等均需积极主动合作。如果公司内部人怠于配合，那么独董的很多职权将可能被忽视，其制度目的将会落空。上市公司的配合内容具体包含以下两个方面：一是为独董的决策提供必要的支持，包括如实、全面提供相应决策事项的报告、信息、资料等；二是保障独董对公司信息披露事项的及时、准确获取。除此之外，上市公司还需满足其他独董履职所需要的必要条件。

对于独董对外担责问题，理论界意见不一。第一种是法定责任说。该学说指出，独董的责任主要不是依据民法基本法，而是按照商事领域的特别法的特别安排。第二种是侵权行为的特别法说。认为应以特别法解释方法来确定董事对第三人民事责任的性质，并将其限定在一般侵权责任范围内。第三种是特殊侵权行为说。这种观点认为，董事对第三人的赔偿责任为一种特殊侵权责任，以特殊侵权行为为背景。[①] 笔者认为，独董的对外责任具有特殊性，应当综合采纳法定责任及侵权行为特别说。既是源于商事领域特别法，也是基于独董的侵权行为，而该种侵权行为需要按照商事领域相关法律作为解释基础。

---

① 参见王保树：《股份有限公司的董事和董事会》，载《外国法译评》1994年第1期。

（二）独立董事角色、特性决定了其归责原则的特殊性

《民法典》第1165条[①]规定了推定过错原则，第1166条[②]规定了无过错原则。过错推定责任原则，是指当行为人在实施侵犯他人民事权益行为的时候，首先并不从其是否存在主观上的故意、过失等过错进行考量，而是依法推定其具有主观过错应当承担侵权责任；如果行为人能够提供证据证明自己没有过错的，才可以减免承担侵权责任。无过错责任，则是指不管行为人在主观上有没有过错，只要在法律中明文规定了相关行为需要承担侵权责任，那么行为人就应当承担侵权责任。

在其他法域，董事的证券虚假陈述责任，基本都系过错假定。我国关于虚假陈述董事归责问题，虽然有学者认为，现有法律条款并未有具体的定义，对此存在轻微争论，但是总体上普遍认为应认定为过错推定。过错推定是证券虚假陈述董事规则的必然和合理的立法选择。[③] 限缩至独董领域，过错推定仍旧是主流观点支持的归责原则。相较于信息义务披露人的无过错责任相比，基于独董的职责义务要求，对独董要求按照过错推定原则承担责任总体符合对等、一致。法律并未要求独董承担公司的全部风险，总体符合权责相当原则。[④]

独董应遵守法律标准与义务，因此，他们可能要承担责任的违法行为来源于法律规定。事实上，无论采用何种法律标准，独董在谨慎和独立（没有利益冲突）的情况下行事，并投入适当的时间、注意力和监督，对相关问题和担忧做出深思熟虑的判断，应该几乎不会面临个人责任风险。一般来说，如果独董在其职责要求范围内善意行事，则该独董

---

① 《民法典》第1165条第2款规定："依照法律规定推定行为人有过错，其不能证明自己没有过错的，应当承担侵权责任。"

② 《民法典》第1166条规定："行为人造成他人民事权益损害，不论行为人有无过错，法律规定应当承担侵权责任的，依照其规定。"

③ 参见赵旭东：《论虚假陈述董事责任的过错认定——兼〈虚假陈述侵权赔偿若干规定〉评析》，载《国家检察官学院学报》2022年第2期。

④ 参见张婷婷：《独董勤勉义务的边界与追责标准——基于15件独董未尽勤勉义务行政处罚案的分析》，载《法律适用》2020年第2期。

遵循了其义务，对其公司的侵权行为不承担个人责任。在公司（发行人）侵权的情况下，法院必须考虑独董是否对导致这些侵权负有个人责任。如果仅仅是在客观上促成侵权，即使是源自立法规定，也不能作为决定董事是否负有责任的试金石。如果不加判断独董义务与侵权的关系，仅仅因为违反义务就要担责，那么独董在其领域将经常面临个人责任，因为信息披露责任的法定因素是天然的。这会引发一个关于公司法和侵权法在控制独董方面的作用的问题。很明显，独董不应过度承担侵权责任，这样做最终会使他们成为公司义务的保险人。

故，在考虑独董是否在其职权范围内真诚行事时，重点必须放在个别独董身上，放在独董对公司的职责方面的行为和意图上，而不是放在其他主体或因素身上。笔者认为，应按照履职原则来进行善意义务履行断定。此即，独董必须本着诚信原则，以其认为最有可能促进公司成功的方式行事，以造福公司全体成员，并在这样做的过程中（除其他事项外）考虑到，任何决定的长期可能后果，公司的利益，需要促进公司与供应商、客户和其他人的业务关系，公司保持高标准商业行为声誉的可取性。这样，当独董被要求行事时，其义务才是合理的，不会产生负面暴露的不利后果。否则，过轻的责任会鼓励他们在不谨慎行事的情况下行事，过重的责任会导致他们完全不敢行事。

五、独立董事责任形态认定的进路构建

从独董制度的制度功能来看，一方面，要维持独董的特性；另一方面，也要根据市场情况作出恰当的制度匹配。若将责任认定进行阶段区分，首先应是因果关系，其次是过错，最后是选择恰当的责任形态。[①] 在现有法律体系下，可以从以下三个角度进行独董侵权责任形态认定的进路构建。

① 参见王利明：《侵权行为法研究》（上卷），中国人民大学出版社 2004 年版，第 393 页。

（一）考虑因果关系及原因力

在证券虚假陈述的侵权原理中，独董证券虚假陈述因果关系可以分为两类。其一，交易行为和虚假陈述行为之间存在因果关系，也就是交易行为的因果关系。其二，交易损失和虚假陈述行为之间的因果关系，也就是交易损失的因果关系。

在证券虚假陈述中，各种主体在信披过程中的作用不同，对损害结果的原因力亦不同。一般而言，独董的主体特性决定了其一般并非“主演”。因此，通过因果关系及原因力锁链投射至责任承担形态上，也应存在差异。侵权连带责任，应首先确定整体责任。① 在确定整体责任后，再根据过错程度、因果关系强弱确定内部责任。独董的责任认定应与主观状态、因果关系强弱相挂钩。在信披违法中，独董的作用和责任程度，应与原因力密切相关。独董具体的责任形态（责任程度）应根据其在信披违法中所扮演的角色、掌握的信息、采取的措施等因素来综合考量。

从侵权责任判定角度而言，不同责任主体的最大区别，就在于其对于特定证券市场内的所处地位和对应关系。按照新《证券虚假陈述规定》第 4 条的规定，虚假陈述包括了在信息披露语境下的三种行为。相应地，不同侵权主体就上述虚假陈述行为的影响力就体现在其就信息披露的真实、准确、完整的保证义务的不同要求。对应地，相关责任的原因力亦存在不同。

独董与其他证券虚假陈述行为人相比具有其特殊性。首先，独董信息获取存在困难。作为外部专家，独董相较其他常任的董事，处于信息获取链接的末端。独董依赖于公司内部人向其提供公司内部的经营相关信息。独董虽然具有法定独立进行审计咨询的权利，但其获取信息的成本极高。一旦涉及所谓虚假陈述，信息上游，也就是公司内部，完全可

① 参见杨立新：《应当维护侵权连带责任的纯洁性》，载王利明主编：《判解研究》2004 年第 6 辑，人民法院出版社 2005 年版，第 57 ~ 75 页。

以通过各种手段进行信息误导、掩盖等。其次，独董并非万能董事。独董往往由掌握财务、法律、管理知识或其他专业知识的人士组成，虽然总体来看拥有博士学位、硕士学位的专业人士较多，但独立董事职务重叠，即兼职现象较为普遍。同时，我国独董的报酬并不优渥，独董被法规明文排除在股权激励范围之外。基于现有报酬体系，其投入的监督成本有限，因此，独董不可能做到事无巨细地尽调每一个议案，仅应考虑其行为是否已尽到合乎情理的履行。① 独立董事的法律特征确实决定了他们的原因力比其他责任主体要低，责任形态应更轻。

（二）限缩解释连带责任

1. “意思联络说”的适用

从责任主体来看，独董对他人侵权责任性质的界分，存在单独责任与多数人责任的区别。具体到证券虚假陈述责任，上市主体如果进行虚假陈述，在此期间独董可能对相关内容进行了核查验证并出具了意见，包括独董在内的董监高对相关内容也进行过表决，经过一系列信息披露前的流程，最终，相关虚假信息导致股票购买人产生了实际损失。独董显然不可能单独完成侵权行为，因而属于典型的多数人责任。对于共同侵权问题的构成，学界长期以来存在两大分歧——意思联络说与非意思联络说。这两种学说都承认，存在共同的故意，符合共同侵权的在法律要件上的特征，但对于共同过失以及一方故意一方过失的情况下是否构成共同侵权存在争议。

基于民法理论，连带责任相较于一般责任，其责任属性更重，因此，连带责任的适用应当基于法律条文的明确指示，抑或存在合同主体的个别缔约。② 在此类案件中，独董连带责任的依据不属于意定，而为法定。但事实上，证券专门规范上的法定连带并非刚性连带，我们不能将其理解为，如果独董就证券虚假陈述，要么不承担责任，一旦需要承

① 参见周成：《独立董事的虚假陈述责任》，载《人民司法（应用）》2019年第19期。

② 参见魏振瀛主编：《民法》，北京大学出版社、高等教育出版社2000年版，第310页。

担责任则只能是连带责任。

从侵权责任理论基础来看，似乎可以从解释论角度出发，将主观仅仅存在过失的独董与主观存在故意的上市公司认定为连带。但该观点在独董证券虚假陈述领域存在先天不足。事实上，从实践中可以看出，无论是行政处罚案例，还是本文所讨论的特定类型民事案件，目前尚未出现独董故意参与虚假陈述侵权中的实例。由于独董与发行人之间不具有互相联系的共同意思表示，若无论独董的主观形态为故意或是过失，都依照特定学说认定系一致的侵权，并主张负连带之责，虽然具有理论上的可行性，但缺乏实践的合理性。

笔者认为，《证券法》第 85 条更应用意思联络说来解读。只有独董对于证券违法知情时，才有可能负有连带之责。换个角度，若依对外视角，连带责任则意味着投资者在仅向独董起诉的情况下，独董的偿付能力也存在问题。故在实践中，可以根据是否具有共同侵权，选择是否适用连带规范。

2. 应按照最佳努力标准判定过错

学界有观点提出，新《证券虚假陈述规定》事实上将美国公司法和证券法标准强行混合在一起，导致标准混乱。理由是，在美国，公司规范和证券规范层级和适用逻辑不同，对主观状态的要求也有所不同。2023 年修订的《公司法》将董事对第三人的侵权责任的错过要求，确定为一般法的要求是符合国际通行做法。① 但新《证券虚假陈述规定》反而操之过急，没有在两个法律的统筹方面做好细致的谋划。② 也有观点认为，独董的过错程度只能衡量其是否承责，及责任大小，不能以此确定责任形态。③

---

① 《公司法》（2023 年修订）第 191 条规定："董事、高级管理人员执行职务，给他人造成损害的，公司应当承担赔偿责任；董事、高级管理人员存在故意或者重大过失的，也应当承担赔偿责任。"

② 参见黄辉：《独立董事的法律义务与责任追究：国际经验与中国方案》，载《中外法学》2023 年第 1 期。

③ 参见冯玉音、唐佳邑：《独立董事证券虚假陈述责任研究》，载《山东警察学院学报》2022 年第 1 期。

笔者认为，对比美国证券法，就侵权主体的过错状态，同样进行了故意与过失两种形态的区分。侵权主体按照不同的主观过错的程度，对应承担匹配的民事责任，同时，将主观过错为过失的民事赔偿责任形态修正为具有明确比例的份额责任。在不能偿付的前提下，依据投资者规模承担基于自身份额一定系数的连带责任，澄清和规制各方的连带责任承担。独董在整个虚假陈述行为中，大部分情况是因未尽到勤勉义务而具备过错承担责任。但在理论上也可能存在明知虚假陈述而放任或直接参与虚假陈述与实施者串通一气的情况，对于后者根据共同侵权的原则认定承担连带责任毋庸置疑。不过，即便独董没有按照合理期待履职，也不代表着对于该违法事由具备间接故意的主观心态，对于前者若一并连带待之，无法形成有效区分的制度激励。

如前文所述，独董的勤勉义务仅仅是积极的、事前的、过程性义务，不能直接以损害结果倒推。[①] 笔者认为，独立董事在证券虚假陈述案件中的重大过失判断，应该按照“最佳努力标准”进行判断。此即独董应该尽最大努力去防止虚假陈述行为的发生，但不能要求他们保证信息的准确性。如果没有尽到最佳标准，则存在重大过失。具体而言，可以按照个人参与原则进行评估，将重点放在主动过失上，就是看作为公司代理人对缺陷的了解以及未能警告或纠正这些缺陷。如果存在以上情况，应被视为不作为行为。总体而言，独董因不作为导致的简单疏忽，则不属于重大过失。

对独董的证券虚假陈述责任形态判定而言，在适用最佳努力标准时，应区分一般注意义务与勤勉尽责义务。由于勤勉尽责义务对应的要求更细致，我们可以推论认为，独董如果已经在发行人的特定文件或事件的处理上符合注意要求，但可能未及尽责要求的，更宜认定为一般过失。反之，如果根本都没有起到初步的提示、提醒和留意作用，则自然也不能符合尽责的更高要求，将明显属于重大过失。同时，应将《公司

① 参见徐强胜、简晓婷：《独立董事信义义务的逻辑与展开》，载《学术交流》2022年第6期。

法》的特定条文作为判断独董可能承担的责任的基本遵循。[①] 结合上述司法实践中的类型化案例分析，独董勤勉尽责的具体义务不宜通过法律或者司法解释作出太过于具体、细化的规定。应当在具体实务中，按照不同的公司类型、不同的虚假陈述行为、不同的独董职业背景来具体考虑。这样，既不会过于严苛设置责任，也不会过于宽松不利于履职。

（三）按份责任与连带责任并存

首先，需要明确的是，独董责任涉及不同场景情况复杂，不宜就其对债权人责任进行概括规定。因此，需区分情形判断。[②] 其次，法律之所以有“连带”的制度安排，主要是基于一致的主观归责状态，产生了一个整体行为，因此，作为整体的侵权主体在外部形态上体现为连带形式。然而，在行为人仅仅是因为自身的行为偶然与其他行为人一起造成同一损害结果，显然不能苛求就这种基于非主观因素的竞合需承担连带责任。因此，在证券虚假陈述中，如果认定独董按连带方式担责，也应基于其与发行人或其他直接责任人存在一致的主观状态，即存在共同和相一致的过失或故意。

在缺少共同故意情形下，独董不太可能在类似证券违法事件中起到主导作用，毕竟，其本身的外部人士身份决定了不可能有实控人那样的权力和影响力，进而也可以说，没有因果关系的支撑，不易符合多数人侵权的认定要件。事实上，侵权行为本来就难以认定共同的意思表示，此时，即使存在过错，也难以适用《证券法》连带条款，进而依《民

① 《公司法》（2018 年修正）第 147 条规定：“董事、监事、高级管理人员应当遵守法律、行政法规和公司章程，对公司负有忠实义务和勤勉义务。”此即《公司法》（2023 年修订）第 179 条。同时，《公司法》（2023 年修订）还在第 181 条中列举了忠实义务的具体内容，在第 182 至 184 条进一步提出了其他忠实义务。

② 参见叶林、叶冬影：《公司董事连带/赔偿责任的学理考察——评述〈公司法修订草案〉第 190 条》，载《法律适用》2022 年第 5 期。

法典》第1172条，[①] 责任人仅仅在确定的责任范围内，就过失行为独立担责。此即，在证券虚假陈述案件中，个别情况难以认定为共同的故意，因为不存在主观故意组合。在这一过程中，如果在主观上和客观上都无法认定存在意思的对接，就没有必要适用各类连带的安排解决案件。建议依照《民法典》第1172条的思路，由相关责任人各担其责。[②]

这种区分对待的逻辑，实际上是一种法律精微解读、精细适用的实际应用，而且也没有从本质上推翻原有的责任体系，实际上更多的是作为补正完善的存在。[③] 根据前文提及的责任认定规则，笔者认为，认定独董是否尽到勤勉义务的关键在于是否尽到合理注意。故，在新《证券虚假陈述规定》基础上，有必要谨慎适用独董的连带责任，除非在明显无争议的情况下，否则，均应严格控制其实际应用。

六、结语

2023年2月，国家证券监管部门正式出台全面注册制的系列规范和配套文件，信息披露事项将更加得到重视。可以预见，证券虚假陈述纠纷的数量还会持续增加。在此类案件中，当下最重要的事情，是消弭现行法层面的条文导致的“强连带”的误解，辨明上市公司内部各参与方的逻辑层次，廓清各类责任的具体实施路径，回归真正的侵权责任体系。

独董证券虚假陈述案件的天平两端，分别是保护投资者与规范独董。新《证券虚假陈述规定》已经体现了投资者保护与市场秩序维护的区别与统一，如果司法还是保持目前对独董董事的强义务判定逻辑，无视权责不匹配的责任形态，则可能因模糊各方的责任边界，导致相关

---

① 《民法典》第1172条规定：“二人以上分别实施侵权行为造成同一损害，能够确定责任大小的，各自承担相应的责任；难以确定责任大小的，平均承担责任。”

② 参见李有星、钱颢瑜、孟盛：《证券虚假陈述侵权赔偿案件审理制度研究——新司法解释的理解与适用高端论坛综述》，载《法律适用》2022年第3期。

③ 参见曾祥生：《董事责任规制的困境与应对——以董事个体差异为视角》，载《法学杂志》2022年第6期。

主体的履职意愿与履职能力降低，进一步降低中国证券体系的运行效率。刚性连带无疑会增加独董的风险，寒蝉效应无助于独董为公司、股东利益而认真尽职。权责统一，才能真正落实独董责任，助力全面注册制下证券市场高质量发展。

（本文仅代表作者个人观点。特约编辑：卜斌）

同花顺员工持股平台补税风波法税解析

王永敬[*]　曹闻雯[**]

引　言

据《证券日报》报道，2023 年 3 月 20 日下午，上市公司同花顺（股票代码：300033）年度股东大会在杭州召开，同花顺管理层首次回应核心员工持股平台“补税风波”一事。报道称，记者从知情人士处获悉，2022 年 11 月，上海凯士奥信息咨询中心（有限合伙）（以下简称凯士奥）收到国家税务总局上海市宝山分局《税务事项通知书》，该通知书提出其“涉嫌在转换组织形式的过程中未申报缴纳税款”，需补缴税款 25 亿元。此次事件引起各方极大关注，本文将从法律和税务视角对该事件进行分析评述。

国家企业信用信息公示系统、企查查以及同花顺公告内容显示：2007 年 8 月 24 日，凯士奥以有限责任公司形式在上海成立；2007 年 8 月 30 日，同花顺原始股东为激励业务骨干及主要管理人员，合计将 20% 的股权转让给凯士奥；2009 年 12 月 25 日，同花顺在深交所创业板上市。同花顺 IPO《招股说明书》内容显示：凯士奥承诺履行上市后

* 广东晟典律师事务所律师、高级合伙人、管委会主任，武汉大学法学博士。
** 广东晟典律师事务所实习律师。

12 个月锁定期义务，且锁定期结束后，每年转让股份不超过所持同花顺股份总数的 25%。目前，凯士奥是同花顺第三大股东，持有 9.46% 股份，共有 7 位自然人合伙人，均系同花顺员工。

凯士奥历经多次工商信息变更。其中，最重要的是其 2020 年 3 月将公司注册地址由上海迁往北京，次月将组织形式从有限责任公司转为有限合伙企业，同年 6 月以有限合伙企业的形式迁回上海，并更名为上海凯士奥信息咨询中心（有限合伙）。同花顺 2020－041 号、2021－020 号、2022－021 号等公告内容显示，凯士奥在对其组织形式进行转变后，仍在不断减持无限售条件股份。

一、公司转变为合伙涉及的主要税务问题

正是由于此次跨地区将“公司转变为合伙企业”，上海税务局认为凯士奥“涉嫌在转换组织形式的过程中未申报缴纳税款”，需补缴巨额税款。笔者认为，凯士奥在组织形式转变中有以下四个问题值得探讨：

1. 公司为何要进行组织形式的转变；

2. 公司转变为合伙企业的形式是否合法；

3. 税务局要求公司补缴转变为合伙企业后相应税款的理由；

4. 公司在转变为合伙企业时未申报缴纳税款导致的经济和法律后果。

本文将围绕该四方面的问题展开分析讨论。

二、公司转变为合伙的涉税法律分析

公司是法人，合伙企业是非法人组织，二者的性质不能通过更名来进行转变。针对公司转变为合伙企业时涉及的税务问题，现分析如下。

（一）公司为何进行组织形式的转变

除同花顺外，存在不少上市公司将持股平台由公司转成合伙企业的案例，例如，安联锐视（股票代码：301042）、易天股份（股票代码：300812）。公司转变组织形式带来如下税务优势。

1. 持股平台对外转让股份，合伙企业形式承担的税负更低。

举例说明，某持股平台转让无限售条件股份获得1000万元收益，因持股平台基本没有实质性经营业务，暂不考虑其他成本费用。不同组织形式的持股平台的纳税结果分析如下。（见表1）

表1　不同组织形式的持股平台纳税义务分析

序号	持股平台组织形式	纳税义务
1	公司制	①企业所得缴税 持股平台转让其持有股份的行为，属于企业所得税的征税范围，假设税率为25%，持股平台应纳税额=10000万元×25%=250万元。 ②个人所得缴纳 持股平台将税后利润1000万元-250万元=750万元分红给员工，员工需按照“利息、股息、分红所得”项目缴纳个人所得税，税率为20%，应纳税额=750万元×20%=150万元，员工实际到手收益为750万元-150万元=600万元。 双重征税后，员工实际综合税率为40%。
2	合伙企业制	根据财税〔2008〕159号，合伙企业层面不征收所得税，按照“先分后税”原则处理：自然人合伙人缴纳个人所得税，法人合伙人缴纳企业所得税。 持股平台转让其持有股份的行为，员工按照“经营所得”项目缴纳个人所得税，税率为5%—35%五级超额累进税率。本例适用税率35%一档，速算扣除数为6.55万元，应纳税额=1000万元×35%-6.55万元=343.45万元，员工实际到手收益为1000万元-343.45万元=656.55万元。

由此可见，同样的交易，较之公司，选择合伙企业制会使员工获得的收益更多。

2. 此前，地方政府及税务局针对合伙企业已出台特殊优惠政策，诸如财政奖励、核定征收个人所得税等，使得持股平台员工可享受更低的综合税负。

例如，重庆市人民政府办公厅《关于印发〈重庆市进一步促进股权类投资企业发展实施办法〉的通知》（渝办法〔2012〕307号）、《新疆维吾尔自治区促进股权投资类企业发展暂行办法》（新政发办〔2010〕187 号）等。

（二）公司转变为合伙企业的形式是否合法

在我国，当前将公司转变为合伙企业没有具体法律依据。公司属于法人组织，可以独立承担民事责任，而合伙企业则相反，二者分别由《公司法》《合伙企业法》规范调整。所以，公司转变为合伙企业实际上已跨越两部法律，存在两个商事法律行为，即首先，公司清算并注销；其次，股东用清算所得重新设立一家合伙企业。因而，针对公司组织形式的转变，法律赋予工商部门注销登记和设立登记的权利。

在实践中，有些地方工商部门出于招商引资等目的，曾探索并出台一些政策，对变更登记给予支持。例如，北京工商管理局颁布的《中关村国家自主创新示范区企业组织形式转换登记试行办法》（京工商发〔2010〕131 号）、新疆维吾尔自治区工商管理局颁布的《关于有限责任公司变更为合伙企业的指导意见》（新工商企登〔2010〕172 号）等规定，公司只要提交相关材料，便可申请变更为合伙企业。

可见，如果公司未经清算而直接转变登记为合伙企业，是违背《公司法》法理和相关法律规定的，但在商事登记实践中却有操作案例，其合法性的核心要点是，在转换过程中完成原商事主体及其责任清算，及完成原商事主体的税务清算、清缴。

（三）税务局要求凯士奥补缴由公司转为合伙企业的相应税款的税收政策依据

首先，根据财税〔2009〕59 号《关于企业重组业务企业所得税处理若干问题的通知》第 4 条第 1 项的规定“企业由法人转变为个人独资企业、合伙企业等非法人组织，或将登记注册地转移至中华人民共和国境外（包括港、澳、台地区），应视同企业进行清算、分配，股东重新投资成立新企业。企业的全部资产以及股东投资的计税基础均应以公允价值为基础确定”，当持股平台由公司转变成合伙企业，原公司应视同清算，其持有的上市公司股票按照公允价值确定处置损益，缴纳25%的企业所得税。其次，公司将清算后的利润分配给员工后，属于员工的股息、红利所得，按《个人所得税法》的规定，员工应缴纳20%的个人所得税。

凯士奥完成组织形式变更当日收盘价为119.45元/股，持股数量为5091.56万股（含有限售条件股份），公允价值总计60.82亿元。显然，凯士奥及其股东在北京完成转变时没有就此申报缴纳清算涉及企业所得税及清算净所得视为分红的个人所得税，事后被上海税务局要求补税，一方面，反映出税务机关与工商机关未实现较好的联动，存在监管漏洞；另一方面，也折射出纳税人需更谨慎理解、适用地方性税收优惠政策。除此之外，公司制的持股平台已注销，应补缴的企业所得税部分由谁来承担？是否应由凯士奥合伙企业来承继等，笔者认为也是值得思考的问题。

（四）凯士奥由公司转为合伙企业时未申报缴纳税款所导致的经济和法律后果

对于凯士奥合伙企业的合伙人——同花顺的核心员工来说，被要求巨额补税无疑是晴天霹雳。大费周章转变组织形式不仅没有达到预想效果，在未有现金流入的情况下，还提前背负一大笔纳税义务。根据同花顺最新公告，目前，凯士奥持有50,881,829股股份，其中有12,716,707股属于无限售条件股份。按照3月29日收盘价176.33元/股计算，凯士奥可转让的股份合计价值为22.4亿元，仍低于补税金额。

同花顺股东本次减持前后持股情况如下。（见表2）

表 2　截至 2023 年 3 月 27 日同花顺股东减持后的持股情况

股东名称	股份性质	本次减持前持有股份		本次减持后持有股份	
		股数/股	占总股本比例/%	股数/股	占总股本比例/%
叶某某	合计持有股份	61, 730, 614	11. 48	61, 730, 614	11. 48
	其中：无限售条件股份	15, 432, 654	2. 87	15, 432, 654	2. 87
	有限售条件股份	46, 297, 960	8. 61	46, 297, 960	8. 61
凯士奥	合计持有股份	50, 905, 629	9. 47	50, 881, 829	9. 46
	其中：无限售条件股份	12, 684, 407	2. 36	12, 716, 707[注]	2. 36
	有限售条件股份	38, 221, 222	7. 11	38, 165, 222[注]	7. 10
于某某	合计持有股份	26, 609, 702	4. 95	26, 609, 702	4. 95
	其中：无限售条件股份	6, 652, 426	1. 24	6, 652, 426	1. 24
	有限售条件股份	19, 957, 276	3. 71	19, 957, 276	3. 71
王某	合计持有股份	21, 290, 282	3. 96	21, 290, 282	3. 96
	其中：无限售条件股份	5, 322, 571	0. 99	5, 322, 571	0. 99
	有限售条件股份	15, 967, 711	2. 97	15, 967, 711	2. 97

注：2023 年 1 月 7 日，公司有限售条件的流通股上市流通，凯士奥新增无限售条件股份的数量为 56, 100 股，具体情况详见公司于 2023 年 1 月 7 日发布的《关于有限售条件的流通股上市流通提示公告》（公告编号：2023 - 001）。

资料来源：同花顺（证券代码：300033）第 2023 - 016 号公告第 2 页，载 https://www. szse. cn/disclosure/listed/bulletinDetail/index. html? d2fbb478 - dc15 - 4188 - bcb7 - 0adbc4be8e30。

另外，根据《税收征收管理法》第 63 条的规定，凯士奥转变组织形式未申报缴纳公司清算涉及企业所得税，凯士奥原股东未申报缴纳视为分红的个人所得税，可能导致原持股平台及其股东被认定存在偷税行为，税务机关有权追缴其不缴或者少缴的税款、滞纳金，并处不缴或者少缴的税款 50% 以上 5 倍以下的罚款。若有关纳税义务人存在不缴或未足额补缴税款、缴纳滞纳金和罚款等行为，则将触犯《刑法》第 201

条关于逃税罪的规定，届时不能以《刑法》第201条第4款规定的首次免罚规则免除刑事责任。不过，公司制企业的税务责任能否追究未参与控制、经营的股东，税款及罚款责任能否突破股东有限责任原则，笔者认为值得商榷。

三、凯士奥税务风波的后续进展

据《证券日报》报道，2023年3月27日下午，同花顺召开了2022年度业绩说明会。同花顺高管在接受记者采访时表示："这些年来，凯士奥出售股票所得只有3亿多元，远远少于要征的税额和滞纳金。因此，这突如其来的巨额税款就如同大山一样压过来，令企业根本无法承受。""凯士奥是员工持股平台，在限售股无法出售的情况下，凯士奥不能筹集足够资金及时足额缴纳税款。公司正密切关注核心员工思想动态，尽最大努力与员工沟通，传达各级政府部门的关怀，并就核心员工关心的问题做出及时回复，努力维护公司的正常经营和公司治理的稳定。"3月27日晚间，同花顺发布公告称，因股东资金需要，公司实际控制人、董事长兼总经理的易某，董事兼副总经理的叶某玖，持股5%以上股东上海凯士奥信息咨询公司，以及公司董事于某森和王某，拟自公告发布之日起15个交易日后的6个月内，以集中竞价交易方式或大宗交易方式进行减持，拟减持股份占公司总股本的8.46%。①

四、对公司引入股权激励的建议

越来越多的公司引入股权激励，让员工成为"股东"，从而提升公司管理效率、增强凝聚力。然而，股权激励从设立到运营，是一项长期且专业的工作。同花顺员工持股平台因组织形式转变而深陷税务风波，无论员工还是同花顺，都受到不同程度的影响。持股平台的选择只是股权激励税务筹划中的一部分，对于不同目的的持股平台来说，合伙企业

---

① 参见同花顺（证券代码：300033）第2023－016号公告，载https：//www.szse.cn/disclosure/listed/bulletinDetail/index.html？d2fbb478－dc15－4188－bcb7－0adbc4be8e30。

形式并非一直是最优选择。员工行权时该如何缴纳个税、员工用持股平台减持能否适用递延纳税政策、员工对外转让持股平台份额能否适用“转让财产所得”项目缴纳个税、对内转让份额是否可以免缴个税等一系列的问题，都需要在股权激励设立初期予以充分考虑。因而，笔者建议，公司在引入股权激励前期做好全面的税务评估及税务合规安排，以减少后续的涉税风险。

（本文仅代表作者个人观点。特约编辑：杨敏）

房屋征收补偿方式的选择权保障

封韶锋[*]

国有土地上房屋征收补偿方式，通常包括产权调换或货币补偿，部分地区如深圳市还规定了产权调换与货币补偿相结合的方式。根据相关规定，被征收人有权选择房屋征收补偿方式，但在实践中常因种种原因导致被征收人未能与征收方协商一致达成征收补偿协议，甚至诉诸法院，其中，被征收人对房屋征收补偿方式的选择权是否得到保障系重要原因之一。

因此，对于征收单位而言，保障被征收人对于房屋征收补偿方式的选择权不仅有助于征收补偿协议的签订，而且能确保房屋征收一系列行政行为的合法性。

一、何为房屋征收补偿方式的选择权得到了保障

《国有土地上房屋征收与补偿条例》第21条规定："被征收人可以选择货币补偿，也可以选择房屋产权调换。"《深圳市房屋征收与补偿实施办法（试行）》第24条规定："房屋征收可以采取货币补偿、产权调换以及货币补偿和产权调换相结合的补偿方式。除本办法及市政府另有规定外，征收非住宅房屋以及房屋以外的构筑物、其他附着物等实行货币补偿。征收被征收人居住的住宅房屋，被征收人可以选择货币补偿、产权调换、货币补偿与产权调换相结合的方式进行补偿……"

---

* 广东晟典律师事务所律师。

从上述规定可知，在深圳地区，补偿方式有三种选择，而选择权在于被征收人。其中，“货币补偿”是指对被征收房屋及其附属物，按照其市场价值，经评估后以货币的形式对被征收人给予补偿；“产权调换”是指房屋征收部门原址或异地提供回迁安置房屋与被征收房屋进行调换，并按被征收房屋的评估价和调换房屋的市场价进行差价结算的方式。① 而货币补偿与产权调换相结合，是指被征收人对被征收房屋及其附属物，部分选择货币补偿，部分选择产权调换。

因此，确保被征收人在征收流程中能自主选择其中一种征收补偿方式，以及作出选择后非经法定事由被改变是衡量被征收人对于征收补偿方式的选择权是否得到保障的根本。房屋作为一个家庭的重要资产，不仅具有居住功能，还具有一定的金融工具属性，特别是在深圳等房价较高的地区。补偿方式的自由选择，对被征收人补偿权益的实现具有重要意义，《国有土地上房屋征收与补偿条例》《深圳市房屋征收与补偿实施办法（试行）》均赋予了深圳地区的被征收人自主选择的权利。在被征收人已经作出选择的情况下，即便后续因其他事由导致就征收补偿事宜未能完全达成一致，原则上也应当尊重被征收人的选择权，承诺在合理期限内为被征收人提供征收补偿方式的其他选项。②

二、不同情形下被征收人的选择权应如何保障

在房屋征收实务中，被征收人与征收单位达成一致就补偿方式作出选择并签订征收补偿协议的，其选择权已得到保障自无须多言；但在特定情形下，如被征收人选择产权调换但附加特定条件、被征收人选择货币补偿但不同意补偿价格、被征收人拒不作出选择，应如何保障被征收人的选择权？

① 相关内容参见江必新、何东宁等：《最高人民法院指导性案例裁判规则理解与适用·房地产卷》，中国法制出版社 2014 年版；蔡小雪、郭修江：《房屋征收案件审理指引》，人民法院出版社 2015 年版。

② 参见江苏省高级人民法院行政判决书，（2020）苏行终 193 号。

（一）被征收人选择产权调换但附加特定条件的

部分被征收人在与征收单位进行协商时，提出选择产权调换，但不同意在征收单位提供的产权调换房屋范围内选择，而是对产权调换的房屋提出一系列近乎原址翻新复原的附加特定条件：如特定地段、周边一定距离内需有名牌学校、三甲医院、公园、地铁等公共配套设施、容积率不高于被征收房屋所在小区、特定楼层、特定朝向、交付时间等。这些基于被征收人意思自治的选择权能否得到保障？

首先，被征收人对回迁安置房屋的基本要素是明知的。根据《国有土地上房屋征收与补偿条例》第 25 条及《深圳市房屋征收与补偿实施办法（试行）》第 14 条的规定，房屋征收部门公告的《房屋征收补偿方案》应当对临时安置费或者过渡周转房、用于产权调换房屋的区位、地点、数量、面积、调换标准、套型面积和结算基本价格等基本要素进行明确。知悉用于产权调换房屋的基本要素后，被征收人方可结合其对地段、周边公共配套设施、容积率等要求作出选择。

其次，被征收房屋所具备的特定价值可以通过价格结差进行弥补。根据《国有土地上房屋征收与补偿条例》第 21 条第 2 款及《深圳市房屋征收与补偿实施办法（试行）》第 25 条第 1 款的规定，征收单位应与被征收人计算、结清被征收房屋价值与用于产权调换房屋价值的差价。被征收人提出的特定条件，近乎原址翻新复原被征收房屋，通常是无法实现的，也与征拆项目的公共利益目标相违背，但产权调换实际上是以被征收房屋和用于产权调换房屋的价值为基础，再进行两者价格比较与结算。[①] 被征收房屋具备的特定条件所对应的价值，实际上已经体现在产权调换房屋与被征收房屋的差价中，故即便用于产权调换房屋未能达到被征收人要求的特定条件，并不损害其利益。

再次，行政法规并未对用于产权调换房屋的地段进行强制要求。部分被征收人根据《国有土地上房屋征收与补偿条例》第 21 条第 3 款及

① 参见最高人民法院行政裁定书，（2018）最高法行申 3838 号。

《深圳市房屋征收与补偿实施办法（试行）》第 24 条第 2 款的规定，选择产权调换但要求异地回迁安置。实质上，该条款是对被征收人“故土情结”的保护，规定的是如果被征收人选择产权调换要求原地回迁安置的，房屋征收部门应当提供原地回迁安置房，原地无法提供的应当就近地段提供，但行政法规并未强制要求征收单位提供改建地段或其他地段的产权调换房屋。[①] 对于被征收人主动要求异地回迁安置的，该条款并未作出禁止性或鼓励性的规定，故被征收人可以结合项目实际情况与房屋征收部门协商确定。

最后，其他相关费用足以保障被征收人的居住水平不因房屋征收而下降。要保障被征收人之后的居住水平不下降或略有上升，是搬迁安置补偿公平合理的一项重要原则。故根据《国有土地上房屋征收与补偿条例》第 17 条及《深圳市房屋征收与补偿实施办法（试行）》第 23 条的规定，除被搬迁房屋价值补偿之外，对被征收人给予的补偿还包括搬迁费、临时安置费、因征收房屋造成的停产停业损失的补偿、相关补助和奖励等。

（二）被征收人选择货币补偿但不同意补偿价格的

针对部分被征收人选择货币补偿但不同意补偿价格的，其补偿方式的选择权是否得到保障应主要考虑以下因素。

1. 货币补偿价格是否公平合理

《国有土地上房屋征收与补偿条例》第 19 条第 1 款规定：“对被征收房屋价值的补偿，不得低于房屋征收决定公告之日被征收房屋类似房地产的市场价格。”《深圳市房屋征收与补偿实施办法（试行）》第 26 条第 1 款、第 3 款规定：“对被征收房屋价值的补偿，不得低于房屋征收决定公告之日被征收房屋类似房地产的市场价格……住宅房屋的被征收人选择货币补偿，但被征收房屋经评估的补偿价格低于该房屋在产权调换情况下本次房屋征收提供的所有产权调换房屋的平均市场评估价格

① 参见最高人民法院行政裁定书，(2019) 最高法行申 10581 号。

的，房屋征收部门应当将该价差部分作为置业补助支付给被征收人……”

如何判断货币补偿标准是否公平合理？一是比较被征收房屋价值的补偿和房屋征收决定公告之日被征收房屋类似房地产的市场价格，对被征收房屋价值的补偿应当不低于房屋征收决定公告之日被征收房屋类似房地产的市场价格；二是比较被征收房屋价值的补偿和被征收人在实际获得补偿安置时购买类似房地产的市场价格，且是否符合大多数业主的意愿，若能保障被征收人在实际获得补偿安置时能够在市场上购买到类似房地产，且为大多数业主所接受，应视为符合市场行情的价格。[①] 此外，在深圳地区的房屋征收货币补偿，还需比较货币补偿的价格不得低于该房屋选择产权调换时的回迁房屋平均市场价格，其价差部分即置业补助。

2. 不服货币补偿价格的救济途径

《国有土地上房屋征收与补偿条例》第19条第2款规定：“对评估确定的被征收房屋价值有异议的，可以向房地产价格评估机构申请复核评估。对复核结果有异议的，可以向房地产价格评估专家委员会申请鉴定。”《深圳市房屋征收与补偿实施办法（试行）》第59条规定：“被征收人或者房屋征收部门对评估报告有疑问的，房屋征收评估机构应当作出解释说明。被征收人或者房屋征收部门对评估结果有异议的，应当自收到评估报告之日起10日内，向房屋征收评估机构书面申请复核评估。”以及第60条规定：“被征收人或者房屋征收部门对房屋征收评估机构的复核结果仍有异议的，可以自收到复核结果之日起10日内，向评估专家委员会申请技术鉴定。”

被征收人意向选择货币补偿，但对货币补偿价格存在异议的，可以通过复核与鉴定两级复审程序予以救济，[②] 即评估报告的复核与鉴定程序，也是保障被征收人的补偿方式选择权的基础前提之一。

---

① 参见海南省高级人民法院行政判决书，（2016）琼行终40号。

② 参见南京市溧水区人民法院行政判决书，（2014）溧行初字第10号。

（三）被征收人拒不作出选择的

在实务中，部分被征收人收到房屋征收决定后采取不主动、不配合、不选择、不搬迁的方式，来给征收单位施加压力以便在征收协商谈判中获取优势。如此，在征收补偿决定中对于被征收人对补偿方式的选择权保障，通常有以下几种做法。

1. 继续保留产权调换与货币补偿的选择权

即便被征收人迟迟未明确选择补偿方式，在条件允许的情况下，征收单位也可以为被征收人预留产权调换的房屋或可选房源，同时，将货币补偿款项存入房屋征收资金专用账户，保障被征收人可随时提取，则该种情形充分保障了被征收人的选择权。①

2. 合理期限内未作出选择的，可在补偿决定中明确为货币补偿或产权调换其中之一

征收单位在补偿决定作出之前告知被征收人可以选择货币补偿或产权调换，并要求其于合理期限内将选择意见提交征收单位。被征收人逾期不作选择的，为了防止征收补偿关系长期处于不稳定的状态，确保补偿方式的明确性及补偿决定的可操作性，征收单位可以在补偿决定中明确一种具体补偿方式。②

至于明确为货币补偿抑或产权调换，则可以结合被征收人的倾向性意愿、③ 同一征收项目大多数被征收人关于征收补偿方式的选择情况、是否有利于保障被征收人的居住权益、是否有利于更好地实现被征收人的财产保值、当地同类房屋征收项目的实操惯例④等因素综合考量。⑤

① 参见最高人民法院行政裁定书，（2017）最高法行申 4500 号；福建省莆田市荔城区人民法院行政判决书，（2017）闽 0304 行初 194 号。

② 参见最高人民法院行政裁定书，（2019）最高法行申 1994 号；贵州省高级人民法院行政判决书，（2019）黔行终 1421 号；江苏省高级人民法院行政判决书，（2019）苏行终303 号。

③ 参见最高人民法院行政裁定书，（2019）最高法行申 9826 号。

④ 参见浙江省高级人民法院行政判决书，（2019）浙行终 1138 号。

⑤ 参见湖南省长沙市中级人民法院行政判决书，（2018）湘 01 行初 236 号。

三、结语

房屋征收补偿程序合法、补偿内容与标准公平合理，是保障被征收人补偿方式选择权的前提基础。应当依法尊重被征收人选择权，无论被征收人选择产权调换附加特定条件，还是选择货币补偿但不同意补偿价格，均具有价值结差或评估复核、鉴定等合法救济途径。如被征收人拒不作出选择的，在条件允许的情况下，可以继续保留货币补偿与产权调换的选择权，也可以结合实际情况在补偿决定中明确为其中之一。

（本文仅代表作者个人观点。特约编辑：郭莎莎）

次债务人收到法院协助执行通知的应对之道

方建伟[*]　金晓宇[**]　陈　霖[***]

引　言

《最高人民法院关于适用〈中华人民共和国民事诉讼法〉的解释(2022 年修正)》(以下简称《民诉法解释》)赋予了人民法院保全和执行被执行人的债权的权力。作为债权人代位权制度在民事执行程序中的延伸，其基于协助执行制度构建了在执行程序中对被执行人的债权的控制机制，将被执行人的债权纳入执行的责任财产范围，有助于切实解决执行难问题。但是，这一制度也在一定程度上突破了债的相对性原则，允许申请执行人直接向次债务人①主张权利，可能对承担协助执行义务的次债务人权益产生不小的影响，次债务人很可能因此卷入被执行人和申请执行人之间的债务纠纷，甚至面临民事赔偿和处罚风险。随着债权保全措施在执行实践中应用的普及，次债务人如何合理合法地应对法院协助执行要求将是不可忽视的问题。

---

* 中伦律师事务所上海办公室合伙人。

** 中伦律师事务所律师。

*** 中伦律师事务所律师。

① “次债务人”并非民事诉讼法下规定的诉讼参加人类型，其在民事诉讼程序中的身份性质应属于“第三人”。然而由于到期债权执行的法理基础在于代位权理论，司法实践中多有将该第三人称为“次债务人”。因此，在本文语境下，“第三人”和“次债务人”均指在协助执行程序中，基于与被执行人的债务关系，而被法院要求冻结被执行人债权的协助义务人。

一、次债务人应对协助执行程序概述

在实践中，根据次债务人债务到期情况的不同，法院将对次债务人采取不同的措施以查控被执行人的债权，向次债务人发送相应的通知书以告知次债务人的义务和权利。次债务人需要审视法院通知的具体要求，判断执行程序所在的阶段并依法采取针对性措施。

目前，关于次债务人协助执行的程序的相关规定集中体现在《民诉法解释》、《最高人民法院关于人民法院执行工作若干问题的规定（试行）》（2020年修正）（以下简称《执行工作规定》）以及最高人民法院发布的其他相关司法解释中，这些司法解释为次债务人协助执行制度构建了基本框架，但仍留有众多具体应用问题有待实践解决。另外，相关规定的上位法依据较为抽象，也导致在实践中可能会出现法院实施协助执行程序存在诸多混乱和不一致的情形，给次债务人有效配合执行造成了一定困扰。目前，与次债务人协助执行程序相关的司法解释如下（见表1）。

表1　与次债务人协助执行程序相关的司法解释

序号	司法解释	条文
1	《民诉法解释》	第499条
2	《执行工作规定》	第45—53条
3	《最高人民法院印发〈关于依法制裁规避执行行为的若干意见〉的通知》	第12—14条
4	《最高人民法院关于认真贯彻实施民事诉讼法及相关司法解释有关规定的通知》	第3条

根据前述司法解释的规定，结合最高人民法院的裁判案例以及各地司法文件，我们对次债务人在协助执行程序项下可能收到的不同种类的通知及应对建议，梳理如下。

（一）协助冻结通知书

1. 协助冻结通知书产生冻结效力，次债务人需履行止付义务

由《最高人民法院印发〈关于依法制裁规避执行行为的若干意见〉

的通知》（以下简称《规避执行意见》）第 13 条[①]可知，在次债务人对被执行人债务尚未到期的情况下，人民法院仍可以通知冻结次债务人的该等债务。在该等情形下，次债务人的法律地位为协助执行义务人，根据《民事诉讼法》第 253 条[②]的规定，人民法院应当作出裁定，并发出协助执行通知书，有关单位必须办理。同时，由于此时次债务人的债务尚未到期，根据《最高人民法院关于认真贯彻实施民事诉讼法及相关司法解释有关规定的通知》第 3 条[③]的规定，法院此时不能责令次债务人履行，但是可以依法对被执行人未到期的债权予以冻结。

2. 次债务人可采取的措施及可能的效果

（1）次债务人应承担止付义务

协助执行通知书对次债务人具有约束力，次债务人即使对该通知书有异议亦应当遵守执行法院要求，不得擅自向被执行人清偿该等债务，否则，次债务人可能被追究涉嫌恶意串通的民事责任、妨害执行的责任。若次债务人违反了法定的协助执行义务，需承担赔偿责任。[④]

（2）次债务人应及时与执行法院沟通

次债务人应当及时与执行法院沟通被执行人债务履行情况以及次债务人债务到期情况，确认协助执行通知书的效力状态以及冻结有效期限，明确自身义务状态。在执行法院裁定解除该等冻结措施前，次债务人不应擅自向被执行人履行债务。

---

① 《规避执行意见》第 13 条规定："依法保全被执行人的未到期债权。对被执行人的未到期债权，执行法院可以依法冻结，待债权到期后参照到期债权予以执行。第三人仅以该债务未到期为由提出异议的，不影响对该债权的保全。"

② 《民事诉讼法》第 253 条第 2 款规定："人民法院决定扣押、冻结、划拨、变价财产，应当作出裁定，并发出协助执行通知书，有关单位必须办理。"

③ 《最高人民法院关于认真贯彻实施民事诉讼法及相关司法解释有关规定的通知》第 3 条第 3 款规定："被执行人有银行存款或者其他能够执行的财产的，人民法院原则上应优先予以执行；对于被执行人未到期的债权，在到期之前，只能冻结，不能责令次债务人履行。"

④ 参见江苏省高级人民法院执行裁定书，（2018）苏执监 211 号。在该案中，次债务人在收到法院协助执行通知书后，擅自向被执行人支付了款项。执行法院查明后，责令其追回前述款项，但第三人未能追回，故执行法院向次债务人送达执行裁定书，裁定次债务人立即赔偿申请执行人 50 万元，并且冻结、扣划、提取次债务人 50 万元。次债务人提出申诉，但被江苏省高级人民法院裁定驳回。

（3）次债务人提出执行异议的效力

根据《民事诉讼法》第236条的规定，次债务人对于协助执行通知书可以提出执行异议（具体的异议形式较为复杂，笔者将在本文第二部分进一步予以分析），但是这并不直接影响协助执行通知书中的冻结命令的效力，除非执行法院依法裁定解除冻结或者撤销冻结命令。

（二）履行到期债务通知书

1. 如未在指定期限内对履行到期债务通知书提出异议，法院有权裁定强制执行

根据《民诉法解释》第499条[①]的规定，若债务已经到期，执行法院执行被执行人对次债务人的到期债权，可以作出冻结债权的裁定和履行到期债务通知书。《执行工作规定》第45条[②]指明，在执行程序中，人民法院可以依申请执行人或被执行人的申请，向第三人发出履行到期债务的通知，该通知必须直接送达第三人。在收到履行到期债务通知书后，第三人应当在15日内向申请执行人履行债务或者向执行法院提出异议，不得向被执行人清偿。若第三人在履行到期债务通知指定期限内没有提出异议而又不履行的，法院有权裁定对其强制执行。因此，生效的履行到期债务通知书将产生强制执行的效力。

2. 次债务人的应对措施及可能的效果

（1）在指定期限内提出异议

根据《执行工作规定》第47条[③]的规定，第三人在履行到期债务通知指定的期间内提出异议的，人民法院不得对第三人强制执行，对提出的异议不进行审查。根据最高人民法院的裁定观点，若第三人提出实

---

① 参见《民诉法解释》第499条第1款规定："人民法院执行被执行人对他人的到期债权，可以作出冻结债权的裁定，并通知该他人向申请执行人履行。"

② 参见《执行工作规定》第45条第1款规定："被执行人不能清偿债务，但对本案以外的第三人享有到期债权的，人民法院可以依申请执行人或被执行人的申请，向第三人发出履行到期债务的通知（以下简称履行通知）。履行通知必须直接送达第三人。"

③ 参见《执行工作规定》第47条规定："第三人在履行通知指定的期间内提出异议的，人民法院不得对第三人强制执行，对提出的异议不进行审查。"

体异议的，法院应当中止执行，申请执行人应当通过提起代位权诉讼主张权利。[①]

第三人提出的异议内容应当包含关于债权债务关系是否存在，如存在其数额是多少，有没有已经清偿、抵销或者免除等情况，这种异议是实体法上的异议。[②] 如果第三人仅提出自己无履行能力或者与申请执行人无直接法律关系等形式上的异议，则无法产生中止执行的效果。[③] 此外，根据我们的实践经验，执行法院为避免次债务人和被执行人恶意串通逃避执行，滥用异议权利，在实操中亦可能对次债务人提出的异议进行一定程度上的实质审查，甚至要求次债务人提供相关的证据材料。因此，次债务人作为第三人在提出异议时仍应当谨慎确认异议的理由，并提前准备相应的证据材料以应对执行法院可能提出的质疑。

此外，需注意的是，若执行法院在送达履行到期债务通知书的同时或者之前已经向第三人送达协助执行通知书的，即使第三人在履行到期债务通知书指定期限内提出异议，协助执行通知书的效力仍不受第三人该等异议的影响。[④] 次债务人在取得法院明确的解除冻结通知之前均不应当擅自向被执行人履行债务。

（2）向法院或申请执行人履行债务

若次债务人对于该债务没有异议的，可以根据法院履行到期债务通知书的要求向法院指定的收款账户支付该等款项。在次债务人履行完毕

① 参见最高人民法院执行裁定书，（2020）最高法执监 123 号。

② 参见唐德华主编：《执行法律及司法解释条文释义》，人民法院出版社 2006 年版，第 496 页。

③ 参见《执行工作规定》第 48 条规定："第三人提出自己无履行能力或其与申请执行人无直接法律关系，不属于本规定所指的异议。第三人对债务部分承认、部分有异议的，可以对其承认的部分强制执行。"

④ 《最高人民法院关于认真贯彻实施民事诉讼法及相关司法解释有关规定的通知》第 3 条第 2 款规定："在对到期债权的执行中，应当依法保护次债务人的利益，对于次债务人在法定期限内提出异议的，除到期债权系经生效法律文书确定的外，人民法院对提出的异议不予审查，即应停止对次债务人的执行，债权人可以另行提起代位权诉讼主张权利。对于其他利害关系人提出的异议符合民事诉讼法第二百二十七条规定的，人民法院应当按照相应程序予以处理。"参见山东省高级人民法院执行局：《执行疑难法律问题审查参考——执行到期债权专题》，山东高法微信公众号 2021 年 11 月 13 日。

该等债务后，执行法院应当向次债务人出具有关证明。[①]

（三）责令追款通知书

1. 擅自向被执行人履行或被法院要求追回款项并承担责任

如果次债务人在收到履行到期债务通知书后，擅自向被执行人履行，法院可以作出责令追款通知书，要求次债务人在指定期限内追回擅自履行的债务。在次债务人未能追回擅自履行的债务的情况下，次债务人需要在已履行的财产范围内与被执行人承担连带清偿责任，并可能被追究妨害执行的责任，[②] 具体可能包括以下内容。

（1）罚款：法院可以对单位或直接责任人员予以罚款。对个人的罚款金额为10万元以下；对单位的罚款金额为5万元以上100万元以下。[③]

（2）拘留：对单位责任人员的拘留的期限最高可达15日。[④]

（3）刑事责任：对单位责任人员可以判处最高7年的有期徒刑。[⑤]

例如，在江西某地方法院审理的一起拒不执行判决、裁定案件中，法院认定协助执行单位的主任构成拒不执行判决、裁定罪。[⑥] 因此，无论是单位还是单位主管人员，在收到协助执行通知书后仍需谨慎对待，避免违法违规风险。

---

① 《执行工作规定》第53条规定："第三人按照人民法院履行通知向申请执行人履行了债务或已被强制执行后，人民法院应当出具有关证明。"

② 《执行工作规定》第32条规定："被执行人或其他人擅自处分已被查封、扣押、冻结财产的，人民法院有权责令责任人限期追回财产或承担相应的赔偿责任。"

③ 《民事诉讼法（2023修正）》第118条第1款规定："对个人的罚款金额，为人民币十万元以下。对单位的罚款金额，为人民币五万元以上一百万元以下。"

④ 《民事诉讼法（2023修正）》第118条第2款规定："拘留的期限，为十五日以下。"

⑤ 《刑法（2020修正）》（已被修改）第313条规定："对人民法院的判决、裁定有能力执行而拒不执行，情节严重的，处三年以下有期徒刑、拘役或者罚金；情节特别严重的，处三年以上七年以下有期徒刑，并处罚金。单位犯前款罪的，对单位判处罚金，并对其直接负责的主管人员和其他直接责任人员，依照前款的规定处罚。"

⑥ 参见江西省铜鼓县人民法院刑事判决书，（2017）赣0926刑初61号。

2. 次债务人的应对措施及可能的效果

（1）要求被执行人返还款项

当该等债权已经被法院依法冻结时，其成为履行生效裁判文书的责任财产，无论是被执行人还是次债务人都无权对该等财产进行处分。次债务人若已经违反法院裁定要求向被执行人清偿了所涉债务，应当尽快与被执行人协商退回。

同时，根据经验，执行法院在责令追款通知书中通常不会给予次债务人太多的追款时间。若被执行人的债务状况不佳，次债务人追回相关财产的难度将会更大。在此过程中，次债务人应当做好与被执行人方面的沟通，并向执行法院争取更多时间，以避免法院直接扣划次债务人存款，甚至对次债务人进行处罚的风险。

（2）在被扣划款项后，依据不当得利请求被执行人返还相应的款项

在将协助执行款项支付给法院或被法院扣划相关款项后，次债务人对于被执行人的对等数额的债务消灭，被执行人额外受领款项不具有合法依据，可能会构成不当得利，此时，次债务人可以通过诉讼要求被执行人返还。①

二、协助执行程序中的实践争议及误区

（一）未在法定期限内提出异议是否会导致次债务人丧失实体抗辩权利

《执行工作规定》并未对次债务人超期提出异议的问题作出规定。对此，最高人民法院曾经发布司法文件表示："第三人在履行债务通知指定的期限内未提出异议，并不发生承认债务存在的实体法效力。第三人在法院强制执行后提出异议的，应当得到司法救济。"② 最高人民法

① 参见山东省淄博市张店区人民法院民事判决书，（2021）鲁0303民初3280号；江苏省镇江市经济开发区人民法院民事判决书，（2013）镇经民初字第2040号。

② 参见《最高人民法院执行工作办公室关于到期债权执行中第三人超过法定期限提出异议等问题如何处理的请示的答复》（〔2005〕执他字第19号）。

院在（2018）最高法执监484号执行裁定书中亦持类似观点。但是，我们也发现在实践中地方法院存在不同的处理方式，例如：潍坊滨海经济技术开发区人民法院（2020）鲁0792执异6号裁定书认为："第三人在履行通知指定的期间内没有提出异议，后又反悔提出异议的，不予支持。"

对此，我们倾向于认同最高人民法院的观点，履行债务通知所指定的期限应当理解为绝对异议权的行使期限，在第三人期内提出异议的情况下，法院不应予以强制执行；但是沉默并不直接发生承认债务存在的效果，第三人不应因此被剥夺救济权利，强制要求第三人在指定期限内履行回应义务并无具体的上位法律依据。

对于次债务人超期提出异议的路径，司法及学术界也存在不同的观点，但是目前最高人民法院法官会议纪要所持观点①认为，在此种情形下次债务人应当依据《民事诉讼法》第236条②的规定提出执行异议，由执行法院进行实质审查。在最高人民法院观点指导下，各级法院也多通过执行行为异议程序解决次债务人提出的异议。③（见表2）

表2　对于次债务人超期提出异议的路径的不同观点

观点	参考案例/司法解释	程序效果
执行行为异议说《民事诉讼法》第236条[1]	（2021）最高法民再257号中认为：次债务人超过期限才提出不存在到期债权等异议，执行法院一般应当根据《民事诉讼法》第225条（注：现第236条）的规定，对该到期债权是否存在以及到期债权的具体数额进行实质审查，而不是适用《民事诉讼法》第227条（注：现第238条）规定并引导案外人提起异议之诉。	（1）驳回/撤销或改正裁定 （2）可向上一级法院申请复议

① 参见最高人民法院第二巡回法庭2021年第20次法官会议纪要。

② 《民事诉讼法》第236条规定："当事人、利害关系人认为执行行为违反法律规定的，可以向负责执行的人民法院提出书面异议。当事人、利害关系人提出书面异议的，人民法院应当自收到书面异议之日起十五日内审查，理由成立的，裁定撤销或者改正；理由不成立的，裁定驳回。当事人、利害关系人对裁定不服的，可以自裁定送达之日起十日内向上一级人民法院申请复议。"

③ 参见山东省滨州市中级人民法院执行裁定书，（2019）鲁16执监2号。

续表

观点	参考案例/司法解释	程序效果
终止执行说 《民诉法解释》第499条[2]	《人民法院报》载《对到期债权执行中第三人超期提出异议的救济途径—河南省高级人民法院裁定鹏宇公司诉胡某、胡某峰执行异议之诉案》：执行法院收到第三人超期提出的异议后，裁定终止对第三人财产的执行，使程序回归到由申请执行人提起代位权诉讼的设置上来，以诉的方式实体解决第三人提出的异议。	(1) 终止对第三人财产的执行 (2) 申请执行人应提起代位权诉讼

〔1〕此种情形下，执行法院将在执行异议程序中审查债权数额。

〔2〕此种情形下，执行法院不对异议程序进行实质审查，而是通过代位权诉讼解决纠纷。

如果是次债务人之外的利害关系人，对于法院的冻结行为存在异议的，认为其是被冻结债权的权利人的，一般可以按照《民事诉讼法》第238条的规定提起执行异议之诉。①

（二）法院能否查封、扣押、冻结次债务人的财产并将次债务人列为被执行人

1. 法院能否将次债务人列为被执行人

一般而言，在执行程序追加当事人应当遵循相关民事诉讼司法解释规定，并且在目前执行程序变更追加当事人的规定中并不包括在到期债权执行程序中直接将第三人追加为被执行人的情形。最高人民法院(2016)最高法执监234号、(2019)最高法执监490号裁定书均认为，在执行程序中追加被执行人应当以法律或司法解释有明确规定的情形为限。

但是，我们亦观察到实操中确有执行法院将次债务人追加为被执行

① 《民诉法解释》第499条第2款规定："利害关系人对到期债权有异议的，人民法院应当按照民事诉讼法第二百三十四条规定处理。"前述款项中《民事诉讼法》第234条现已变更为第238条。

人的案例，[①] 江苏省高级人民法院即在该案件执行裁定中明确将《最高人民法院关于人民法院执行工作若干问题的规定（试行）》（2008 年调整）第 44 条[②]要求擅自付款的第三人承担连带清偿责任的规定作为追加的正当性依据。但是笔者倾向于认为，该责任源于违反法定协助执行义务所产生的程序上的责任，在未提起代位权诉讼的情形下并无实体上穿透对第三人列为被执行人的实体依据，其正当性确实有待商榷。

2. 法院能否采取查封、扣押、冻结措施

除是否可以将次债务人追加为被执行人的问题外，《民事诉讼法》及司法解释层面暂未明确法院能否对次债务人采取查封、扣押、冻结等限制措施。目前，在实践中对此亦有不同的操作：山东省高级人民法院认可法院对次债务人采取查封、扣押、冻结措施的权力，但是将其情形限缩在次债务人不按照履行通知履行义务又不提出异议的情形。[③] 河北省高级人民法院在一则执行裁定中亦认定只有在次债务人收到履行通知后在指定的期限内无异议而又不履行时，才能采取查封次债务人名下财产等强制执行措施。[④]

由于在次债务人未提出异议的情形下，法院可以对次债务人进行强制执行，此时，次债务人亦可能面临其自有财产被法院查封、扣押、冻结的风险。在此种情形下，次债务人应当尽快与执行法院建立沟通，避免风险进一步扩大，对公司经营造成不利影响。

（三）被执行人转让债权能否对抗协助执行程序以及次债务人的应对

在协助执行程序中，若次债务人遭遇债权人即被执行人对外转让债权的行为，则很可能面临难以确认债务履行对象、法律关系不确定的风

---

① 参见江苏省高级人民法院执行裁定书，（2017）苏执监 695 号。

② 现行《执行工作规定》第 32 条。

③ 山东省高级人民法院《关于规范查封、扣押、冻结财产的工作指引》第 22 条规定："冻结被执行人对他人（次债务人）的到期债权的，不得对次债务人的财产采取查封、扣押、冻结措施，但次债务人不按照履行通知履行义务又不提出异议的除外。"

④ 参见河北省高级人民法院执行裁定书，（2019）冀执复 141 号。

险。一方面，一般而言债权人均有对外转让债权的权利，根据《民法典》第546条[①]的规定，将通知送达债务人后即对债务人生效，债务人对债权转让无异议权；另一方面，次债务人在收到法院协助执行通知后即需要承担止付义务，就该笔债务不得向申请执行人之外的任何一方予以履行。在此种情形下，债权转让是否能够对抗法院的协助执行要求在实践中存在比较大的争议。

一般而言，若法院的协助执行通知书及保全裁定在债权归属发生变动前即送达被执行人和次债务人，由于此时债权已经被冻结，被执行人不得对其采取处分措施，目前主流观点认为在此种情形下的债权转让无法对抗法院的执行行为。[②] 为避免被法院认定为协助被执行人逃避债务，在此种情形下次债务人一般不宜擅自向被执行人指定的债权受让人履行债务，特别是在该债权受让人与被执行人可能存在关联关系的情形下，更应谨慎。

对于债权转让通知在法院协助执行通知送达前已到达次债务人的情形，法院对于其对抗效力存在不同的观点。根据安徽省高级人民法院（2016）皖民终27号案例观点，在法院发出协助执行通知书前，债权转让通知已经通知债务人并生效，因为案涉债权已经归债权受让人所有，债权受让人可以提出异议排除法院执行。但是，河北某地方法院的观点却认为，债权转让仅具有相对效力，无法对抗法院的协助执行通知，因此不予支持债权受让人的异议主张。[③]

从上述裁判情况可见，出于对恶意逃避债务的防范目的，签署债权转让协议的效力可能会被执行法院所否认，且债权人或利害关系人亦有权对此提出异议之诉或者撤销权或合同无效诉讼，推翻债权转让的效力，次债务人若擅自履行可能面临较大的风险。

因此，如次债务人遭遇债权转让的，应当留存好收悉债权转让通知

① 《民法典》第546条规定："债权人转让债权，未通知债务人的，该转让对债务人不发生效力。债权转让的通知不得撤销，但是经受让人同意的除外。"

② 参见四川省高级人民法院民事裁定书，（2018）川民再348号。

③ 参见河北省献县人民法院民事判决书，（2016）冀0929民初3226号。

的书面证据，固定收悉债权转让通知的日期等事实，并在收到法院协助执行通知及时与执行法院进行沟通债权转让情况，及时提出异议或通知债权受让人提出异议，在执行法院通知解除冻结措施之前不应擅自对外付款，以免陷于妨害执行的风险。

三、结语

由于上位法规则较为抽象、配套司法解释较为零散，目前，次债务人协助执行程序的机制有待进一步细化。随着法院在执行程序中执行被执行人到期债权实践的普及，无论是法院还是次债务人都将面临协助执行程序的疑难问题，这些悬而未决的问题将会给次债务人应对协助执行程序带来比较大的困难。为了解决实践中的争议问题，山东、江苏、北京、江西等地的法院均出台了执行到期债权的相关司法文件以规范下级法院执行行为。目前，在实践中各地的观点亦尚未统一，且仍然留有诸多遗留问题，对于申请执行人和次债务人的利益保护平衡尚未实现，对次债务人执行权的延伸亦对次债务人造成了一定的影响。

鉴于目前制度有待完善，次债务人更需谨慎应对法院的协助执行通知书和履行到期债务通知书，充分行使自身在程序中的各项法定权利，协调好与执行法院等的关系。此外，应注意在法定异议期限内行使异议权利，及时确认法院冻结措施的状态以及债务履行情况，同时，亦应当谨慎决定履行行为以免违反协助执行义务。在对法院的执行行为存在异议的情况下，通过执行行为异议等途径及时寻求救济，避免自身权益遭受损害。

（本文仅代表作者个人观点。特约编辑：李治）

AIGC数据跨境的法律监管和合规路径

蔡荣伟[*] 斯响俊[**] 杨 杰[***]

引 言

在生成式人工智能（AI Generated Content，以下简称AIGC）技术的发展和应用过程中，相关法律监管问题一直备受各国政府关注。例如，AIGC相关技术和硬件的出口管制问题、预训练数据的数据合规问题、AIGC生成物的可版权性和权利归属问题、电信监管及行业监管问题以及科技伦理问题等，这些法律问题直接关系各国AIGC技术的健康发展和广泛应用。

国家互联网信息办公室于2023年7月10日发布了《生成式人工智能服务管理暂行办法》（以下简称《AIGC服务暂行办法》），该办法已于2023年8月15日起正式实施。该办法是我国针对AIGC技术服务专门出台的一个部门规章，表明了我国对于AIGC技术服务发展的重视。

《AIGC服务暂行办法》中明确了，AIGC技术是指“具有文本、图片、音频、视频等内容生成能力的模型及相关技术”。可见，AIGC是基于模型及相关技术而搭建的，而要训练出成熟可用的模型需要海量的数据。因此，对数据合规问题的研究是AIGC技术发展和应用过程中不可避免的重要课题。《AIGC服务暂行办法》亦特别指出，AIGC服务提

* 中伦律师事务所高级顾问。
** 中伦律师事务所权益合伙人。
*** 中伦律师事务所律师。

供者应当依法开展预训练、优化训练等训练数据处理活动，使用合法来源的数据及基础模型，遵守《网络安全法》（以下简称《网安法》）、《数据安全法》（以下简称《数安法》）、《个人信息保护法》（以下简称《个保法》）等法律、行政法规的有关规定和有关主管部门的相关监管要求。

AIGC 数据合规是一个复杂的议题，需要讨论的问题颇多。本文将主要围绕其中一个重要问题——AIGC 的数据跨境合规问题进行探讨，以期为可能涉及数据跨境的 AIGC 开发者和服务提供者提供参考和建议。

一、AIGC 数据出境场景分析

从目前实践来看，在 AIGC 技术开发过程中，主要存在跨境调用境外算力的数据出境和调用境外算法模型的数据出境两种数据出境场景。

关于跨境调用境外算力的数据出境。AIGC 底层模型的开发不仅需要海量的数据推动大模型"涌现"功能的出现，还需要强大的算力作为支撑。但是，目前国内 AIGC 产业链的基础设施层（主要包括芯片技术和云计算平台）仍待进一步完善。与此同时，鉴于高性能 AI 芯片对国家竞争力的重大影响，美国也相继出台了一系列政策措施，以限制美国高性能 AI 芯片的对华出口。因此，目前境内 AIGC 开发者可能存在算力不足的问题。在该种情况下，不少 AIGC 开发者开始探讨跨境调用境外算力的可能性，一旦他们跨境调用境外算力，其采集的训练数据将会被传输至境外进行训练，相关训练数据和搭建后的模型亦可能被存储至境外数据中心，从而引发数据跨境相关风险。

关于调用境外算法模型的数据出境。考虑目前境外的 AIGC 算法和模型更为成熟和先进，故在实践中，AIGC 开发者采用的更为直接的方式是通过境外模型平台（Model as a Service）或其他方式直接调用境外的算法模型来训练自己的定制化模型。在这一过程中，境内的 AIGC 开发者需要将其采集的相关行业数据、业务数据等传输至境外用以模型训练，从而引发数据跨境相关风险。

二、数据出境法律监管和合规路径

自《网安法》《数安法》《个保法》相继发布和实施后，我国数据出境监管的基本框架初步搭建。此后，《数据出境安全评估办法》以及配套的《数据出境安全评估申报指南（第一版）》《个人信息保护认证实施规则》《网络安全标准实践指南——个人信息跨境处理活动安全认证规范（第二版）》《个人信息出境标准合同办法》等法规和标准相继颁布，进一步完善了我国数据出境监管体系，促进了相关监管措施的落地。目前，我国数据出境监管体系主要围绕对个人信息和重要数据出境的监管，本文旨在研究现有监管体系下个人信息和重要数据出境的合规路径。就个人信息出境的前置合规方面，需履行以下程序。

第一，履行告知义务。根据《个保法》第17条、第39条的规定，个人信息处理者在向境外提供个人信息前，应当履行一般告知义务和特殊告知义务。一般告知义务，是指个人信息处理者在处理个人信息前，应当以显著方式、清晰易懂的语言真实、准确、完整地向个人告知下列事项：（1）个人信息处理者的名称或者姓名和联系方式；（2）个人信息的处理目的、处理方式，处理的个人信息种类、保存期限；（3）个人行使《个保法》规定权利的方式和程序；（4）法律、行政法规规定应当告知的其他事项。特殊告知义务是指个人信息处理者向境外提供个人信息的，应当向个人告知境外接收方的名称或者姓名、联系方式、处理目的、处理方式、个人信息的种类以及个人向境外接收方行使《个保法》规定权利的方式和程序等事项。

第二，取得个人信息主体的单独同意。根据《个保法》第39条的规定，个人信息处理者在向境外提供个人信息前，应当取得个人信息主体的单独同意。

第三，开展个人信息保护影响评估。根据《个保法》第55条、第56条的规定，个人信息处理者向境外提供个人信息的，应当事前进行个人信息保护影响评估，并对处理情况进行记录，且个人信息保护影响评估报告和处理情况记录应当至少保存3年。

在完成以上所述的个人信息出境的前置合规程序后，个人信息处理者应视其所处行业及其处理个人信息的数量等因素选择其数据出境的合规路径。根据《个保法》及其配套法规，个人信息出境主要有以下三种路径。

第一，向国家网络信息办公室申报数据出境安全评估。根据《数据出境安全评估办法》第4条的规定，个人信息出境符合以下情形之一的，应当通过所在地省级网信部门向国家网信办申报数据出境安全评估：（1）数据处理者向境外提供重要数据；（2）关键信息基础设施运营者和处理100万人以上个人信息的数据处理者向境外提供个人信息；（3）自上年1月1日起累计向境外提供10万人个人信息或者1万人敏感个人信息的数据处理者向境外提供个人信息；（4）国家网信部门规定的其他需要申报数据出境安全评估的情形。

第二，与境外接收方订立标准合同并备案。根据《个人信息出境标准合同办法》第4条的规定，个人信息处理者为非关键信息基础设施运营者，且其处理的个人信息的数量未达到申报数据出境安全评估标准的，可依法通过与境外接收方订立标准合同的方式向境外提供个人信息。标准合同应当严格按照《个人信息出境标准合同办法》附件的范本订立。《个人信息出境标准合同办法》第7条规定，个人信息处理者应当在标准合同生效之日起10个工作日内向所在地省级网信部门备案。备案时应当提交标准合同，以及个人信息保护影响评估报告。

第三，进行个人信息保护认证。如个人信息处理者为非关键信息基础设施运营者，且其处理的个人信息的数量未达到申报数据出境安全评估标准的，其可根据《个保法》相关规定，通过专业机构进行个人信息保护认证。

根据《个人信息保护认证实施规则》第3条、第4.4条及第5.1.1条的规定，个人信息保护认证的认证模式为：技术验证＋现场审核＋事后监督。认证机构根据认证委托资料、技术验证报告、现场审核报告和其他相关资料信息进行综合评价，作出认证决定。对符合认证要求的，颁发认证证书。认证证书有效期为3年。在有效期内，通过认证机构的获证后监督，保持认证证书的有效性。

根据《数据出境安全评估办法》第4条的规定，数据处理者向境外提供重要数据的，应当通过所在地省级网信部门向国家网络信息办公室申报数据出境安全评估。根据《数安法》第21条的规定，国家数据安全工作协调机制统筹协调有关部门制定重要数据目录，各地区、各部门应当按照数据分类分级保护制度，确定本地区、本部门以及相关行业、领域的重要数据具体目录。但截至目前，仅有少数个别行业制定了重要数据识别的行业标准，如《汽车数据安全管理若干规定（试行）》及《YD/T 3867—2021基础电信企业重要数据识别指南》，分别界定了汽车行业及基础电信行业的重要数据。但是，大多数行业的重要数据目录仍待进一步明确。

2024年3月22日，国家网络信息办公室发布了《规范和促进数据跨境流动规定》（以下简称《数据跨境流动规定》）。该规定的实施，简化了部分企业数据出境的合规程序，降低了其数据出境过程中所需履行的合规成本。比如，对于个人信息出境场景，《数据跨境流动规定》主要从以下方面豁免了相关企业的数据出境合规义务。

第一，设置出境白名单，明确在特定场景下，无须申报数据出境安全评估、订立个人信息出境标准合同、通过个人信息保护认证（以下合称数据出境合规程序）：（1）不是在境内收集产生的个人信息向境外提供的，可豁免数据出境合规程序。例如，AIGC企业从境外收集的训练数据，在境内处理后传输出境的情况，可无须再履行任何数据出境合规程序。（2）为订立、履行个人作为一方当事人的合同所必需，如跨境购物、跨境汇款、机票酒店预订、签证办理等，必须向境外提供个人信息的。（3）按照依法制定的劳动规章制度和依法签订的集体合同实施人力资源管理，必须向境外提供内部员工个人信息的。（4）在紧急情况下为保护自然人的生命健康和财产安全等，必须向境外提供个人信息的。

第二，不再将个人信息处理总量作为考量因素，而是以预计1年内向境外提供的个人信息数量作为考量标准。具体而言：（1）预计1年内向境外提供不满 1 万人个人信息的，无须履行任何数据出境合规程序。本条实质降低了仅涉少量个人信息出境企业的合规负担。（2）预计 1 年内向境外提供 1 万人以上、不满 100 万人个人信息的，无须申报数据出境安全评估，仅需订立并备案个人信息出境标准合同或者通过个人信息保护认证的。（3）预计 1 年内向境外提供 100 万人以上个人信息的，应当申报数据出境安全评估。此外，《数据跨境流动规定》并未区分一般个人信息和敏感个人信息的合规门槛，敏感个人信息出境的更为严格的计算标准或将被弱化。

第三，允许自贸区自行制定负面清单，对于负面清单外数据出境，可以豁免数据出境合规程序。与白名单相比，“负面清单”仅保留了对清单内数据的监管，无疑是采取了更为宽松的监管策略，为自贸区建立了先行先试的数据跨境流通专有通道。

虽然《数据跨境流动规定》在特定场景下豁免了部分企业的数据出境合规程序，但值得注意的是，《数据跨境流动规定》并未免除《个保法》等相关法律法规下对于个人信息保护的基本要求。例如，个人信息处理者需履行的“告知—同意”义务；《个保法》第 55 条项下的进行个人信息保护影响评估的义务，同样未被豁免。

《数据跨境流动规定》中规定，未被相关部门、地区告知或者公开发布为重要数据的，数据处理者不需要作为重要数据申报数据出境安全评估。对于属于重要数据目录尚未制定行业的企业，这一规定无疑可以解决他们的困惑。相关企业无须再主动自查出境数据是否属于重要数据，而是可等待被动告知，而后再采取相关合规措施。

三、对 AIGC 数据出境的合规建议

针对 AIGC 数据跨境的主要场景，结合我国现行数据出境法律监管和合规体系，笔者总结了以下 AIGC 数据出境相关合规建议，为可能涉及数据出境的 AIGC 开发者及服务提供者提供参考。

第一，注意识别训练数据中的重要数据及个人信息。在调用境外算力或模型进行训练的过程中，可能涉及训练数据的出境。因此，在训练

数据采集、清洗和标注的过程中，应注意识别相关训练数据中是否包含重要数据及个人信息。尤其是在模型定制场景下，可能涉及大量特定行业和业务场景数据的出境，如果相关行业属于关乎国家安全、公共利益的重要或敏感行业，则应特别注意相关行业数据是否会落入重要数据的范畴。如经识别，相关训练数据中确实包含重要数据及个人信息，则应根据国家相关规定，积极采取合规措施；如无法确定是否包含，则建议与相关监管机构及时沟通或咨询专业机构进行确定，以减少和规避相关法律风险。

第二，根据数据来源判定合规风险及责任。目前，AIGC 的训练数据主要来源于在自身业务中直接采集或生成的数据，如银行直接在业务中获取的客户个人信息，以及形成的相关业务数据（以下简称直采数据）；通过互联网获取的数据，如通过爬虫爬取的相关互联网数据（以下简称互联网数据）；以及通过数据交易方式向专门的数据提供商购买数据（以下简称交易数据）。根据训练数据的来源不同，企业应注意采取不同的措施履行合规义务：对于直采数据，如其中包含个人信息，则企业在该等训练数据的采集阶段，即应注意对采集对象履行充分告知义务，并取得采集对象的单独同意。对于互联网数据，其数据来源一般较为复杂，难以追溯，本身即可能存在合规风险。因此，应当尤其注意对此类数据的清理和处理，尽量确保该类数据不包含任何个人信息和重要数据对于交易数据，企业则应注意在与数据提供商的合同中，明确数据将会被跨境传输，并将数据出境的合规义务转移给数据提供方（如交易数据中包含个人信息的，数据提供方应保证其已经履行了个人信息出境合规义务，包括已向个人信息主体履行了充分告知义务，并取得个人的单独同意）。

第三，及时履行数据出境合规程序。AIGC 企业应注意识别相关出境数据中是否包含重要数据和个人信息，并根据出境数据的类型以及个人信息的数量及时判定其是否需要履行相应数据出境合规程序（如数据出境安全评估、进行个人信息出境标准合同等）。各企业应按照《数据跨境流动规定》的监管要求，积极采取各项合规措施，以防范和应对数据出境相关风险。

AIGC 技术的发展日新月异，相关监管措施也必定会日益完善。本文仅从 AIGC 数据出境这一议题切入，进行了理论层面的探讨。但是，AIGC 在实践中遇到的法律问题必定更为复杂。因此，AIGC 开发者和服务提供者应密切关注其技术开发及技术服务提供所在国家和地区的相关法律监管措施及趋势，以减少和规避相关法律风险。

（本文仅代表作者个人观点。特约编辑：熊姿）

由借名买房引发的执行异议问题及维权路径

刘晓薇*

借名买房，是指由实际出资的借名人以出名人名义购买房屋，并将房屋登记在出名人名下，约定由借名人实际享有房屋权益的行为。在房屋买卖的交易实践中，或是为规避国家限购政策，或是基于隐藏财富的个人目的，借名买房的行为时有发生。从权利归属来看，借名人是所购房屋的实际所有权人；而从权利外观上看，所购房屋的名义所有权人又为出名人。这使得所购房屋的实际权益享受者和所有权权利表征发生了分离。

此时，基于物权的公示公信原则，未能完整地享有房屋的全部利益的借名人，可能面临一定的法律风险。一方面，出名人可能会违背诚信原则主动否认与借名人之间的借名买房关系，继而有可能产生出名人拒绝按照借名人的指示或双方的合同约定返还借名房屋或购房款、出名人违反协议约定将房屋另卖他人、出名人在房屋被征收时领取征收补偿款后拒绝向借名人支付、借名人的继承人在借名人死亡后无法继承房产等诸多问题；另一方面，若出名人因经济纠纷成为被执行人，在出名人的债权人申请强制执行出名人名下的借名房产时，借名人亦面临财产权益被动受损的风险。

鉴于借名房产的执行和异议问题已经成为因借名买房引发的主要纠纷，本文将就此问题展开相关讨论。

---

* 浙江一墨律师事务所律师，上海师范大学法学硕士。

一、由借名买房引发的执行异议问题

关于借名买房能否排除执行，由于缺乏统一明确的实体法规定，在司法实践中存在分歧。早期有少量判决①依据《最高人民法院关于适用〈中华人民共和国物权法〉若干问题的解释（一）》（已废止）第2条“当事人有证据证明不动产登记簿的记载与真实权利状态不符、其为该不动产物权的真实权利人，请求确认其享有物权的，应予支持”② 支持借名人排除强制执行的异议。但基于我国对不动产采取“合意+登记”的物权变动模式，目前大多数法院普遍认为上述规定仅适用于在“利用虚假资料骗取登记、登记机关人员错误登记、非基于法律行为导致物权变动后未及时更正登记”等情况下，已经过法定程序取得权利的真实权利人与登记簿记载不一致导致的登记错误等情形。因此，目前不支持借名人依据借名买房的合同关系排除强制执行，已成为法院处理由借名买房引发的执行异议案件的主流观点。具体来说，驳回借名人异议或诉求的法院多从以下一个或几个角度展开说理。

第一，从物权登记的角度看，基于物权公示原则，设立或转让物权，必须采用法律规定的公示方式，才能取得对抗第三人的效力，因此在借名买房的情况下，借名人与出名人之间的借名登记约定不得对抗善意的申请执行人。

第二，从交易效果的角度看，借名人与出名人关于房屋产权登记、权利享有等约定，只在其内部产生债权债务关系，而不发生物权变动的效果，不能据此认定借名人是不动产物权的所有权人。

第三，从交易风险的角度看，借名登记是出名人和借名人之间的合意，借名人对涉案房屋登记在出名人名下系故意为之。在该安排作出之时，借名人对于由此可能导致的涉案房屋被另案执行的风险应有所预

① 参见最高人民法院民事判决书，（2019）最高法民申3846号。

② 现为《最高人民法院关于适用〈中华人民共和国民法典〉物权编的解释（一）》（法释〔2020〕24号）第2条，即“当事人有证据证明不动产登记簿的记载与真实权利状态不符、其为该不动产物权的真实权利人，请求确认其享有物权的，应予支持。”

期，对由此产生的风险理应自行承担。

第四，从行为正当性的角度看，合法行为应当优先受到保护，申请执行人与借名人均为出名人的普通债权人，借名人并无对抗申请执行人的优先权，若借名人向出名人借名的目的是规避税费、规避限购政策，可能被法院认定为具有“通过投机性购房获取额外利益”的不正当性，而申请执行人从事的是正常经济行为，故在申请执行人要求强制执行的情况下应予执行。①

综上，不同法院在审理由借名买房引发的执行异议问题时，尽管采用的具体说理角度不尽相同，但都传达了类似的裁判观点——借名人并不对借名房屋（执行标的）享有足以排除强制执行的民事权益。

二、借名人的维权路径

在借名买房行为不违反公序良俗原则、不存在无效事由的情况下，借名人与出名人之间的代持合同有效。从合同效力的角度看，借名人基于该合同关系享有债权请求权，可以依据实质上的代持关系要求出名人将房屋过户至其名下。但其所享有的债权请求权并不具有对世效力、排他效力和绝对效力。在经法定变更登记程序完成物权公示之前，借名人不仅不能享有排除执行的合法权益，亦不能依据借名买房的合同关系未经公示程序即直接被确认为房屋的物权人。

因此，当借名人与出名人就借名房屋的所有权发生争议或借名人提起的执行异议被驳回后，作为替代的维权路径，借名人可以考虑依据借名买房合同关系向法院起诉，请求法院判决将借名房屋登记过户至借名人名下。

（一）案由选择

在实践中，借名人起诉的具体案由并未完全统一，存在所有权确认纠纷和合同纠纷两个相关案由。笔者就借名买房的案由选择问题展开检

① 参见北京市海淀区人民法院民事判决书，(2021) 京 0108 民初 69815 号。

索发现，一方面，多个涉及借名买房的所有权确认纠纷中，法院均表达了对所有权确权纠纷案由的否定态度，“即基于债权与物权的本质性区别，借名人以出名人与借名人间存在借名买房关系为由直接要求确认涉案房屋归其所有，缺乏法律依据，法院不予支持”。[①] 另一方面，地方法院的司法文件中亦表达了类似的观点。如北京市高级人民法院2014年发布的《关于审理房屋买卖合同纠纷案件若干疑难问题的会议纪要》在第十部分借名买房的认定和处理中曾明确“借名人以出名人（登记人）为被告提起诉讼，要求确认房屋归其所有的，法院应当向其释明，告知其可以提起合同之诉，要求出名人为其办理房屋过户登记手续”。

因此，为提高立案成功率和保证诉讼效果，借名人在借名买房案件中以合同纠纷的案由起诉更为恰当。

（二）诉讼思路

当借名买房案件进入实体审理阶段，主张借名买房关系存在的借名人需对双方存在借名买房合同关系承担举证责任，如借名人不能提交证据或提交的证据不能达到高度盖然性的证明标准，则举证不能的不利后果将由借名人自行承担；若借名人能够证明双方存在借名买房合同关系的，在符合诉争房屋所在地房屋限购政策的情况下，法院可能会支持借名人依据借名买房合同要求出名人办理房屋所有权转移登记手续。因此，借名人应当在订立借名买房合同之初及合同履行过程中及时存证，以免在纠纷发生时，因缺乏证据而无法维护自己对借名房屋的权利。

具体来说，关于借名买房关系的认定，首先，由于借名房屋登记在出名人名下，借名人需提供充分有效的证据（如双方签订的书面借名买房合同）证明其与出名人之间存在借名买房合意，方可主张自己对借名房屋的权利；其次，法院还会考察借名房屋的实际出资情况，借名人需

① 参见北京市第三中级人民法院民事判决书，（2023）京03民终553号。

提供能够证明自己对涉案房屋的购房款出资和还贷情况的付款凭证，以证明自己的实际出资人身份；再次，购房相关凭证的保管情况，亦是法院结合认定借名买房关系的重要依据，建议借名人在购房之初即保管好涉案房屋相关的票据原件、产权证原件、税费支付凭证，以备发生纠纷后使用；最后，出名人与借名人对涉案房屋的使用收益情况亦会影响借名买房关系的认定。房屋是否由借名人或其亲属实际占有或出租，房屋的物业费、采暖费是否由借名人缴纳，均为认定借名人身份的重要权利义务特征。借名人在购房后应及时接管借名房屋，自行处理房屋的使用收益事宜，并留存相关单据。

关于借名买房行为是否符合当地房屋限购政策，与借名买房的原因及其合同的效力直接相关，是法院审查的又一重点。借名人需为自己借名买房行为的正当性举证。除出于保护个人隐私、隐藏财富等个人原因外，在多数情况下，借名人是为规避限购政策或为借用出名人名义套取银行贷款而实施借名买房行为。在这种情况下，法院可能会依据《民法典》第 153 条“违反法律、行政法规的强制性规定的民事法律行为无效。但是，该强制性规定不导致该民事法律行为无效的除外。违背公序良俗的民事法律行为无效”而对借名买房行为作出否定性评价。

如在“孟某与田某某房屋买卖合同纠纷一案”① 中，法院就明确指出：“本案中，经济适用房属于政策性保障住房，双方就经济适用房签订的合同，通过转让经济适用房购房指标的行为一般会因可能侵害其他不特定具有购买经济适用房资格人的利益，应属无效，故对于孟某主张田某某协助其办理诉争房屋的所有权转移登记手续的诉求，本院不予支持。对于无效的法律后果，双方可另行解决。”因此，建议借名人在诉讼前争取取得购房资格，将大大提高法院支持借名人要求出名人配合办理房屋过户手续主张的可能性。

① 参见北京市石景山区人民法院民事判决书，（2021）京 0107 民初 14800 号。

三、结语

对于许多购房者来说，采取借名买房的方式规避限购政策，是满足自身居住和置业需要的无奈之举。但鉴于借名买房行为存在较高的风险，建议购房者谨慎实施借名买房行为，尽量通过正当的方式获取购房资格，以免让自己陷入复杂的纠纷之中。

（本文仅代表作者个人观点。特约编辑：林秋兰）

股东知情权之诉实务要点全解析

王广巍[*]　冯天玥[**]

股东知情权，即股东了解公司信息的权利。在现代公司股权与经营权相分离的发展背景下，股东知情权是公司股东最基本的权利之一，是股东参与公司经营管理以及参与分配公司利润的前提。当股东权益遭到损害时，为获取公司真实经营情况等信息，股东知情权之诉也往往是股东提起后续权利救济的开端。在司法实践中，股东知情权之诉从诉前程序、到诉中应对再到诉后执行全流程的要点具体如图 1 所示。

本文将就上述要点逐一进行详细分析，并对近年典型案例中体现的裁判观点进行梳理，为读者提出稳妥可行的对策建议。

一、诉前准备阶段

（一）要点分析

《公司法》（2018 年修正）（已被修改）第 33 条第 2 款[①]规定了在有限责任公司的股东要求查阅公司会计账簿的情况下，股东提起知情权

* 北京市中伦（上海）律师事务所合伙人律师，业务领域：诉讼仲裁、知识产权权利保护、反垄断和竞争法；特色行业类别：通信与技术、文化娱乐产业。

** 北京市中伦（上海）律师事务所争议解决部实习律师。

① 《公司法》第 33 条第 2 款规定：“股东可以要求查阅公司会计账簿。股东要求查阅公司会计账簿的，应当向公司提出书面请求，说明目的。公司有合理根据认为股东查阅会计账簿有不正当目的，可能损害公司合法利益的，可以拒绝提供查阅，并应当自股东提出书面请求之日起十五日内书面答复股东并说明理由。公司拒绝提供查阅的，股东可以请求人民法院要求公司提供查阅。”

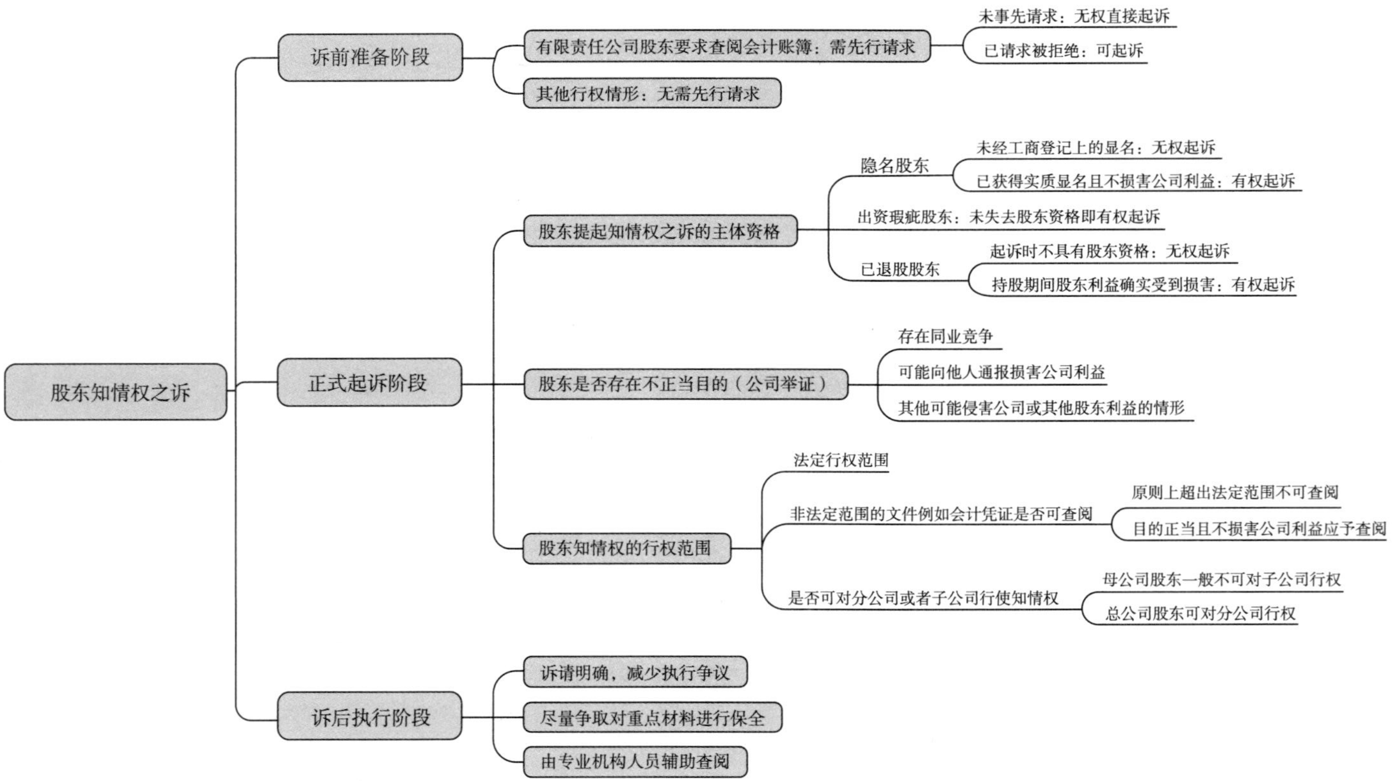

图 1　股东知情权诉讼全流程要点

之诉需完成前置程序，即应当先向公司书面请求并说明目的，若被公司不予回复或拒绝才可向法院起诉。北京市高级人民法院发布的《关于审理公司纠纷案件若干问题的指导意见》（试行）第 13 条[①]规定，有限责任公司股东未履行公司内部救济程序，直接起诉查阅会计账簿的，法院不予受理。

在司法实践中，仅有限责任公司的股东在查阅会计账簿时有前置程序的要求，若股份有限公司的股东提起知情权之诉，或有限责任公司的股东起诉请求查阅其他文件，均无前置程序要求。例如，在（2019）沪民申 2271 号案中，有限责任公司股东 T 未事先向公司书面请求，直接向法院起诉要求查阅并复制董事会决议，公司认为其未履行前置程序无权提起知情权之诉，上海市高级人民法院认为《公司法》并未对董事会决议的查阅、复制设置前置程序，股东有权直接起诉要求查阅。

对于有限责任公司股东起诉请求查阅会计账簿的情形，在司法实践中，一般认为先行书面请求是必要前置程序，若股东未经该程序直接向法院起诉，法院将予以驳回。例如，在（2019）最高人民法院民申 4231 号案中，股东谢某以公司经营住所地不明，公司法定代表人拒不出庭应诉为由，主张无法履行前置程序，直接向法院起诉要求查阅会计账簿，但最高人民法院认为书面请求的前置程序是股东起诉要求查阅公司会计账簿的必要程序，遂裁定驳回股东谢某的再审申请。

对于股东书面申请的形式，各地法院的裁判标准相对较为宽松，股东只要证明曾向公司发送书面文件要求行权即可，股东非因自身原因未将函件实际送达公司也不会影响后续行权。例如，在（2018）闽民终 1196 号案中，股东向公司的登记注册地址发送要求行权的《律师函》，公司抗辩称未收到，福建省高级人民法院认为，公司变更登记注册地未及时办理变更登记，亦未通知股东，其未收到函件系其自身原因所致，

① 《关于审理公司纠纷案件若干问题的指导意见》（试行）第 13 条规定：“有限责任公司股东未履行《公司法》第 34 条第 2 款规定的公司内部救济程序，直接向人民法院起诉要求形式会计账簿查阅权的，人民法院不予受理。”

因此，可视作股东已完成书面申请的送达手续。

对于股东书面申请的内容，最重要的是股东需说明行权目的。例如，在（2021）苏01民终2390号案中，H公司的股东向其发送行权通知，在通知中明确说明因H公司股东会、董事会等内部治理机制全面失灵，股东无从得知公司的经营、财务等状况，故要求行使知情权。南京市中级人民法院对此认定股东系出于维护合法权利要求行使股东知情权，已向H公司充分说明查阅目的，因此予以支持。在（2018）京03民终6345号案中，F公司的股东赵某在书面申请中说明"两年来，公司管理层未向本人说明和披露公司的实际经营情况和详细财务数据，为了维护自己的股东权利……"，北京市第三中级人民法院据此认定股东赵某已明确说明查阅目的，因此，其提起股东知情权诉讼的前置条件已经满足。此外，股东书面请求的行权范围与起诉时可以存在不一致，例如，在（2019）最高人民法院民申5859号案中，股东R书面请求查阅公司2011年起的会计账簿，起诉时请求查阅公司2010年起的会计账簿，最高人民法院对此认为《公司法》并未限制股东最终要求查阅的范围只能限于第一次书面申请的范围，股东可查阅公司会计账簿的范围关键在于申请查阅范围的合理性，支持了股东R的诉请。

（二）对策建议

第一，若有限责任公司的股东要求查阅会计账簿，需充分关注必要的前置程序。在起诉前务必向公司先行发函书面请求查阅会计账簿，并初步说明行权目的，例如，为了解公司经营及财务情况等。在提出请求后15日内，若公司未书面答复股东或明确拒绝查阅，建议在15日回复期限届满后及时向法院起诉。

第二，若有限责任公司的股东要求查阅会计账簿外的公司文件或股份有限公司的股东要求查阅文件，则建议无须先行发函，直接尽快向法院提起诉请。

二、正式起诉阶段

（一）要点分析

1. 股东提起知情权之诉的主体资格

在股东知情权之诉的正式起诉阶段，法院首先会对原告的股东资格进行审查，常见的有关股东资格的争点如下：

（1）隐名股东是否有权提起知情权之诉

隐名股东，即实际出资但未被记载于公司章程、股东名册以及工商登记中的实际投资人。《公司法》第32条第2款①规定，记载于股东名册的股东，可以依股东名册主张行使股东权利。而对于未记载于股东名册的隐名股东，《最高人民法院关于适用〈中华人民共和国公司法〉若干问题的规定（三）》（2020年修正）（以下简称《公司法解释三》）第24条第2款②规定，若隐名股东与名义股东因投资权益的归属发生争议，法院应支持隐名股东主张权利。

那么，关于股东依法享有的知情权，隐名股东是否有权单独作为原告提起诉讼呢？在司法实践中，多数法院认为隐名股东在未经工商变更为名义股东的情况下，不具有提起股东知情权之诉的原告主体资格。若隐名股东与名义股东已约定所有股东权利均由名义股东行使，那么隐名股东也无权直接行使知情权。在（2015）民申字第2709号案中，股东吴某是F公司的隐名股东，吴某提交某项目《合作协议书》用于举证F公司其他股东知晓其股东身份，直接要求F公司提供会计资料。但最高人民法院认为该证据未明确显示F公司其他股东同意将吴某登记为名义股东，在吴某未完成股东变更登记的情况下，其享有的股东权利仅能通

---

① 《公司法》第32条第2款规定："记载于股东名册的股东，可以依股东名册主张行使股东权利。"

② 《公司法解释三》第24条第2款规定："前款规定的实际出资人与名义股东因投资权益的归属发生争议，实际出资人以其实际履行了出资义务为由向名义股东主张权利的，人民法院应予支持。名义股东以公司股东名册记载、公司登记机关登记为由否认实际出资人权利的，人民法院不予支持。"

过名义股东主张，吴某本人不可直接提起知情权之诉。在（2022）豫民申1165号案中，隐名股东樊某与名义股东时某在《委托出资协议书》中约定所有股东权利均由名义股东汇总后直接行使，河南省高级人民法院据此驳回了隐名股东樊某的知情权诉请，并强调隐名股东享有投资权益但不等同于其可以直接行使股东权利。

在少数情况下，若隐名股东已获得公司内部实质上的显名，且其出面行使知情权是出于正当目的并不会有损公司利益，则法院将支持隐名股东的知情权诉请。在（2020）沪02民终6111号案中，隐名股东L在前案中已被确认其实际持股事实，且公司其他股东对于L的隐名股东身份均知情，因此，上海市第二中级人民法院认为股东L直接行使股东知情权不存在有限责任公司的人合性障碍，不会侵害其他股东及公司利益。在（2020）云04民终604号案中，股东杨某作为公司隐名股东，其实际出资事实已被公司及其他股东书面承认。由于公司未实际运营，股东杨某试图主张回购，因此，玉溪市中级人民法院认为股东杨某提起知情权之诉是为了获取与其有利害关系的信息，是为了保证其作为隐名股东的合法权益不受到公司侵害，具有正当性，应予支持。

（2）出资瑕疵股东是否有权提起知情权之诉

出资瑕疵股东，即对公司未履行出资义务，或未足额履行出资义务，或在公司成立后又抽逃出资的股东。《公司法解释三》第13条第1款①规定，股东未履行或者未全面履行出资义务，公司或者其他股东请求其向公司依法全面履行出资义务的，人民法院应予支持。因此，出资瑕疵股东需依法承担补足出资的责任和对已出资股东的违约责任。

那么，出资瑕疵的股东是否仍能作为股东知情权之诉的适格主体呢？在司法实践中，各地法院对该问题的观点较为一致，即只要出资瑕疵股东未丧失股东资格，其仍有权行使股东知情权。在（2019）新民申1549号案中，股东H未实际支付股权转让款，公司以此为由拒绝股

① 《公司法解释三》第13条第1款规定："股东未履行或者未全面履行出资义务，公司或者其他股东请求其向公司依法全面履行出资义务的，人民法院应予支持。"

东 H 查阅会计账簿，新疆维吾尔自治区高级人民法院认为，从形式上看，出资瑕疵的股东符合公司股东的主体身份，在其未丧失股东身份前仍可行使股东的相应权利，故支持了股东 H 的知情权诉请。在（2020）京民终 717 号案中，公司称股东 F 未缴纳出资不具有股东资格，无权行使知情权，北京市第四中级人民法院认为股东出资瑕疵仅影响股东收益权，在公司未依法解除 F 的股东资格前，股东 F 为知情权之诉的适格原告，北京市高级人民法院亦支持了这一观点。

（3）已退股的股东能否对其持股期间文件行使知情权

已退股的股东，意为已经退出公司的股东。《最高人民法院关于适用〈中华人民共和国公司法〉若干问题的规定（四)》（以下简称《公司法解释四》）第 7 条第 2 款①规定，股东起诉要求行使知情权时不具有股东资格的，法院应当驳回起诉，但已退股股东证明在持股期间其合法权益受到损害，请求依法查阅或者复制其持股期间的公司特定文件材料的除外。因此，已退股的股东虽然在起诉时不具有股东资格，但若能证明在持股期间股东利益确受到损害，则其仍有权就持股期间文件行使知情权。

在司法实践中，“持股期间股东利益确受到损害”的证明难度往往较大，常见的此类主张包括在持股期间公司存在重大经营不合规行为，或公司隐瞒财务状况导致其放弃股东身份等。若已退股的股东缺少明确证据证明股东权益受损，法院将驳回起诉。例如，在（2022）京 03 民终 3325 号案中，已退出公司的股东 B 主张其持股期间公司隐瞒真实经营情况且从未进行利润分配，股东 B 提交了与公司之间的往来函件、银行流水及部分合同进行证明，但北京市第三中级人民法院认为股东 B 未提交确实充分证据证明其权益受损，遂驳回起诉。在（2020）苏 05 民终 875 号案中，已退出公司的股东夏某主张其持股期间公司隐瞒应收账款、固定资产及销售收入，要求行使知情权，苏州市中级人民法院认

① 《公司法解释四》第 7 条第 2 款规定：“公司有证据证明前款规定的原告在起诉时不具有公司股东资格的，人民法院应当驳回起诉，但原告有初步证据证明在持股期间其合法权益受到损害，请求依法查阅或者复制其持股期间的公司特定文件材料的除外。”

为，股东夏某提供的证据均为单方陈述说明，缺少证明力，且无法证明在其持股期间合法权益受到损害，故驳回起诉。

只有在已退股的股东确有证据证明其利益可能受损的情况下，法院才会支持诉请。例如，在（2022）京01民终40号案中，已退出公司的股东刘某主张其持股期间公司财务制度不合规，导致其受到隐瞒误导才转让股权。股东刘某提供了结论为公司收支情况存在巨大问题的审计报告以及部分对账单据进行证明，要求查询股东会决议及会计账簿。北京市第一中级人民法院认为，该审计报告的委托程序虽存在异议，但审计资料确来源于该公司，因此，审计结论具有参考意义，结合单据足以证明股东刘某权益受损的可能性，遂支持其诉请。

需注意的是，在少数案例中股东在起诉时具有股东资格，但诉讼期间丧失股东资格，在该种情况下，由于原告不属于起诉时已退股的股东，因此不影响后续诉讼审理，但将影响其行使知情权的时间范围。在（2021）京民终705号案中，北京市高级人民法院明确指出，股东J在一审起诉时具有股东资格，二审诉讼期间丧失了该资格，其在持股期间享有的知情权不因诉讼期间股东资格丧失而受到影响，但行使股东知情权的范围应当以其持股期间为限，故对股东J查阅、复制文件的时间范围酌情调整。

（4）股东是否存在不正当目的（公司举证）

根据《公司法》第33条第2款以及《公司法解释四》第8条[①]的规定，股东要求查阅会计账簿时，有限责任公司若有证据证明股东存在不正当目的，有权拒绝股东行使知情权。不正当目的的具体情形包括以下几种。

---

① 《公司法解释四》第8条规定："有限责任公司有证据证明股东存在下列情形之一的，人民法院应当认定股东有公司法第三十三条第二款规定的'不正当目的'：（一）股东自营或者为他人经营与公司主营业务有实质性竞争关系业务的，但公司章程另有规定或者全体股东另有约定的除外；（二）股东为了向他人通报有关信息查阅公司会计账簿，可能损害公司合法利益的；（三）股东在向公司提出查阅请求之日前的三年内，曾通过查阅公司会计账簿，向他人通报有关信息损害公司合法利益的；（四）股东有不正当目的的其他情形。"

（5）股东自营或者为他人经营的业务与公司主营业务有实质性竞争关系

根据《公司法解释四》第8条第1款的规定，有限责任公司若有证据证明，要求行使知情权的股东自营或者为他人经营与公司主营业务有实质性竞争关系业务的，可认定股东行使知情权具有不正当目的。

在司法实践中，法院一般从股东公司与被告公司的业务范围、产品相似度及具体经营情况等多方面综合进行判断。在（2020）苏民申1341号案中，K公司为Y公司持股91%的大股东，要求查阅Y公司会计账簿，江苏省高级人民法院认为K公司的大股东在投资Y公司后又投资设立D公司并担任法代，而D公司的主营范围包含Y公司主营范围，所生产的医疗器械与Y公司产品名称、功能相同或高度类似，足以证明K公司通过设立关联公司D公司与Y公司形成同业竞争，具有不正当目的，因此驳回其行使知情权的诉请。

但是，若股东公司与被告公司的经营范围仅在营业执照上有重合，被告公司缺少其他证据证明主营业务已实际开展，缺少存在竞争关系的客观事实依据，法院则通常认为不能证明股东存在不正当目的。在（2020）京03民终9392号案中，L公司的股东B公司起诉要求行使股东知情权，查阅复制L公司资料，L公司认为B公司的全资子公司与L公司存在实质性竞争关系，并提交了工商档案信息以证明两公司在经营范围上重合。对此，北京市第三中级人民法院认为，工商档案信息虽有重合，但L公司的主营业务是在境外进行的，与B公司子公司不同，且L公司未提交该子公司实际经营的证据，仅凭工商档案信息不足以证明存在实质性竞争关系，故未支持L公司关于B公司存在不正当目的的主张。

（6）股东可能向他人通报损害公司利益

根据《公司法解释四》第8条第1款第2项及第3项的规定，有限责任公司若有证据证明，股东行使知情权是为了向他人通报有关信息查阅公司会计账簿，可能损害公司利益；或该股东在向公司提出查阅请求之日前3年内，曾通过查阅公司会计账簿，向他人通报有关信息损害公司合法利益，法院应当认定股东具有不正当目的。

在司法实践中，若被告公司能够证明股东行使知情权是应第三人请求或很可能向第三人披露，且第三人与公司存在利害关系或利益冲突，法院将认为股东行使知情权具有不正当目的。在（2019）浙0104民初2949号案中，股东Z应案外人W的请求申请查询公司会计账簿，公司主张案外人W并非股东，且与公司长期存在争端，在股东Z未能承诺不向W披露公司资料的情况下，杭州市江干区人民法院认为股东Z确具有不正当目的，驳回其查阅会计账簿的诉请。在（2020）沪01民终4635号案中，H公司的股东王某申请查阅H公司会计账簿及凭证，但王某的母亲就职于与H公司存在实质性竞争的公司，上海市第一中级人民法院据此认为股东王某行使知情权不能排除存在向他人通报信息损害公司利益的情形，故驳回相应诉请。

（7）其他可能属于股东不正当目的的情形

除上文提到的属于不正当目的的两种法定情形外，在司法实践中，被告公司较常主张的股东具有不正当目的的情形还包括股东与公司管理层存在矛盾、为其他诉讼收集证据、侵害公司商业秘密等，法院一般根据具体情形判断股东行使知情权是否有可能侵害公司或公司其他股东利益。例如，在（2018）苏0509民初13122号案中，股东肖某在前案判决中已被认定侵害公司利益，且至起诉时仍未停止侵权行为，苏州市吴江区人民法院据此认定其行使知情权具有不正当目的。在（2019）鄂民终403号案中，股东C向法院申请查询公司会计账簿，公司主张股东C是为了收集证据抬高股权回购价款，对此，湖北省高级人民法院认为，股东行使知情权或对股份进行处置均为股东的合法权利，其后续如何主张股权回购价款不属于阻碍其行使知情权的不正当目的，故未支持公司的抗辩。

2. 股东知情权的行权范围

（1）股份有限公司股东与有限责任公司股东的法定行权范围

《公司法》第33条和第97条分别对有限责任公司和股份有限公司股东知情权的行权范围作了明确规定，经总结后具体如图2所示。

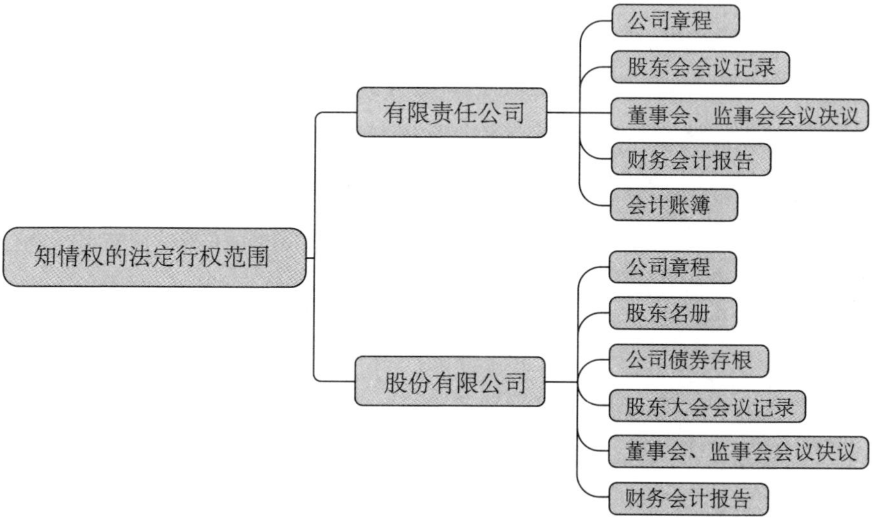

图2　股东知情权法定行权范围

具体而言，有限责任公司股东有权查阅且复制的公司文件包括公司章程、股东会会议记录、董事会会议决议、监事会会议决议和财务会计报告，仅有权查阅无权复制的是公司会计账簿。股份有限公司股东有权查阅的公司文件包括公司章程、股东名册、公司债券存根、股东大会会议记录、董事会会议决议、监事会会议决议、财务会计报告，但无权对上述资料进行复制。

（2）非法定范围的文件例如会计凭证是否可查询

除上述法定查阅范围之外，在实践中股东提起知情权诉讼往往还会要求查阅会计凭证。会计凭证包括原始凭证和记账凭证，包括公司在日常经营活动中取得的发票、银行对账单等一系列流水单据，往往能够最为真实地反映公司的经营状况和财务收支。如果股东提起后续诉讼，会计凭证也将成为关键证据。

关于股东行使知情权的范围是否包括会计凭证，在司法实践中多年来各地法院观点不一。部分法院认为会计凭证是编制会计账簿的依据，反映了公司的真实财务状况，在股东查阅目的正当的情况下，法院不应以法无明文规定为由驳回股东的诉请，例如，在（2020）沪民申1113

号案中，股东 Y 申请查阅公司会计凭证，公司认为会计凭证包含公司重要经营机密，且不属于法定的股东查阅范围，拒绝查阅。上海市高级人民法院认为，《公司法》允许股东查阅会计账簿，而会计账簿的真实性和完整性只有通过查阅会计凭证才能得到验证，因此，允许股东查阅会计凭证符合充分保障股东知情权的立法目的。又如，在（2018）川民再 662 号案中，股东 F 主张公司先前提供查阅的资料真实性存疑，需进一步查询原始凭证才能知晓真伪，四川省高级人民法院认为，会计账簿的制作依据是会计凭证，如果绝对不允许股东查阅原始凭证和记账凭证，股东无法准确了解公司的经营状况，允许股东查阅会计凭证并未违反《公司法》的规定，遂支持其诉请。

另有部分法院认为应坚持法定原则，《公司法》已对股东可查阅或复制的公司特定文件作出明确规定，未包含会计凭证，且允许股东查阅财务会计报告和会计账簿已足以让股东了解公司的财务状况和经营成果。例如，在（2019）最高人民法院民申 6815 号案中，股东 F 为了解公司经营状况，申请查阅会计凭证，在确认其查阅目的正当的情况下，最高人民法院认为会计凭证不属于法定查阅的范围，股东知情权和公司利益的保护需要平衡，不应当随意超越法律规定扩张解释股东知情权的范畴，未支持其诉请。在（2021）京民申 2038 号案中，北京市高级人民法院亦强调，我国《公司法》规定股东有查阅公司会计账簿的权利，但未将制作公司会计账簿所涉及的相关凭证列入股东可以行使该项股东知情权的范围。

除会计凭证外，在少数案件中股东还要求查阅公司的某些特定文件，例如，公司经营过程中所签的原始合同，此类主张在司法实践中一般难以被法院支持。在（2017）沪 01 民终 2549 号案中，股东帅某申请查阅公司成立以来经营过程中所签的所有购销合同，对此，上海市第一中级人民法院认为，股东知情权的合法行使与公司经营管理秩序的正常维护是密切相关的，在公司运营中对两者利益均应平衡保护，不应在法定范围之外扩张支持其诉请。

值得注意的是，全国人民代表大会常务委员会于 2023 年 12 月 29

日公布并于2024年7月1日起实施的《公司法（2023年修订）》（以下简称新《公司法》），对股东知情权的行权范围作出了一定程度的修改。新《公司法》第57条第2款[①]将会计凭证纳入有限责任公司股东有权查阅的文件范围，新《公司法》第110条第2款[②]规定股份有限公司的股东在满足特定情况下亦有权查阅公司的会计账簿与会计凭证。可以认为，在新《公司法》落地之后，目前司法实践中围绕股东知情权行权范围的长久争议将得到一定程度的解决，股东的权益也将得到更有效、更全面的保障。

（3）是否可对分公司或者子公司行使知情权

在股东知情权的行权争议中，除上述查阅范围的争议外，还有一类争议是股东的知情权能否在母公司与子公司，以及总公司与分公司之间穿透，即总公司的股东是否对分公司享有知情权，母公司的股东是否有权对子公司享有知情权？

在司法实践中，对于总公司股东是否对分公司文件享有知情权的问题，由于分公司作为总公司的分支机构，不具备独立的法人资格，法院一般认为总公司的股东有权对分公司行使知情权。例如，在（2018）沪02民终6904号案中，Y公司的股东向法院请求查阅Y公司分公司的会计账簿，上海市第二中级人民法院认为分公司属于Y公司设立的分支机构，不具有法人资格，资产负债状况列入Y公司的资产负债表，因此，分公司的相关资料理应作为股东行使知情权的范围。

而对母公司股东是否有权查阅子公司文件的问题，由于子公司具有独立法人人格，法院认为原则上在无公司章程特殊规定的情况下，母公

① 新《公司法》第57条第2款规定：“股东可以要求查阅公司会计账簿、会计凭证。股东要求查阅公司会计账簿、会计凭证的，应当向公司提出书面请求，说明目的。公司有合理根据认为股东查阅会计账簿、会计凭证有不正当目的，可能损害公司合法利益的，可以拒绝提供查阅，并应当自股东提出书面请求之日起十五日内书面答复股东并说明理由。公司拒绝提供查阅的，股东可以向人民法院提起诉讼。”

② 新《公司法》第110条第2款规定：“连续一百八十日以上单独或者合计持有公司百分之三以上股份的股东要求查阅公司的会计账簿、会计凭证的，适用本法第五十七条第二款、第三款、第四款的规定。公司章程对持股比例有较低规定的，从其规定。”

司股东无权对子公司行使知情权。在（2022）沪0115民初56148号案中，H公司的股东陈某等人主张H公司的日常业务均由两家子公司负责，因此要求查阅子公司的相关资料，浦东法院认为本案中原告股东并非H公司的子公司的股东，H公司章程也并未赋予股东查阅控股公司文件和材料的权利，因此驳回相应诉请。在（2021）浙06民终4952号案中，绍兴市中级人民法院亦认为，子公司是具有独立法人资格的有限责任公司，并不是母公司的分公司，母公司股东无权对子公司行使知情权。

在少数情况下，若原告股东证明母公司仅为空壳公司，股东的实际利益均来自子公司，则法院可能支持母公司股东对子公司行使知情权。在（2017）苏执监648号案中，J集团的股东郭某要求查询J集团控股的子公司财务报表，并举证证明J集团的经营方式为股权投资，其收入及重大资产全部来源于其控股公司。J集团的财务报告来源于其子公司的报表和财务凭证，J集团财务部有垂直向下管理J集团子公司财务的职能，因此，子公司的财务资料本身就是J集团财务资料的组成部分。江苏省高级人民法院对此认为，在该案情况下，股东的利益主要在于J集团子公司而非J集团，对于J集团这样的投资性控股公司而言，其成员企业的经营管理状况对于控股公司的股东具有重大利益，因此支持股东郭某的诉请。

（二）对策建议

就股东知情权的正式起诉阶段，笔者建议，应注意如下方面。

第一，法院一般通过股东名册及公司章程的记载确认股东身份。但为防止可能存在的主体资格争议，建议股东对获得股东资格的证据做好留存，包括但不限于出资证明、股权转让协议、相关股东会决议等。

第二，建议隐名股东与名义股东之间就股东权益如何维护作出明确约定，避免约定所有股东权利均仅能由名义股东直接行使。同时，可事先让公司开具股东证明等表示公司认可隐名股东实际出资身份的书面文件，以备后续举证。

第三，建议已退股的股东注意收集留存持股期间的公司各类文件，如能初步证明在持股期间利益受损或存在受损的重大风险，应尽快向公司主张权利。

第四，若股东要求查询会计账簿，为防止公司以存在不正当目的为由拒绝查询，建议股东事先自查是否存在同业竞争及其他可能侵害公司利益的情形，做好相应准备。

第五，为避免行权范围的争议，建议在公司章程或股东会决议中事先明确股东的行权范围，例如，明确约定股东有权查询原始会计凭证等。

三、诉后执行阶段

（一）要点分析

根据《公司法解释四》第 10 条第 1 款[①]的规定，法院支持股东行使知情权的，应在判决中明确查阅或者复制公司特定文件材料的时间、地点和特定文件材料的名录。股东依据生效判决查阅公司文件材料的，在该股东在场的情况下，可以由会计师、律师等依法或者依据执业行为规范负有保密义务的中介机构执业人员辅助进行。

但在具体执行过程中，股东将如何实际行使知情权，股东的知情权如何才能够从一纸判决真正落到实处？由于我国目前并无法律对知情权行使的实操作出规定，因此，相关问题如股东复制或查阅的材料的真实性及完整性如何保障，以及股东应以何种方式进行复制及查阅等均存在大量争议。

关于查阅材料的真实性及完整性，公司可能向股东故意提供虚假材料或故意隐匿、销毁部分材料阻却执行。针对该类情形，法院往往会对

① 《公司法解释四》第 10 条第 1 款规定："人民法院审理股东请求查阅或者复制公司特定文件材料的案件，对原告诉讼请求予以支持的，应当在判决中明确查阅或者复制公司特定文件材料的时间、地点和特定文件材料的名录。"

公司提供的材料进行形式审查，在公司提供的材料基本符合法院生效裁判文书要求、没有明显缺漏的情况下，法院一般不会进一步审查具体内容是否完整或真实。股东若认为确存在材料虚假、隐瞒、缺失等情况，需及时提出异议并承担相应举证责任。

关于股东对材料进行复制或查阅的具体方式，在司法实践中一般应对判决所列明的“查阅”文义适当进行广义理解，在执行过程中股东应将“查阅”落实到包括查看、摘抄。此外，在一些案件中，执行法官也可能会向作出判决的法官进行征询，例如，在（2022）沪01执复140号案中，被告公司认为股东对会计账簿的摘抄行为不在查阅范围内，经执行机构征询审判部门意见，审判部门明确查阅行为包括部分摘抄，执行机构据此驳回了公司的异议请求。

（二）对策建议

第一，建议在提起知情权之诉时从实际执行角度出发设计诉请。将行权范围尽量具体化，明确查阅的特定资料，并列明行权方式包括摘抄摘录等合理行为。

第二，建议在诉讼过程中向法院争取对重点资料进行保全。为避免或减少在被告诉中可能采取的转移、修改、销毁公司资料等各项妨碍行权的行为，在必要的情况下，股东可主动向法院申请并争取对重点材料进行保全。

第三，建议委托会计师、律师等专业的中介机构执业人员辅助进行资料查阅，如发现公司提供的资料存在明显虚假或缺漏，或是在查阅过程中存在其他疑问，应及时向法院进行沟通反馈。

四、结语

股东知情权是股东各项权利中最为基础的权利，不仅有助于股东了解公司经营管理状况，更是股东实现决策权、分红权等其他合法权益，并进行后续诉讼的重要前提。在实务中，股东提起知情权之诉存在诸多需要注意的要点。本文对知情权之诉从诉前到诉中再到诉后全阶段的要点逐一进行详细分析，通过案例梳理，总结出近年法院审理该类案件的裁判思路，并为读者提出稳妥可行的应对建议。

（本文仅代表作者个人观点。特约编辑：朱慧慧）

关于二审救下一名死刑犯的思考

杨良珍*

知乎上有这样一个问题：律师该不该为死刑犯做辩护？

有位法学专业的朋友曾严肃地对我说："你知道每年有多少缉毒警察牺牲吗？你没看过《感动中国》吗？身为缉毒警察的他们连面都不敢露，你却为毒品死刑犯辩护，亏你从前还是个检察官！"

我一时语塞。我知道朴素的善良正义感会让他觉得那些人就该去死。这种正义感是可爱的，让人觉得这世界有安全感。在宏观的善良正义价值观面前，我也赞同朋友对缉毒警察的尊敬和爱护，但是在微观的个人权利面前，我认为每个人都有获得辩护和接受正义审判的权利。我们不能用情感替代法律，不能用个人的好恶去给任何人定罪判刑。简单直接的正义感并不能代表理智。不建立在程序之上的"正义"，其实收获的是非正义。

一个人即便犯了穷凶极恶的罪行，我们也应该把他交给法庭，让他接受法律的审判。为毒品死刑犯辩护，正是因为相信法律和正义都是针对所有人的，正义没有死角。

一、6 人案中 5 个人被判处死刑，迎难而上

没想到，我接手的第二个刑事案件就是一个毒品大案。刑事案件中

---

* 广东勰思律师事务所实习人员（原广州市某院检察官），现任广东省法学会律师学研究会理事、广州大学校外指导教师。

判处死刑的案件本来就不多，一个案件中的6个人中有5个人被判处死刑。而且，5个人当中只有1个人判处死缓，其余人全部判处死刑立即执行，确实少见。

起初，介绍人说“先看看，当事人[①]张三有没有个缓?!”一审长达40页的判决书，看到一审判决结果（见表1）后我看后不禁感到压力山大。简单描述案情：5年前，张三受他人委托保管并带着手下李四一起将两个装有毒品半成品的行李箱从A车库取走后带回住处，拿出一包后再将两个行李箱运送到B车库，交接给“一号人物”安排的手下A。“一号人物”和手下A拿到两个行李箱后返回“一号人物”住处。两天后，与手下B、手下C汇合驱车前往手下C老家祖屋制造毒品。将两个行李箱和手下B、手下C送至制毒地点后，“一号人物”和手下A离开。手下B和手下C到达祖屋后，当晚马不停蹄地忙碌一夜，天刚亮就基本完成了制造毒品的工作，正准备补个觉，收网的民警们破门而入。

表1　一审判决结果

人物	罪名	刑罚
张三	运输毒品罪	死刑
	非法持有毒品罪	有期徒刑10年
李四	运输毒品罪	无期
	非法持有毒品罪	有期徒刑10年
一号人物	运输、制造毒品罪	死刑
手下A	运输毒品罪	死刑
手下B	制造毒品罪	死刑
手下C	制造毒品罪	死缓

毒品犯罪本来就是严厉打击的犯罪，毒品数量多达几十公斤，且指使李四的张三已认罪，我的心有些凉，摇摇头直说：“这也太难了。”

① 文章中涉及的案件当事人均为化名。

一审判决大约是在两年前作出的。搭档律师说会见张三时，感觉张三的状态很差，但张三的求生欲非常强烈，只求一个死缓就行。我们云淡风轻的每一天，是他梦寐以求的。

试想，一个中年男人揣着一份死刑立即执行的判决长达两年之久，等待二审的日子，既有对生的渴望，也有对死的恐惧，那种在绝望中期待奇迹的惴惴不安，与日俱增。这个案件的难度让我似乎想象得出张三那种窒息的紧张无力感。我们必须抓紧时间全力以赴。

也许是墨菲定律的作用吧，刚安排会见之事，第二天就收到了二审开庭的通知，开庭日期竟然只剩下半个月时间。因案件证据较多，除了与时间赛跑，我已别无选择。

看案卷之前我先仔细看了一审的开庭笔录，试图从中找到能够支持我们辩护的文字，但结果并不理想。于是，我只能把目光聚焦到证据上寻找突破点。

二、战前准备之一：找问题

严格地讲，张三该不该死不是判决说了算，而是证据说了算。《最高人民法院、最高人民检察院、公安部、国家安全部、司法部关于办理死刑案件审查判断证据若干问题的规定》第 1 条规定，办理死刑案件，必须严格执行刑法和刑事诉讼法，切实做到事实清楚，证据确实、充分，程序合法，适用法律正确，确保案件质量。所以，我对证据材料进行了三遍地毯式审查。

说来真的应该感谢自己曾经在检察机关的工作经历。那时，工作有一个重要的任务就是对侦查机关进行监督，该较真的时候还是得较真。早在 6 年前，最高人民法院、最高人民检察院联合制定下发《办理毒品犯罪案件毒品提取、扣押、称量、取样和送检程序若干问题的规定》（以下简称《毒品案件程序规定》），我第一时间就把这份规定认真地学习了一遍，并在后来办理毒品案件时常拿出来用在检察工作中。没想到，6 年后又用上了这个《毒品案件程序规定》。

如果说看案卷的第一遍只是熟悉案情，那么第二遍就是深入了解关键证据并形成证据图表，第三遍就可以通过梳理的证据找到矛盾点，并且顺藤摸瓜去求证。求证的过程便是发现问题的过程。没有完美的证据，证据是人去调取的，就有被污染、遗漏、错乱的可能性。一旦证据的取证存在问题，那么证据的基础将遭到沉重打击。

（一）关于重量的谜团

阅卷后，我的第一个疑问就是张三经手的时候，两个箱子里面到底装了多少毒品？警方在几天后才抓获“一号人物”雇请的几个手下，当时几个手下在制造毒品窝点已经将箱子里的毒品加工完毕。现场缴获的毒品数量能否和张三运输毒品的数量画等号？

一审辩护律师称两个箱子经过多次运输和倒手，直到最终被抓获时已经被制成毒品成品，张三运输时，箱子里究竟是什么以及重量是多少，是存有疑点的。但法院认为 6 名被告人都对两个行李箱进行了指认，箱子具有同一性，且毒品加工的比例可推算加工前的数量远远超过毒品数量的情节。

“箱子具有同一性”，乍一看似乎有道理。可是，案件的关键难道是这个箱子是否同一？不应该是箱内的物品是否同一吗？有没有可能“一号人物”拿到张三和李四交接给他的两个箱子后已经将箱内物品出售给他人，而其安排其他手下运输和制造的则是另一批毒品，只是沿用了此前的两个箱子。毕竟，张三将两个箱子交接给“一号人物”后，箱子在“一号人物”手上滞留时间长达 51 个小时，而且箱子被重复利用的可能性很大。此外，张三和“一号人物”的手下 B、C 在笔录里都反映行李箱里的毒品是可卡因，但从鉴定意见看，制毒现场被缴获的毒品成分不只有可卡因，还有麻黄碱，这也是一个重要的疑点，检察机关在举证过程中对此也没有任何说明。那么，案卷里的证据就不排除“一号人物”将其购买的其他种类毒品一起交给其手下 B、手下 C 加工或其他箱内毒品变动增加的可能性。我决定在开庭时重点抛出这个被大家忽视的疑点。此外，被现场缴获的那批毒品数量是否存在问题还需要寻找其他突破口。

就在这时，律师助理发来一份新增证据，给我送来意外的惊喜，因为那正是我关心的问题，而且是一审所有律师都没有发现和提及的。在这起案件的所有卷宗里都没有找到称量取样笔录里记载的衡器计量检定证书复印件（见图1）。也就是称毒品用的电子秤的证书找不到了。不仅如此，制毒现场人赃并获的称量取样视频也找不到了。《毒品案件程序规定》第14条规定，称量所使用的衡器应当经过法定计量检定机构检定并在有效期内，一般不得随意搬动。法定计量检定机构出具的计量检定证书复印件应当归入证据材料卷，并随案移送。

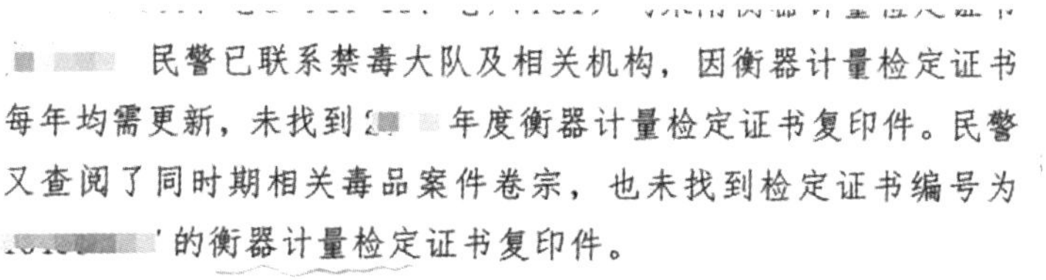
[redacted]民警已联系禁毒大队及相关机构，因衡器计量检定证书每年均需更新，未找到[redacted]年度衡器计量检定证书复印件。民警又查阅了同时期相关毒品案件卷宗，也未找到检定证书编号为[redacted]的衡器计量检定证书复印件。

图1　案件侦查卷原文截图示例

这就意味着，我们可以怀疑称重用的电子秤、卷宗里所谓的毒品重量的数量的真实性、合法性都存在疑点。

当然，这种怀疑是不足以从根本上推翻案件证据的。只要法官认定制毒现场缴获的毒品就是张三运输的那批毒品，现有数量哪怕不够精准，目测都知道其数量已达到死刑适用标准。尽管如此，我仍认为数量存疑这个问题对于争取死缓是有利的。

案件办到这里，我隐隐约约感觉应该还会有更多突破点值得发掘。既然电子秤“无证上岗”，检察机关想要通过称量取样录像来证实称量取样笔录记载的数量准确的希望也破灭了，那么有没有可能通过现场勘查录像来佐证呢？

（二）关于勘查现场的谜团

顺着这个思路，我翻查了制毒现场的勘查录像，翻遍所有视频，竟然发现没有制毒现场勘查录像，只有几个犯罪嫌疑人被抓获后查获其藏匿毒品的现场勘查录像。根据《公安机关办理刑事案件程序规定》

（2020年修正）第216条的规定，对重大案件的现场勘查，应当录音录像。本案一案6人，一审5人被判处死刑，我们认为这起案件显然属于重大案件，但现场勘验却没有录音录像，这在程序上出现了严重违规。

既然现场勘查录像也没有，那现在就只能依据现场搜查、称量、取样的笔录作为定罪量刑的依据了。要想从这些手写签字确认的书证中发现问题非常难，但事实上，我在阅卷时发现了，在庭审中也发现了，这也充分说明人的观察力和思维角度真的是可以被激发的。

（三）关于书证的谜团

一般来说，从书证中发现问题的难度比较大，但也要一试。这起案件毒品数量大、数目多，只能先用最原始、最辛苦的方式去求证。

我把所有的书证做一个记录和对比分析。于是，我尝试记录现场照片拍摄的毒品外观特征、重量，然后与搜查笔录、扣押清单、称量、取样笔录、鉴定意见、辨认笔录里记录的毒品编号、重量等特征去对比，看看是否准确无误且一一对应。事实证明，这种耗时、耗力的工作在本案中十分有意义。通过比较，发现书证与书证之间存在矛盾、部分统计数据存在误差等问题。

发现的问题越多，就离希望越近。因为错漏、矛盾的增加意味着书证的真实性将被动摇。比如，扣押笔录中记录的毒品数量与辨认笔录中显示的称重照片的数量不对；又如，扣押数量和现场勘查描述的都是22份疑似毒品物（17份固体，5份液体），但是卷附现场称量取样照片中手下B辨认了23份，其中6份液体，多出的1份液体照片是手下B辨认的（同样在制毒现场被抓的手下C却没有辨认这份疑似毒品物），但是该照片当中的液体并没有出现在搜查笔录中，却出现在现场勘查的现场照片中；再如，现场勘验描述疑似毒品所在位置与搜查笔录存在矛盾。除此之外，称量取样笔录显示4包重约10千克的疑似毒品物共取样1克，也明显违反《毒品案件程序规定》要求分别取样的规定，这些疑似毒品物被混检了！如果其中3包不含毒品成分，则意味着，判决书里认定的毒品数量至少多了几千克。

为了尽可能还原现场情况，我翻查了现场勘查笔录，记录着“变动现场”四个字，也就是说，现场勘查笔录记录的内容也没办法帮我们还原原始情况，因为现场已经发生变动。这更加说明现场勘查录像和称量取样视频的重要性。有没有可能重新称量、取样或者鉴定呢？一想到没有任何证据可以证明5年前现场提取的证据被封存且妥善保存，重新称量、取样或者鉴定的可信赖基础就不复存在。

但是，仅凭这些足以动摇二审法官对现有证据的认定吗？

（四）与其他现场称量、取样视频的关联

现有的证据中，我还发现关于现场称重、取样的记录存在涂改记录但没有让相关人员在涂改处签名确认的情况。按照规定，凡是证据上有涂改过的地方是必须由当事人在涂改的地方签名捺印予以确认的，以防止人为篡改证据。因此，这也成为此案件的突破口之一。带着对书证的疑问，我把李四非法持有毒品被查获的现场视频找出来反复查看，这一次我将视频放大细节仔细查看后发现，在非法持有毒品现场给犯罪嫌疑人签署的书证是空白书证的文本格式。内容则是事后填录，如果是这样，那么书证上的错漏也就解释得通了。

除此之外，我还发现在现场称量、取样时相关人员自始至终没有更换过手套，采取或抠或掰的方式从上一包疑似毒品物取样后继续从下一包疑似毒品物里取证。鉴定意见显示，并不是案发现场缴获的所有物品都检验出毒品成分。由此可以推测，由于错误的取样方式造成检材污染，可能导致鉴定意见的失真。

此时此刻我感慨万千，同样是看案卷，是停留在证据的表面看案卷，还是带着怀疑和掘地三尺的态度看案卷，效果完全是不一样的。从一开始我认为难度很大，到现在已经看到了一丝生的希望，实属不易。想到这里，我认为张三离死神又远了一步。我能做的，就是找出问题，尽可能还原真相。

三、战前准备之二：策略——如何说服法官

作为张三的辩护人，在现行法律以及现有证据的基础上，如何说服法官，从哪些方面运用哪些策略，才能使张三不被判处死刑立即执行呢？

（一）策略一：对量刑的辩护找到横向参照系

刑事辩护除了针对事实和证据发表意见，还要对量刑发表意见。所以，我把《刑事审判参考》里关于毒品死刑的案件，尤其是关于运输毒品死刑有关的案件全部找出来进行深入研究。我发现最高人民法院在核准死刑时强调运输毒品的死刑案件，绝不能唯数量论，还是本着“少杀、慎杀”的原则处理。为了让二审法官重视最高人民法院在处理这些死刑案件时的观点，我整理了6个案件材料的核心观点提交给承办法官。

同时，我也在思考，一个6人案件，判处5个死刑，在这5个人之间，是否量刑失衡。于是，我仔细梳理了这5个死刑当中唯一一个判处死缓的手下C的行为。为什么同样是制造毒品，手下B被判处死刑，而手下C被判处死缓。这一点我在判决书里找到了答案，那就是法院认为手下C是被手下B纠集来参与制造毒品的，所以两个人的量刑应该体现出差异。

仔细研究一审判决书后，我认为一审法院只考虑了手下B和手下C之间的量刑差异，忽视了手下C与张三之间应有的量刑差异。最高人民法院刑五庭《在毒品案件审判工作中切实落实宽严相济刑事政策》中规定，在毒品案件的审判中实现宽严“相济”，既要把握好个案之间的量刑平衡，也要把握好多名被告人案件，特别是共同犯罪案件的量刑平衡。通过对张三和手下C进行比较，我们发现：（1）手下C制造毒品，而张三只是运输毒品，制造毒品的危害性显然高于运输毒品；（2）手下C制造出的是毒品的成品，而张三运输的只是无法直接吸食的毒品半成品；（3）手下C制造毒品的罪行人赃并获，而张三运输的

毒品半成品数量以及是否是手下 C 制造毒品使用的半成品均存在疑点；(4) 手下 C 是受雇佣参与制造毒品，且积极提供自己的祖屋作为制毒场所，而张三同样是受他人委托。基于此，不由得我提出这样一个疑问：张三被判处死刑，手下 C 被判处死缓，难道不是量刑的失衡吗？

（二）策略二：破解张三的前后辩论不一致

在阅卷期间，我的搭档律师再一次会见了张三，张三称想举报境外毒枭，又担心家人安危而举棋不定。这个立功想要成立风险很大，直到开庭前一周，张三还是没有决断。

在生死攸关的时刻，张三说出自己在一审期间出于江湖义气和一些顾忌有所隐瞒："'一号人物'就是那个让我运输毒品的人。"听到这句话，我的脑子里只剩下一堆问号。因为我清晰记得，一审卷宗里，公安机关有一份情况说明，明确称"一号人物"不是张三在笔录里说的叫他运输毒品的"大佬"（化名），也就是说张三否认了"一号人物"就是委托他保管和交接毒品的"大佬"。检察机关在一审庭上基于此也明确说"一号人物"不是"大佬"。所以，判决书里才有了那句"张三受他人委托保管"。

现在，张三却说"一号人物"就是"大佬"。我们立刻追问张三为什么改变说法。如果张三不能说服我们，显然也无法说服法官。张三说："几年前，在香港见过一次做毒品生意的大佬，当时在酒吧里，灯光暗而且声音嘈杂。所以，辨认的时候没有辨认出来。但是一审开庭再一次见到'一号人物'才确定他就是大佬。我现在想保命，所以想把所有人和事都供出来。"

我们认为这个解释倒是具备合理性。但是毕竟张三在一审期间作出的是截然相反的供述，这些细节在一审期间只字未提，要二审法庭相信这一切还是需要证据的支撑。于是，根据张三提及的内容，我们赶紧向二审法院和检察机关提交了调取证据的申请。

做完所有阅卷工作后，利用周末我们在律所开始案件分析和庭审模拟工作。一整面墙的白板上被我写满了证据的诸多问题和辩护思路。

紧接着，我把质证意见和长达 14 页的辩护词以及相关的刑事审判参考案例交给搭档律师，由他来模拟开庭，我作为旁观者抽离出来观摩和寻找问题。我们一致认为，必须让法官相信张三现在对“一号人物”的指认是合理的，因为最高人民法院在《全国法院毒品犯罪审判工作座谈会议纪要》中对关于运输毒品死刑适用有相关规定，共同犯罪人归案后全案只宜判处其一人死刑的，不能因为共同犯罪人未到案而对在案被告人适用死刑；一般只对其中罪责最大的一名主犯判处死刑。也就是说，如果明确了“一号人物”就是雇请张三保管和交接毒品的大佬，张三可以不被判处死刑，至少不是必须判处死刑立即执行。

当我们针对张三对“一号人物”的指认进行重点讨论时，搭档律师因为没有我熟悉案卷便提出把公安机关出具的情况说明和辨认笔录找出来再看看。情况说明上明确写着，“经张三辨认，此大佬并非‘一号人物’，即大佬与‘一号人物’并非同一人”。然后，搭档律师继续念辨认笔录，“张三辨认不出照片中的人”。

听到这里，我明白了：“这个辨认笔录的意思是张三只是没有辨认出来任何一个人，从来没有说过‘一号人物’不是大佬！情况说明中把张三的辨认不出直接曲解为‘一号人物’不是大佬！”这就说得通了。我记得公安机关在提请批准逮捕书和起诉意见书里都写着，案发前“一号人物”电话联系张三，要求张三帮忙运输毒品，也就是说一开始哪怕张三没有指认“一号人物”，公安机关已经锁定“一号人物”就是大佬。后来依据公安机关出具的情况说明，判决书里才没有认定“一号人物”就是大佬。我推测公安机关布控时通过技术手段，明确“一号人物”就是大佬。但是不承想张三并没有辨认出来，且“一号人物”用的电话又不是实名，所以公安机关没有其他证据证明“一号人物”的身份，从而出具了一份否认“一号人物”就是大佬的情况说明。

没想到，通过案件讨论和模拟，找到了一个至关重要的论点，合理解释了张三的前后不一，也合理解释了对“一号人物”是否大佬的认知。

四、庭审

在开庭之前，搭档律师再一次会见张三，他的不安和紧张已经快将他压垮，为了增加求生的可能性，他想要举报，但又不敢。看着张三慌乱地说自己想生病，希望开庭那天自己病倒无法出庭。搭档律师只能尽力安抚，同时阐明辩护思路，希望他能够多一些信心。

记得那一天走到省高级人民法院的院子里，我忍不住抬头望了望硕大的国徽，庄严而肃穆。院子外，车水马龙，似乎一切都与这场审判毫无关联。但我心里清楚，张三和他的家属紧张而焦灼，既期待一个正义的审判结果，也害怕面对这场审判，因为他们不知道等待他们的会是什么。张三之前说过，想在开庭那一天病倒无法出庭，可见他内心的煎熬。

经过等待，庭审将近 11 点时开始。

（一）九旬老者

开庭前，我看见一位老者拄着拐杖走进来，头发花白，步履蹒跚，手上还拖着一个买菜用的小推车，推车里有红色塑料袋。我的第一反应是这位老人是某位被告人的家属，因为特别关心案件也想来看看家人，所以来到这里旁听。我正准备给他让路，让他落座旁听席，结果发现他挪步走向辩护席。交谈间得知，九旬老者是手下 B 的辩护律师，已经年近九旬。在庭上年过六旬的律师都罕见，更不用说年近九旬的律师。

老人家中气十足，在庭上发问时整个法庭都可以听到回声。“你现在听清楚我的问题！我问你……”年近九旬，能询问，能辩护，声如洪钟，有几人？我有一种不敢相信我的眼睛的感觉。出于尊重，法官对他的发言只因偏题而轻声且委婉地打断过一次。庭审结束后，法官下场和这位老律师握手致敬。

至少，90 岁律师的霸气我算是见识了，也许这是时代的缩影吧。

（二）询问

随着审判长的落座，庭审正式开始。视频信号切入看守所，张三也出现在视频画面里①。

很快，检方宣读起诉书，接下来是询问环节。

公诉人在询问环节问的问题不算多，但我们准备了4页纸的询问提纲。

关于大佬是不是“一号人物”的问题，我们询问张三时，采用了循序渐进的方式。

问：“你在第一份讯问笔录里供述称大佬打电话让你去拿两个箱子时，你知道大佬的真名吗?”

答：“当时不知道，现在知道了，他就是‘一号人物’。”

问：“为什么你辨认不出‘一号人物’?”

答：“因为我是很久以前在香港的酒吧和他见过，当时灯光很暗看不太清，我只知道大家喊他‘大佬’，并不知道他的真名，但却记得他的声音。公安机关让我辨认，我确实辨认不出。但是，一审开庭时我见到他听到他的声音，才敢确定‘一号人物’就是‘大佬’。”

说到这里，我看了一眼审判席上合议庭成员的眼神，他们应该是留意到这个关键信息了。

（三）质证

下午的庭审准时开始，直接进入质证环节。我们的质证意见每一条都是经过反复筛查发现的问题，并且坚持发表了全部意见。

正是因为我们坚持质证，被告人C在自我陈述时，说出他签书证时存在的问题，检方在辩论环节认可取证程序存在瑕疵。

《刑事诉讼法》第56条规定，收集物证、书证不符合法定程序，可能严重影响司法公正的，应当予以补正或者作出合理解释；不能补正或者作出合理解释的，对该证据应当予以排除。

五、判决书

1年后，小伙伴发来祝贺微信。1年前的信心终究得到印证，我们

① 疫情期间，庭审采用远程视频方式。

的努力没有白费！通过努力挽救了一条性命，一切都值了。

在收到二审判决书后，我迫不及待地仔细研读，想知道法官采纳了我们哪些意见最终决定改判案件。本案二审判决除了“判决结果”发生了变化，“查明事实”部分以及“评判”部分较一审判决也有所变化（见表2）。

表2　一审及二审判决结果

人物	罪名	一审刑罚	二审刑罚
张三	运输毒品罪	死刑	死缓
	非法持有毒品罪	有期徒刑10年	维持
李四	运输毒品罪	无期徒刑	维持
	非法持有毒品罪	有期徒刑10年	
一号人物	运输、制造毒品罪	死刑	维持
手下A	运输毒品罪	死刑	维持
手下B	制造毒品罪	死刑	死缓
手下C	制造毒品罪	死缓	维持

（一）关于查明事实究竟会怎么写

法官对于毒品数量和鉴定的描述采用了模糊手法，只写了现场缴获的重量，没写鉴定后认可的毒品重量。我猜测，尽管我们提出证据存在矛盾和瑕疵，法官认为，即便排除部分数量，剩下的重量仍然巨大。所以，法官可能认为对量刑的影响意义不大，最终只写了现场缴获的重量，并分析全案的毒品数量约为20,000克。

（二）关于质证意见会怎么评判

对质证意见的评判，个人认为总之就是给出一个结论。

例1：关于箱子里的东西究竟有没有变动？

关于张三交给“一号人物”的行李箱里的物品有没有发生过变动（“一号人物”拿到箱子2天后才去制毒），法院给出的认定是这样的

（见图2）。

> [redacted]根据侦查机关在制毒工场查获的固体毒品外观、性状，再结合具体负责制毒的[redacted]的供述，可以认定[redacted].

图2　二审判决书原文截图示例

“一号人物”的毒品渠道通常来说是比较稳定的，外观、形状肯定也类似，但仅凭外观、性状就确定是同一批次毒品，这个理由似乎太过牵强，更何况卷宗里的监控视频显示，这两个行李箱多次反复使用。这更加说明行李箱外观一致不代表箱内物品同一。当然，这个谜底只有“一号人物”最清楚。其实，这一点也不难理解，查明真相，打击犯罪是检法的重要使命。如果真的因为这个辩点推翻对张三的追诉，我自己也认为不应该。但这些终究是可以让法官倾向于听取对张三有利的辩护意见，增加法官改变决定的可能性。

例2：关于证据瑕疵问题，是否要排除无法补正、合理解释的证据？（见图3）

> 关于本案证据瑕疵问题。经查，侦查机关已就本案毒品称量材料衡器计量检定证书、缺少鉴定机构和鉴定人资质证书、个别光盘内容错误等问题作出补正或合理解释，相关证据可以采信。

图3　二审判决书原文截图示例

本案中，公安机关开庭前出具的情况说明称未找到衡器计量检定证书，无法提供鉴定机构和鉴定人的资质证书，查获毒品现场的称重视频也找不到。但判决书写成作出补正、合理解释，相关证据可以采信。

我要写这篇文章的原因之一就是想说：非法证据排除制度是为了促进司法机关严肃执法、保障诉讼参与人的权利。然而有时法官不得不向现实妥协。什么是现实？现实就是相关办案人员在办案过程中确实存在不规范的地方。有些小失误，也可能会导致整个证据链崩塌。但如果法官总是保守地适用非法证据排除规则，包容某些不规范行为，那何时才能倒逼相关办案人员规范取证行为呢？

我们真的要因为这份判决书的内容而从此放弃对证据抽丝剥茧的审查和条分缕析的质证吗？死缓的结果是否真的和证据瑕疵没有关系呢？我不这么认为，只是这份关联可能在法官心里。所以，该坚持的公平和正义，必须坚持，总有一天，它会写进判决书里。

（三）关于“一号人物”究竟是不是大佬

关于“一号人物”究竟是不是大佬，这个问题非常关键，如果认定“一号人物”就是大佬，那张三就可以无限接近免死金牌。显然，这个辩点取得了全面的成功（见图4）。

[redacted] 其次，张三[redacted]二审期间当庭指认，指使其运毒的“[redacted]佬”就是一号人物，同案人[redacted]、[redacted]、[redacted]及证人[redacted]也证实“[redacted]佬”就是一号人物，侦破经过反映的“[redacted]佬”作案轨迹与一号人物完全吻合。结合一号人物指使[redacted]接毒、运毒的情况来看，足以认定一号人物是毒品所有者和制毒组织者，本案运输、制造毒品全过程均在其掌握中。[redacted]

图4　二审判决书原文截图示例

（四）关于量刑意见，法官会怎么评判（见图5）

关于各被告人的量刑问题。第一，一号人物指使张三[redacted]、马仔A交接毒品并从[redacted]运至[redacted]，委托马仔B、马仔C加工毒品。其系毒品犯罪组织、策划者和毒品所有者，是本案罪责最重的主犯。其[redacted]、张三[redacted]及其辩护人所提量刑过重的意见，[redacted]理由成立，予以采纳；其余意见不予采纳。经审判委员会讨论决定，依照《中

图5　二审判决书原文截图示例

由此可见，法院的评判既认可了辩护意见所称的“一号人物”是主犯、张三是受雇人员，也认可了量刑过重的辩护意见。此即从量刑平衡角度来看，“一号人物”应该是罪责最重的，对比手下 B 的死缓对张三判处死刑量刑是失衡的。

六、后记

我认为，通过辩护，张三用余生为其行为付出代价才是公平和正义的体现，我相信张三对这份判决也会更加信服。

绕开法律的程序正义，何来实体正义？我想起罗翔老师曾经在课堂上对他的学生说：律师的价值是在保障当事人合法权益的基础上，追求法律的公平和正义。律师的挑刺，恰恰保证了法律的公正性。可以这么反问：如果有一天你是这个被告，你不希望有律师为你辩护吗？如果你是一名法官或者一名检察官，你遇到一名棋逢对手的律师，不断对你进行挑错，你觉得是要感谢这名律师还是讨厌这名律师？我觉得要感谢律师，因为律师会使得你的判决尽量贴近公正。所以从这个角度而言，法律人的使命是相同的。

我记得我在辩护词的最后一段写道：程序公正是公正审判的核心要义。程序公正了，方能确保不出冤错案件，使得每一个案件都经得起历史的检验。而程序公正的核心就是落实“尊重和保障人权”这一原则。

（本文仅代表作者个人观点。特约编辑：林蓓蓓）

从核心发散到框架的合作合同写作思维

——以 A 大型连锁企业与大型供货商业务合作合同为例

吴　云*

作为企业法律顾问，最常见工作之一就是帮助企业起草合同。一般而言，起草者从企业了解的细节越多，对合同起草就越有助益。但笔者经常面临的问题是，企业在要求律师起草合同时，仅仅描述需要写一份合同，一定要维护企业的利益。当律师进一步向企业征询对于合同的具体要求时，企业往往仅能提供签订合同的目的，要求律师先有草本或是可用于与交易对方谈判，或是直接甚至马上就要签约。在此种情况下，如何形成一份达到企业目的的合同或一份可作为谈判草本的合同？下面笔者以 A 公司起草的一份长期大宗采购合同举例，谨以作为个人律师工作思维的梳理。

合同背景分析：A 公司为一家大型连锁经营企业，为保证销售渠道货源充足，需与数家大型供货商建立长期稳定的业务合作关系，现 A 公司要求笔者制定一份实现合作双方利益，并能充分保护 A 公司利益

* 广东晟典律师事务所律师。

的合同。律师拟写合同前，一般需要对合同内容有初步了解，如合同主体、合同标的，我方地位，我方对于合同对方交付的货物有何基本的要求（质量标准、交期、残次率控制等），但当笔者征询A公司对合同条款的具体合同条款有无设想时，A公司除再次强调“长期稳定”一词以外，再未提供其他信息。如同，主厨拿的菜单上书“我饿了，我要好吃的”。

不能说客户有错误，但仅凭“长期稳定”四字，显然无法形成合同文本，这就对律师工作提出较多挑战，需要律师对企业的主营业务、交易习惯、上下游行业均有一定了解，同时，也需要律师对于不确定事项与公司进行高效的沟通。

一、解读合同的核心要点

A公司对供应商的诉求为“长期稳定”，实质上“长期”与“稳定”二者反映的是同一要求，无“稳定”就不可能有“长期”，而能“长期”则在一定程度上必须是“稳定”，最实质的核心是“稳定”。律师起草协议，首先要把握住核心。就如厨师需要解读食客最喜欢哪一地方的口味一样，在观察食客的衣着打扮、语言口音加上简单的交流以及结合时令节气以及厨师的特长，厨师也就大概知道食客喜麻、喜辣还是喜酸、喜甜，基本能够确定一个菜系，这个确定菜系的过程和解读合同的核心要点是一样的。

二、从核心要点引申出核心模块

得出合同的核心是“稳定”，但合同仅写“稳定”显然不能达到A公司要求，故在此时必须进一步引申出实现“稳定”的核心模块。

首先，从合同性质分析，A公司与供应商之间的本质关系为买卖关系，把握住本质，即可引申出本合同的几个核心模块。

买卖必有价格，价格达成一致是买卖成立的基本前提，否则交易无法达成，更不用论及“稳定”合作，故围绕“价格”将形成一个核心模块。

买卖必有交易物品，物品符合买方要求质量是维系双方“稳定”

合作关系的核心。如卖方供货质量不稳定，双方合作关系显然不能“稳定”维持。

A公司作为一家连锁经营企业，其通过自身的自营、加盟机构将从供应商处采购的商品转销售获利，供应商能否“稳定”地向A公司供货，也是A公司核心需求。假设供应商所供货品“价格”合适、“质量”优秀，但因其不能及时供货，A公司不能及时获得货品转售获利，此种失去市场时机的优质商品毫无商业意义。菜再好，上菜太慢，食客一样走人，故“供货”稳定也是核心模块。

三、从各核心模块引申出核心条款

但仅有核心模块，还不能形成一个具体并具备操作性的合同，还应以核心模块进一步引申，再结合实际的业务流程，以合同的语言、架构进行二次引申，形成具备操作性的合同条款。

（一）“价格”模块所引申的合同条款核心要点

在一般买卖合同中，价格条款较简单，明确约定单价、计价单位就可视为价格约定明确，此种条款在A公司与供应商的合同中应有体现，但不能简单处理。

在长期合作中，因市场态势变化、原材料、人力成本等各方面因素均可能变动，从而影响双方交易货品成本，而成本变动必然会反映价格。仅简单约定固定单价与计价单位，而不约定价格调整机制，如货品市场价格长期或短期内超出一定幅度的上涨或下跌，如固守固定单价，合同一方必然受损。在商业交易中，合作共赢才能确保“长期稳定”合作，一方如价格波动而长期或严重亏损，合作必然解体，但双方为长期性合作，价格也不能随意波动，否则也无“稳定”可言。故此类长期合同的价格条款，至少需要具备以下内容。

1. 基准价定价条款，即双方协商固定相对较长时间区间（如1年）内各特定产品的基准交易价，在双方合作期间内，以此价格作为双方结算的基本定价依据，如无特殊情况，以此价格执行。长期大宗交易往往涉及货品名类众多，以合同附件明确即可。

类似条款：基准价是指双方确定的各具体货物的含税成交价，除非原料或成本重大波动及经本合同约定程序不得变动，具体各货物价格见后附《定价表》，如双方需增加新货物种类，双方协商新增货物含税成交价后，增补录入《定价表》作为双方成交价的基本依据。

2. 基准价调整条款。在双方合作期间内，因特定情况出现，双方通过协商程序调整基准价的条款，但应当设定启动条件限制，如基准价调整条件过于敏感，双方经常调整价格，可能导致“价格”稳定这一目的落空，对A公司不利。出于保护A公司利益，结合平衡合同双方利益出发，基准价调整条款可以对上涨价格启动条件限定严格，而价格下降启动条件稍微放宽。

3. 新合作周期基准价的协商条款。为延续双方合作关系，一般需约定双方在每一合作周期届满前，提前就新周期的基准价进行协商的程序条款，此类条款主要是防止在双方2个合作期限中出现“价格真空”的情况。

类似条款：每一年度届满前【　】天，如一方认为有必要调整《定价表》中所涉货物定价，则双方提前协商，并以协商一致的新价格在下一年度执行。如不能就某类货物新价格协商一致，则该类货物不再列入双方下一年度的采购合作之中。

4. 价格事故处理条款。此条款往往难以引起合同双方注意，但此条款有可能对A公司产生极大影响，在实务中难以避免。尽管合同在基准价调整及新合作周期基准价协商等条款上作出了详尽约定，但因市场态势、供求双方经营情况等多重原因影响，双方依然存在不能就价格达成一致导致的情况。

对A公司而言，一旦因价格因素导致断货，则无法对下游直营、加盟机构供货，对A公司将产生重大不利影响，故在合同中应约定价格事故处理条款。在一般情况下，价格事故条款基本内容为，在出现价格不能协商一致时，买方可以要求卖方以基准价供应一定数量的货品作为应急备用，防止出现断货的情况。

类似条款：如某类货物所涉原料出现重大价格波动（成本变动超过【　】%以上），且持续达到【　】天以上，双方均可提出调整所涉货物基准价，经双方协商一致，双方可按调整后的基准价执行，如不能协商一致，则甲方可要求乙方再按原基准价最多供应【　】批次，且不超过【　】元的货物，在此之后，此类货物不再列入双方的采购合作之中。

（二）“质量”模块合同条款要点

餐饮厨房如何保证出品质量？作为食客，笔者想到的是有经验的厨师、好的原材料、火候控制、下料先后、烹饪方法，以及对厨师的监督。而企业如何把控采购产品的质量呢？对产品的原材料、规格等内容向供应商提出具体、明确的要求，过程监督，收货质检。类比到合同条款，笔者认为主要体现在以下几方面。

1. 对供应商的合同把控

（1）供应商主体规范。供应商主体身份，在一般的采购合同中经常被忽视，但在本合同中，可能会起到极为重要的作用。在货品采购过程中，实际供应商可能并非合同约定的供应商，而是供应商的母公司、子公司及其他关联企业，而上述企业对质量控制能力高低有别。对于A公司而言，将合同约束的供应商扩大到供应商的母公司、子公司及其他关联企业，将有利于A公司获取更多的进货渠道及从供应商企业集团中选择质量控制最优的企业。为此目的，A公司应在合同中重视该选择权，以防止出现自身不能控制供货具体企业的情况。

类似条款：乙方应向甲方披露所供货品最终生产来源，甲方可并视货品质量、交货等综合判断，并决定是否接收某特定供应商交付的货物，同时，乙方对该供应商生产、交付的货物与责任承担全部责任。

（2）供应商经营状态维持条款，此条款在本合同中极为重要，但也属于容易被忽视的条款。供应商的经营状态，如管理人员、技术员工流失，资金链断裂，股东不和等均可能对供应商的生产管理造成影响，而在长期的合作过程中，是否会发生以上情况，在一定程度上确实不可预知，如果合同对上述情况如何处理进行明确约定，一旦供应商出现上述情况，A 公司提前采取相应风险防范措施，则能有效减少因此对 A 公司造成的不利影响。

2. 对产品规格的合同把控

（1）产品规格的一般约定。产品是采购合同的主角，产品规格则是采购合同的灵魂。生产制造、验收、产品功能的实现、产品能否取得市场认可、质量争议索赔等事项，均需要依据产品规格来确定，故在合同中首先要明确约定产品规格。因产品的规格具有较强的技术性，在合同的起草过程中，对于产品规格一般以附件形式附于合同之后，并在合同中明确此附件与合同具有同等法律效力即可。

（2）产品规格提供者承担责任的条款。这一条款经常被忽视，从表现形式来看，产品规格多以数据、模型、外观、尺寸、图形等形式展现，带有明显的智力成果属性，完全有可能发生知识产权侵权的法律风险，因此，在合同中应当就产品规格由谁所提供、知识产权归于谁所有、因此发生争议时责任由谁承担等相关内容应做出明确约定，否则一旦存在知识产权权利瑕疵的产品投放市场而被确认为侵权，极可能给 A 公司带来严重损失。

（3）产品规格调整条款。在产品开发与生产过程中，修改产品规格为常态。产品规格在开发与生产达不到理想效果，终端市场态势变化等原因均可能导致产品规格进行调整，故合同需要对产品规格调整的启动条件、调整权归属、调整后果的承担等内容进行明确约定。因 A 公司最终面向终端市场，故产品规格调整权由 A 公司享有较为适宜，A 公司可以通过变更通知书等书面文件通知供应商进行变更。如合同未对此类问题进行明确约定，一旦产品规格不符合实际商务需求，双方就产品规格调整不能达成一致意见，不能针对市场情况灵活应变，则 A 公司可能面临失去市场先机的严重后果。

（4）规格调整后配套辅助事务条款。规格的变更，并非一纸通知般简单，而可能涉及已备原料的消耗、处理与费用，原技术资料处理、生产用设备的变更、调整甚至作废，特别是在制造业中广泛使用的模具，可能就会面临重新制作模具问题，也应一并视情况而考虑。

3. 质量瑕疵的合同控制

本文所称“质量瑕疵”与小额、短期采购合同所定义的“质量瑕疵”有所不同。在小额、短期采购合同中，一般仅在产品交付环节，由采购商进行验收，发现并处理“质量瑕疵”。而对于长期、大批量的商品交易而言，进行产品的试制是常态和必须，以减少不必要的报废产品。即便强势的甲方要求供应商承担全部报废产品，但长期稳定的合同交易必须是双赢的交易，否则也无法达到“长期稳定”的合同目标。因此，合同关于生产流程的展开必然包含过程控制环节，优秀的律师也会在合同上帮助交易双方理清交易程序。

在产品规格设计阶段，如产品的规格参数、设计品等可能侵犯第三方知识产权或其他在先权利，或供应商的设计成果未能达到采购方要求，则据此认定产品存在“质量瑕疵”，采购方可要求供应商重新提供产品规格、重新设计等，通过此类条款的约定，从源头上控制风险与损失。

在产品样品试制过程阶段，双方对产品规格进行确定后，须先行制作样品。在样品制作过程中，可能存在制成样品与原定产品规格存在误差，此类问题也应作为“质量瑕疵”进行处理。在一般情况下，应视“质量瑕疵”的原因而约定相应合同条款，如系供应商生产工艺所致，则要求供应商在一定时限内改进工艺，如系原定产品规格偏差所致，则产品规格提供方需在一定时限内重新提供产品规格，重新进行样品试制，如因此造成损失的，还需要承担相应责任。

样品试制成功与大规模批量生产成功，在客观上存在一定差距，为顺利通过样品试制，多数供应商会投入相对较多的资源，故样品质量往往高于批量生产时单一货品的质量，而且在样品试制过程中，往往不能发现批量生产过程中可能出现的潜在问题。因此，有必要在合同中设定一个小批量试生产阶段，通过此阶段发现潜在问题，从而有效避免大批量生产中因潜在问题而出现“质量瑕疵”，给双方造成巨大损失。

在小批量试生产阶段，应对“质量瑕疵”的性质进行区分，常用概念有“一般性质量瑕疵”和“系统性质量瑕疵”，“一般性质量瑕疵”

是指在试生产过程中，产品与产品规格间个别参数存在差异，但各瑕疵产品间瑕疵无重复，各瑕疵无法归结于某一特定根源，且瑕疵产品总量在一个较低比例范围之内的情况。“系统性质量瑕疵”则是产品中相同瑕疵达到一定比例或一定比例的瑕疵能归结于某一特定根源或瑕疵产品总量达到一个较高比例的情况。

合同应当明确约定“一般性质量瑕疵”与“系统性质量瑕疵”的界限，超过此界限，不论瑕疵产品的瑕疵表现形式，均为“系统性质量瑕疵”。此种情况的出现，说明供应商的生产管理系统存在问题，理应由供应商对此进行相应整改。同时，合同应明确约定瑕疵产品出现相同瑕疵或能归结于某一特定根源的瑕疵构成“系统性质量瑕疵”的界限，此种情况的出现，可将“瑕疵”归结为供应商生产管理中某一具体的环节。

针对“系统性质量瑕疵”，合同可约定供应商限时提供整改方案，提供质量瑕疵分析报告，重新进行批量试生产等，以求得在大批量生产前消除所有“系统性质量瑕疵”，避免出现大面积质量事故。而对于“一般性质量瑕疵”，则可约定由供应商提供一定比例产品、相关修理配件、边生产边改进工艺等多种方式进行约束。

类似条款：经甲方初步检测未发现问题，乙方先按生效订单中订货量的【 】%的数量，在【 】天内完成小规模试生产，乙方将试生产的货物成品交甲方检测，如检测发现货物存在问题，由乙方再次整改；如甲方检测未发现问题，则乙方依据生效订单全面生产。

上述货物样品试制及小规模试生产时，甲方对货物样品及小规模试生产时所生产的货物的认可，不代表对乙方全面生产的货物质量认可，最终货物质量是以乙方全面正式生产后大批量交付给甲方的货物质量为准的。

关于样品及试生产的类似条款：甲方向乙方提供初步设计图纸、设计理念及货物成品的使用环境、货物成品应达到的性能参数等指标，乙方收到甲方上述要求后，负责具体生产工艺、机器调试、图纸优化、微调等方面工作，同时，乙方在【 】天内启动试生产，并将试生产样品交甲方初步检测，如甲方检测发现问题，乙方应在收到甲方反馈后【　】天内完成整改，并再次将整改后的样品交付甲方再次初步检测。经甲方初步检测未发现问题，乙方先按生效订单中订货量的【　】%的数量，在【　】天内完成小规模试生产。

货物样品试制及小规模试生产时，甲方对货物样品及小规模试生产时所生产的货物的认可，不代表对乙方全面生产的货物质量认可，最终货物质量是以乙方全面正式生产后大批量交付给甲方的货物质量为准的。

4. 收货质检

产品质检条款、质检程序及方式多种多样，如供应商对出仓前的产品先行自检，产品送至交付地点后，采购商复检；采购商在供应商仓库进行质检；采购商在第三方物流仓库进行质检等。

而对于A公司而言，完全委托供应商自检，则相当于放弃自己对产品质量的控制，但同时考虑供应商具有一定的可信度，故合同约定由供应商对出仓前的产品先行自检，产品送至交付地点后，A公司进行复检；考虑每批到货数量较大，无法采用全面验收，从而采用部分抽检方式进行复检。

对于抽检中出现不合格产品的情况，应当明确约定相应的处理措施。首先，应当在合同中明确约定供应商的整改责任，以防止后续产品出现同样的问题；其次，应当明确约定供应商的违约责任，如修理、重作、按一定比例超额提供替代产品、由供应商承担因此导致的全部费用等。

5. 对于“供货”模块的合同条款要点

供货稳定，重点在于订货机制、生产现场稽核、交货收货三个环节。

（1）关于订货机制

因大宗、长期采购合同，履约期限长、金额大，品种繁多，而A公司所面对的终端市场随时可能变化，故不能采用小额买卖合同中使用的直接约定订货总量的方式，而应采用灵活的订货机制。

对于本合同的订货，笔者合同设计了“需求量估算”“预约订单”“确定订单”三个环节，并在各环节约定相应调整方式。

“需求量估算”是A公司通过市场评估，在未来一定时期内，可能会向供应商采购的产品总量，但此总量仅为估算值，可以作为采购商生产安排的参考，以便于采购商进行一定程度的生产规划，但“需求量估算”一般是针对较长时间段的订货安排，但此估算不能作为A公司必然向供应商订货的依据。

“预约订单”，此种订单具备法律效力并可作为供应商生产供货的依据，A公司可通过“修正通知书”对金额、产品种类等进行一定比例及范围的调整。如此，对于A公司和供应商而言，双方对订单的履行均产生了一定程度上的预期，双方可以为合作作出一定程度的准备，同时确保A公司具有一定的灵活性，对双方而言，都是适宜的选择。

类似条款：预约订单指甲方单方面向乙方发出有意采购特定货品的意思表示，甲方可在预约订单发出后【　】个工作日内在该订单总价【　】%范围增减订货，对于此种增减，乙方不得要求甲方承担违约责任。

“确定订单”，此类订单具备法律效力，一旦签发，除供应商违约外，不可变更。此类订单详尽约定订单总金额、产品种类、交付日期、交付地点、货运方式等内容，此类订单一般针对特定的“预约订单”所涉正在生产或已经生产完毕的产品，供应商依据确定订单要求供货。

类似条款：确定订单是指经甲方有效签署，并依据本合同约定生效规则而产生法律约束力，内容为甲方向乙方采购货物，乙方按质按量如期足额向甲方提供货物的法律文件，生效订单的形式有双方签字盖章的纸质文件原件、按合同约定渠道发送的电子文件。

（2）关于生产现场稽核

生产过程是将产品规格、设计转变为合格产品的关键，为防患于未然，应当在合同中约定“生产现场稽核”条款。

生产现场稽核标准及相应的处理规范，应作为具有法律效力的合同附件。如在稽核的过程中，A公司稽核人员发现供应商违反现场稽核标准或合同约定时，即可要求供应商限期整改、进行一定的经济处罚等，如供应商未进行整改或整改不到位，则可以解除确定订单、解除预约订单、解除合同并要求供应商承担违约责任等。

约定稽核方式，可分为提前通知时间、地点的正常稽核与不作事先通知的突访稽核。在一般情况下，正常稽核不影响供应商的生产，但可能存在供应商提前准备，稽核不能最真实地反映生产情况。而突访稽核可以最真实地反映生产情况，但可能对供应商的正常生产造成一定影响，两种稽核方式由 A 公司视具体的情况灵活使用。对于在稽核过程中所发生的差旅、食宿等费用等与稽核相关的事宜，也应当在合同中做出相应约定。

（3）关于交货收货

交货日期、交付地点、运输方式一般在确定订单进行约定，但对于交货迟延、交付地点不正确、未能按约定方式运输等相关内容则建议在合同中约定明确的责任条款，否则，容易就物流费用等产生不必要的纠纷。同时，在交货收货时，还要履行必要的质检手续。对于长期大宗稳定的合作，关于质量的控制，尽量把质量控制提前在设计、生产环节中落实，否则，在最后的交货环节发现质量问题，会不可避免地造成损失。

一旦双方因此进入司法程序，会产生诉讼成本、时间成本等一系列问题。对于饭店与食客而言，如果饭店没有监督好厨师、把控菜品质量，可能面临食客退菜的风险，更深远地说，则是失去顾客和口碑。

以上仅为此类合同的核心条款，一份完备的长期、大宗采购合同，还需按合同的履约流程，从研发、生产、交货、售后服务、争议处理几大环节，形成有序的合同框架，方有可能形成一份基本完备的合同。

（本文仅代表作者个人观点。特约编辑：吴晓斐）

我国香港特别行政区法院拒绝执行内地仲裁裁决主要事由

——以展炜商贸 v. 新丰木行一案为视角*

环中争议解决团队**

仲裁裁决的承认与执行是国际商事仲裁中的核心问题，在仲裁程序及理论上具有独特地位，关乎争议的真正解决以及当事人权利义务的最终实现。随着内地与我国香港特别行政区经济交往日益深入，涉港仲裁案件不断增多，内地仲裁裁决在我国香港特别行政区申请执行的情况日趋频繁。在这种背景下，内地仲裁裁决能否在我国香港特别行政区得以执行就显得尤为重要。根据我国香港特别行政区国际仲裁中心官方网站的统计数据，近年来向我国香港特别行政区法院申请执行仲裁裁决的案件数量呈显著上升趋势，但我国香港特别行政区法院实际不予执行仲裁裁决案件的数量并不多（见图1），这反映出我国香港特别行政区法院对执行仲裁裁决的积极态度，也是我国香港特别行政区“仲裁友好”这一特征的强有力证明。

---

* 本文已在知乎平台发布，收录时有改动。

** 环中律师事务所成立于1993年，是中国司法部最早批准设立的合伙制律师事务所之一。

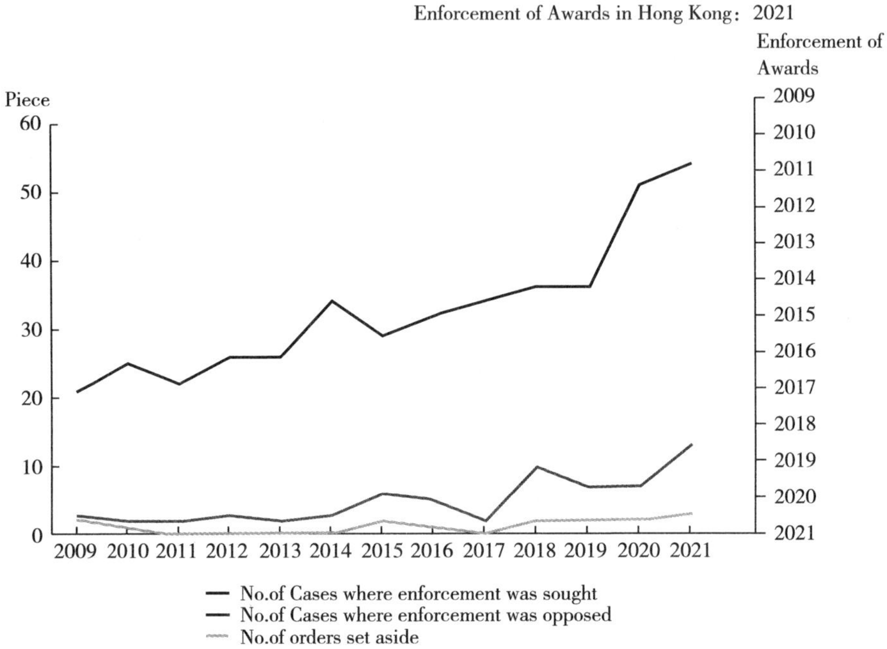

图 1　2009 年至 2021 年香港法院执行仲裁裁决情况截图

注：2009 年至 2021 年，申请执行仲裁裁决的案件数量呈显著上升趋势，由 20 余件上升至 50 余件；申请不予执行仲裁裁决的案件数量呈缓慢上升趋势，但整体控制在 10 件左右；实际不予执行仲裁裁决的案件数量有轻微被动，但每年维持在 3 件以内。

然而，在我国香港特别行政区法院有限的不予执行仲裁裁决的案例中，绝大多数案件来自内地仲裁机构（见表 1）。为此，笔者从近期的案件中，选取了其中较具代表性的案例，即广东顺德展炜商贸有限公司 v. 新丰木行有限公司一案（［2021］HKCFI 3823，以下简称题述案件或本案）。通过对题述案件仔细研读，笔者认为，不同于其他案件中当事人故意隐瞒重要信息、送达失误等极为罕见的个案情况，题述案件的核心问题涉及内地仲裁机构如何在涉外仲裁案件中准确判断外方当事人的合法代表，这一问题存在于每一个涉外仲裁案件中，具有普遍性，故对该案加以讨论，愿见教于大方。

表 1　2012 年至 2021 年香港法院执行全球及中国内地仲裁裁决情况

年份	裁决作出地	申请执行数量	申请撤销执行令数量	实际撤销执行令数量
2012	全球	26	3	0
	内地	6	2	0
2013	全球	26	2	0
	内地	8	0	0
2014	全球	34	3	0
	内地	13	2	0
2015	全球	29	6	2
	内地	8	2	2
2016	全球	32	5	1
	内地	12	1	0
2017	全球	34	2	0
	内地	17	1	0
2018	全球	36	10	2
	内地	14	5	2
2019	全球	36	7	2
	内地	19	5	2
2020	全球	51	7	2
	内地	17	4	1
2021	全球	54	13	3
	内地	21	6	2

注：2012 年至 2021 年，申请香港法院执行仲裁裁决的案件共 358 件，其中来自内地的案件数量为 135 件（占比约为 37.71%）；申请香港法院撤销执行令的案件共 58 件，其中来自内地的案件数量为 28 件（占比约为 48.28%）；香港法院实际撤销执行令的案件共 12 件，其中来自内地的案件数量为 9 件（占比约为 75%）。

一、案例索引

案号：［2021］HKCFI 3823
审理法院：我国香港特别行政区高等法院
裁判日期：2021 年 11 月 29 日
申请人：广东顺德展炜商贸有限公司（以下简称展炜商贸）
被申请人：新丰木行有限公司（以下简称新丰木行）
案涉裁决：湛江仲裁委员会于 2017 年 5 月 19 日作出的仲裁裁决（以下简称案涉仲裁裁决）

二、案情概要

本案申请人展炜商贸是一家注册于广东省佛山市的公司，被申请人新丰木行是一家注册于我国香港特别行政区的公司。新丰木行分别由法人 NI 和自然人 ST 各持股 50%，两名董事分别由 NI 的控股股东兼董事 DL 和 ST 担任，二者为姻亲关系。在案涉纠纷发生前 20 年中，ST 一直负责新丰木行的经营管理事务。

2017 年 4 月 14 日，ST 在未取得新丰木行董事会决议、未通知 NI/DL 的情况下，擅自以新丰木行（作为卖方）的名义与展炜商贸（作为买方）订立了标的额为人民币 2.2 亿元的大理石销售协议（以下简称案涉合同）。案涉合同约定新丰木行应于 6 日内交货，迟延履行交货义务将导致人民币 220 万元/天的赔偿金。

2017 年 5 月 15 日，展炜商贸以新丰木行违约为由，向湛江仲裁委员会提起仲裁。2017 年 5 月 19 日，在展炜商贸提出仲裁申请仅 4 天后，湛江仲裁委员会作出案涉仲裁裁决，裁决新丰木行应向展炜商贸支付人民币 5900 万元，并承担仲裁费用。

2017 年 10 月 19 日，展炜商贸基于案涉仲裁裁决向我国香港特别行政区高等法院提出对新丰木行的清盘申请（winding - up）。2018 年 1 月，在 NI/DL 获知上述清盘申请后，首次知晓案涉合同及仲裁裁决的存在。上述清盘申请于 2018 年 12 月 19 日被我国香港特别行政区高等法院判决驳回（［2018］HKCFI 2756），理由是案涉合同所涉交易非“善意”（bona fide）。在对新丰木行清盘未果后，展炜商贸遂向我国香港特别行政区高等法院申请强制执行案涉仲裁裁决。展炜商贸将相关申请文件送达新丰木行的注册登记地址，但由于该注册登记地址对应的不动产已被变卖，NI/DL 并未收到展炜商贸寄出的相关文件。

2019 年 6 月 28 日，我国香港特别行政区高等法院作出强制执行令（enforcement order），准许申请人强制执行案涉仲裁裁决。此后，展炜商贸据此申请扣押偿债令（charging order），即在债务人新丰木行名下的房产上设定押记作为偿债担保，以保证案涉仲裁裁决的执行。

2020 年 3 月，在扣押偿债令送达 NI/DL 时，NI/DL 才得知案涉执行令的存在，随即向我国香港特别行政区高等法院申请介入（intervene）法律程序并申请撤销（set aside）案涉强制执行令。

三、争议焦点

本案的争议焦点包括以下三点。

（一）案涉合同是否有效，申请人展炜商贸是否有权据此提起仲裁

DL 称案涉合同未经董事会批准，新丰木行也从未召开过董事会，案涉合同的签署是一场骗局（sham）。对此，展炜商贸认为 NI/DL 已将新丰木行业务的日常管理委托给 ST，ST 在过去 20 年中一直作为新丰木行的实际管理人（de facto managing director）经营公司业务，有权签订案涉合同，展炜商贸有权据此提起仲裁。同时，展炜商贸基于我国香港特别行政区《公司条例》第 117 条，主张其作为善意交易方，不应受到新丰公司约束、限制本公司董事权力的影响。同时，展炜商贸认为其没有义务去调查新丰木行董事的权力限制。对此，NI 主张，根据案涉合同约定的适用法律，即内地法律（Mainland laws of the People’s Republic of China），案涉合同无效，原因是展炜商贸在签署案涉合同时已知或至少应知 ST 缺乏新丰木行的公司授权。

（二）被申请人新丰木行是否收到关于仲裁和裁决的适当通知

NI 认为，ST 从未获得新丰木行董事会批准，其虽代表新丰木行接受仲裁通知并进行仲裁的授权，但无权代表新丰木行承认案涉仲裁裁决。NI 同时强调，新丰木行从未收到过适当的仲裁通知，相关通知均被送达一处已经被新丰木行出售的物业地址。展炜商贸则认为，ST 作为新丰木行的实际执行董事（de facto managing director），拥有为新丰木行日常经营活动作出决定的默示或通常的权力，这种广泛的权力包括被授权代表公司启动法律程序并进行辩护（包括仲裁程序）。

（三）我国香港特别行政区法院是否可根据《仲裁条例》第 95 条规定的理由拒绝执行案涉裁决

在庭审过程中，双方当事人围绕 ST 是否有权代表新丰木行签订案涉合同，是否存在有效的仲裁协议，新丰木行是否未获得有关仲裁程序的恰当通知、未能铺陈其论据等问题展开了辩论。

四、法院观点

（一）法庭认为 ST 担任董事这一事实，并不赋予其代表新丰木行签订合同的任何实际、默示或通常的权力（actual，implied or usual authority）

为进一步论证 ST 是否拥有新丰木行实际上的经营管理权而具有代表新丰木行的默示权限（implied authority）这一问题，陈美兰法官（Mimmie Chan J）对 ST 与展炜商贸之间的业务往来进行了分析。陈法官指出，展炜商贸声称其与 ST 有超过 20 年的业务往来，然而，展炜商贸在案涉合同签署前三个月才刚刚成立。对此，展炜商贸解释，其董事 SW 之前通过另一个实体 LT 经营业务，SW 与 ST 有着业务往来，并称案涉合同交易系 SW 与 ST 之间二十多年来惯常商业往来的一部分。陈法官随后指出：首先，新丰木行的主营业务为木材交易，而非大理石；

其次，SW 和展炜商贸仅能提供与 ST 进行过两次大理石交易的证据，且这两次交易的标的额均不超过 100 万美元，与案涉合同标的额 2.2 亿元人民币相差巨大。陈法官认为，不能以此证明 ST 与展炜商贸之间存在惯常商业往来，不能证明 ST 拥有任何代表新丰木行签订案涉合同的默示权限。同时，从本案的事实证据来看，没有任何董事会决议，或者由拥有实际权限代表新丰木行的人曾作出过关于 ST 的行事权限的明确授权陈述，ST 并不具有任何表面权限（apparent authority）代表新丰木行签订案涉合同。

（二）法庭认定案涉合同系展炜商贸与 ST 方为获取新丰木行的财产而精心谋划的骗局（Sham）

陈法官认为，案涉合同的标的额为新丰木行 2015 年全年销售额的六十余倍，且展炜商贸实际上并没有足够的资金采购案涉合同项下约定数量的大理石，案涉合同约定展炜商贸只需要提供一张无须承兑的支票，即可视为提供足够的付款担保，令人难以置信。此外，在仲裁程序启动 4 天后，湛江仲裁委员会就作出案涉仲裁裁决，该仲裁裁决列明双方同意新丰木行未按照案涉合同约定交付货物，构成违约。根据案涉仲裁裁决，双方对争议进行调解，并一致同意新丰木行应向展炜商贸赔偿损失人民币 5900 万元。尽管 ST 代表新丰木行参与了上述仲裁程序，但作为新丰木行董事/股东的 DL/NI，却从未获悉任何通知以知晓有关案涉合同、仲裁程序和案涉仲裁裁决的任何信息，直到 2018 年 1 月，在新丰木行破产清算程序中，才通过破产管理署署长（Official Receiver）发出的清盘程序通知获知以上信息。陈法官指出，欺诈（fraud）和串通（collusion）的指控是相当严重的，必须有确凿的证据才能成立。尽管 NI/DL 一开始就声称案涉合同是虚假的，但展炜商贸除了矢口否认以外，只提供了极其有限的证据来反驳这一指控。法庭基于全部案件事实和证据，包括合同签订时间、合同条款、公司惯常业务模式以及缔约时的财务状况，最终认定案涉合同及仲裁程序实际上是展炜商贸与 ST 方为获取新丰木行的财产而精心谋划的骗局。

（三）法庭认为新丰木行并非案涉合同项下仲裁协议的签约主体

陈法官指出，仲裁协议独立于基础合同并可与之分割，这一点毋庸置疑。在本案中，基础合同和仲裁协议载于同一份文件，即案涉合同。鉴于 ST 无权代表新丰木行签订案涉合同，陈法官认为新丰木行并非案涉合同的签署主体，因此也不是案涉合同项下仲裁协议的签约主体。

（四）法庭认定新丰木行未被合理通知或告知有关仲裁程序，且未能在仲裁程序中铺陈其论据

陈法官认为，ST 在同意并促成案涉合同、承认新丰木行违反合同约定并同意就新丰木行是否应支付巨额款项作出有利于展炜商贸的裁决时并非出于善意，而是为了个人利益。因此，不能认定 ST 有任何默示或通常的权力通过其仲裁行为约束新丰木行。与此同时，陈法官指出，本案并无证据表明新丰木行收到关于仲裁的适当通知（proper notice），原因是送达地址的物业已被出售，送达此处的文件无法引起新丰木行的适当注意（proper attention）。

（五）法庭认定执行案涉仲裁裁决将有违公共政策（public policy）

陈法官认为，基于本案的具体事实和证据，如果允许强制执行由 ST 和展炜商贸串通取得的案涉仲裁裁决，将会使法院“良心不安”（shocking to the conscience of the Court）。

（六）法庭认定当事人存在未如实向法庭披露重要事实的问题

陈法官认为，当事人未如实披露送达地址载明的物业的出售情况，以及向该物业送达文件极有可能引发争议的事实，是严重的、蓄意的、故意的，而且是实质性的（serious，deliberate and intentional，and material），这对法院产生了误导，显然是重大的不披露行为。

综上，我国香港特别行政区法院最终判决撤销（set aside）此前发出的强制执行令，并判令展炜商贸承担诉讼费用。

五、环中观察

题述案件是我国香港特别行政区法院基于公共政策考量，以欺诈和串谋为由撤销内地仲裁裁决执行令的一个少见的案例。回顾案件本身，本案系公司股东之一与第三人串通勾结，意图掏空公司资产，案外不知情股东在知晓情况后，立即申请介入法律程序，最终成功撤销了我国香港特别行政区法院的强制执行令，阻止了内地虚假仲裁裁决在我国香港特别行政区强制执行。我国香港特别行政区法院拒绝执行内地仲裁裁决的事由规定于我国香港特别行政区《仲裁条例》第95条,[①] 包括但不限于当事人缺乏某些行为能力、仲裁协议无效、当事人未获得仲裁程序的恰当通知、裁决对各方尚未具有约束力或已被撤销/暂时中止，以及强制执行裁决将违反公共政策等。此外，在我国香港特别行政区法院实践中还存在基于《仲裁条例》第95条规定之外的情形拒绝执行内地仲

① 香港特别行政区《仲裁条例》第95条规定：

……

（2）如某人属强制执行内地裁决的对象，而该人证明有以下情况，则该裁决的强制执行可遭拒绝——

（a）根据适用于有关仲裁协议的一方的法律，该方缺乏某些行为能力；

（b）有关仲裁协议根据以下法律属无效——（i）（凡各方使该协议受某法律规限）该法律；或（ii）（如该协议并无显示规限法律）内地法律；

（c）该人——（i）并没有获得关于委任仲裁员或关于仲裁程序的恰当通知；或（ii）因其他理由而未能铺陈其论据；

（d）除第（4）款另有规定外——（i）该裁决所处理的分歧，并非提交仲裁的条款所预期者，或该项分歧并不属该等条款所指者；或（ii）该裁决包含对在提交仲裁范围以外事宜的决定；

（e）有关仲裁当局的组成或仲裁的程序，并非按照——（i）各方的协议所订者；或（ii）（如没有协议）内地法律所订者；或

（f）该裁决——（i）对各方尚未具约束力；或（ii）已遭内地的主管当局撤销或暂时中止，或已根据内地的法律撤销或暂时中止。

（3）如有以下情况，内地裁决的强制执行亦可遭拒绝——

（a）根据香港法律，该裁决所关乎的事宜是不能藉仲裁解决的；或

（b）强制执行该裁决，会违反公共政策。

（4）如内地裁决除包含对已提交仲裁的事宜作出的决定（仲裁决定）外，亦包含对未有提交仲裁的事宜作出的决定（非相关决定），则该裁决只在它关乎能与非相关决定分开的仲裁决定的范围内，可予强制执行。

……

裁裁决的案例，例如，在深圳市霍尼卡姆机电设备有限公司 v. 霍尼卡姆技术（香港）有限公司（［2018］HKCFI 1877）一案中，我国香港特别行政区法院以申请人无代理权限以及故意且实质不披露为由，拒绝执行深圳仲裁委于 2017 年 6 月 20 日作出的仲裁裁决；在王某基诉魏某永（［2019］HKCFI 2593）一案中，我国香港特别行政区法院以执行申请已超过我国香港特别行政区《时效条例》的规定为由，拒绝执行广州仲裁委员会于 2009 年 4 月 20 日作出的仲裁裁决。

笔者认为，题述案件的核心问题在于 ST 是否有对外代表新丰木行的权限，这一问题直接决定本案两个主要的争议焦点，即（1）案涉合同是否有效；（2）新丰木行在内地仲裁案件中是否得到适当通知。根据我国香港特别行政区《公司条例》第 117 条前 2 款的规定，对于善意交易方，公司董事约束公司或授权他人约束公司的权力应视为不受公司任何相关文件的限制，[①] 除非有相反证据，任何交易方都应首先推定为善意交易方。[②] 在题述案件中，展炜商贸援引上述条款，主张案涉合同有效。陈美兰法官则强调案涉合同及本次交易的种种疑点，包括与主营业务不符的销售物项、畸高的合同标的额、严苛的交付时间、极高的违约金以及明显不合理的付款担保机制等，认定 ST 并非善意相对人（a person acting in good faith），进而认定 ST 不具有代表新丰木行签订案涉合同的权限。

就内地仲裁程序对 ST 代表权限的审查而言，不排除可能出现的一种情况是，即使新丰木行在参与内地仲裁案件时被要求就 ST 的权限问题加以说明，基于上述我国香港特别行政区《公司条例》第 117 条的相关规定，新丰木行也有可能通过向内地仲裁机构提交一份我国香港特别

---

① Subject to section 119, in favour of a person dealing with a company in good faith, the power of the company's directors to bind the company, or authorize others to do so, is to be regarded as free of any limitation under any relevant document of the company.

② A person dealing with a company is presumed, unless the contrary is proved, to have acted in good faith.

行政区律师出具的法律意见来回应该质疑，使内地仲裁案件得以继续进行。[①] 尽管如此，题述案件对于内地仲裁机构在涉外案件中判断外方当事人的合法代表这一问题依旧能带来一些启示：一方面，仲裁委员会可能需要特别留意当事人提交的涉及身份和授权的文件，不仅需要在形式上严格审查，还要最大程度地对其真实性加以审查；另一方面，仲裁委员会在受理仲裁申请时往往只能对仲裁协议进行形式审查，但这并不阻碍仲裁庭在实质审理过程中再次确认管辖的正确与否。[②] 因此，仲裁庭在案件实质审理阶段不能对管辖问题掉以轻心，特别是在双方当事人配合一致、迅速结案的案件中，更不能对管辖问题疏于查究。[③]

《承认及执行外国仲裁裁决公约》（以下简称《纽约公约》）为仲裁司法审查确立了不涉及实体问题原则，这一原则被 1985 年《联合国国际贸易法委员会国际商事仲裁示范法》（以下简称 UNCITRAL Model Law）所接纳，成为各国通行的仲裁司法审查原则。我国香港地区早在 1990 年就采用了 UNCITRAL Model Law，我国香港特别行政区法院也一直秉持着仲裁司法审查不干预实体问题的精神，例如，在 2015 年 KB v. S and others（HCCT 13/2015）一案中，陈美兰法官总结了我国香港特别行政区法院执行仲裁裁决的十大原则，其中一项原则就是"在考虑是否拒绝执行仲裁裁决时，法院不考虑案件的实体问题，也不考虑基础交易的是非曲直"。[④] 在题述案件中，陈美兰法官显然介入基础交易的是非曲直中，对案涉合同签订时间、合同条款、公司惯常业务模式以及

---

① 参见《香港最新拒执案例给内地仲裁机构程序管理带来的思考》，载微信公众号"郭俊野大律师"，https：//mp. weixin. qq. com/s？ src = 11&timestamp = 1690862686&ver = 4685&signature = boPPBC4dgwDcU35DOH1m6dsRUApzOM * GPQHSOMc5FB – Ll6t1 * yrZOPKgsVK1BsB7MD * P2ORYtJtdJA8d * z5BrU1z8MwCwBJs2CPTTXvnpwP2ggGgw9OZ6rJAmUNWMFLW&new=1，最后访问日期：2023 年 8 月 1 日。

② 参见欧阳婧：《香港法院拒绝执行内地仲裁裁决案例研究》，载《商事仲裁与调解》2022 年第 6 期。

③ 参见欧阳婧：《香港法院拒绝执行内地仲裁裁决案例研究》，载《商事仲裁与调解》2022 年第 6 期。

④ In considering whether or not to refuse the enforcement of the award, the court does not look into the merits or at the underlying transaction.

缔约时的财务状况等情况进行综合考察，最终认定案涉合同系展炜商贸与 ST 方为获取新丰木行的财产而精心谋划的骗局。这可能会引发一个问题，即陈美兰法官在本案仲裁司法审查环节是否有违仲裁司法审查不干预实体这一原则？显然，答案是否定的。

公共政策（Public Policy）是国际裁判与执行中的重要制度，尽管公共政策的概念被广泛引用，根据《纽约公约》第 5 条第（2）款（b）项的规定："如果承认和执行裁决将违反公共政策"，则法院"可以拒绝承认和执行该裁决"，① 许多国家仲裁法中的撤销裁决条款也涉及公共政策。但国际上对公共政策并没有一个统一概念，大陆法系国家通常将其理解为"公共秩序"，而英美法系国家则倾向于将其具象为更明确的基本价值观，如自然公正。② 公共政策在仲裁裁决司法审查中被称为"脱缰野马"（unruly horse），不仅是因为其本身定义模糊且外延不清，还因为它是极少数法院可以主动适用，并对案件进行实体审查的例外。③ 在题述案件中，陈美兰法官通过审查案件事实和证据，认为强制执行案涉裁决将违反公共政策，并以此为由撤销了案涉强制执行令。笔者认为陈法官对本案事实证据的实体审查与上述原则并不冲突。

---

① 《纽约公约》第 5 条规定：

……

二、倘声请承认及执行地所在国之主管机关认定有下列情形之一，亦得拒不承认及执行仲裁裁决：

（甲）依该国法律，争议事项系不能以仲裁解决者；

（乙）承认或执行裁决有违该国公共政策者。

……

② 参见《仲裁司法审查中"公共政策"的内涵与适用（上）》，载微信公众号"环中商事仲裁"，https：//mp. weixin. qq. com/s？ src = 11&timestamp = 1690965105&ver = 4687&signature = ilK06NDsBA * bbnUoytht - xDoTMBsBkYgnScvQyf9J4QZ5f2v1JJhqfMW4QUUSCjnMkIZCRab2HFmSMSiUaIPPwn34YL * x6tp6ZYot4JMGDTPRBC0MD2KTbAgv7A98bxP&new = 1，最后访问日期：2023 年 8 月 1 日。

③ 参见《野马脱缰？——评香港法院拒绝执行内地仲裁裁决》，载微信公众号"广州仲裁委员会"，https：//mp. weixin. qq. com/s？ src = 11&timestamp = 1690856507&ver = 4685&signature = aPYDeYEBu3EvT7RuejD1KXcm0x84e5IVJo133fVQUzmtPWkDgg - guLHKQFLsjrO8nxrxHYOxEe * aALswvCa2ffnv2jhsz8SQv - Fci9VJ7WwNPtqsfP6KvDU9vt - EE8Ec&new = 1，最后访问日期：2023 年 8 月 1 日。

本案并非最早也并非唯一我国香港特别行政区法院基于违反公共政策拒绝执行内地仲裁裁决的案例，在 2018 年 Z v. Y（［2018］HKCFI 2342）一案中，我国香港特别行政区法院也曾基于违反公共政策，拒绝执行广州仲裁委员会于 2017 年 2 月 27 日作出的仲裁裁决。从我国香港特别行政区法院适用公共政策原则拒绝执行仲裁裁决的实践情况来看，我国香港特别行政区法院对此通常采取比较谨慎的态度。例如，在秦皇岛通达企业发展公司和另一主体诉百万基本公司（Qinhuangdao Tongda Enterprise Development Company & another v. Million Basic Company Limited）（［1993］1 HKLR 173）一案中，法官认为，在拒绝执行仲裁裁决时，公共政策不但不应被视为万能条款，而且其适用范围有限，应尽量少用。① 此外，在河北进出口公司诉伯利特克工程公司（Hebei Import & Export Corporation v. Polytek Engineering Company Limited）（［1999］1 HKLRD 665）一案中，法官认为，在以公共政策为由拒绝执行公约裁决之前，必须有令人信服的理由。只有当执行有悖于执行地的最基本的道德和法律概念、原则和价值观念时才能适用公共政策拒绝执行。② 与我国香港特别行政区不同，我国内地《仲裁法》和《民事诉讼法》则使用的是“社会公共利益”一词，违反社会公共利益既是我国内地法院不予承认或执行外国仲裁裁决的法定理由之一，也是撤销裁决、不予执行国内仲裁裁决的法定理由之一。

题述案件对内地仲裁当事人亦具有一定启示，当事人应重视自身程序权利。在通常情况下，欺诈行为往往难以被证明，除非当事人能够提供令人信服的证据。但幸运的是，在题述案件中不知情股东在得知案涉执行令的存在后，立即向我国香港特别行政区高等法院申请介入法律程

① The public policy ground for refusal must not be seen as a catch – all provision to be used wherever convenient. It is limited in scope and is to be sparingly applied.

② In my view, there must be compelling reasons before enforcement of a Convention award can be refused on public policy grounds. Before a Convention jurisdiction can, in keeping with its being a party to the Convention, refuse enforcement of a Convention award on public policy grounds, the award must be so fundamentally offensive to that jurisdiction's notions of justice that, despite its being a party to the Convention, it cannot reasonably be expected to overlook the objection.

序并申请撤销案涉强制执行令。正因如此，才使得展炜商贸与 ST 方合谋策划的骗局未能得逞。鉴于此，当事人应重视并积极主张自身享有的程序权利，例如，在案件审理过程中，对于有损自身权利、可能导致不公的程序瑕疵等，应及时提出异议。另外，在执行阶段，当事人应在法律规定的时效内申请执行。根据我国香港特别行政区《时效条例》第 4 条的规定，基于简单合约或侵权行为的诉讼时效是 6 年，此后不得再起诉。① 此外，2020 年最高人民法院发布《关于内地与香港特别行政区相互执行仲裁裁决的补充安排》已经允许当事人分别向内地和我国香港特别行政区申请执行仲裁裁决，但从我国香港特别行政区法院过往有限的实践案例来看（［2019］HKCFI 2593），内地执行程序并不中止我国香港特别行政区时效。因此，当事人在取得有利仲裁裁决后，应在时效期限内尽早向法院申请承认与执行，以确保得到充分执行。

（本文仅代表作者个人观点。特约编辑：赵倩倩）

参考文献

1. 王玉丹：《香港不予承认与执行仲裁裁决案例实证研究》，载《商事仲裁与调解》2022 年第 5 期。
2. 欧阳婧：《香港法院拒绝执行内地仲裁裁决案例研究》，载《商事仲裁与调解》2022 年第 6 期。
3. 陈锦淞：《仲裁裁决在香港承认与执行中的公共政策问题》，载《商事仲裁与调解》2022 年第 1 期。
4. 于志宏：《内地与香港特区民商事判决承认与执行问题分析》，载《暨南学报（哲学社会科学版）》2015 年第 11 期。
5. 苏绍聪：《论香港与内地法院间对判决的相互承认及执行》，载《河北法学》

① 《时效条例》4. 有关合约及侵权行为的诉讼以及某些其他诉讼的时效
（1）以下诉讼，于诉讼因由产生的日期起计满 6 年后，不得提出——
（a）基于简单合约或侵权行为的诉讼；
（b）强制执行担保的诉讼；
（c）……；

2005 年第 2 期。

6. 汪祖兴:《也论内地和香港相互承认和执行法院判决》，载《河北法学》2005 年第 9 期。

7. 李剑强:《香港与内地相互执行仲裁裁决制度之发展——以内地仲裁裁决在香港法院的执行为视角》，载黄进主编:《武大国际法评论》第 5 卷，武汉大学出版社 2006 年版。

8. 莫世健:《在香港执行内地仲裁裁决的法律问题初探》，载《上海市政法管理干部学院学报》2001 年第 1 期。

9. 罗楚湘:《中国内地与香港仲裁制度之比较——兼论两地相互承认与执行仲裁裁决的有关问题》，载《法学评论》1999 年第 2 期。

10. 广州仲裁委员会:《野马脱缰？——评香港法院拒绝执行内地仲裁裁决》，载 https://mp.weixin.qq.com/s?src=11&timestamp=1690856507&ver=4685&signature=aPYDeYEBu3EvT7RuejD1KXcm0x84e5IVJo133fVQUzmtPWkDgg-guLH-KQFLsjrO8nxrxHYOxEe*aALswvCa2ffnv2jhsz8SQv-Fci9VJ7WwNPtqsfP6KvDU9vt-EE8Ec&new=1，最后访问日期：2023 年 8 月 1 日。

11. 郭俊野:《香港最新拒执案例给内地仲裁机构程序管理带来的思考》，载 https://mp.weixin.qq.com/s?src=11&timestamp=1690862686&ver=4685&signature=boPPBC4dgwDcU35DOH1m6dsRUApzOM*GPQHSOMc5FB-Ll6t1*yrZOPKgsVK1BsB7MD*P2ORYtJtdJA8d*z5BrU1z8MwCwBJs2CPTTXvnpwP2ggGgw9OZ6rJAmUNWMFLW&new=1，最后访问日期：2023 年 8 月 1 日。

12. 炜衡律师事务所:《内地虚假仲裁案外人于香港行使介入权，逆风翻盘？｜从最近一起香港法院拒绝执行内地仲裁裁决案说起》，载 https://mp.weixin.qq.com/s?src=11&timestamp=1690867633&ver=4685&signature=iVMrwvD-wCpfWArvuQrAemiDBOokd7bNJ3*bXU-N*Z*TyXTPTQl0E5KF8mLKMv7ggPLiDaik*rgnCs2OVs1UiAs2TZH0Ewu6O8tEqFKkviRv9CSCY-iXllvJEXROkEG7y&new=1，最后访问日期：2023 年 8 月 1 日。

从“AI孙燕姿”再看虚拟数字人的法律风险

黄细江[*]　林榕涛[**]

艾媒咨询发布的《2023年中国虚拟人产业发展与商业趋势研究报告》[①] 显示，2022年中国虚拟人带动产业市场规模和核心市场规模分别为1866.1亿元和120.8亿元，预计2025年分别达到6402.7亿元和480.6亿元。虚拟数字人具有巨大的市场规模和经济效益，发展态势强劲，前景广阔。

作为一种新的媒介形式，虚拟数字人可以传递信息、表达情感、展示个性、创造艺术、传承文化等，广泛应用到影视、传媒、游戏、金融、文旅、教育、医疗等诸多场景中。[②]（见图1）

AI是指智能，是虚拟的人类。近日，随着“AI孙燕姿”翻唱周杰伦《发如雪》爆红，“AI孙燕姿”成为当下“顶流明星”，“AI歌手”也迅速进入大家的视野，引起公众对该现象的热烈讨论。[③] “AI歌手”可以让大家熟悉的歌手演唱与歌手本人风格迥异的歌曲，让不少网友感到十分新奇，一时间“AI王菲”“AI周杰伦”等“AI歌手”涌现于各

---

* 暨南大学法学院/知识产权研究院副研究员。

** 上海市锦天城（深圳）律师事务所实习律师。

① 参见《2023年中国虚拟人产业发展与商业趋势研究报告》，载艾媒咨询，https://www.iimedia.cn/c400/92538.html。

② 参见《虚拟数字人的30个应用场景和行业》，载财经早餐，https://mp.weixin.qq.com/s/-bpsp0oZn0icK954kVErLg。

③ 参见《“AI孙燕姿”翻唱周杰伦“出圈”，是否侵权?》，载深圳政法，https://mp.weixin.qq.com/s/NvZAU1QXe4n7Ej4Amsy_XQ。

大视频网站。这一现象不禁让人思考，“AI 歌手”为人们带来乐趣和便利的同时，背后可能存在哪些法律问题？使用“AI 歌手”时应当注意哪些法律风险？

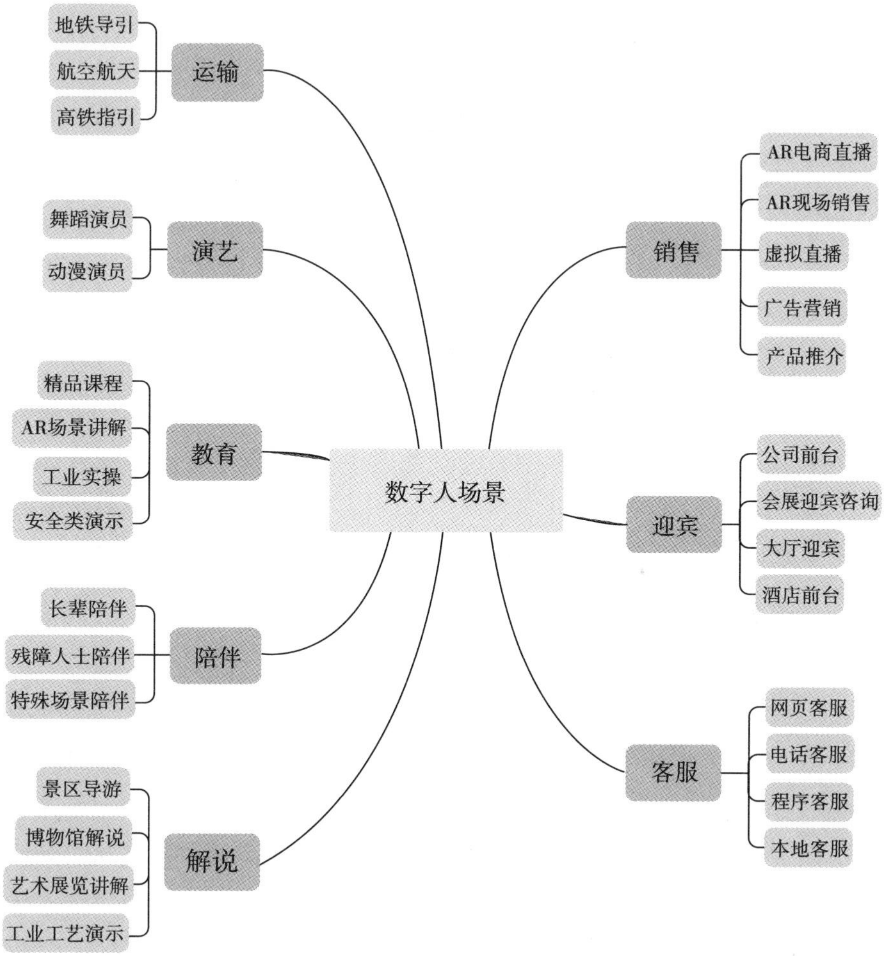

图 1　数字人场景

一、“AI 歌手”的技术原理及法律问题

“AI 歌手”并非某种全新的技术，而是机器学习技术在音乐领域的具体应用方式之一。酷狗音乐早在 2022 年就已经采用相关技术结合杨

超越打造明星 AI 歌手“超越 AI”。不同“AI 歌手”的差别主要在于模型目的、学习算法或训练集等不同导致模型性能的不同，但其实现原理总体上是类似的。具体而言，“AI 歌手”的制作需要收集包含歌手声音的音频数据（如演唱音乐、访谈记录等），并以自动或手动的方式从音频数据中提取相关特征（如音色）。在此基础上，使用者将相关训练数据输入特定学习算法即可训练其所需的“AI 歌手”模型。训练完成后的模型可以将输入的音频数据替换，生成由“AI 歌手”演唱的歌唱数据。使用者还可以在后续过程中手动对生成的内容进行优化和处理，以进一步提升生成音频的质量。“AI 歌手”也常常与“虚拟歌手”“虚拟数字人”等称呼相关联，其不仅可以采用真实人声进行生成替换，也可以使用经过处理的合成声音进行内容生成。前者是仿真人的，后者是从无到有数字生成。具体到最近爆火的“AI 孙燕姿”，其所采用的就是真实人声——知名歌手孙燕姿的声音，并使用 so - vits - svc（歌声转换）技术进行实现，该技术通过孙燕姿本人演唱的高品质歌曲以及采访、直播等素材，再通过“去除呼吸声”等细节处理，训练出将其他人声替换为目标歌手声音的“AI 歌手”，实现音色转换。[①]“AI 歌手”的优势是显而易见的，作为声源方歌手不再需要经过复杂且专业的训练就能高效、快速地发布歌曲专辑，歌迷也无须花费高昂的代价即可定制自己偶像歌唱的内容，“AI 歌手”甚至可以还原逝者的声音，具有巨大的产业价值。

基于 AI 技术的巨大价值，相关政策法规也开始构建对 AI 技术具体应用的规制体系。如 2023 年 1 月 10 日正式施行的《互联网信息服务深度合成管理规定》，就适用于所有利用深度学习、虚拟现实等生成合成类算法制作文本、图像、音频、视频、虚拟场景等网络信息的技术。“AI 歌手”技术属于深度合成技术的范畴，他人使用、提供相关技术需要遵守上述规定。此外，虽然“AI 歌手”不像 ChatGPT（AI 聊天工

---

① 参见《AI 歌手孙燕姿，在网络火出圈！你也可以训练 AI 歌手，但争议是……》，载《华商报》，https：//www. thepaper. cn/newsDetail_ forward_ 23055228。

具）、Midjourney（AI 绘画工具）等典型的生成式人工智能模型，能够根据简短的信息自动生成丰富的内容，但根据《生成式人工智能服务管理暂行办法》第 22 条的规定，所有具有文本、图片、音频、视频等内容生成能力的模型及相关技术均属于生成式人工智能技术的范畴，“AI 歌手”服务的提供者理应遵守相关规定。

上述规定的陆续出台，反映出 AI 技术的发展与应用在带来便利的同时也伴随对他人权益的侵犯，技术使用者和提供者需要注意在使用过程中可能产生的法律问题，使用相关技术前应该评估可能产生的法律风险。除从无到有数字生成的“AI 歌手”外，大多“AI 歌手”是模仿具有一定知名度的歌手真声或者风格，以此受到关注或获利。“AI 歌手”的法律问题主要存在于以下两个方面。（1）“AI 歌手”的核心在于提升歌手本人的影响力，将歌手声音与不同风格的内容进行结合，最终产生意想不到的效果。因此，“AI 歌手”首先表现为对歌手人格权益的影响。（2）“AI 歌手”的训练和使用通常需要围绕包含他人作品、表演活动信息的录音录像数据，并以再现他人具有标识性的声音作为目的，这种方式可能对他人的知识产权及竞争利益造成影响。

二、“AI 歌手”涉及的歌手人格权益问题

“AI 歌手”最大的特点在于其高度还原歌手独特的声音，而声音又与歌手人格权益具有密切联系，因此，在分析相关法律问题时，首先需要考虑的是这种应用方式对于歌手人格权益可能造成的影响。根据《民法典》第 990 条的规定，人格权可以分为生命权、身体权、健康权、姓名权、名称权、肖像权、名誉权、荣誉权、隐私权等具体人格权，以及基于人身自由、人格尊严产生的一般人格权益。结合上述规定和“AI 歌手”的实际应用情况，他人使用“AI 歌手”主要存在以下几种侵犯歌手人格权益的情形。

（一）对歌手的标表型人格权的侵犯

标表型人格权是指权利人基于其标表符号（姓名、肖像、声音等）

所享有的人格权。在“AI 歌手”的使用过程中，除了利用歌手的声音外，通常还会附随使用歌手的姓名以及含有歌手肖像的图片、视频等内容。根据《民法典》第 993 条的规定，民事主体可以将自己的姓名、名称、肖像等许可他人使用，但是依照法律规定或者根据其性质不得许可的除外；第 1023 条第 2 款规定，对自然人声音的保护，参照适用肖像权保护的有关规定。因此，他人使用歌手的姓名、肖像和声音均需要获得歌手许可。未经歌手许可擅自使用上述内容，将构成对歌手标表型人格权的侵犯。

（二）对歌手个人信息的侵犯

根据《民法典》第 1034 条第 2 款的规定，个人信息是以电子或者其他方式记录的能够单独或者与其他信息结合识别特定自然人的各种信息，包括自然人的姓名、出生日期、身份证件号码、生物识别信息、住址、电话号码、电子邮箱、健康信息、行踪信息等。而声音作为一项重要的生物识别信息，可以作为个人信息受到保护，他人处理个人信息需要遵循合法、正当、必要的原则。根据《生成式人工智能服务管理暂行办法》第 7 条第 3 项的规定，生成式人工智能服务提供者应当依法开展预训练、训练等训练数据处理活动，涉及个人信息的，应当取得个人同意或符合法律、行政法规规定的其他情形。

需要说明的是，虽然“AI 歌手”所使用的歌手个人信息通常源于互联网中已经合法公开的个人信息，该类个人信息的保护受到一定的限制。根据《民法典》第 1036 条第 2 项的规定，合理处理自然人自行或合法公开的信息行为人不承担民事责任，但该条同时存在但书规定，在歌手明确拒绝或处理该信息侵害歌手重大利益时，行为人不能据此免除侵权责任。

（三）对歌手名誉权及人格尊严的侵犯

当下，“AI 歌手”的使用门槛低，热度高。不少使用者将“AI 歌手”用于“玩梗”“整活”，利用歌手声音哗众取宠，将歌手声音随意组合于低俗、无底线的内容之中，进而降低歌手的社会评价，损害歌手的人格尊严。

可见，“AI 歌手”的广泛应用将对歌手的人格权益造成重大影响，公众在使用特定歌手的声音数据进行“AI 歌手”训练或发布“AI 歌手”生成内容前，应当尊重歌手本人的意愿，获取歌手的授权。

三、“AI 歌手”涉及的知识产权及不正当竞争问题

使用“AI 歌手”除可能对歌手人格权益造成影响外，还可能存在知识产权侵权或构成不正当竞争的法律问题。AI 歌手的训练和使用依托于歌手具有识别性的声音以及歌唱数据中所记载的表演活动、词曲作品等信息，不当使用上述数据可能产生相应的法律风险。

一方面，“AI 歌手”的训练集多源于歌手的歌唱数据，属于《著作权法》规制的范畴。我国《著作权法》规定了著作权和邻接权两大体系，以保护创作及传播过程中所涉各类主体的权益。而“AI 歌手”的训练、使用通常需要利用歌手的歌唱数据，其中不仅涉及词曲作者的著作权，还涉及歌手作为表演者所享有的表演者权，以及录音录像制作者对其录音录像享有的专有权利。具体而言，包括以下几点。

在“AI 歌手”的训练及使用过程中，首先，需要复制相关声音数据，这一复制行为构成对上述权利人复制权的侵犯；其次，使用“AI 歌手”需要对声音数据进行替换、调整，可能构成对作品改编权的侵犯；最后，使用者通常会将“AI 歌手”生成的歌唱数据进行分享传播，其传播内容若包含所使用的作品、表演活动、录音录像数据达到一定程度的，还将构成对上述权利人传播权的侵犯。此外，著作权人就其作品、表演者就其表演活动享有一定的人身权利，如保护作品完整权、保护表演形象不受歪曲权等，他人若对其作品、表演活动进行歪曲篡改、不当拼接亦将构成对著作权人、表演者人身权利的侵犯。

另一方面，随着 AI 技术的不断发展和迭代，“AI 歌手”与歌手本人在声音表现上的差异也在逐步缩小。从早期伴随严重机械感声音的虚拟歌手“初音未来”，再到现在无比接近声源的“AI 孙燕姿”，公众对

真人歌手与虚拟歌手的区分变得愈加困难。这一趋势要求他人在使用“AI 歌手”时需要做到合理地标注和区分。若其不当使用“AI 歌手”导致消费者发生混淆、误认，将构成商标侵权或不正当竞争。

《商标法》第 8 条允许任何能够将自然人、法人或者其他组织的商品与他人的商品区别开的声音以及声音与其他要素的组合作为商标申请注册。而歌手的声音通常具有自己独特的音色和唱腔，具有一定的识别度，可以发挥识别来源的作用，符合申请商标注册的条件。因此，在歌手声音申请注册获得注册商标专用权的情况下，他人在使用“AI 歌手”提供产品、服务，或进行相关宣传活动可能导致消费者发生混淆，构成对注册商标专用权的侵犯。即使歌手的声音未被注册为商标，“AI 歌手”使用了与原歌手相同的音色、名称等识别性信息，可能使公众误认为“AI 歌手”使用者与歌手本人存在特定联系，构成《反不正当竞争法》第 6 条所规制的混淆行为。这一情况也可以从《互联网信息服务深度合成管理规定》得到印证，该规定第 17 条要求深度合成服务提供者提供深度合成服务时，对于可能导致公众混淆或者误认的情形，应当在生成或者编辑的信息内容的合理位置、区域进行显著标识，向公众提示深度合成情况。因此，擅自使用他人的未注册为商标的声音制作“AI 歌手”并进行相关活动不仅存在知识产权侵权风险，还可能构成不正当竞争。

四、结语

“AI 歌手”的崛起暗示着“AI 音乐时代”离我们越来越近，以往复杂音乐制作现如今可以通过 AI 技术便捷生成，或许正如孙燕姿在《我的 AI》文中所言“人类无法超越它已经指日可待”。但在产业界享受 AI 技术所带来便利的同时，也应当时刻注意 AI 技术可能存在的侵权隐患，避免因不当使用相关技术承担法律风险。

（本文仅代表作者个人观点。特约编辑：陈嘉丽）